Anspruchsrelevante Verknüpfungsphänomene im Schuldrecht

Europäische Hochschulschriften
Publications Universitaires Européennes
European University Studies

Reihe II
Rechtswissenschaft

Série II Series II
Droit
Law

Bd./Vol. 5242

PETER LANG
Frankfurt am Main · Berlin · Bern · Bruxelles · New York · Oxford · Wien

Thomas Christian Oswald

Anspruchsrelevante Verknüpfungsphänomene im Schuldrecht

Zur Funktionsweise von Aufrechnung, Mitverschulden, Saldotheorie und Vorteilsausgleichung

PETER LANG
Internationaler Verlag der Wissenschaften

Bibliografische Information der Deutschen Nationalbibliothek
Die Deutsche Nationalbibliothek verzeichnet diese Publikation in der Deutschen Nationalbibliografie; detaillierte bibliografische Daten sind im Internet über http://dnb.d-nb.de abrufbar.

Zugl.: München, Univ., Diss., 2011

Gedruckt auf alterungsbeständigem,
säurefreiem Papier.

D 19
ISSN 0531-7312
ISBN 978-3-631-61941-4

www.peterlang.de

Meiner Familie

Vorwort

Die vorliegende Arbeit wurde im Wintersemester 2010 / 2011 von der Juristischen Fakultät der Ludwig-Maximilians-Universität München als Dissertation angenommen. Die mündliche Prüfung fand am 22.03.2011 statt.

Mein besonderer Dank gilt zuvorderst meinem Doktorvater, Herrn Professor Dr. Hans-Georg Hermann. Er hat bei mir schon während des Studiums das Interesse geweckt, zivilrechtlich „Althergebrachtes" im Rahmen einer historischen Betrachtung neu zu durchdenken und hierüber zu neuen Erkenntnissen zu gelangen. Er hat diese Arbeit initiiert, ohne seine fortwährende Unterstützung wäre sie nicht in der kurzen Zeit entstanden. Insbesondere danke ich für das Verständnis und die Chance, als „Externer", parallel zum Arbeitsalltag, dieses Vorhaben realisiert haben zu können.

Gleichermaßen danke ich Herrn Privatdozenten Dr. Hannes Ludyga, M.A., für die zügige Erstellung des Zweitgutachtens, aber auch für die wertvollen Hinweise und das stets offene Ohr im Rahmen der Erstellung der Arbeit.

Die SIBETH Partnerschaft soll nicht unerwähnt bleiben. Ihren Partnern danke ich für die großzügige Freistellung und damit letztlich für den Rahmen, ohne den es diese Arbeit nicht gäbe.

Größten Dank schulde ich meinen Eltern, die mich – vom ersten Tag des Studiums bis zur Fertigstellung dieser Arbeit – mit nicht nachlassender Fürsorge unterstützt haben. Ich bin unendlich traurig, dass mein Vater diesen Moment nicht mehr miterleben durfte.

Zuletzt danke ich meiner lieben Frau Katja für die wundervolle gemeinsame Studienzeit, die wertvollen Diskussionen und Anregungen sowie für die immerwährende Unterstützung in allen Lebenslagen.

München, im Juni 2011 *Thomas Oswald*

Inhaltsverzeichnis

A) Einleitung

Prima facie scheinen die Rechtsinstitute der Aufrechnung, des Mitverschuldens, der Saldotheorie und der Vorteilsausgleichung keine besondere Ähnlichkeit zu haben. Bei genauer Betrachtung erkennt man jedoch, dass diese Rechtsinstitute deutliche Parallelen in den Ergebnissen und insbesondere in der Entwicklung aufweisen. Eine Untersuchung dieser Parallelen erfolgte in dieser Form bislang allerdings noch nicht[1]. Dieser rechtstheoretische Vergleich ist Gegenstand der vorliegenden Arbeit.

Um Aufrechnung, Mitverschulden, Saldotheorie und Vorteilsausgleichung sinnvoll miteinander vergleichen zu können, bedarf es zunächst einer Einzeldarstellung dieser Institute[2]. Bei dieser wird es insbesondere auf die historische Entwicklung der Rechtsinstitute ankommen. Ohne Kenntnis der jeweiligen Entwicklungslinie können die modernen Ausprägungen nicht verstanden werden. Dies ist gerade dann interessant, wenn Gemeinsamkeiten historisch bedingt sind. Anschließend gilt es, die Rechtsinstitute vor diesem Hintergrund zu vergleichen[3]. Anhand dieses Vergleichs sollen vor allem die Unterschiede und Ähnlichkeiten im Hinblick auf die Voraussetzungen und die Auswirkungen herausgearbeitet werden. Zuletzt soll auf die möglichen Gründe für eine unterschiedliche Ausprägung der untersuchten Rechtsinstitute eingegangen werden[4]. In diesem Rahmen werden die unterschiedlichen dogmatischen Ansätze eine besondere Rolle spielen.

Zur Schärfung des Problembewusstseins wird dem Vergleich ein kurzer Überblick über die zu behandelnden Themen vorangestellt.

I. Abstraktionsgrad

Zunächst ist die Frage nach der Vergleichbarkeit von Rechtsinstituten eine Frage der Abstraktion. Je höher der Abstraktionsgrad gewählt wird, desto mehr kann die Grundlage für eine umfassende Vergleichbarkeit geschaffen werden[5]. Ein

---

1 Zwar besteht vielfältige Literatur jeweils zu den einzelnen Instituten. Ein zusammenfassender Vergleich indes fehlt.

2 Siehe hierzu unten B.

3 Siehe hierzu unten C.

4 Siehe hierzu unten D.

5 Letztlich handelt es sich bei allen – und damit auch bei den schuldrechtlichen – Vorschriften des BGB um Zivilrecht. Dieses stellt wiederum nur einen Bruchteil des gesam-

solches abstrahierendes Vorgehen ist bei einer wissenschaftlichen Arbeit auch zulässig, soweit ein gewisser Rahmen eingehalten wird. Die Gemeinsamkeiten von Aufrechnung, Mitverschulden, Saldotheorie und Vorteilsausgleichung liegen jedoch nicht derart im Verborgenen. Der Rahmen für den Vergleich ist schon dadurch vorgegeben, dass es sich um schuldrechtliche Institute handelt. Der für den Vergleich erforderliche Abstraktionsgrad ist mithin nicht so hoch anzusetzen, dass eine Vergleichbarkeit nur rein theoretisch und fern jeder Rechtspraxis gefunden werden könnte. Zu dieser Erkenntnis gelangt man insbesondere, wenn man nicht primär die rechtliche Seite, die Anspruchs-Ebene[6], betrachtet. Auszugehen ist vielmehr zunächst von der tatsächlichen Seite, der Ergebnis-Ebene[7]. Auf diesen Ebenen sind die Voraussetzungen und Auswirkungen der Aufrechnung, des Mitverschuldens, der Saldotheorie und der Vorteilsausgleichung zu untersuchen.

II. Gemeinsamkeiten

Vorab ist für das Verständnis ein Überblick über die Gemeinsamkeiten von Aufrechnung, Mitverschulden, Saldotheorie und Vorteilsausgleichung unerlässlich.

1. Historische Grundlagen

Erste Gemeinsamkeiten ergeben sich schon bei der Betrachtung der Rechtsinstitute vor ihrem historischen Hintergrund. Ein Schwerpunkt bei der Darstellung der einzelnen Institute muss deshalb auf deren Entwicklung liegen.

Die Entwicklung der Aufrechnung weist ausgehend vom römischen Recht viele Stationen auf. Hierbei war die Ausprägung als Gestaltungsrecht keineswegs von Anfang an vorhanden. Lange Zeit wurde das Model eines Automatismus präferiert, welches sich aber bei der Kodifikation des BGB nicht mehr durchsetzen konnte. Auch die moderne Lehre vom Mitverschulden wurde erst im 19. Jahrhundert entwickelt. Zuvor war die Lehre von der Culpa-Compensation herrschend, deren Grundlagen wiederum im römischen Recht verankert waren. Hiernach sollte es zu einer Kompensation des gegenläufigen Verschuldens kommen. In dieser Konstruktion bestand eine sehr große Ähnlichkeit zur Aufrechnung, insbesondere in deren Ausgestaltung als Automatismus. Denselben

ten deutschen Rechts dar, welches aber seinerseits in seinem europäischen Kontext gesehen werden muss, usw.

6 Siehe hierzu unten C, III, 2.

7 Siehe hierzu unten C, III, 1.

Kompensations-Gedanken verfolgte auch die Vorteilsausgleichung in Form der frühen „compensatio lucri cum damno". Durch diese Wortwahl wurde auch bewusst eine Brücke zur Kompensationslehre geschlagen. Bei der Saldotheorie gibt es zwar keinen historischen Vorgänger. Die methodische Ähnlichkeit ist aber nicht zu übersehen. Schließlich ging es auch hier um die Verrechnung zweier gegenüberstehender Werte.

Zusätzlich hatten grundsätzliche Überlegungen zur Privatautonomie und zur Bedeutung von Billigkeitserwägungen maßgeblichen Einfluss auf die gesamte Zivilrechtsentwicklung hin zum BGB. Die Parteien sollten das Schicksal ihrer Rechte mehr selbst steuern können. Gleichzeitig galt es aber auch, insgesamt zu ausgeglichenen Ergebnissen zu gelangen[8].

2. Verknüpfung zweier Sachverhalte

Aufrechnung, Mitverschulden, Saldotheorie und Vorteilsausgleichung haben jeweils die Verknüpfung[9] zweier gegenläufiger Sachverhalte zum Gegenstand.

Hinter der Aufrechnungslage nach § 387 BGB stehen zwei anspruchsbegründende Sachverhalte. In der Aufrechnung selbst liegt dann die Verknüpfung, die Sachverhalte werden damit also zusammengeführt.

Beim Mitverschulden gibt es nur eine Forderung, nämlich einen Schadensersatzanspruch. Bei der Entstehung des Schadens wirkt aber ein Verhalten des Geschädigten mit. Auch hier existieren somit zwei gegeneinander gerichtete Sachverhalte. Diese liegen einerseits im schädigenden Verhalten des Schädigers und andererseits in der eigenen Beteiligung des Geschädigten. Die Schadensentstehung ist gleichzeitig die Verknüpfung.

Auch die Saldotheorie hat nur einen Kompensationsanspruch zum Inhalt. Gleichwohl basiert sie auf zwei gegenläufigen Sachverhalten, nämlich auf einem Kondiktionssachverhalt und einem Entreicherungssachverhalt. Die Verknüpfung tritt dabei in dem Moment ein, in dem bei der Rückabwicklung eines gegenseitigen Vertrages eine Seite hinsichtlich der Leistung entreichert ist im Sinne des § 818 Abs. 3 BGB.

8 Diese Entwicklung bildete sozusagen den gesellschafts- und rechtshistorischen Rahmen.
9 Ausführlich zur Definition des Verknüpfungsphänomens siehe unten C, I.

Zuletzt ist auch im Falle der Vorteilsausgleichung eine Verknüpfung zweier gegenläufiger Sachverhalte zu erkennen. Durch das schädigende Verhalten wird beim Geschädigten ein Schaden hervorgerufen. Gleichzeitig erhält der Geschädigte durch diese Umstände aber auch einen Vorteil. Die Verknüpfung besteht wiederum darin, dass beide Sachverhalte durch dasselbe schädigende Ereignis hervorgerufen werden.

3. „Anspruchsverkürzung“

Die untersuchten Rechtsinstitute stimmen darüber hinaus in der tatsächlichen Auswirkung überein, die durch die Verknüpfung der Sachverhalte eintritt. Diese liegt in der „Beseitigung“ oder „Verkürzung“ von Ansprüchen[10]. Durch Aufrechnung werden zwei bestehende Forderungen zum Erlöschen gebracht. Die Gegenforderung und die Hauptforderung[11] heben sich in Höhe ihrer Deckung auf; eine höhere Forderung kann in Höhe des Überschusses bestehen bleiben. Das Mitverschulden hat zur Folge, dass ein Schaden nicht in der vollen Höhe realisiert werden kann, in der er an sich entstanden ist. Der Schadensersatzanspruch entsteht vielmehr nach Abzug der Quote in geringerer Höhe. Dies ist auch die Folge der Vorteilsausgleichung, bei der die Werte von Vor- und Nachteil saldiert werden. Zuletzt führt die Saldotheorie zu einem verminderten Konditionsanspruch trotz an sich höherer Bereicherung. Auch hier kommt es zu einer Saldierung der Werte von Bereicherung und Entreicherung.

Auf dieser Ergebnis-Ebene existieren mithin jeweils zwei Sachverhalte, die in ihrer Verknüpfung dazu führen, dass ein Anspruch nicht mehr in der ursprünglichen Höhe besteht. Alle vier Rechtsinstitute stimmen somit in ihrer tatsächlichen Folge einer Forderungsbegrenzung überein. Für denjenigen, der einen Anspruch durchsetzen möchte, bedeuten diese Verknüpfungsphänomene eine tatsächliche Verkürzung des Anspruchs. Er erhält faktisch weniger, als ihm an sich zustehen würde.

---

10 An dieser Stelle ist die Formulierung noch bewusst untechnisch.

11 Die Hauptforderung (auch Passivforderung) ist die Forderung, gegen die mit der Gegenforderung (auch Aktivforderung) aufgerechnet wird, vgl. Medicus/Lorenz 2008 – Schuldrecht I, Rn. 307/310; Brox/Walker 2007 – Schuldrecht AT, S. 136, § 16, Rn. 4.

III. Unterschiede

Neben den Gemeinsamkeiten bestehen bei Aufrechnung, Mitverschulden, Saldotheorie und Vorteilsausgleichung auch deutliche Unterschiede. Auch diese gilt es herauszuarbeiten.

1. Systematik

Man könnte zunächst versucht sein, einen Vergleich bereits mit der Begründung abzuwehren, dass es sich um völlig verschiedene Regelungen handle. Die Regelung zum Mitverschulden beschreibt die Leistungspflicht im Rahmen eines Schuldverhältnisses[12] als solches. Die Regelung der Aufrechnung greift erst am Ende eines Schuldverhältnisses ein, indem sie dessen Erlöschen behandelt. Saldotheorie und Vorteilsausgleichung sind im BGB gar nicht geregelt. Diese Rechtsinstitute wurden von Rechtsprechung und Wissenschaft entwickelt. Systematisch setzen sie auch bei der Bestimmung eines Forderungsinhalts an.

Die Systematik des Allgemeinen Schuldrechts im BGB, welches das Schicksal eines Schuldverhältnisses chronologisch abhandelt, scheint also zunächst gegen eine Gemeinsamkeit dieser Rechtsinstitute zu sprechen. In chronologischer Hinsicht berühren sie das Schicksal einer Forderung nacheinander. Gleichwohl handelt es sich insgesamt um Rechtsinstitute des Schuldrechts. Auch haben sie das Schicksal von Ansprüchen zum Gegenstand.

2. Regelungsinhalt

Inhaltlich geht es bei der Aufrechnung um die Verrechnung zweier Forderungen. Diese müssen vollständig entstanden sein und kommen durch die Aufrechnung zum Erlöschen. Der Gläubiger wird befriedigt. Das Mitverschulden setzt dagegen bei einem Anspruch an, ohne selbst einen eigenen Anspruch darzustellen. Anhand des Mitverschuldens wird gerade der Inhalt des Schadensersatzanspruches definiert. Dieser Anspruch wird also schon im Entstehen beeinflusst. Diesen Regelungsinhalt hat auch die Vorteilsausgleichung. Der Schädiger erhält hier keinen eigenen Anspruch. Vielmehr entsteht der Schadensersatzanspruch wegen des Vorteils anfänglich nur in geringerer Höhe. Zuletzt bringt auch die

12 Unter Schuldverhältnis wird nach gängiger Definition ein Verhältnis zwischen (mindestens) zwei Personen verstanden, kraft dessen die eine von der anderen eine Leistung zu fordern berechtigt ist, vgl. § 241 Abs. 1 S. 1 BGB. Zu unterscheiden sind dabei gesetzliche und vertragliche Schuldverhältnisse. Statt vieler Palandt 2009 – Kommentar BGB, Einl. v. § 241, Rn. 3.

Saldotheorie dieses Ergebnis. Die Anrechnung der Entreicherung lässt den Kondiktionsanspruch von Anfang an nur in geringerer Höhe entstehen. Einen eigenen Anspruch erhält der Kondiktionsschuldner nicht.

Die Aufrechnung bringt im Ergebnis eine bestehende Forderung zum Erlöschen. Mitverschulden, Saldotheorie und Vorteilsausgleichung lassen dagegen einen Anspruch bereits nur begrenzt entstehen. Auch inhaltlich setzen die Rechtsinstitute somit an verschiedenen Stationen eines Schuldverhältnisses an.

3. Funktionsweise

Bei der Aufrechnung handelt es sich um ein Gestaltungsrecht. Zu dessen Ausübung ist eine Willenserklärung erforderlich. Unerheblich ist dabei, welcher der beiden Schuldner diese Erklärung abgibt[13]. Das Mitverschulden dagegen ist ein rechtlicher Automatismus. Sobald bei der Schadensentstehung eine Beteiligung des Geschädigten vorliegt, kommt dieser zur Anwendung. Auch die Vorteilsausgleichung und die Saldotheorie stellen solche Automatismen dar. Sobald ein Vorteil, bzw. eine Entreicherung des Gläubigers hinsichtlich der Gegenleistung gegeben ist, kommt es zu einer Anrechnung. Bei der Aufrechnung liegt die Ausübung somit in der Disposition wenigstens eines Beteiligten[14]. Die Berücksichtigung des Mitverschuldens, der Saldotheorie und der Vorteilsausgleichung ist hingegen nicht disponibel. Im Prozess stellen jedoch alle Rechtsinstitute von Amts wegen zu berücksichtigende Einwendungen dar[15].

IV. Zusammenfassung der Aufgabenstellung

Alle vier Konstellationen haben somit die Verknüpfung zweier Sachverhalte, bzw. zweier Handlungsstränge zum Gegenstand. Diese Verknüpfung führt jeweils dazu, dass ein Anspruch nur noch gekürzt existiert. Aus diesem Aspekt weisen Mitverschulden und Aufrechnung deutliche Parallelen auf. Ein solches „Verknüpfungsphänomen" ist auch bei den Instituten der Saldotheorie im Bereicherungsrecht und der Vorteilsausgleichung im Schadensrecht zu erkennen. Letztere sind jedoch im Gegensatz zur Aufrechnung und zum Mitverschulden keine gesetzlichen Institute. Vielmehr handelt es sich um Auslegungsmodelle aus der praktischen Rechtsanwendung, also um „Richterrecht". Trotz dieses ge-

13 Die Beteiligten einer Aufrechnung sind ja immer gleichzeitig Gläubiger und Schuldner des anderen.

14 Der andere Teil kann dabei die erklärte Aufrechnung nicht einseitig verhindern, sofern eine Aufrechnungslage besteht.

15 Bei der Aufrechnung gilt dies freilich erst nachdem sie erklärt wurde.

nerellen Unterschieds basieren diese Rechtsinstitute auf dem Gedanken, dass sich zwei gegenläufige Sachverhalte kompensieren. Dies ergibt sich schon aus der historischen Herleitung der Rechtsinstitute. Der Kompensationsgedanke ist mithin der rote Faden, der diese Arbeit durchzieht.

Bei der Aufrechnung steht die Forderungsverrechnung in der Disposition der Parteien. Sowohl beim Mitverschulden, als auch bei der Saldotheorie und der Vorteilsausgleichung erfolgt die Verrechnung dagegen automatisch. Sie ist also jeglicher Disposition der Parteien entzogen. Gleichermaßen ist beachtenswert, dass Mitverschulden, Saldotheorie und Vorteilsausgleichung die gleiche Wirkungs- und Funktionsweise haben und direkt bei der Anspruchsentstehung ansetzen. Die Aufrechnung ist aber sowohl hinsichtlich der Funktion, als auch der Wirkung abweichend geregelt.

Unter diesen Gesichtspunkten ist somit die unterschiedliche Ausgestaltung der Rechtsinstitute bei vergleichbarer Ausgangslage und vergleichbarem tatsächlichem Ergebnis genauer zu untersuchen. Dabei wird man die aktuellen Gesetzestexte, sowie den aktuellen Meinungsstand nicht ohne eine eingehende Betrachtung der historischen Wurzeln analysieren können.

B) Aufrechnung, Mitverschulden, Saldotheorie und Vorteilsausgleichung

I. Aufrechnung

Die Aufrechnung ist im BGB in den §§ 387 ff. im Kapitel „Erlöschen der Schuldverhältnisse“ geregelt. Im Folgenden soll zunächst die historische Entwicklung der Aufrechnung aufgezeigt werden. Vor diesem Hintergrund gilt es dann, die aktuelle Regelung des BGB darzustellen und auf die prozessuale Geltendmachung der Aufrechnung einzugehen.

1. Von der Kompensation zur Aufrechnung der §§ 387 ff. BGB

Das Rechtsinstitut der Aufrechnung hat seine Wurzeln in den Überlegungen und Regeln der klassischen römischen Juristen. Seit über 2000 Jahren ist die Möglichkeit anerkannt, zwei gegenüberstehende Forderungen miteinander zu verrechnen. Auffällig ist dabei schon vorab die Feststellung, dass es sich bei der Aufrechnung über sehr lange Zeit hinweg ausschließlich um ein Produkt der Rechtspraxis handelte, während die Gesetzgebung erst spät entsprechende Regelungen schuf[16].

Schwerpunkt dieser Arbeit kann und soll nicht die Entwicklung des heutigen Rechtsinstituts der Aufrechnung sein[17]. Auch auf die genauen Umstände der römisch-rechtlichen Kompensation soll hier nicht näher eingegangen werden. Für das Verständnis der modernen Aufrechnung ist es aber dennoch unabdingbar, die Entwicklungslinie grob aufzuzeigen und insbesondere die Wandlung von einem rein prozessualen Instrument hin zu einem Gestaltungsrecht nachzuzeichnen.

---

16 So für die Geschichte der Compensation im römischen Recht Weiske 1984 (ursprgl. 1840) – Rechtslexikon II, S. 724.

17 Über die genaue geschichtliche Entwicklung besteht vielfältige und umfassende Literatur aus sämtlichen Epochen, siehe nur: HKK 2007 – §§ 305-432, §§ 387-396; Siber 1899 – Compensation und Aufrechnung; Leonhard 1896 – Aufrechnung; Eisele 1872 – Compensation; Dernburg 1868 – Kompensation.

a) Klassisches Römisches Recht

Im klassischen römischen Recht gab es noch kein einheitliches Institut der Aufrechnung[18]. Gleichwohl existierten vier Fälle, in denen gegenüberstehende Forderungen beachtet werden mussten[19]. Da das klassische römische Recht durch den sehr formalen Aktionenprozess geprägt war, wurde auch die Möglichkeit einer Kompensation nur im Rahmen des Prozessrechts diskutiert[20]. Dabei entfaltete die Kompensation auch nur prozessrechtliche Wirkung. Zu einem materiellrechtlichen Erlöschen der beteiligten Forderungen kam es noch nicht[21].

Diese vier prozessualen Formen der Aufrechnung konnten wiederum in „richterliche Kompensation" und „Kompensation durch das Recht selbst" unterteilt werden[22]. Diese Einteilung wurde in der Wissenschaft entwickelt und bot sich an, da im römischen Recht die Kompensation auf zwei unterschiedliche Wege erfolgen konnte. Zum einen hatte der Richter die Möglichkeit, bei der Urteilsfindung über die Klageforderung eine Gegenforderung zu berücksichtigen. Zum anderen konnte der Kläger verpflichtet sein, schon bei seiner Klageforderung von Anfang an eine Gegenforderung in Abzug zu bringen[23].

i. Richterliche Kompensation

In den Fällen der richterlichen Kompensation gab es zum einen die „bonae fidei iudicia", also die „Klagen nach Treu und Glauben". Hier konnte der Richter bei einer Gegenforderung die Klageforderung entsprechend verringern[24]. Die beiden Forderungen mussten allerdings aus demselben Schuldverhältnis resultieren, also „ex eadem causa" sein[25]. Diese Verrechnung[26] stand dabei im alleinigen

---

18 Vgl. Kaser 1971 – Römisches Privatrecht I, S. 644, § 151 I; HKK 2007 – §§ 305-432, §§ 387-396, Rn. 7. Bereits in diesen Fällen ist eine gewisse Vereinheitlichung zu erkennen.

19 Siehe zu diesen Fällen Siber 1899 – Compensation und Aufrechnung, S. 1; Zimmermann 1990 – Law of obligations, S. 761–765; HKK 2007 – §§ 305-432, §§ 387-396, Rn. 5. Eine knappe Übersicht bietet auch Kaser 1965 – Römisches Privatrecht, S. 203/204, § 53 III.

20 In den Institutionen wird die Aufrechnung im Rahmen des vierten Buches über die Klagen abgehandelt, vgl. Manthe 2004 – Gaius institutiones, S. 354-359, Gai. Inst. 4, 61-68; Zimmermann 1990 – Law of obligations, S. 761.

21 Kaser 1971 – Römisches Privatrecht I, S. 644, § 151 I

22 Pichonnaz 2001 – Compensation, S. 30, Rn. 74

23 Kaser 1971 – Römisches Privatrecht I, S. 644, § 151 I

24 Vgl. Manthe 2004 – Gaius institutiones, S. 354-359, Gai. Inst. 4, 61-66, bzw. Behrends/Knütel 1997 – CIC I Inst, S. 242/237, Inst. 4, 6, 39/30.

25 Vgl. Manthe 2004 – Gaius institutiones, S. 354-357, Gai. Inst. 4, 61.

Ermessen des Richters[27]. Der Richter konnte selbst beurteilen, ob er die Gegenforderung berücksichtigt. Entschied sich der Richter gegen eine Berücksichtigung der Gegenforderung, hatte dies aber nicht zur Folge, dass diese Forderung nicht anderweitig eingeklagt werden konnte[28]. Selbst die Berücksichtigung im Prozess hatte aber keine Rechtshängigkeit der Forderung zur Folge. Dies lag an der unilateralen Ausrichtung des klassischen Formularprozesses, nach welcher der Richter nur über die Klageforderung entscheiden durfte[29]. Die Gegenforderung erlosch auch materiellrechtlich nicht, da das Urteil nur die Klageforderung abhandelte, nicht aber die Gegenforderung. Der Schutz des Klägers vor einer nochmaligen Geltendmachung der Gegenforderung erfolgte dann mittels prozessrechtlicher Mechanismen. Sollte der Beklagte also seine prozessrechtlich verbrauchte Gegenforderung erneut geltend machen wollen, konnte der Kläger eine Verfahrenseinrede erheben, welche zur Abweisung der Klage führte[30].

Auch die Klage des „bonorum emptor“, also des Käufers eines Vermögens, stellt einen Fall der richterlichen Kompensation dar. Zwar erweckt der Zusatz „agere cum deductione“ zunächst den Eindruck, es handle sich um eine „erzwungene“ Herabsetzung der Klageforderung bereits durch den Kläger[31]. Der Wortlaut von Gai. Inst. 4, 65 und 67 spricht auch zunächst dafür, dass der Kläger seine Klageforderung reduzieren, er also bereits die „Aufrechnung“ vornehmen muss. Jedoch macht Gai. Inst. 4, 68 deutlich, dass erst der Richter den Abzug vornimmt, so dass ein reduzierter Klageantrag nicht erforderlich ist[32]. Es handelt sich mithin auch bei dem „agere cum deductione“ des „bonorum emptor“ um eine Aufrechnung, die im Ermessen des Gerichts steht.

---

26 Es handelte sich hierbei jedoch nicht um eine Aufrechnung im heutigen Sinne, sondern vielmehr um eine Abrechnung, also um eine rein prozessuale Saldierung zweier gegenüberstehender Forderungen, vgl. Schwarz 1954 – Konträrklagen, S. 193. So sah das auch noch das Reichsgericht in RGZ 83, 279 [281/282] für zwei gegenüberstehende Forderungen, die aus demselben Vertragsverhältnis resultieren.

27 Vgl. Manthe 2004 – Gaius institutiones, S. 356-357, Gai. Inst. 4, 63.

28 Siehe hierzu Dig. 3, 5, 7, 2, wobei hier auch festgestellt wird, dass eine anderweitige Geltendmachung dann nicht mehr möglich ist, wenn der Richter die Gegenforderung nach der Prüfung für nicht begründet hält, Behrends/Knütel 1995 – CIC II Dig. 1-10, S. 315/316.

29 Schwarz 1954 – Konträrklagen, S. 193/194

30 Pichonnaz 2001 – Compensation, S. 676, Rn. 2239

31 Kaser 1965 – Römisches Privatrecht, S. 203, § 53 III; HKK 2007 – §§ 305-432, §§ 387-396, Rn. 5.

32 Manthe 2004 – Gaius institutiones, S. 358/359, Gai. Inst. 4, 68

ii. „Kompensation durch das Recht selbst"

Die Fälle der „Kompensation durch das Recht selbst" beinhalten für den Kläger den Zwang, eine Gegenforderung bereits in seinem Klageantrag zu berücksichtigen. In diesen Fällen wird deshalb von einer „ipso-iure"-Wirkung gesprochen[33]. Dies ist aber schon insofern missverständlich, als die Aufrechnung nicht kraft Gesetzes erfolgte. Vielmehr war der Kläger kraft Gesetzes zu einer Berücksichtigung der Gegenforderung im Vorfeld verpflichtet[34].

Hierunter fällt die Klage des „argentarius", also des Bankiers. Dieser musste gegen seinen Schuldner „cum compensatione" vorgehen, also bereits in seiner Klageformel die Gegenforderung abziehen[35]. Eine Entscheidung über die Gegenforderung erfolgte dabei allenfalls indirekt, weil der Richter an den reduzierten Klageantrag gebunden war und nur über diesen urteilte. Die Wirkung dieser Aufrechnung war dabei ebenfalls nur eine prozessrechtliche. Auch bei der Klage „cum compensatione" gab es für den Kläger eine Verfahrenseinrede für den Fall, dass der Beklagte seine Gegenforderung trotz der Anrechnung später nochmals geltend machen wollte[36].

Zuletzt gab es im klassischen römischen Prozess auch bei anderen strengrechtlichen Klagen („actiones stricti iuris") die Möglichkeit einer Aufrechnung. Diese Form der Aufrechnung war anerkannt, auch wenn die Institutionen des Gaius hierüber schweigen[37]. Mittel der Aufrechnung war hier die „exceptio doli", also die Erhebung einer „Arglisteinrede". Hatte der Kläger in seiner Klageforderung eine Gegenforderung nicht berücksichtigt, so konnte der Beklagte mit dieser „exceptio doli" erreichen, dass der Kläger mit seiner gesamten Klageforderung abgewiesen wird. Dies konnte der Kläger nur verhindern, wenn er von sich aus die Gegenforderung abzog[38]. Diese Art der Aufrechnung hatte dabei ihren Ursprung in dem Grundsatz des „dolo facit, qui petit, quod statim redditurus est". Der Kläger handelte also arglistig, wenn er eine anerkannte Gegenforderung

---

33 Zimmermann 1990 – Law of obligations, S. 764 und insbesondere Fn. 114.

34 HKK 2007 – §§ 305-432, §§ 387-396, Rn. 6

35 Zimmermann 1990 – Law of obligations, S. 764; Kaser 1971 – Römisches Privatrecht I, S. 645, § 151 I

36 HKK 2007 – §§ 305-432, §§ 387-396, Rn. 6

37 Manthe 2004 – Gaius institutiones, S. 356-359, Gai. Inst. 4, 61-68; Dernburg 1868 – Kompensation, S. 177 ff.; Kaser 1965 – Römisches Privatrecht, S. 203-204, § 53 III. Allerdings gibt es auch Gegenstimmen, welche eine Aufrechnung mittels der „exceptio doli" nicht anerkennen wollen, vgl. Leonhard 1896 – Aufrechnung, S. 47, § 12.

38 Zimmermann 1990 – Law of obligations, S. 762; HKK 2007 – §§ 305-432, §§ 387-396, Rn. 6.

nicht selbständig in Abzug brachte[39]. Auf die „exceptio doli" hin konnte der Kläger nun seine Klageforderung beschränken. Es handelte sich somit um einen eigenen Willensentschluss des Klägers, wenngleich von einer echten freien Willensentscheidung nicht ausgegangen werden konnte[40].

b) Corpus Iuris Civilis und Rezeption

Die Überlegungen und Rechtssätze der klassischen römischen Juristen mussten in den folgenden Jahrhunderten oftmals an die geänderten Umstände angepasst werden. Dies gilt bereits für die Zeit der Nachklassik und erst recht für die Zeit der Rezeption, also der „Wiederentdeckung" des „corpus iuris civilis" im frühen Mittelalter.

i. Nachklassik

Im klassischen römischen Recht wurde die Aufrechnung im Rahmen des Prozessrechts und beschränkt auf bestimmte Anwendungsfälle behandelt. Die Aufrechnung im Wege der „exceptio doli" zeigte jedoch bereits erste Ansätze einer Vereinheitlichung dieses Rechtsinstituts. Jene Vereinheitlichung wurde in der Zeit der Nachklassik[41] fortgeführt. Maßgeblich für diese Entwicklung war dabei der Wandel vom strengen Formularprozess hin zum weniger strengen Kognitionsverfahren[42]. Im Kognitionsprozess kam es nunmehr darauf an, dass der Beklagte aktiv die Aufrechnung mit einer Gegenforderung geltend machte[43]. Zudem musste der Beklagte auch beweisen, dass es sich um eine gleichartige Forderung handle, welche der Klageforderung gegenüber stehe. Eine materiellrechtliche Wirkung hatte diese Aufrechnung indes noch immer nicht.

---

39 Vgl. zu diesem Grundsatz, welcher der Aufrechnung des klassischen römischen Rechts insgesamt immanent war Dernburg 1868 – Kompensation, S. 361; HKK 2007 – §§ 305-432, §§ 387-396, Rn. 1.

40 Schließlich drohte andernfalls der vollständige Prozessverlust.

41 Die Nachklassik beginnt grob mit der Teilung des Römischen Reiches im 3. Jahrhundert und endet mit der Kodifikation des „Corpus Iuris Civilis" durch Justinian um 535-540 n. Chr. „Nachklassik" wird dabei aber auch zuweilen bewusst gewählt, um den Niedergang des Römischen Reiches zu beschreiben, vgl. Kaser 1975 – Römisches Privatrecht II, S. V (Vorwort). Zur damaligen Anerkennung des CIC vgl. Kaser 1975 – Römisches Privatrecht II, S. 33/39.

42 Kaser 1975 – Römisches Privatrecht II, S. 447, § 247 IV; HKK 2007 – §§ 305-432, §§ 387-396, Rn. 8.

43 Pichonnaz 2001 – Compensation, S. 677, Rn. 2247

Unter Justinian entwickelte sich die Aufrechnung allmählich zu einem allgemeinen Rechtsinstitut, das losgelöst von den vier Fallgruppen des klassischen Rechts existierte[44]. Es bedurfte aber weiterhin einer Geltendmachung der Aufrechnung durch den Beklagten im Prozess. Hierdurch wurde eine Kompensation „sine facto hominis“ verhindert[45]. Erstmals bekam die Aufrechnung nun aber eine materiellrechtliche Wirkung. Sowohl die Klageforderung, als auch die Gegenforderung wurden vollständig in dem Prozess abgehandelt, so dass diese Forderungen durch die Aufrechnung auch außerhalb des Prozesses erloschen sind. Diese Rechtsfolge trat dabei nicht „ipso iure“ ein, sondern durch den Richterspruch[46]. Es handelte sich somit trotz der materiellrechtlichen Wirkung weiterhin um ein rein prozessrechtliches Institut.

ii. Glossatoren / Postglossatoren

Eine erneute Beschäftigung mit dem römischen Recht in Form des „Corpus Iuris Civilis“ erfolgte erst mit dessen „Wiederentdeckung“ ab dem späten elften Jahrhundert in Bologna[47]. Mit diesem Zeitpunkt begann eine intensive und wissenschaftliche Bearbeitung der juristischen Texte, welche sich über das ganze Mittelalter erstreckte[48]. In dieser Phase war es wichtig, aus der gesamten Quellenfülle praktikable Ergebnisse zu filtern. Weniger maßgeblich war es hingegen,

---

44 Kaser 1975 – Römisches Privatrecht II, S. 447/448, § 247 IV; Honsell/Mayer-Maly 1987 – Römisches Recht, S. 275/276, § 105 III.

45 HKK 2007 – §§ 305-432, §§ 387-396, Rn. 8. Dies ergibt sich auch aus dem Codex Iustinianus, Cod. 4, 31, 14, 1: *„Doch befehlen wir, dass die Compensationen nur dann sollen vorgeschützt werden können, wenn der Anspruch, welchen man in Gegenrechnung bringt, liquid und nicht mit vielen Weitläufigkeiten verwickelt ist, /.../“*, vgl. Otto/Schilling 1984 (ursprgl. 1832) – CIC V, S. 612. Im Original: *„Ita tamen compensationes obici iubemus, si causa ex qua compensatur liquida sit et non multis ambagibus innodata /.../“*, Krüger/Kunkel 1997 (ursprgl. 1954) – CIC II Codex, S. 171. Der Beklagte musste demnach für die Aufrechnung im Prozess aktiv etwas tun.

46 So HKK 2007 – §§ 305-432, §§ 387-396, Rn. 8. Es wird aber auch vertreten, dass Justinian eine „ipso-iure“-Wirkung gerade wollte, vgl. Honsell/Mayer-Maly 1987 – Römisches Recht, S. 276, § 106 III. In diese Richtung auch Kaser 1975 – Römisches Privatrecht II, S. 448, § 247 IV.

47 Ausführlich zu dieser Wiederentdeckung Lange 1997 – Glossatoren, S. 8 ff. und 29/30.

48 Methodisch wurde dabei im Weg der Gesetzeskommentierung gearbeitet, vgl. Lange 1997 – Glossatoren, S. 118/119. Zeitlich ist diese Bearbeitung in die Phase der Glossatoren (11. bis ca. 13. Jahrhundert) und darauf folgend der Postglossatoren (auch Kommentatoren, 13. bis 15. Jahrhundert) einzuteilen, vgl. Coing 1973 – HdbPRG I, S. 139. Allerdings gab es zwischen den Glossatoren/Postglossatoren inhaltlich keinen Bruch. Vielmehr handelt es sich nur um eine zeitliche Abgrenzung, die aber insgesamt problematisch ist.

die Quellen historisch korrekt einzuordnen und die zeitlich bedingten Unterschiede und Änderungen herauszuarbeiten[49]. Insbesondere die Postglossatoren fassten die Ergebnisse der Glossatoren[50] als „status quo“ auf und orientierten sich bei ihren Überlegungen hieran[51], anstatt die Quellen nochmals von Anfang an zu durchdenken. In dieser Ergebnisorientierung betrachteten die mittelalterlichen Juristen die Aufrechnung nicht mehr als prozessuales Rechtsinstitut, sondern als materiellrechtliches[52]. Dabei wurde die Aufrechnung als Form der Zahlung angesehen.

Von größerer Bedeutung war jedoch, dass der „ipso-iure“-Satz nicht mehr nur als Zwang des Klägers zur Berücksichtigung der Gegenforderung interpretiert wurde. Vielmehr wurde dieses „ipso iure“ jetzt so ausgelegt, dass sich zwei gegenüberstehende Forderungen automatisch, d.h. ohne eine Erklärung der Parteien oder des Gerichts, zum Erlöschen bringen (sine facto hominis)[53]. Diese neue Ansicht bedeutete einen Bruch mit dem klassischen römischen Recht, nach welchem wenigstens ein Richterspruch zur Auslösung der Aufrechnung erforderlich war[54].

Die Ansicht, dass es sich bei der Aufrechnung um eine besondere Zahlungsform handle, blieb bis ins 19. Jahrhundert die herrschende Meinung[55]. Schon früher wurde dabei eine Fiktion entwickelt, wonach die Kompensation die Selbstbezahlung des Schuldners darstelle[56]. Die Aufrechnung wurde somit zwar noch nicht

---

49 Lange 1997 – Glossatoren, S. 451/452; die Glossatoren betrachteten dabei die überlieferten Quellen und insbesondere das Corpus Iuris Civilis als geltendes Recht.

50 Hier spielte insbesondere die „Glossa ordinaria“ des Accursius eine Rolle.

51 Für die „Glossa ordinaria“ des Accursius, vgl. Lange 1997 – Glossatoren, S. 372 ff.; Coing 1973 – HdbPRG I, S. 139.

52 Heute spricht man bei diesem Umstand von einem „produktiven Missverständnis“, bzw. von einer „unbewusst“ schöpferischen Quellenanalyse, vgl. Pichonnaz 2001 – Compensation, S. 678, Rn. 2249; HKK 2007 – §§ 305-432, S. §§ 387-396, Rn. 9.

53 Hierzu ausführlich Pichonnaz 2001 – Compensation, S. 678, 2250, 1013 ff.

54 Uneinigkeit bestand jedoch bei der Frage, ob darüber hinaus eine Geltendmachung der Aufrechnung vor Gericht erforderlich sei, vgl. zu diesem Diskurs vgl. Dernburg 1868 – Kompensation, S. 281 ff.

55 So vertrat Dernburg die Auffassung, *„daß Compensation bei aller Verschiedenheit gleichwohl denselben ökonomischen Grundcharakter, wie die Zahlung, an sich trägt“*, vgl. Dernburg 1868 – Kompensation, S. 362/363.

56 Krug stellte dabei den Satz auf, *„die compensatio sey nach römisch-rechtlicher Auffassung die Fiction, daß ein Gläubiger mit dem, was er dem debitor schuldet, sich selbst bezahlt habe“*, vgl. Krug 1842 – Römisch-rechtliche Compensatio, S. 212.

explizit als Grund für das Erlöschen einer Forderung angesehen, aber doch jedenfalls dogmatisch in diesem Umfeld verankert.

c) Entwicklung im 19. Jahrhundert

Seit Beginn des 19. Jahrhunderts wurde in der Wissenschaft von vielen Seiten die Kodifikation eines einheitlichen Zivilgesetzbuches gefordert[57], wenngleich bedeutende Namen dieses Vorhaben ablehnten[58]. In einem Spannungsverhältnis zwischen den historisch römischen Lehrmeinungen[59] und den naturrechtlich geprägten Ansichten wurde eingehend über die Erstellung einer zivilrechtlichen Kodifikation gestritten. Auch die Behandlung der Aufrechnung als Rechtsinstitut wurde von dieser Diskussion geprägt, insbesondere die Frage nach der Wirkungsweise.

i. Theorie

Wie beinahe alle zivilrechtlichen Denkansätzen, wurde auch die Aufrechnung maßgeblich vom römischen Recht beeinflusst. Das heutige Kompensationsrecht ist dabei aus einer Kombination römisch-rechtlicher Grundgedanken und einer „deutschen" Rechtskultur entstanden[60]. Die Aufrechnung war seit dem Mittelalter als einheitliches Rechtsinstitut anerkannt[61]. In der theoretischen Diskussion ging es aber um die Frage, ob es einer Ausübung[62] der Aufrechnung bedurfte, oder ob die Wirkung vielmehr ipso iure eintreten sollte, sobald sich zwei Forderungen gegenüberstanden[63]. Für beide Ansichten ließen sich dabei sowohl Vertreter[64], als auch Beispiele in Form von Gesetzen[65] finden. Die Naturrechtler

---

57 Hervorzuheben ist hier der Appell von Anton Friedrich Justus Thibaut in dessen Streitschrift „Über die Nothwendigkeit eines allgemeinen bürgerlichen Gesetzbuches für Deutschland" von 1814.

58 So der wohl bedeutendste deutsche Jurist überhaupt, Friedrich Carl von Savigny in seiner Streitschrift „Vom Beruf unserer Zeit für Gesetzgebung und Rechtswissenschaft", ebenfalls von 1814.

59 Deren Vertreter bildeten die sogenannte historische Rechtsschule.

60 Zu diesem Ergebnis kommt auch Prausnitz 1928 – Forderungsverrechnung, S. 170/171.

61 Losgelöst von den Kompensationsfällen des klassischen römischen Rechts sah man dabei die Aufrechnung als eigenes Rechtsinstitut. Der Übergang von der rein prozessualen Wirkung hin zu einem materiellrechtlichen Rechtsinstitut basierte dennoch auf einem produktiven Missverständnis, vgl. hierzu Fn. 52.

62 Durch einseitige Erklärung: Dernburg 1868 – Kompensation, S. 309/310, siehe hierzu auch Krug 1833 – Compensation, S. 74 ff.

63 Pichonnaz 2001 – Compensation, S. 678/679, Rn. 2250/2251, S. 370 ff., Rn. 1271 ff.

64 Eine Darstellung des Meinungsstandes findet sich bei Dernburg 1868 – Kompensation, S. 281–291.

plädierten eher für eine automatische Aufrechnung; auch die naturrechtlich geprägten Kodifikationen enthielten einen Automatismus[66]. Die Pandektisten besonnen sich dagegen auf eine Geltendmachung durch Erklärung[67].

Automatismus in diesem Sinne bedeutet eine Aufrechnung „ipso iure", so wie die klassischen römischen Quellen im Mittelalter ausgelegt wurden. Der Grundsatz des „ipso iure compensatur" wurde dahingehend verstanden, dass zwei gegenüberstehende Forderungen „sine facto hominis" in Höhe ihrer Deckung zum Erlöschen kommen[68]. Rechtlicher Hintergrund dieser ipso iure Wirkung war dabei die Vorstellung, dass mit dem Entstehen einer Gegenforderung der Gläubiger einer Hauptforderung sofort einen entsprechenden Gegenwert in seinem Vermögen hatte. Demnach konnte er nicht mehr den vollen Betrag fordern. Die beiden Forderungen führten somit zu einem sofortigen wirtschaftlichen Ausgleich bei Gläubiger und Schuldner

Das Gegenstück zur Aufrechnung ipso iure stellt die Aufrechnung mittels einer Geltendmachung dar. Das Gegenüberstehen der Forderungen alleine reicht noch nicht aus. Vielmehr bedarf es zur Auslösung einer Erklärung durch eine der Parteien. Diese Theorie geht ebenfalls auf das Mittelalter zurück[69]. Demnach sei das „ipso iure" in den klassischen Quellen nicht als Automatismus zu verstehen. Vielmehr bedeute „ipso iure" in diesem Zusammenhang, dass die Aufrechnung nicht zwangsläufig durch einen Richterspruch herbeigeführt werden müsse. Sie sei eben auch auf Grundlage des Rechts – also „ipso iure" – durch eine Parteierklärung möglich[70]. Bereits nach dieser Auffassung lag die Ausübung der Aufrechnung in der Disposition der Parteien. Dies fügte sich in die moderne Ansicht der Privatautonomie insofern, als der Wille der Beteiligten maßgeblich für den Bestand und den Inhalt von rechtlichen Beziehungen war[71]. Einher mit diesem Wechsel hin zur rechtsgestaltenden Erklärung ging im 19. Jahrhundert auch ein Wechsel in der Terminologie. Nunmehr wurde nicht mehr von „Compensation"

---

65 Siehe hierzu unten B, I, 1, c), ii.

66 HKK 2007 – §§ 305-432, §§ 387-396, Rn. 11; vgl. in Frankreich: Art. 1290 CC und in Österreich: § 1438 AGBGB. Aber auch weniger naturrechtlich geprägte Gesetze enthielten eine Aufrechnung ipso iure, z.B. in den Preußischen Staaten: I 16 § 301 ALR.

67 Pichonnaz 2001 – Compensation, S. 679/680, Rn. 2253-2255

68 Pichonnaz 2001 – Compensation, S. 679/680, Rn. 2254

69 Siehe die ausführliche Darstellung bei Dernburg 1868 – Kompensation, S. 285.

70 Vgl. Dernburg 1868 – Kompensation, S. 285.

71 So auch HKK 2007 – §§ 305-432, §§ 387-396, Rn. 12, der die Rolle der *„Willensherrschaft über Entstehung, Gestaltung und Erlöschen von Rechtsbeziehungen"* herausstellt.

gesprochen, sondern einhellig von „Aufrechnung“[72]. Dennoch blieb es bei einer Geltendmachung der Aufrechnung im gerichtlichen Prozess. Eine außergerichtliche Ausübung erschien nicht möglich, ebenso wenig wie eine Ausübung durch einseitige Erklärung[73]. Entgegen dieser herrschenden Meinung wurde jedoch auch die Ansicht vertreten, dass die Aufrechnung auch außergerichtlich durch Erklärung eines jeden Schuldners erfolgen könne[74].

ii. Bestehende Kodifikationen

Im 18. und 19. Jahrhundert wurden in Europa einige zentrale Zivilrechtskodifikationen geschaffen. Die Kodifikation der Aufrechnung kann also nicht beurteilt werden, ohne jedenfalls einen kurzen Blick auf die bereits existierende Zivilgesetze und deren Regelungen zur Aufrechnung zu werfen.

(1) Das Allgemeine Preußische Landrecht (ALR)

Eine der größten und umfangsreichsten deutschen Gesetzeskodifikationen des 19. Jahrhunderts war das Allgemeine Preußische Landrecht von 1794[75]. Das ALR stand unter erheblichem Einfluss der Aufklärung und war ein Meilenstein auf dem Weg zu einem aufgeklärten Staatsbewusstsein[76].

Die Aufrechnung war im ALR im ersten Teil, Titel 16, Abschnitt 6 in den §§ 300 bis 377 geregelt. Die Regelung ist somit sehr umfangreich und wie das gesamte ALR wenig abstrakt, sondern auf ganz verschiedene Einzelfälle bezogen[77]. In § 301 ist dabei festgelegt, dass

---

72 Mit der Abkehr von der römisch-rechtlichen Theorie konnte sich auch der deutsche Name durchsetzten, vgl. Siber 1899 – Compensation und Aufrechnung, S. 81 und Leonhard 1896 – Aufrechnung, S. 144/145. Hiergegen Liebknecht 1897 – Compensationsvollzug, S. 1, Fn. 1.

73 Vielmehr sollte es auf einen „Kompensationsvertrag“ ankommen, vgl. Dernburg 1868 – Kompensation, S. 529/530. Hierbei handelte es sich um die herrschende Auffassung im späten 19. Jahrhundert, vgl. noch Windscheid/Kipp 1963 (ursprgl. 1906) – Pandektenrecht II, S. 470/471, § 349, Fn. 15. Vgl. auch Liebknecht 1897 – Compensationsvollzug, S. 2/3, wenngleich Liebknecht auch die anderen Formen sieht (S. 25 ff.) und sich für die Kompensation als an die Stelle einer Zahlung getretenen Erlass entscheidet (S. 36 ff.).

74 Dies vertrat beispielsweise Leonhard 1896 – Aufrechnung, S. 5/6 und 144 ff.

75 Wenngleich der Einfluss dieser Kodifikation insgesamt eher gering war, vgl. Hattenhauer/Bernert 1970 – ALR 1794, S. 38/39.

76 Hierzu Hattenhauer/Bernert 1970 – ALR 1794, S. 11 ff. und 30/31.

77 Zu dieser kasuistischen Methode der Gesetzgebung sehr anschaulich Larenz/Wolf 2004 – BGB AT, S. 64, § 3, Rn. 78.

„sobald die Forderung, durch welche die Compensation gesetzmäßig begründet wird, entstanden ist, /.../ auch die Schuld, so weit die Compensation reicht, für erloschen geachtet"

wird. Das ALR enthält somit einen Aufrechnungsautomatismus, ohne dass eine menschliche Erklärung erforderlich wäre. Diese „ipso-iure"-Regelung wurde dabei bewusst gewählt und sollte zunächst auch als solche verstanden werden[78]. Allerdings wurde diese Regelung insbesondere im Zusammenspiel mit § 300[79] alsbald dahingehend ausgelegt, dass sich die „ipso-iure"-Wirkung nur auf die Folge der Aufrechnung beziehe, also auf das Erlöschen der Forderungen. Für die Auslösung sollte hingegen eine Erklärung, also eine „willkürliche Handlung" erforderlich sein[80]. Im Ergebnis existierte somit auch im Geltungsbereich des ALR faktisch eine Aufrechnung als Rechtsgeschäft.

(2) Der Bayerische Codex Maximilianeus Bavaricus Civilis (CMC)

In Bayern galt bis zur Ablösung durch das BGB im Jahre 1900 der Codex Maximilianeus Bavaricus Civilis (CMC) von 1756. Zeitlich ist der CMC zwar dem aufkeimenden Naturrecht und der Aufklärung verbunden, inhaltlich kamen diese Gedanken jedoch nicht vollumfänglich zum Tragen[81]. Allerdings stellt der CMC keine Schaffung eines neuen Zivilrechts dar (wie das ALR oder das ABGB), sondern eine Zusammenfassung der geltenden Rechte, also vor allem des Landrechts von 1616, welches aber subsidiär weiter galt[82].

Der CMC regelt die Aufrechnung im fünfzehnten Kapitel des vierten Teils in einem Paragraph. Eingangs wird der Grundsatz der Kompensation dargestellt:

„Eine rechtmäßige Kompensation, wodurch nämlich eine Schuld gegen die andere aufgehoben wird, thut die nämliche Wirkung, wie eine Bezahlung, erfordert aber auch zu dem Ende allezeit mehrere Schuldner und reciprocirliche Forderungen, welche nämlich einer gegen den anderen /.../ zu machen hat.[83]*"*

78 Liebknecht 1897 – Compensationsvollzug, S. 53 und insbesondere Fn. 4.

79 § 300 ALR: *„Die Aufhebung der Verbindlichkeiten, welche durch gegenseitige Anrechnung dessen, was einer dem anderen schuldig ist, erfolgt, wird Compensation genannt".*

80 Zu dieser Auslegung Koch 1875 – Kommentar ALR II, S. 377/378, §§ 300, 301, Fn. 1-4a.

81 HRG 1971 – I. Band Aachen-Haussuchung, S. 337

82 Kreittmayr 1990 (ursprgl. 1768) – Compendium codicis Bavarici, S. 3; es enthielt teilweise auch öffentliches Recht, HRG 1971 – I. Band Aachen-Haussuchung, S. 338.

83 CMC/Bai. Landrecht 1821, S. 593

Aus dieser Formulierung wird dabei nicht klar, ob es sich hier um einen Automatismus handeln soll. Zwar wird die Wirkung der Kompensation als solches behandelt. Es fehlt aber eine Regelung über die Auslösung dieser Wirkung. Auch in seinem Lehrbuch zum CMC ist durch die Formulierung v. Kreittmayrs nicht letztlich deutlich der eine oder der andere Weg eingeschlagen. Hier spricht v. Kreittmayr zwar davon, dass sich die Forderungen „ipso iure" gegeneinander aufheben würden[84]. Allerdings erklärt v. Kreittmayr in dem von ihm selbst verfassten Kommentar zum CMC, dass es bei der Aufrechnung nur auf den Willen ankäme, welcher erklärt werden müsse[85]. Die Folge der Aufrechnung trete dann aber „ipso-iure" ein. Mit dieser Regelung vertrat der CMC somit bereits 1756 eine Meinung, die sich erst 100 Jahre später als herrschend durchsetzte. Es bedurfte keiner ergänzenden Gesetzesauslegung. Auch der Entwurf für ein Bayerisches BGB von 1861, welches dann aber nie Gesetz wurde, enthielt konsequent die Aufrechnung per Erklärung[86].

(3) Das Österreichische Allgemeine Bürgerliche Gesetzbuch (ABGB)

Auch in Österreich begannen Mitte des 18. Jahrhunderts die Arbeiten an einer Zivilrechtskodifikation, welche den Errungenschaften der Aufklärung Rechnung tragen sollte. Die endgültige Fassung des ABGB trat 1812 in Kraft, nachdem bereits Vorläufer in Form verschiedener Entwürfe und Gesetze vorhanden waren[87].

Die Aufrechnung ist in § 1438 ABGB geregelt:

> *„Wenn Forderungen gegenseitig zusammentreffen, die richtig, gleichartig, und so beschaffen sind, daß eine Sache, die dem Einen als Gläubiger gebührt, von diesem auch als Schuldner dem Andern entrichtet werden kann; so entsteht, in so weit die Forderungen sich gegen einander ausgleichen, eine gegenseitige Aufhe-*

---

84 Kreittmayr 1990 (ursprgl. 1768) – Compendium codicis Bavarici, S. 273, Part. IV Cap. XV, § 1

85 Kreittmayr 1844 – Anmerkungen CMC, S. 591, Kreittmayr schreibt hier: *„Compensatio enim est merae voluntatis, non necessitatis"*, also *„Die Aufrechnung geschieht nämlich rein durch den Willen, nicht durch eine Notwendigkeit"*; diese Auslegung war in Bayern herrschende Meinung, vgl. Danzer 1894 – Kommentar CMC, S. 292.

86 Teil II, Buch I, Hauptstück 4, Abteilung 2, Art. 181 ff, insbesondere Art. 182: *„Die Aufrechnung wird durch jede dem Gläubiger gegenüber vom Schuldner abgegebene ausdrückliche Erklärung bewirkt."*, vgl. Entwurf Bayr. BGB 1973 (ursprgl. 1861-1864), S. 84. Dies wird in den Motiven auch nochmals deutlich zum Ausdruck gebracht, vgl. Entwurf Bayr. BGB 1973 (ursprgl. 1861-1864), S. 411.

87 HRG 2004 – 1. Lieferung Aachen-Anarchismus, S. 146–148

bung der Verbindlichkeiten (Compensation), welche schon für sich die gegenseitige Zahlung bewirket[88].“

Der Wortlaut dieser Norm deutet somit auf einen Aufrechnungsautomatismus hin, also auf eine Selbsttilgung der gegenüberstehenden Forderungen „ipso iure“[89]. Diese ausdrückliche gesetzliche Regelung wurde jedoch im Laufe des 19. Jahrhunderts unter dem Einfluss der Pandektistik dahingehend ausgelegt, dass eine Aufrechnungserklärung erforderlich sei und § 1438 ABGB lediglich die Rückwirkung regele[90]. Im Ergebnis kam man somit auch in Österreich zu einer rechtsgeschäftlichen Aufklärung.

(4) Der Französische Code Civil (CC)

Die Idee hinter dem 1804 in Kraft getretenen Code Civil basiert auf den Errungenschaften der Französischen Revolution, so dass der CC insgesamt auf dem Gedanken der Freiheit und Gleichheit aller Bürger beruht; mithin handelt es sich um ein aufgeklärtes und liberales Gesetzbuch[91].

Der CC enthält im dritten Buch, fünftes Kapitel, vierter Abschnitt („Von der Gegeneinanderaufrechnung“) in Art. 1290 eine Regelung der Aufrechnung. Danach sollten die Wirkungen der Aufrechnungen bereits mit der Koexistenz der beiden Forderungen eintreten, und zwar

> *„von Rechtswegen, und kraft der blossen Macht des Gesetzes, selbst ohne Vorwissen der Schuldner“*[92].

---

88 Österreichisches ABGB 1852, 3. Theil, 3. Hauptstück, § 1438, S. 34; Zeiller 1813 – Kommentar ABGB IV, S. 165. § 1438 ABGB ist dabei in Österreich noch heute gültiges Recht.

89 Floßmann 2001 – ÖsterPRG, S. 225; diese „ipso-iure“-Wirkung war dabei beabsichtigt, vgl. Zeiller 1813 – Kommentar ABGB IV, S. 167, Nr. 5.

90 Floßmann 2001 – ÖsterPRG, S. 225/226

91 Coing 1989 – Europäisches Privatrecht II, S. 12/13; Schlosser 2005 – Neuere PrRG, S. 131. Zeitweise hieß der CC auch Code Napoléon, vgl. Schlosser 2005 – Neuere PrRG, S. 130. Auch galt er als Vorbild für andere Zivilrechtskodifikationen, vgl. Coing 1989 – Europäisches Privatrecht II, S. 13.

92 Art. 1290 CC: *„La compensation s'opère de plein droit par la seule force de la loi, même à l'insu des débiteurs; les deux dettes s'éteignent réciproquement, à l'instant oû elles se trouvent exister à la fois, jusqu'à concurrence de leurs quotités respectives“*, vgl. Napoleon's Gesetzbuch 1813, S. 545. Vgl. die deutsche Übersetzung: *„Die Kompensation tritt von Rechtswegen, und kraft der blossen Macht des Gesetzes, selbst ohne Vorwissen der Schuldner ein; beide Schulden tilgen sich gegenseitig bis zur Konkurrenz ihres respektiven Betrags, in dem Augenblicke, wo sie zu gleicher Zeit bestehen“*,

Diese Regelung eines „ipso-iure"-Automatismus war somit eindeutig, ohne dass es einen Interpretationsspielraum gegeben hätte[93]. Diese gesetzliche Konstruktion erwies sich jedoch als für die Praxis schwer handzuhaben. Deshalb wurde parallel zu dieser „compensation légale" eine gerichtliche Aufrechnung, nämlich die „compensation judiciaire" entwickelt. Bei dieser handelte es sich zwar ebenfalls um eine „ipso-iure"-Aufrechnung. Allerdings besteht hier der Unterschied, dass zunächst in einem Prozess, in welchem die Hauptforderung eingeklagt wurde, die Liquidität der Gegenforderung festgestellt werden konnte. Mit dieser festgestellten Gegenforderung konnte anschließend eine Kompensation nach Art. 1290 CC erfolgen[94]. In dem Prozess musste die Aufrechnung im Wege einer Einrede geltend gemacht werden. Letztlich kam man somit zu dem Ergebnis, dass auch hier der Wille der aufrechnenden Partei maßgeblich war[95]. Ein reiner Automatismus wurde so umgangen.

iii. Praxis

Die Rechtspraxis der Rechtsprechung folgte grundsätzlich dem pandektistischen Modell der Aufrechnung mittels Erklärung. Die herrschende Meinung jedoch war für die Rechtsprechung wenig praktikabel, insbesondere weil sie eine Geltendmachung der Aufrechnung nur im Wege eines Kompensationsvertrages für möglich hielt. Die Rechtspraxis hatte aber ein Bedürfnis nach einer unkomplizierten Aufrechnung. Eine solche wird erschwert, wenn die Parteien bei gegenseitigen Forderungen gezwungen werden, für die Aufrechnung einen Konsens zu finden. Auch das Erfordernis eines Gerichtsprozesses, um die Aufrechnung geltend machen zu können, ist hinderlich.

Die gerichtliche Praxis entwickelte vor diesem Hintergrund die rechtliche Möglichkeit, eine Aufrechnung durch eine einseitige Erklärung einer der beiden Parteien herbeizuführen. Auf einen Konsens zwischen den Parteien kam es also

---

Lassaulx 1807 – Kodex Napoleon I, S. 316. Zu einer späteren Übersetzung siehe Cremer 1834 – Gesetzbuch Napoleons, S. 285/286: *„Die Gegeneinanderaufrechnung geschieht von Rechts wegen, selbst ohne Vorwissen der gegenseitigen Schuldner, und beide Verbindlichkeiten heben sich gegen einander auf in dem nämlichen Augenblicke, wo sie anfangen, zugleich zu existieren, und zwar heben sie sich auf bis auf den Betrag, der in beiden der nämliche ist".*

93 Liebknecht 1897 – Compensationsvollzug, S. 55. Der Wortlaut ist diesbezüglich auch eindeutig.

94 Liebknecht 1897 – Compensationsvollzug, S. 56 und insbesondere Fn. 8 und 9.

95 Hierzu Pichonnaz 2001 – Compensation, S. 680, Rn. 2256.

nicht mehr an. Dieser Ansatz war dabei keineswegs neu, sondern auf die frühe Theorie des Bartolus de Saxoferrato zurückzuführen[96].

Die praktische Folge dieser Aufrechnung durch einseitige Erklärung bestand in dem Umstand, dass nicht mehr ein Gericht erforderlich war, um die Wirkung der Aufrechnung auszulösen. Dem Gericht oblag nach einer ausgeübten Aufrechnung lediglich noch die rein deklaratorische Feststellung, dass eine klageweise geltend gemachte Forderung jedenfalls in Höhe der erklärten Aufrechnung erloschen sei[97]. So entschied neben vielen Obergerichten[98] auch das Reichsgericht in seinem Urteil vom 11. Oktober 1883[99]. Dort ging es um die Frage, ob eine offene Handelsgesellschaft mit der Forderung eines Gesellschafters gegen eine Forderung eines Gesellschaftsgläubigers durch einseitige Erklärung außerhalb eines Prozesses aufrechnen könne. Zunächst stellt das Reichsgericht hierzu klar, dass es sich bei der Aufrechnung um ein materiellrechtliches Rechtsinstitut handle, welches zwar auch „einredeweise" geltend gemacht werden könne, aber nicht

---

96 Vgl. hierzu Commentaria zu Dig. 16, 2, 2 bei Bartolus de Saxoferrato 1996 (ursprgl. 1526) – Commentaria II, S. 98: *„Requiritur ergo voluntas debitoris compensationis et ex hoc dico vobis quod non est necesse ad extinguendum debitum ipso iure quod compensatio opponatur in iudicio sed ubicumque notificio tibi quod volo debitum cum credito compensare ipso iure tollitur obligatio"*. So auch Feder 1904 – Aufrechnung, S. 466, der gleichwohl erkennt, dass die herrschende Meinung in der Theorie einen anderen Ansatz verfolgt, während sich die Rechtspraxis der Meinung des Bartolus angeschlossen hat, vgl. Feder 1904 – Aufrechnung, S. 467/468.

97 So spricht das Reichsgericht 1882 in RGZ 7, 243 [245] *„von dem Wesen der Kompensation, wonach nicht schon die Thatsache des Gegenüberstehens von Forderung und Forderung das Erlöschen derselben zur Folge hat, sondern die Verwirklichung der auf dem Gesetze beruhenden Kompensationsbefugnis einen Willensakt der Beteiligten erfordert"*. Weiter stellt das Reichsgericht dar: *„Hat aber einer der Beteiligten von dieser Befugnis entsprechenden Gebrauch gemacht – und dies geschieht durch die an den Gegner gerichtete Erklärung – so sind dadurch die aufhebenden Wirkungen der Kompensation in Vollzug gesetzt, und der andere Teil vermag hieran regelmäßig nichts mehr zu ändern"*.

98 Vgl. OAG Dresden (1863), SeuffA 17, 368, Nr. 234; Obertribunal Stuttgart (1869), SeuffA 23, 193, Nr. 122; ROHGE (1873) 10, 165 [167/168]; ROHGE (1875) 16, 353 [355]; ROHGE (1875) 19, 76 [77]. Bemerkenswert ist dabei, dass sich das Reichs-Oberhandelsgericht nicht mit der Frage beschäftigte, ob entgegen der in der Theorie herrschenden Meinung eine Aufrechnung durch einseitige außergerichtliche Erklärung überhaupt möglich sei. Vielmehr setzt das ROHG diese Möglichkeit für seine Entscheidungen schlechterdings voraus. Hieraus ist ersichtlich, dass wohl gerade bei Handelsgeschäften eine einfache Aufrechnung erforderlich war.

99 RGZ 11, 114

lediglich ein Verteidigungsmittel darstelle[100]. Auf die Frage nach einer außergerichtlichen Aufrechnung verweist das Reichsgericht auf die in der Literatur vorherrschende Meinung, nach welcher eine Aufrechnung nur durch „Kompensationsvertrag" oder durch Urteil möglich sei[101]. Entgegen dieser herrschenden Meinung ist das Reichsgericht jedoch der Auffassung, eine Aufrechnung könne auch außergerichtlich durchgeführt werden. Hierzu führt das Reichsgericht aus:

> *„Weit überwiegend wird der bloßen Erklärung des Kompensationswillens die Wirkung des Erlöschens der Forderung zugeschrieben. Der Richter vollzieht nicht die Kompensation, sondern er stellt die eingetretene und zu Unrecht geleugnete fest"*[102].

Die Praxis der Rechtsprechung wandte sich somit diametral – und bewusst – gegen die herrschende Meinung der Wissenschaft. Die einseitige außergerichtliche Aufrechnung stellte eine einfache und praktikable Lösung dar und sollte sich durchsetzen.

d) Kodifikation des BGB

Für die Kodifikation der Aufrechnung im BGB kamen somit grundsätzlich mehrere Möglichkeiten in Betracht[103]. Auf der einen Seite stand das Modell eines Aufrechnungsautomatismus, also einer automatischen Verrechnung zweier gegenüberstehender Forderungen ohne ein Zutun der Parteien[104]. Auf der anderen Seite gab es die Möglichkeit, eine aktive Geltendmachung der Aufrechnung zu verlangen[105]. Die letztere war dann wiederum zu unterteilen in einerseits die pandektistische Ansicht, dass die Kompensation nur im Rahmen eines Prozesses oder durch Vertrag möglich sei. Andererseits existierte hier auch die Ansicht der Praxis, welche die Aufrechnung auch außergerichtlich durch einseitige Parteierklärung zuließ.

100 RGZ 11, 114 [119]

101 Hier beschäftigt sich das Reichsgericht unter anderem mit Dernburg 1868 – Kompensation, S. 580 und später S. 590.

102 RGZ 11, 114 [120]

103 Einen ausführlichen Überblick über die vorhandenen Möglichkeiten bietet Kübel 1980 (ursprgl. 1882) – Schuldverhältnisse I AT, S. 1075 ff., vgl. auch Leonhard 1896 – Aufrechnung, S. 4/5.

104 Krug 1833 – Compensation, S. 67 ff.; Hartter 1837 – Kompensation, S. 170 ff.

105 Initiativ für diese Ansicht wurde der Aufsatz Hasse 1824 – Compensation, dort insbesondere die Ausführungen auf S. 156 ff.

Nach dem Gesetzesentwurf von v. Kübel, welchen dieser 1883 in die Diskussion um die Kodifikation einbrachte, war in den §§ 308-312 die Aufrechnung derart geregelt, dass eine Aufrechnung unabhängig vom Prozessstand von beiden Parteien durch einseitige Erklärung herbeigeführt werden konnte, §§ 308, 309[106]. Dieser Entwurf entspricht somit inhaltlich letztlich der Fassung des BGB. Hintergrund dieses Entwurfs war zunächst die Überlegung, dass nur die gesetzliche Kompensation einer Regelung bedürfe. Die vertragsmäßige Kompensation unterliege ohnehin nur der Privatautonomie und stelle auch im Hinblick auf das Erlöschen einer Forderung einen Erlassvertrag dar[107]. Bei der gesetzlichen Kompensation handle es sich um einen

„selbständigen Aufhebungsgrund von Obligationen“,

nicht aber um eine echte Zahlungsform[108]. Die Entscheidung gegen einen Aufrechnungsautomatismus wurde ganz bewusst getroffen[109]. Zu wenig konnte überzeugen, dass eine Kompensation gänzlich unabhängig vom Willen der Forderungsinhaber sein sollte. Auch das Argument, der Staat sei verpflichtet, die Anzahl der Gerichtsprozesse zu mindern, was nur durch einen Automatismus erlangt werden könne, erwies sich als Trugschluss. Schließlich müsse die rechtskräftige Feststellung der erfolgten Kompensation gleichwohl den Gerichten überantwortet sein[110]. Zuletzt bedeute ein solcher Automatismus auch einen Bruch mit der römisch-rechtlichen Tradition, so dass er schon deshalb abzulehnen sei[111]. Allerdings war auch die Forderung nach einem Aufrechnungsvertrag oder einer ausschließlich gerichtlichen Aufrechnung zurückzuweisen. Die Einfachheit des Rechtsverkehrs erfordert nach v. Kübel vielmehr, dass die Aufrechnung auch einseitig und unabhängig von einer gerichtlichen Geltendma-

106 Kübel 1980 (ursprgl. 1882) – Schuldverhältnisse I AT, S. 1073

107 Kübel 1980 (ursprgl. 1882) – Schuldverhältnisse I AT, S. 1079

108 Kübel 1980 (ursprgl. 1882) – Schuldverhältnisse I AT, S. 1080

109 Zu den Nachteilen eines Automatismus auch Dernburg 1868 – Kompensation, S. 291 ff., der es insbesondere nicht für zwingend erachtete, dass zwei Forderungen, die außer ihrer Gegensätzlichkeit und der Identität ihrer Inhaber/Schuldner zunächst nichts gemein haben, sich automatisch kompensieren sollen (S. 293). Insgesamt hielt Dernburg einen Automatismus unter dem Gesichtspunkt der Disponibilität der Parteien über deren Forderungen für nicht vertretbar.

110 Dernburg 1868 – Kompensation, S. 293

111 Dernburg 1868 – Kompensation, S. 294

chung erklärt werden könne[112]. In Übereinstimmung mit der herrschenden Rechtsprechung und im Vergleich mit anderen Kodifikationen enthält der Entwurf deshalb die Möglichkeit der Aufrechnung mittels außergerichtlicher einseitiger Willenserklärung[113].

Der Gesetzesentwurf von v. Kübel war Gegenstand der Beratungen der ersten Kommission zur Erstellung einer Kodifikation. Diese legte ihren Entwurf 1888 vor. Dieser erste Entwurf enthielt eine Regelung der Aufrechnung in den §§ 281-289. Wie der Entwurf von v. Kübel enthielt auch der erste Entwurf die Möglichkeit der Aufrechnung mittels einer einseitigen Willenserklärung, §§ 281, 282, 283 E I. Die Kompensation wurde somit zu einem

> *„einseitige*(n) *Rechtsgeschäft des Aufrechnenden, das in seiner Wirksamkeit davon abhängig ist, daß es dem Betheiligten gegenüber vorgenommen wird*[114]*"*.

Die Motive machen dabei deutlich, dass es nach dem Entwurf I nicht mehr darauf ankomme, ob die Aufrechnung im Wege einer Einrede in einem Prozess geltend gemacht werde. Gleichzeitig sei ein entsprechendes Urteil nur deklaratorisch, aber nicht konstituiv[115]. Die Wirkung der Aufrechnung war das Erlöschen der Forderungen in Höhe ihrer Deckung, § 283 E I. Der Schuldner hatte damit die Möglichkeit, sich selbst hinsichtlich seiner Forderung zu befriedigen und gleichzeitig seinem Gläubiger hinsichtlich dessen Forderung Befriedigung aufzuzwingen[116].

Der zweite Entwurf der zweiten Kommission von 1895[117] regelte die Aufrechnung ursprünglich in den §§ 331-339. Dabei wurde zwar der erste Entwurf sprachlich verändert. Inhaltlich blieb es aber bei den dargestellten Regelungen, da § 281 E I

---

112 Kübel 1980 (ursprgl. 1882) – Schuldverhältnisse I AT, S. 1081: *„Nicht der Richter vollzieht die Aufrechnung, sondern er stellt die eingetretene Aufrechnung fest; das Urtheil ist nicht konstitutiv, sondern deklaratorisch."*

113 Zu dieser einseitigen außergerichtlichen Aufrechnungserklärung siehe Kübel 1980 (ursprgl. 1882) – Schuldverhältnisse I AT, S. 1082/1083.

114 Als solches wird es auch in den Motiven erklärt, Mugdan 1899 – Materialien II, S. 58.

115 Mugdan 1899 – Materialien II, S. 59

116 Mugdan 1899 – Materialien II, S. 59/60

117 Dieser zweite Entwurf wurde mit leichten sprachlichen Veränderungen und mit geänderter Reihenfolge letztlich als dritter Entwurf 1896 als Bürgerliches Gesetzbuch verabschiedet und trat 1900 in Kraft.

„die Voraussetzungen der Aufrechnung in Uebereinstimmung mit dem geltenden Rechte feststelle“[118].

Gleiches galt auch für das Erfordernis einer Aufrechnungserklärung, sowie für die Wirkung der Aufrechnung[119].

Die heute gültige Regelung der Aufrechnung in den §§ 387 ff. BGB entspricht dem zweiten Entwurf. Im Ergebnis hat sich der Gesetzgeber für das Aufrechnungsmodell der Rechtsprechung des 19. Jahrhunderts entschieden und damit gegen die herrschende Meinung in der Wissenschaft.

2. Voraussetzung und Wirkung

Heute bestehen bei der Aufrechnung keine Unklarheiten mehr, die Diskussion des 19. Jahrhunderts über die Art, Funktion und Wirkungsweise ist überholt. Dennoch ist es erforderlich, kurz die Voraussetzungen und die Wirkung der Aufrechnung nach den §§ 387 ff. BGB darzustellen.

a) Voraussetzungen

Grundvoraussetzung der Aufrechnung ist das Vorliegen einer Aufrechnungslage. Hierunter ist das Gegenüberstehen zweier Forderungen[120] gemeint, deren Inhaber jeweils gleichzeitig Gläubiger und Schuldner der anderen Partei sind, § 387 BGB[121].

Bei der Gegenseitigkeit ist maßgeblich, dass diese zwischen den beiden selben Personen besteht[122]. Die Forderungen müssen ferner ihrem Gegenstande nach gleichartig sein[123]. Diese Gleichartigkeit setzt dieselbe Beschaffenheit voraus[124],

118 So die Protokolle zum zweiten Entwurf, Mugdan 1899 – Materialien II, S. 560.

119 Mugdan 1899 – Materialien II, S. 561/562

120 Gemeint sind Gegenforderung (Aktivforderung), also die Forderung mit der aufgerechnet wird, und Hauptforderung (Passivforderung), also die Forderung gegen die aufgerechnet wird, vgl. Brox/Walker 2007 – Schuldrecht AT, S. 136, § 16, Rn. 4.

121 Palandt 2009 – Kommentar BGB, § 387, Rn. 4/5/6; Brox/Walker 2007 – Schuldrecht AT, S. 135, § 16, Rn. 1.

122 Brox/Walker 2007 – Schuldrecht AT, S. 136, § 16, Rn. 4. Eine Aufrechnung wäre auch dann nicht möglich, wenn der Forderungsinhaber damit einverstanden wäre, dass ein Dritter mit seiner Forderung aufrechnet, vgl. BGH NJW-RR 1988, 1146 [1150]. Auch kann ein Gesellschaftsschuldner nicht mit einer Forderung gegen einen Gesellschafter aufrechnen, vgl. schon § 719 Abs. 2 BGB.

123 Fikentscher/Heinemann 2006 – Schuldrecht, Rn. 333

nicht jedoch die gleiche Höhe oder gar eine Konnexität im Sinne eines rechtlichen Zusammenhanges[125].

Erforderlich ist darüber hinaus die Wirksamkeit der Forderungen, wobei nur die Gegenforderung auch vollwirksam, mithin durchsetzbar sein muss[126]. Durchsetzbarkeit verlangt Fälligkeit und Einredefreiheit, wobei letzeres auch direkt vom Gesetz vorgeschrieben ist, § 390 BGB[127]. Bei der Hauptforderung reicht die reine Erfüllbarkeit aus[128]. Der Schuldner muss also die Leistung erbringen dürfen, ohne dass der Gläubiger die Annahme verweigern könnte[129]. Vollwirksamkeit und Fälligkeit wird nicht verlangt Die Erfüllbarkeit einer Forderung richtet sich nach § 271 BGB, wobei der Schuldner regelmäßig auch vor der Fälligkeit leisten kann, § 271 Abs. 2 HS.2 BGB[130].

Zuletzt bedarf es einer einseitigen empfangsbedürftigen Willenserklärung, um die Wirkungen der Aufrechnung herbeizuführen, § 388 BGB. Durch diese Erklärung wird die Rechtslage insofern gestaltet, als die Folgen des § 389 BGB eintreten. Es handelt sich deshalb bei der Aufrechnung um ein Gestaltungsgeschäft, bei dem der Aufrechnende über seine Aktivforderung verfügt[131]. Die Aufrechnungserklärung ist dabei nach § 388 S. 2 BGB bedingungsfeindlich. Dies hat seinen Grund darin, dass der Aufrechnungsgegner vor vollendete Tatsachen gestellt wird und deshalb endgültig wissen muss, woran er ist[132].

---

124 Vgl. BGHZ 71, 380 [382]. Hier hat der BGH bei einem Geldanspruch und einem Herausgabeanspruch nach § 667 BGB Gleichartigkeit angenommen, da jedenfalls letzterer nur auf die Herausgabe von Geld gerichtet war.

125 Brox/Walker 2007 – Schuldrecht AT, S. 137, § 16, Rn. 6; Fikentscher/Heinemann 2006 – Schuldrecht, Rn.336. Im Gegensatz hierzu verlangte das römische Recht teilweise eine solche Konnexität, vgl. Manthe 2004 – Gaius institutiones, S. 354-357, Gai. Inst. 4, 61 in Fn. 25. Für die Praxis bedeutete eine solche Einschränkung jedoch faktisch die Abschaffung der Aufrechnung, da deren Zweck ja gerade darin besteht, Forderungen unabhängig von ihrem Entstehungsgrund zu verrechnen.

126 Vgl. schon BGH NJW 51, 599.

127 Anders ist es bei der Verjährungseinrede, da § 215 BGB besagt, dass sich die Forderungen jedenfalls einmal unverjährt gegenübergestanden haben müssen.

128 Fikentscher/Heinemann 2006 – Schuldrecht, S. Rn. 334/335

129 Zum Begriff der Erfüllbarkeit siehe nur Palandt 2009 – Kommentar BGB, § 271, Rn. 1.

130 BGH NJW 2006, 3631 [3633]

131 Brox/Walker 2007 – Schuldrecht AT, S. 138, § 16, Rn. 10

132 Brox/Walker 2007 – Schuldrecht AT, S. 138, § 16, Rn. 11

b) Wirkung

Die §§ 387 ff. BGB stehen im dritten Teil des vierten Abschnitts des zweiten Buches unter „Erlöschen der Schuldverhältnisse". Die Wirkung der Aufrechnung ist in § 389 BGB geregelt. Durch die erklärte Aufrechnung kommen also sowohl die Gegen-, als auch die Hauptforderung in Höhe ihrer Deckung zum Erlöschen. Die Aufrechnungserklärung als Gestaltungsrecht bewirkt somit,

> *„dass die Forderungen, soweit sie sich decken, als in dem Zeitpunkt erloschen gelten, in welchem sie zur Aufrechnung geeignet einander gegenübergetreten sind"*[133].

Die Aufrechnung als solches wird erst durch die Aufrechnungserklärung wirksam. Dann aber tritt eine Rückwirkung auf den Zeitpunkt ein, zu dem erstmalig eine Aufrechnungslage bestand[134]. Auseinanderzuhalten sind einerseits die rechtsgeschäftliche Erklärung und andererseits die gesetzliche Folge der Erfüllung[135]. Die Forderungen stehen zwar bereits vor der Ausübung der Aufrechnung in einer gewissen rechtlichen Verbindung[136]. Diese kommt jedoch nur durch tatsächliche Ausübung der Aufrechnung zum Tragen[137]. Ohne die Aufrechnungserklärung entfaltet die Aufrechnung hingegen keinerlei Wirkung.

Da durch die Aufrechnung die Forderungen erlöschen, wird die Aufrechnung als Tilgungssurrogat bezeichnet[138]. Neben dem Tilgungssurrogat besteht aber stets weiterhin die Möglichkeit, die Forderung durch Erfüllung zu befriedigen[139].

---

133 So der Wortlaut des § 389 BGB.

134 Fikentscher/Heinemann 2006 – Schuldrecht, Rn. 337

135 In diese Richtung auch Larenz 1987 – Schuldrecht I AT, S. 263, § 18 VI.

136 Diese Verbindung bezeichnet Gernhuber überzeugend als *„Vertrauen des (später) Aufrechnenden auf die «praktische» Erledigung seiner Schuld durch die Existenz seiner Forderung"*, Gernhuber 1994 – Erfüllung und Surrogate, S. 231. So auch BGHZ 2, 300 [303 ff.].

137 Das Reichsgericht ging aber noch davon aus, dass die Forderungen *„sich objektiv völlig fremd, gleichgültig und wirkungslos gegenüber"* stünden, vgl. RGZ 66, 266 [274/275], so auch noch in RGZ 120, 280 [283]. Diese Ansicht wurde als irrig bezeichnet, Gernhuber 1994 – Erfüllung und Surrogate, S. 230.

138 Larenz 1987 – Schuldrecht I AT, S. 255/256, § 18 VI; Gernhuber versteht sie als Erfüllungssurrogat Gernhuber 1994 – Erfüllung und Surrogate, S. 225 ff., was aber dasselbe bedeutet.

139 Auch die Möglichkeiten, die Forderung an Erfüllungs statt oder erfüllungshalber zu befriedigen (§§ 363, 364 BGB), bestehen unbeschadet der Möglichkeit zur Aufrechnung.

Zweck der Aufrechnung ist die Erleichterung des Zahlungsverkehrs. Gleichzeitig stellt sie eine Art Privatvollstreckung dar, da der Aufrechnende jedenfalls sicherstellen kann, dass er seine Forderung erhält[140].

Zu beachten ist dabei, dass es sich bei der Aufrechnung nur um ein Tilgungssurrogat handelt, nicht aber um eine echte Erfüllung im Sinne des § 362 BGB. Der Gläubiger hat keine Möglichkeit, die Aufrechnung und damit das Erlöschen seiner Forderung zu verhindern. Aus diesem Grund ist die Aufrechnung streng von der Leistung an Erfüllungs statt abzugrenzen[141]. Es besteht zwar insofern eine Gemeinsamkeit, als sowohl bei der Aufrechnung, als auch bei der Annahme an Erfüllungs statt der Gläubiger zu seiner Befriedigung etwas annimmt, was an sich nicht geschuldet wurde[142]. Allerdings kommt es bei der Aufrechnung im Gegensatz zur Annahme an Erfüllungs statt gerade nicht auf die Mitwirkung des Gläubigers an.

3. Zusammenfassung

Die Aufrechnung nach den heute geltenden §§ 387 ff. BGB stellt ein Gestaltungsrecht dar. Der Schuldner, der gleichzeitig auch selbst Gläubiger seines Gläubigers ist, kann einseitig durch rechtsgeschäftliche Erklärung die zwei gegenüberstehenden Forderungen in Höhe ihrer Deckung zum Erlöschen bringen. Ein Mitwirken der Gegenseite ist ebenso wenig erforderlich, wie die Geltendmachung der Aufrechnung im Rahmen eines Prozesses. Vielmehr kann die Aufrechnung außergerichtlich und auch gegen den ausdrücklichen Willen der Gegenseite erklärt werden.

Die Entwicklung hin zu dieser gesetzlichen Konstruktion[143] erfolgte ausgehend vom klassischen römischen Recht über die Justinianische Kodifikation, die Rezeption im Mittelalter und die weitere Beschäftigung mit diesen Quellen. Unter Berücksichtigung der bereits bestehenden Kodifikationen und der Bedürfnisse der Praxis, sowie der Rechtsprechung wurde die heutige Aufrechnung erarbeitet. Dabei ist auffällig, dass sich die Kompensation von einem rein prozessualen

---

140 Brox/Walker 2007 – Schuldrecht AT, S. 135, § 16, Rn. 3; Fikentscher/Heinemann 2006 – Schuldrecht, Rn. 329.

141 So auch Gernhuber 1994 – Erfüllung und Surrogate, S. 228.

142 Zur Einführung des BGB wurde die Aufrechnung teilweise als Unterart der Annahme an Erfüllungs statt verstanden, vgl. nur Siber 1899 – Compensation und Aufrechnung, S. 136.

143 Die seit nunmehr über 100 Jahren in Kraft ist und sich bewährt hat, vgl. HKK 2007 – §§ 305-432, §§ 387-396, Rn. 71.

Recht hin zu einem materiellen Recht wandelte. Auch wurde aus einem „ipso-iure"-Automatismus ein Gestaltungsrecht, welches durch rechtsgeschäftliche Erklärung zur Wirkung gelangt. Diese neue „deutsche" Konstruktion erhielt dann auch den deutschen Namen „Aufrechnung". Diese Aufrechnung steht in der Disposition der Parteien. Sie ist vom Willen einer Partei abhängig; sie kann, muss aber nicht erklärt werden. Im Gegensatz dazu stand die im 19. Jahrhundert in der Wissenschaft vertretene Auffassung, wonach sich koexistente Forderungen automatisch gegenseitig zum Erlöschen bringen würden[144]. Diese Ansicht war jedoch in der Praxis schwer zu handhaben, so dass die Rechtsprechung schon früh den Weg der Aufrechnung als außergerichtliches Rechtsgeschäft beschritt.

---

144 Ein solcher Automatismus wurde in einigen europäischen Gesetzen kodifiziert, so z.B. das Allgemeine Preußische Landrecht, der Code Civil, das Allgemeine Bürgerliche Gesetzbuch. Einzig der Codex Maximilianeus Bavaricus Civilis vertrat schon um 1756 die Auffassung von der Aufrechnung als Gestaltungsrecht.

II. Mitverschulden

Das Rechtsinstitut des Mitverschuldens ist in § 254 BGB geregelt. Auch hier soll zunächst die historische Entwicklung aufgezeigt werden. Auf dieser Basis werden dann die heutige Konstruktion des § 254 BGB und die prozessuale Geltendmachung untersucht.

1. Stufen der Entwicklung

Die Regelung des Mitverschuldens des § 254 BGB stellt keine Erfindung der Väter des BGB dar. Auch hier liegen die Wurzeln im römischen Recht, wenngleich dieses ein echtes Mitverschulden im modernen Sinne noch nicht kannte. Es kann im Folgenden nicht darauf ankommen, die Entwicklungslinie des § 254 BGB vollumfänglich darzustellen[145]. Vielmehr sollen die Ausgangslage und die verschiedenen Lösungswege aufgezeigt werden, um vor diesem Hintergrund auf die heutige Regelung einzugehen. Ein besonderes Augenmerk soll dabei auf die Entwicklung der „Culpa-Compensation" hin zur Quotenteilung gelegt werden.

a) Mitverschulden im römischen Recht

Das klassische römische Recht kannte ein Mitverschulden als solches nicht. Regelungen hierüber waren nur ansatzweise vorhanden[146].

i. Grundregel zum Mitverschulden

Nach heutigem Verständnis erscheint es zwingend, die Tatbeiträge der Beteiligten einzeln festzustellen, wenn an einer Schadensverursachung mehrere mitgewirkt haben[147]. Dies setzt jedoch eine Denkweise voraus, die auch eine anteilige Haftung kennt. Im römischen Recht lautete hingegen die Frage nur, ob der konkret in Anspruch genommene Schädiger als solcher für den Schaden verantwort-

145 Zur historischen Entwicklung gibt es ebenfalls umfassende Literatur, vgl. nur Looschelders 1999 – Mitverantwortlichkeit, S. 6–29; HKK 2007 – §§ 241-304, § 254, jeweils mit weiteren Nachweisen.

146 HKK 2007 – §§ 241-304, § 254, Rn. 2. In der Rechtswissenschaft ist man sich jedoch nicht einig, ob das Mitverschulden nur nicht als eigenständiges Institut entwickelt war, oder ob eben ein Mitverschulden per se einen Schadensersatzanspruch verhinderte, so dass es keiner weiteren Ausprägung bedurfte. Zu diesem Streit Looschelders 1999 – Mitverantwortlichkeit, S. 6/7.

147 Nur so kann dann auch die Haftungsquote jedes einzelnen festgestellt werden.

lich war[148]. Hieraus erklärt sich, dass die Thematik eines Mitverschuldens, also einer teilweisen Verantwortlichkeit, nicht relevant war. Es fehlte demnach für das Mitverschulden eine allgemeine Regelung in Form eines Grundsatzes. Zwar wurde teilweise die Digestenstelle Dig. 50, 17, 203 als ein solcher Grundsatz angesehen:

> *„Quod quis ex culpa sua damnum sentit, non intellegitur damnum sentire“*[149], also *„Wenn Jemand in Folge eigenen Verschuldens Schaden leidet, so scheint er ihn nicht zu leiden.“*

Diese „regula iuris“ stand jedoch ursprünglich nicht im Kontext eines Mitverschuldens[150]. Zudem spricht diese Digestenstelle nur von einem eigenen Verschulden, nicht aber vom Verschulden eines anderen[151]. Dennoch wurde diese Stelle zur Frage des Mitverschuldens herangezogen. Gerade aber wegen des anderen Hintergrundes der Regelung[152] ist diese Schlussfolgerung nicht zielführend[153]. Eine echte Grundregel zum Mitverschulden bietet das römische Recht somit nicht.

ii. Einzelfälle

Gleichwohl war dem römischen Recht der Gedanke einer Schadensverursachung durch den Schädiger und den Geschädigten nicht vollständig fremd[154]. Gerade

---

148 Zimmermann 1990 – Law of obligations, S. 1010; Luig 1969 – Überwiegendes Mitverschulden, S. 192 ff.; Wollschläger 1976 – Eigenes Verschulden des Verletzten, S. 116/117. Eine anteilige Haftung war gerade nicht anerkannt.

149 Sog. „Quod-Quis“-Regel, vgl. Otto/Schilling 1984 (ursprgl. 1832) – CIC IV, S. 1285; zum Original Krüger/Mommsen/Kunkel 2000 (ursprgl. 1963) – CIC I Inst. Dig., S. 926. Vgl. auch Heilfron 1920 – Römisches Recht, S. 245, § 70 C II d.

150 Diese Regelung stammt vielmehr aus dem Vermächtnisrecht, Wollschläger 1976 – Eigenes Verschulden des Verletzten, S. 117 ff./122; vgl. auch HKK 2007 – §§ 241-304, § 254, Rn. 3.

151 Im Grunde scheint also nicht mehr gesagt zu sein, als dass für einen selbstverschuldeten Schaden selbst eingestanden werden müsste, siehe Looschelders 1999 – Mitverantwortlichkeit, S. 7. Vgl. auch Luig 1969 – Überwiegendes Mitverschulden, S. 193.

152 Hierzu Wollschläger 1976 – Eigenes Verschulden des Verletzten, S. 117 ff./122.

153 So auch Looschelders 1999 – Mitverantwortlichkeit, S. 8, der die Ratio dieser Regelung im erbrechtlichen Kontext erklärt und vor diesem Hintergrund einen Zusammenhang mit dem Mitverschulden verneint.

154 So auch HKK 2007 – §§ 241-304, § 254, Rn. 4. Anderer Ansicht scheint Looschelders zu sein. Dieser gelangt zu dem Fazit: *„Wenn der Verantwortungsbereich des Schädigers dort endet, wo der Geschädigte den Schaden selbst vermeiden kann, ist eine Ver-*

bei deliktsrechtlichen Klagen wurden an verschiedenen Stellen Fälle des Mitverschuldens problematisiert[155].

Bei Dig. 9, 2, 9, 4 geht es beispielsweise um einen Speerwurffall, bei dem ein Sklave von einem Speer getötet wurde156. Die Haftung des Speerwerfers soll dabei davon abhängen, ob der Speerwurf auf einem entsprechenden Sportplatz zu einer Zeit erfolgte, zu der dort gewöhnlich Speerwurf praktiziert wurde. War dies der Fall, sollte der Speerwerfer nicht haften, es sei denn, er handelte mit Absicht. Weiter behandelt die Stelle Dig. 9, 2, 11 den Fall, dass ein Barbier einen Sklaven rasierte[157]. Dieser tötete den Sklaven dabei versehentlich mit dem Rasiermesser, weil er während der Rasur von einem Ball getroffen wurde, der von Spielenden in der Nähe stammte. Dabei wurde einerseits vertreten, dass der Barbier schon deshalb haften müsste, weil er in der Nähe eines Ballspieles rasierte. Andererseits wurde die Schuld beim Sklaven gesehen, da dieser sich an einem gefährlichen Ort rasieren ließ. Ein drittes Beispiel Dig. 9, 2, 52, 1 behandelt die Haftung des Gastwirtes, dem eine Lampe entwendet wird[158]. Beim Versuch, diese wiederzuerlangen schlug er dem Dieb ein Auge aus. Der Gastwirt soll dabei von der Haftung frei sein, wenn er weder absichtlich handelte, noch zuerst auf den Dieb einschlug. Er müsse hingegen haften, wenn er den Dieb schlug, ohne dass dieser zuerst auf den Gastwirt eingeschlagen hätte.

Die aufgezeigten Einzelfälle[159] behandelten also stets eine Konstellation, bei der nach heutigem Verständnis die Frage nach einer Mitverantwortlichkeit des Geschädigten aufgeworfen würde[160]. Das römische Recht diskutiert ein Mitver-

---

antwortlichkeit beider Beteiligten für den Schaden ausgeschlossen", Looschelders 1999 – Mitverantwortlichkeit, S. 112.

155 Einen sehr ausführlichen Blick über diese Einzelfälle bietet Looschelders 1999 – Mitverantwortlichkeit, S. 8–15.

156 Vgl. Behrends/Knütel 1995 – CIC II Dig. 1-10, S. 738/739.

157 Vgl. Behrends/Knütel 1995 – CIC II Dig. 1-10, S. 739.

158 Vgl. Behrends/Knütel 1995 – CIC II Dig. 1-10, S. 766.

159 Weitere solche Einzelfälle stellen der Jagdgrubenfall, Paulus Dig. 9, 2, 28, vgl. Behrends/Knütel 1995 – CIC II Dig. 1-10, S. 752, der Baumbeschneidungsfall, Paulus Dig. 9, 2, 31, vgl. Behrends/Knütel 1995 – CIC II Dig. 1-10, S. 756/757 und der Ochsenstoßfall, Alfenus Dig. 9, 2, 52, vgl. Behrends/Knütel 1995 – CIC II Dig. 1-10, S. 765/766 dar. Einen Fall mit vertraglichem Hintergrund bietet der Eviktionshaftungsfall bei Pomponius Dig. 21, 2, 29, 1 , vgl. Behrends/Knütel 2005 – CIC IV Dig. 21-27, S. 58.

160 Es ist heute aber umstritten, ob es sich hier tatsächlich um Fragen eines haftungsausschließenden Mitverschuldens handelte. Vielmehr könnte auch bloß geprüft worden

schulden jedoch weder bei einer deliktischen, noch bei einer vertraglichen Haftung[161]. Vielmehr kommt es für die römischen Juristen nur darauf an, ob der Schaden dem Schädiger zugerechnet werden kann. Dies ist dann nicht der Fall, wenn der Geschädigte seinerseits den Schaden zu verantworten hat. Es handelt sich dabei mithin um ein „Alles-oder-nichts“-Prinzip[162].

Der Grund hierfür wird in dem starren römischen Prozessrecht gesehen[163]. Dieses kannte nur die volle Verurteilung oder eine Klageabweisung. Eine teilweise oder quotale Verurteilung war nicht möglich. Eine anteilige Haftung wegen einer Mitverantwortlichkeit des Geschädigten hätte somit vom Richter schon nicht tenoriert werden können[164]. Zudem war das römische Deliktsrecht nicht darauf angelegt, einen fairen Ausgleich zwischen dem Schädiger und dem Geschädigten herbeizuführen[165]. Vielmehr war es von einem Sanktionscharakter geprägt. Es kam also darauf an, dass der Schädiger für den Schaden bestraft wurde[166]. Lag die Verursachung des Schadens aber auch im Verantwortungsbereich des Geschädigten, gab es keinen Anlass mehr für eine Sanktionierung des Schädigers.

---

sein, ob alle haftungsbegründenden Tatsachen vorlagen. Zu dieser Frage Looschelders 1999 – Mitverantwortlichkeit, S. 16.

161 Auch unabhängig vom Schuldrecht wird diese Frage behandelt. Siehe nur Dig. 2, 10, 3, 3: Hier geht es um den Fall, dass sowohl der Gläubiger, als auch der Schuldner eines Gestellungsversprechens arglistig das Erscheinen des anderen vor Gericht verhindert haben. Der Richter darf deshalb keinem von beiden helfen, weil *„die Arglist beider Parteien gegeneinander aufgehoben werden“* müsse, vgl. Behrends/Knütel 1995 – CIC II Dig. 1-10, S. 204. Vgl. hierzu insgesamt die ausführliche Darstellung bei Pernice 1895 – Römisches Privatrecht II/1, S. 89 ff.

162 Hierzu Wollschläger 1976 – Eigenes Verschulden des Verletzten, S. 134/135. Vgl. auch Looschelders 1999 – Mitverantwortlichkeit, S. 112. Zur Frage, ob dieses „Alles-oder-nichts“-Prinzip auf der Zurechnungsebene galt, oder einen zurechenbaren Schaden einer Partei lediglich zuwies vgl. HKK 2007 – §§ 241-304, § 254, Rn. 10.

163 Vgl. HKK 2007 – §§ 241-304, § 254, Rn. 4.

164 Vgl. Zimmermann 1990 – Law of obligations, S. 1010; siehe auch Wollschläger 1976 – Eigenes Verschulden des Verletzten, S. 135.

165 HKK 2007 – §§ 241-304, § 254, Rn. 4

166 Zum Sanktionscharakter des römischen Deliktrechts ausführlich Jansen 2003 – Haftungsrecht, S. 191 ff., 264-266.

b) Culpa-Compensation und Quotenteilung – Theoretische Ansätze

Das römische Recht war hinsichtlich des Mitverschuldens sehr restriktiv. Die Grundlage bildete die Ansicht, dass immer nur eine Person für einen Schadensfall haften müsse. Ausgehend von diesem Denkansatz entwickelte sich im Mittelalter die Lehre von der Culpa-Compensation. Parallel dazu kam auch der vernunftrechtliche Ansatz einer Quotenteilung auf. Am Ende der eingehenden Diskussion dieser Ansätze[167] steht der heutige § 254 BGB.

i. Culpa-Compensation des Mittelalters

In der Zeit der Rezeption des römischen Rechts wurde die Lehre von der Culpa-Compensation entwickelt. Diese konnte sich bis ins 19. Jahrhundert als herrschende Lehre behaupten[168]. Ihre Wurzeln liegen in dem Gedanken, dass sich das Verschulden des Schädigers und des Geschädigten gegenseitig aufheben. Eine Ersatzpflicht des Schädigers ist deshalb letztlich nicht mehr existent[169]. Bei diesem Ansatz musste aber immer von einem „gleich starken" Verschulden ausgegangen werden. Das Überbleiben eines Saldos[170] war nämlich zu keiner Zeit vorgesehen[171].

Diese Lehre geht zurück auf die mittelalterlichen Glossatoren[172]. Ausgangspunkt war die Aufrechnung wechselseitiger Pflichtverletzungen bei Gesellschaftern[173].

---

167 Siehe hierzu schon HKK 2007 – §§ 241-304, S. § 254, Rn. 10/11.

168 Looschelders 1999 – Mitverantwortlichkeit, S. 20

169 Luig 1969 – Überwiegendes Mitverschulden, S. 197/198. Siehe auch die Definition von v. Leyden: „*Wir nennen also C.C. (Culpa-Compensation) diejenige Erscheinung, deren Wesen darin besteht, dass ein Schaden, der in C.Z.H. (Causalzusammenhang) steht mit einem (schuldhaften) Verhalten des Beschädigers, von diesem nicht ersetzt zu werden braucht, wenn dieser Schaden gleichzeitig in C.Z.H. steht mit einem schuldhaften Verhalten des Beschädigten*", vgl. Leyden 1902 – Culpa-Compensation, S. 34.

170 Ein solcher Saldo wäre dann quasi ein „überschießendes Verschulden".

171 Rother 1965 – Haftungsbeschränkung, S. 34

172 Siehe hierzu Looschelders 1999 – Mitverantwortlichkeit, S. 20; HKK 2007 – §§ 241-304, § 254, Rn. 12. Zur Culpa-Compensation bei den Glossatoren siehe Luig 1969 – Überwiegendes Mitverschulden, S. 198 ff.

173 Geregelt in Dig. 16, 2, 10: „*Wenn wir beide als Gesellschafter gegenüber der Gesellschaft in gleichem Maße eine Pflichtverletzung begangen haben, muß man sagen, daß wir einander nicht mehr verpflichtet sind, weil schon nach Zivilrecht eine Aufrechnung der Pflichtverletzungen stattgefunden hat*"; im Original: „*Si ambo socii parem neglegentiam societati adhibuimus, dicendum est desinere nos invicem esse obligatos ipso i-*

Auch die regula iuris aus Dig. 50, 17, 203 wurde in diesem Zusammenhang auf ein Mitverschulden bezogen[174]. Allerdings erfolgte die „Erhebung“ dieser Digestenstelle zu einer regula iuris erst durch die mittelalterlichen Juristen. Ein echter Zusammenhang zwischen dieser Regelung und einem Mitverschulden bestand dabei jedoch nicht[175].

Die Culpa-Compensation hatte zur Folge, dass sich das Verschulden von Schädiger und Geschädigtem in Bezug auf denselben Schadensfall[176] gegenseitig aufhob. Auf den genauen Verschuldensgrad wurde dabei zunächst nicht eingegangen. Insbesondere spielte die Frage eines überwiegenden Verschuldens einer Partei keine Rolle[177]. Dies erstaunt insofern, als an sich die verschiedenen Abstufungen eines Verschuldens bereits bekannt und ausdifferenziert waren[178]. Eine Ausnahme bestand lediglich in dem Fall, dass ein vorsätzliches Verhalten des Schädigers bloßer Fahrlässigkeit des Geschädigten gegenüberstand[179]. Die Culpa-Compensation entwickelte sich zur herrschenden Meinung des usus moder-

---

ure compensatione neglegentiae facta“, vgl. Behrends/Knütel 1999 – CIC III Dig. 11-20, S. 326/327.

174 Im 19. Jahrhundert basierte die herrschende Lehre hierauf, vgl. nur Mommsen 1855 – Interesse II, S. 157/158 und Luig 1969 – Überwiegendes Mitverschulden, S. 198/199.

175 Siehe schon oben unter B. II, 1, a), i, bzw. Wollschläger 1976 – Eigenes Verschulden des Verletzten, S. 122.

176 Im klassischen römischen Recht existierte bereits die Idee einer Culpa-Compensation. Diese bezog sich jedoch nicht auf das gegenseitige Verschulden beim selben Schadensfall, sondern auf das Verschulden bei verschiedenen Schadensfällen, vgl. Looschelders 1999 – Mitverantwortlichkeit, S. 15, sowie Pernice 1895 – Römisches Privatrecht II/1, S. 97, 100. Die maßgebliche Stelle hierzu ist Dig. 4, 3, 36: *„Wenn zwei [jeweils gegeneinander] arglistig gehandelt haben, können sie nicht untereinander wegen Arglist klagen“*; im Original: *„Si duo dolo malo feccerint, invicem de dolo non agent“*, vgl. Behrends/Knütel 1995 – CIC II Dig. 1-10, S. 372. Diese Stelle wurde dann später auch für die Begründung der Culpa-Compensation herangezogen. In dieselbe Richtung deutete dabei auch die sog. „compensatio delictorum“. Hier ging es darum, gegenseitige Schadensersatzansprüche aus unerlaubten Handlungen dann gegeneinander aufzuheben, wenn diese gleich schwer wogen, vgl. Weiske 1984 (ursprgl. 1840) – Rechtslexikon II, S. 744.

177 Vgl. Luig 1969 – Überwiegendes Mitverschulden, S. 204; HKK 2007 – §§ 241-304, S. § 254, Rn. 13. Vertreten wird aber, dass Fälle eines überwiegenden Verschuldens eine Culpa-Compensation ausschließen würden, vgl. Lorenz 1972 – Der Tu-quoque-Einwand, S. 312, der aber zu Recht darauf hinweist, dass diese Fälle nicht zu belegen sind.

178 Jansen 2003 – Haftungsrecht, S. 285 ff. und S. 304 ff.

179 Dann sollte es zu keiner Kompensation kommen, sondern vielmehr die Haftung des Schädigers bestehen bleiben, vgl. HKK 2007 – §§ 241-304, § 254, Rn. 13.

nus. Allerdings erfolgte durch sie keine echte Neuerung im Recht des Mitverschuldens. Vielmehr blieb es bei dem „Alles-oder-nichts"-Prinzip des römischen Rechts[180]. Erst im 17. Jahrhundert erfolgte langsam ein Umdenken dahingehend, dass bei dem gegensätzlichen Verschulden auf die Schwere des Verschuldens geachtet wurde. Dies floss dann in die Bewertung der Culpa-Compensation ein[181].

Das „Alles-oder-nichts"-Prinzip bezog sich auf einen Schadensersatzanspruch des Geschädigten. Rechtstheoretisch setzte die Culpa-Compensation nicht bei der Zurechnung eines Schadens an, sondern direkt bei der Haftungsverpflichtung als solches[182]. Dass der Schaden sowohl dem Schädiger, als auch dem Geschädigten zurechenbar ist, muss schon als Voraussetzung gegeben sein. Traf den Geschädigten aber ein Verschulden, so war ein Schadensersatzanspruch gegen den Schädiger ausgeschlossen. Zu einer Verrechnung des gegenseitigen Verschuldens im Sinne einer Aufrechnung kam es dabei rechtlich nicht. Eine Aufrechnung setzt zwei gegenseitige Forderungen voraus. Im Falle der Culpa-Compensation standen sich aber nicht wirklich zwei Forderungen gegenüber. Vielmehr gab es zwei entgegengesetzte Verschuldenslinien. Diese konnten in Ermangelung einer wertmäßigen Bestimmung auch nicht miteinander verrechnet werden. Die Culpa-Compensation nahm lediglich diese beiden Verschuldenslinien zum Anlass, einen Schadensersatzanspruch gegen den Schädiger auf der Grundlage dessen Verschuldens zu beseitigen[183]. Die Konstruktion der Culpa-Compensation stellt somit eher ein metaphorisches Bild für einen Haftungsausschluss dar[184].

ii. Vernunftrechtlicher Ansatz der Quotenteilung

Ab dem 17. Jahrhundert erfuhr die Lehre vom Mitverschulden eine entscheidende Weiterentwicklung. Maßgeblich hierfür waren die Gedanken des Naturrechts,

180 Entweder musste der Schädiger haften, oder eine Beteiligung des Geschädigten verhinderte diese Haftung, vgl. Lorenz 1972 – Der Tu-quoque-Einwand, S. 312.

181 Leyden 1902 – Culpa-Compensation, S. 36; Looschelders 1999 – Mitverantwortlichkeit, S. 16/17; HKK 2007 – §§ 241-304, § 254, Rn. 13. Zum selben Ergebnis kommt auch Luig 1969 – Überwiegendes Mitverschulden, S. 228/229.

182 HKK 2007 – §§ 241-304, § 254, Rn. 12

183 Es handelte sich mithin nicht um eine echte Aufrechnung, sondern eher um eine Anwendung des Kompensationsgedankens als solches.

184 Vgl. hierzu zu einem ähnlichen Kontext Hasse 1824 – Compensation, S. 175/176, hier insbesondere Fn. 28; HKK 2007 – §§ 241-304, § 254, Rn. 15.

welche insgesamt die Rechtswelt beeinflussten[185]. Für das Mitverschuldens geht die Verbindung zum Naturrecht insbesondere auf Christian Wolff zurück. Dieser hat das Dilemma zwischen einer „Alles-oder-nichts"-Lösung und dem Gerechtigkeitsbedürfnis der Parteien insofern aufgelöst, als er erstmals eine Quotenlösung vorschlug[186]. Gerade das Naturrecht bot die konzeptionelle Grundlage für diese Entwicklung. Frühere naturrechtliche Autoren hatten gleichwohl die „Alles-oder-nichts"-Lösung vertreten[187].

Allerdings machte sich Wolff die Gedanken zur Quotenteilung ursprünglich nicht im Hinblick auf das Mitverschulden. Vielmehr behandelte er Fragen des Aufwendungsersatzes beim Eigentümer-Besitzer-Verhältnis. Konkret ging es um die Frage, wer die nutzlosen Aufwendungen des gutgläubigen Besitzers zu tragen hatte: der gutgläubige Besitzer oder der Eigentümer[188]. Bei diesem Aufeinandertreffen von Schäden hielt es Wolff für die gerechteste Lösung, die Haftung proportional nach dem Verhältnis der beiderseitigen Schuld zu bestimmen[189]. Theoretischer Hintergrund dieser Auffassung ist für Wolff dabei auch die Annahme, dass jeder Mensch Pflichten gegen sich selbst zum Schutz seiner Rechtsgüter hat. Eine Verletzung dieser Pflichten kann sich dann als genuin schuldhaftes Verhalten negativ auf einen Anspruch gegen einen anderen auswir-

---

185 Unter Naturrecht ist dabei eine Art Gerechtigkeitssystem zu verstehen, welches *„den Maßstab des Richtigen im Seienden (in der „Natur") finden, das Sollen also dem Sein entnehmen will"*; vgl. zu dieser Eingrenzung des Naturrechts HRG 1984 – III. Band List-Protonotar, S. 933/934.

186 Zur Entwicklung im Rahmen der Vernunftrechtslehre durch Grotius, Pufendorf und Wolff siehe Aumann 1964 – Mitwirkendes Verschulden, S. 38 ff.; HKK 2007 – §§ 241-304, § 254, Rn. 20; Looschelders 1999 – Mitverantwortlichkeit, S. 17, vgl. auch Lorenz 1972 – Der Tu-quoque-Einwand, S. 312.

187 Aumann 1964 – Mitwirkendes Verschulden, S. 48–50; HKK 2007 – §§ 241-304, § 254, Rn. 20; zu anderen Naturrechtlern vgl. Luig 1969 – Überwiegendes Mitverschulden, S. 229 ff.

188 Siehe hierzu Looschelders 1999 – Mitverantwortlichkeit, S. 17.

189 Wolff führt hierzu aus: *„Beyläufig bemerken wir, daß aus demjenigen, was wir erwiesen haben, überhaupt klar sey, daß wenn der Schaden desjenigen, durch dessen Schuld er sich ereignet, mit dem Schaden eines andern collidirt, der gar keine Schuld daran hat, derjenige den Schaden tragen muß, der Schuld daran ist; woraus ferner folget, daß, wenn beyde nicht ausser aller Schuld sind, der Schade, nach Proportion der Schuld, von einem jeden zu tragen ist"*, vgl. Wolff 1980 (ursprgl. 1754) – Natur- und Völckerrecht, S. 175/176, § 283. Eine abstrakte Problembeschreibung gibt es bei Wolff nicht, vielmehr hat er die Lösung in verschiedenen Einzelfällen dargestellt, vgl. HKK 2007 – §§ 241-304, S. § 254, Rn. 22.

ken[190]. Bei der Konstellation des Eigentümer-Besitzer-Verhältnisses handelte es sich um einen einheitlichen Schaden[191]. Vor diesem Hintergrund liegt es nahe, diese Grundsätze der Quotenteilung auch auf andere Fälle eines einheitlichen Schadens zu übertragen[192]. Dies trifft beim Mitverschulden zu, jedenfalls, wenn man das „Alles-oder-nichts"-Prinzip zu Grunde legt. Hier muss entweder der Schädiger oder der Geschädigte den gesamten Schaden tragen. Eine Quotenlösung nach Wolff ist somit auch in diesem Fall anwendbar. Es kommt für die Frage der Haftung darauf an, in welchem Maße der Schaden entweder durch den einen, oder durch den anderen Teil verursacht wurde[193].

Diese Quotenlösung hatte einen Bruch[194] mit der herrschenden Meinung des „Alles-oder-nichts"-Prinzips zur Konsequenz. Wolff ließ beim Vorliegen eines beidseitigen Verschuldens nicht einfach die Haftung des Schädigers vollständig entfallen. Vielmehr betrachtete Wolff die Beiträge beider Seiten und setzte sie zueinander ins Verhältnis. Großer Erfolg war diesem Ansatz allerdings nicht

190 Vgl. § 133 *„Von der Übereinstimmung der Pflichten gegen sich selbst und gegen andere: /.../ so ist jeder Mensch einem jeden, er sey wer er wolle, eben das schuldig, was er sich selbst schuldig ist; doch in so fern es nicht schon in des anderen Vermögen allein stehet, und er es, ohne die Pflichten gegen sich selbst zu verabsäumen, dem andern leisten kann. Folglich sind die Pflichten des Menschen gegen andere mit den Pflichten gegen sich selbst einerley (§.57.)"*, Wolff 1980 (ursprgl. 1754) – Natur- und Völckerrecht, S. 86/87, § 133. Siehe hierzu auch § 255 und § 269 bei Wolff 1980 (ursprgl. 1754) – Natur- und Völckerrecht, S. 157 und S. 166/167.

191 Der Besitzer hat einen Schaden, wenn er die Aufwendungen nicht ersetzt erhält. Andernfalls hat der Eigentümer denselben Schaden, wenn er die Aufwendungen ersetzen muss.

192 Wolff hat in vielen Bereichen eine graduelle Zurechnungslehre vertreten, so dass diese Argumentation für ihn nur konsequent war, vgl. Wolff 1980 (ursprgl. 1754) – Natur- und Völckerrecht, S. 5, § 6: *„Da nun eine überlegte Handlung mehr eine freye Handlung ist, als eine unüberlegte (§.1.); so wird eine überlegte Handlung mehr zugerechnet, als eine unüberlegte; und je mehr die Handlung überlegt worden ist, desto mehr wird sie zugerechnet"*.

193 Aumann 1964 – Mitwirkendes Verschulden, S. 45; Looschelders 1999 – Mitverantwortlichkeit, S. 17; Lorenz 1972 – Der Tu-quoque-Einwand, S. 312.

194 Gegen einen totalen Bruch stellt sich Luig. Luig meint, die Wolffsche Quotenlösung sei die Weiterentwicklung einer gemäßigten Culpa-Compensation, welche bereits im usus modernus eine Abwägung des beidseitigen Verschuldens kannte, Luig 1969 – Überwiegendes Mitverschulden, S. 238.

beschieden[195]. Auch die Idee einer Quotenteilung wurde zunächst nicht übernommen[196].

iii. Deutsche Entwicklung im 19. Jahrhundert

Die deutsche Entwicklung des Mitverschuldens erwies sich insbesondere im 19. Jahrhundert als eigenständiger Weg[197].

(1) Theorie

Zu Beginn des 19. Jahrhunderts existierten betreffend das Mitverschulden grundsätzlich zwei Meinungsbilder[198]. Einerseits wurde die römisch-rechtliche „Alles-oder-nichts"-Lösung in Form der mittelalterlichen Culpa-Compensation vertreten. Andererseits gab es die Wolffsche Quotenlösung auf Basis eines aufgeklärten Vernunftrechts[199].

Die herrschende Meinung der Pandektenwissenschaft schloss sich der Culpa-Compensation an und stützte sich hierbei hauptsächlich auf die regula iuris, die „Quod-quis"-Regelung aus Dig. 50, 17, 203[200]. Der Schwerpunkt lag damit nicht auf der (schuldhaften) Schadensverursachung durch den eigentlichen Schädiger, sondern auf dem (schuldhaften) Verursachungsbeitrag des Geschädigten[201]. Der Aufrechnungscharakter der Culpa-Compensation stand hierbei nicht im Vordergrund[202]. Diese Culpa-Compensation wandelte sich jedoch im Laufe der Zeit

---

195 Looschelders 1999 – Mitverantwortlichkeit, S. 19/20; HKK 2007 – §§ 241-304, § 254, Rn. 23.

196 Die herrschende Meinung folgte weiterhin der Culpa-Compensation mit ihrer „Alles-oder-nichts"-Lösung.

197 Bei der Entwicklung des Mitverschuldens, ausgehend vom römischen Recht bis ins 19. Jahrhundert handelte es sich quasi noch um eine europäische Geschichte, da diese Entwicklung grenzübergreifend geschah.

198 Siehe hierzu den instruktiven Überblick bei Aumann 1964 – Mitwirkendes Verschulden, S. 80 ff., der insbesondere darauf hinweist, dass im Rahmen des sog. „zweiten Humanismus" die Beschäftigung mit den römisch-rechtlichen Quellen einen neuen Höhepunkt fand. Vor diesem Hintergrund erläutert Aumann, wie es zu dem Phänomen kam, dass die vernunftrechtlichen Ansätze von Wolff nicht berücksichtigt wurden.

199 Einen ausführlichen Überblick über das theoretische Meinungsbild im 19. Jahrhundert bietet auch Honsell 1977 – Quotenteilung, S. 4–51.

200 Vgl.Looschelders 1999 – Mitverantwortlichkeit, S. 21.

201 Windscheid/Kipp 1963 (ursprgl. 1906) – Pandektenrecht II, S. 64, § 258 Nr. 2, insbesondere Fn. 17; Mommsen 1855 – Interesse II, S. 157/158.

202 Es kam weniger auf die „Verrechnung" zweier entgegengesetzter Schuldlinien an, als auf den Gedanken, dass im Rahmen der allgemeinen Billigkeit kein Schadensersatz für

dahingehend, dass nur noch ein überwiegendes Verschulden des Geschädigten den Schadensersatzanspruch ausschließen konnte[203]. Einig war man sich darin, dass ein Schadensersatzanspruch trotz eines Verschuldens des Geschädigten nicht ausgeschlossen war, wenn der Schädiger arglistig gehandelt hatte[204]. Mit dieser offeneren Ansicht wurde die Culpa-Compensation endgültig zu einer Haftung aus Gründen der Billigkeit[205]. Die Berücksichtigung des Mitverschuldens erfolgte entweder im Rahmen des Anspruchsinhalts[206], oder bereits eine Stufe früher im Rahmen der Kausalität zwischen Schädigung und Schaden[207]. Maßgeblich war jedenfalls die haftungsbegründende, bzw. die haftungsausfüllende Kausalität.

Der Gedanke, dass die Mitverursachung eines Schadens durch den Geschädigten keine Frage des Haftungsumfanges sein könne, sondern vielmehr bereits die Haftung des Schädigers dem Grunde nach beeinflussen müsse, konnte sich erst allmählich durchsetzen. Die Idee einer Quotenteilung wurde lange Zeit ignoriert und fand erst sehr zögerlich gegen Ende des 19. Jahrhunderts Anklang[208].

---

einen Umstand verlangt werden könne, an dem man selbst auch mit eigenem Verschulden beteiligt war.

203 Luig 1969 – Überwiegendes Mitverschulden, S. 232

204 So wurde das beispielsweise vertreten von Windscheid/Kipp 1963 (ursprgl. 1906) – Pandektenrecht II, S. 64/65; Mommsen 1855 – Interesse II, S. 157 und S. 257/258. In diese Richtung auch Dernburg 1897 – Pandekten II, S. 126/127, § 45 Nr. 2/3, dem aber der Haftungsausschluss insgesamt zu weit geht, vgl. Dernburg 1897 – Pandekten II, S. 127, § 45 Nr. 3, Fn. 11.

205 Honsell 1977 – Quotenteilung, S. 51. Ausführlich zum Mitverschulden und § 242 BGB unten D, I, 2, a).

206 Also beim Umfang des Ersatzes des Interesses des Geschädigten. Vgl. nur Windscheid/Kipp 1963 (ursprgl. 1906) – Pandektenrecht II, S. 64/65, § 258 Nr. 2; Mommsen 1855 – Interesse II, S. 157/158; hierzu Honsell 1977 – Quotenteilung, S. 10; Aumann 1964 – Mitwirkendes Verschulden, S. 97 ff. Auch Dernburg behandelt diese Thematik im Kapitel *„Umfang der Interessenvergütung"*, vgl. Dernburg 1897 – Pandekten II, S. 127, § 45 Nr. 3.

207 Dernburg sieht dieses Eigenverschulden des Geschädigten als Hauptursache, so dass es sich um eine Frage der Kausalität handle, vgl. Dernburg 1897 – Pandekten II, S. 127, § 45 Nr. 3; siehe auch maßgeblich Bar 1871 – Causalzusammenhang, S. 22 ff., S. 27, S. 119, S. 131. Hierzu Honsell 1977 – Quotenteilung, S. 32 und S. 33/34; Aumann 1964 – Mitwirkendes Verschulden, S. 114 ff.

208 Honsell 1977 – Quotenteilung, S. 48 und S. 51; Aumann 1964 – Mitwirkendes Verschulden, S. 127/128.

(2) Praxis

Auch in der Rechtsprechung dieser Zeit gab es keine einheitliche Linie[209]. So wurde das Mitverschulden teilweise im Rahmen der Schadenshöhe berücksichtigt, teilweise auch schon beim haftungsbegründenden Tatbestand[210]. Insgesamt bestand eine leichte Tendenz zu Gunsten des Geschädigten, obschon auch Beispiele bestehen, in denen die Culpa-Compensation sehr streng angewendet wurde[211]. Nach einem Urteil des OLG für Bayern von 1880 sollte bereits ein geringes eigenes Verschulden ausreichen, um einen Schadensersatzanspruch vollständig auszuschließen. Nach gemeinem Recht sei eine Abwägung des beidseitigen Verschuldens nicht möglich[212]. Nach demselben Gericht sollte jedoch bei einem vorsätzlichen und gewissenlosen Handeln des Schädigers der Anspruch bestehen bleiben[213]. Das Reichsoberhandelsgericht entschied 1871 für das Mitverschulden, dass

> *„der Schaden, /.../, regelmäßig nicht in Anrechnung gebracht werden* (dürfe), *der durch Anwendung gehöriger Sorgfalt von Seiten des Beschädigten vermieden werden konnte, /.../"*[214].

Diese Auffassung änderte das Reichsoberhandelsgericht auch in seiner weiteren Rechtsprechung nicht grundlegend. Allerdings rückte hierbei der Einzelfall im-

---

209 Die Gerichte verfolgten vielmehr die verschiedenen Meinungen, vgl. Honsell 1977 – Quotenteilung, S. 52. Zur Rechtsprechung im 19. Jahrhundert auch Aumann 1964 – Mitwirkendes Verschulden, S. 168 ff.

210 Honsell 1977 – Quotenteilung, S. 52 ff. uns S. 59 ff.

211 Looschelders 1999 – Mitverantwortlichkeit, S. 21/22

212 OLG für Bayern (1880), SeuffA 35, 413, Nr. 285: *„Nach gemeinrechtlichen Grundsätzen kann daher auch dann, wenn auf Grund des aquilischen Gesetzes Klage erhoben wurde, Ersatz des Schadens in der Regel nicht begehrt werden, wenn ein Verschulden des Beschädigten Mitursache des Schadens war, und es muß dieses um so mehr gelten, sofern es in einem Fall ungewiß geblieben ist, ob die Nachlässigkeit eines Anderen den Schaden überhaupt zur Folge gehabt hätte, falls nicht das eigene Verschulden des Beschädigten als wirkende Ursache hinzugekommen wäre"*.

213 Ebenfalls OLG für Bayern (1873), SeuffA 30, 9, Nr. 9: *„Der Rechtsgrundsatz, daß die Verpflichtung zur Ersatzleistung wegfällt, falls Derjenige, welcher einen Vermögensverlust erleidet, selbst Schuld an demselben trägt, darf nicht soweit ausgedehnt werden, daß auch Derjenige, welcher durch Gewissenlosigkeit (dolus) Urheber des Verlustes geworden ist, von der Verpflichtung zum Ersatze frei sei, falls zugleich ein eigenes Verschulden desjenigen, der in Verlust gerathen, obgewaltet hat"*.

214 ROGHE 2, 383 [387/388]; bei dieser Entscheidung stützt sich das Reichsoberhandelsgericht unter anderem auf die regula iuris Dig. 50, 17, 203.

mer stärker in den Fokus[215]. Vor dem Hintergrund unbilliger Ergebnisse[216] kam es 1883 erstmals zu einer Entscheidung des Reichsgerichts, in der das Mitverschulden des Geschädigten nur zu einer Reduktion der Ersatzpflicht führte[217]. Hierbei zog das Reichsgericht zur Begründung § 260 RCPO heran[218]. So konnte das Reichsgericht die Frage, inwieweit ein Verschulden des Schädigers oder ein Mitverschulden des Geschädigten den Schaden verursacht habe, mit einer Ermessensentscheidung beantworten. Zwar ging das Reichgericht hier von einem einheitlichen Schaden aus. Diesen Schaden musste der Schädiger wegen des mitwirkenden Verschuldens des Geschädigten jedoch nicht in voller Höhe ersetzen. Eine erste Annäherung an eine Quotenteilungslösung war damit geschaffen[219].

Die Rechtsprechung des Reichsgerichts änderte sich durch dieses Urteil aber nicht grundlegend. So entschied das Reichsgericht noch 1898[220], dass ein mitwirkendes Verschulden des Geschädigten einen Schadensersatzanspruch verhindere:

> *„Nach den Vorschriften der §§ 18 flg. A.L.R. I. 6, /.../, verliert der Beschädigte den Anspruch auf Ersatz des ihm durch das Verhalten des anderen Teiles zugefügten Schadens in bestimmten Fällen ganz oder teilweise, wenn er sich selbst eines Vergehens schuldig gemacht hat“*[221].

---

215 Siehe Aumann 1964 – Mitwirkendes Verschulden, S. 170/171.

216 Auch die Rechtsprechung des Reichsgerichts schloss sich der rigorosen Auffassung des gemeinen Rechts an. Vgl. nur RGZ 1, 83 [84], wo eine Klage (voll) abgewiesen wurde, weil der Geschädigte den Schaden durch eigenes unvorsichtiges Handeln mit verursacht hatte.

217 RGZ 10, 74 ff. [80/81]

218 § 260 Abs. 1 S. 1 RCPO lautet dabei: *„Ist unter den Parteien streitig, ob ein Schaden entstanden sei, und wie hoch sich der Schaden oder ein zu ersetzendes Interesse belaufe, so entscheidet hierüber das Gericht unter Würdigung aller Umstände nach freier Überzeugung“*. § 260 Abs. 1 S. 1 RCPO besteht in der Beweislastregel des § 287 Abs. 1 S. 1 ZPO unverändert auch heute noch.

219 Aumann 1964 – Mitwirkendes Verschulden, S. 174

220 RGZ 42, 298. Diese Entscheidung wurde jedoch noch zum ALR getroffen.

221 Vgl. RGZ 42, 298 [299]. Hier wurde weiter ausgeführt: *„So kann nach § 19 a.a.O. der Ersatz des mittelbaren Schadens und entgangenen Gewinnes nicht verlangt werden, auch wenn dem anderen Teile Vorsatz oder grobes Versehen zur Last fällt, der Beschädigte aber bei der Abwendung des Schadens sich selbst ein grobes Versehen hat zu Schulden kommen lassen“*.

Es hat sich also gezeigt, dass die Rechtsprechung im 19. Jahrhundert zum Mitverschulden noch keinen einheitlichen Standpunkt vertrat[222].

iv. Bestehende Kodifikationen

Im Hinblick auf die Theorien zum Mitverschulden darf ein Blick auf die bestehenden europäischen Kodifikationen nicht fehlen.

(1) Das Allgemeine Preußische Landrecht (ALR)

Das ALR enthält in seinem umfassenden Charakter auch Regelungen über das Mitverschulden[223]. Eine ausführliche Regelung findet sich bei der Haftung aus unerlaubter Handlung im ersten Teil, Titel 6, dort in den §§ 18-21[224]. Ausgangsbasis dieser Regelungen ist dabei zunächst das Prinzip der Culpa-Compensation mit seinem „Alles-oder-nichts"-Prinzip[225]. I 6 § 18 ALR regelt, dass das Mitverschulden des Geschädigten die Haftung des Schädigers dann nicht auszuschließen vermag, wenn der Schädiger vorsätzlich oder grob versehentlich (= grob fahrlässig) gehandelt hat. Wenn aber der Geschädigte in diesem Fall bei der Schadensabwendung selbst grob fahrlässig handelte, soll er seinen mittelbaren Schaden und einen entgangenen Gewinn nicht ersetzt erhalten, I 6 § 19 ALR. Darüber hinaus soll der Geschädigte gar keinen Schadensersatz erhalten, wenn ihm selbst ein grobes Versehen vorzuwerfen ist und der Schädiger nur aus „mäßigen oder geringen Versehen" gehandelt hat, I 6 § 20 ALR. Zuletzt kann der Geschädigte bei einem nur „mäßigen oder geringen Versehen" des Schädigers dann weder den mittelbaren Schaden, noch den entgangenen Gewinn ersetzt verlangen, wenn der Geschädigte diesen Schaden durch Anwendung der üblichen Sorgfalt hätte vermeiden können, I 6 § 21 ALR.

Diese sehr ausführliche Regelung weist insofern eine Besonderheit auf, als sie zwar vom Prinzip der Culpa-Compensation ausgeht, aber dennoch eine Art Ver-

222 So auch HKK 2007 – §§ 241-304, § 254, Rn. 14, insbesondere Fn. 76. Die Ergebnisse, wie auch die Begründungen waren zwar grundsätzlich an den Erkenntnissen des gemeinen Rechts orientiert, differenzierten aber letztlich von Fall zu Fall.

223 Da das ALR jedoch insgesamt einen geringen Abstraktionsgrad aufweist und insbesondere keinen vorangestellten allgemeinen Teil kennt, sind die Regelungen bei der jeweiligen Thematik verankert.

224 Dieses Kapitel trägt die Überschrift *„In wie fern die Schuld des Beschädigten den Beschädigter vom Ersatz befreye"*.

225 Bornemann 1842 – Darstellung Preuß. Civilrecht II, S. 180/181; Looschelders 1999 – Mitverantwortlichkeit, S. 24.

teilung des Schadens je nach dem Maß des Verschuldens vorsieht[226]. Allerdings ist nicht sicher, ob eine solche Schadensquotelung gewollt war. Denn zum einen kennt das ALR im Gegensatz zur vernunftrechtlichen Lehre von Wolff keinen einheitlichen Schaden[227]. Zum anderen deuten I 6 §§ 19 und 21 ALR darauf hin, dass sich das Verschulden des Geschädigten nur auf die Abwendung des Schadens beziehen muss[228]. Dennoch lässt sich ein vernunftrechtlicher Einfluss nicht leugnen[229]. Nach der Regelung des ALR gab es einen Haftungsausschluss nur noch für den mittelbaren Schaden, was keine Quotenteilung bedeutete, aber immerhin eine Schadensteilung[230]. Bei der vertraglichen Haftung ist im ALR das Mitverschulden nicht zentral geregelt. An einigen Stellen sind spezielle Regelungen vorhanden, die aber in ihrem Regelungsgehalt weitestgehend den I 6 §§ 18 ff. ALR entsprechen[231].

In der praktischen Anwendung haben sich diese Regelungen zum Mitverschulden als überaus schwierig erwiesen. Insbesondere die Feststellung des jeweiligen Verschuldens durch das Gericht war diffizil. Das richterliche Ermessen bei der Beurteilung von Sachverhalten wurde durch diese differenzierte Regelung[232] stark eingeschränkt, so dass von Anfang an Kritik geübt wurde[233].

---

226 Dies gilt insbesondere in dem Fall, dass auf beiden Seiten ein ähnlich hohes Verschulden gegeben ist. Vgl. hierzu Looschelders 1999 – Mitverantwortlichkeit, S. 24/25.

227 Vielmehr unterscheidet das ALR stets zwischen unmittelbarem und mittelbarem Schaden, sowie entgangenem Gewinn.

228 Eine Quotenteilung ist demnach für die Bereiche ausgeschlossen, in denen das Verschulden des Geschädigten keine Auswirkungen haben konnte, Aumann 1964 – Mitwirkendes Verschulden, S. 64.

229 Der Entwurf für ein allgemeines Bürgerliches Gesetzbuch für die Preußischen Staaten von 1787 sah nämlich im Gegensatz zum ALR noch einen vollständigen Haftungsausschluss (für den unmittelbaren und den mittelbaren Schaden) für den Fall vor, dass der Geschädigte den Schaden hätte vermeiden können. Hierzu Bornemann 1842 – Darstellung Preuß. Civilrecht II, S. 180/181.

230 Looschelders 1999 – Mitverantwortlichkeit, S. 25; Aumann 1964 – Mitwirkendes Verschulden, S. 62 ff. und insbesondere S. 67.

231 Sie enthalten also ebenfalls eine Aufteilung des Schadens nach Maßgabe des Verschuldens der Beteiligten und nach unmittelbarem und mittelbarem Schaden. Siehe hierzu z.B. für die Unmöglichkeit der Erfüllung einer vertraglichen Leistung: I 5 § 362 ALR: *„Fällt beyden Theilen bey der eingetretnen Unmöglichkeit ein gleicher Grad der Verschuldung zur Last, so muß jeder dem Andern den unmittelbar daraus entstehenden Schaden ersetzen"*, I 5 § 363 ALR: *„Wegen des mittelbaren Schadens aber findet gegenseitig kein Anspruch statt"*.

232 Schwierigkeiten bestanden insbesondere bei der Abgrenzung der Verschuldensgrade und der Aufteilung in mittelbaren und unmittelbaren Schaden.

233 Vgl. hierzu Bornemann 1842 – Darstellung Preuß. Civilrecht II, S. 212–214.

(2) Der Bayerische Codes Maximilianeus Bavaricus Civilis (CMC)

Auch der bayerische CMC[234] regelt das mitwirkende Verschulden des Geschädigten an mehreren Einzelstellen[235]. In Teil IV Kap. I § 20 CMC wird die vertragliche Haftung behandelt. Unter Punkt 4 stellt der CMC dann eine Regelung für das Mitverschulden des Geschädigten auf:

> *„4to kann derjenige, welcher an dem erfolgten Schaden oder Verlust selbst mit in culpa ist, von dem andern schuldhaften Theile derentwegen niemal eine Erstattung begehren"*[236].

Es handelt sich mithin um eine strikte Anwendung des „Alles-oder-nichts"-Prinzips. Eine Einflussnahme durch die Wolffschen vernunftrechtlichen Gedanken ist nicht zu erkennen, obschon die Kodifikationsarbeit von v. Kreittmayr zum CMC zeitgleich zu den Arbeiten von Wolff erfolgte. Vielmehr beruft sich v. Kreittmayr selbst zur Begründung dieser Regel unmittelbar auf die regula iuris Dig. 50, 17, 203. Ein Schadensersatzanspruch sei demnach ausgeschlossen, wenn dem Geschädigten selbst culpa vorwerfbar ist[237]. Folge dieser Regel ist, dass der Geschädigte, dessen Verschulden an der Verursachung des Schadens mitgewirkt hat, von vornherein keinen Schadensersatz beim eigentlichen Schädiger geltend machen kann[238].

Die zweite Stelle, in der die Thematik des Mitverschuldens behandelt wird, ist Teil IV Kap. II § 5 CMC. Hier geht es um die Regelung der Leihe:

> *„11mo Sind etwa beyde Theile in Culpa, z.B. wenn eine Sache wissentlich zum gefährlichen Gebrauche geliehen, und hierunter beschädiget, oder gar zu Grunde gerichtet wird, so pflegt man weder einer- noch andererseits Culpam zu prästiren"*[239].

Zunächst wirkt diese Norm nicht so, als ob sie eine Regelung des Mitverschuldens beinhalten würde. Jedoch handelt es sich hier um eine Art vertraglicher Haftung. Konkret hat Teil IV Kap. II § 5 CMC nämlich zum Hintergrund, dass

234 Zur kaum vorhandenen vernunftrechtlichen Ausprägung des CMC siehe bereits Fn. 81.

235 Einen Überblick über die Regelungen des Mitverschuldens des CMC bietet auch Aumann 1964 – Mitwirkendes Verschulden, S. 58 ff.

236 CMC/Bai. Landrecht 1821, S. 418

237 Kreittmayr 1844 – Anmerkungen CMC, S. 58

238 Diese Regelung gilt unabhängig vom Grad des Verschuldens sowohl des Schädigers, als auch des Geschädigten.

239 CMC/Bai. Landrecht 1821, S. 428

bei einer vertraglichen Leihe der Ausleihende den Leihgegenstand mit dem Wissen des Verleihers für eine gefährliche Tätigkeit benutzt, bei welcher der Gegenstand beschädigt wird[240]. Da hier der Ausleihende die Sache schuldhaft beschädigt hat, der Verleiher die Gefahr aber kannte, kommt der CMC zu dem Ergebnis, dass wegen des Mitwissens des Verleihers ein Schadensersatz regelmäßig nicht gegeben werden kann[241]. In der Kommentarliteratur wird dann auch auf das Mitverschulden bei der vertraglichen Haftung nach Teil IV Kap. I § 20 CMC verwiesen[242].

Diese strikte Regelung[243] war zwar einfacher zu handhaben, weil wenige echte Zweifelsfälle entstanden. Allerdings führte sie oftmals zu ungerechten Ergebnissen. Der Gesetzesentwurf für ein BGB für Bayern von 1861 enthielt dann auch für die unerlaubten Handlungen in Teil II Buch I Hauptstück 1 Art. 68 eine Regelung, die zwar grundlegend an dem „Alles-oder-nichts"-Prinzip des CMC festhielt, aber doch gewisse Erleichterungen brachte[244].

(3) Das Österreichische Allgemeine Bürgerliche Gesetzbuch (ABGB)

Das ABGB war stark vom Vernunftrecht des 18. Jahrhunderts beeinflusst. Dies zeigt sich im Hinblick auf das Mitverschulden darin, dass erstmals in einer europäischen Gesetzeskodifikation die Quotenlösung von Wolff übernommen

---

240 Nach heutigem Verständnis liefe eine solche Konstellation jedenfalls auf eine deliktische Haftung nach § 823 Abs. 1 BGB hinaus. Es wäre aber auch an eine vertragliche Haftung nach §§ 598, 280 BGB zu denken.

241 So erklärt das auch v. Kreittmayr selbst, vgl. Kreittmayr 1844 – Anmerkungen CMC, S. 104.

242 Vgl. hierzu Kreittmayr 1990 (ursprgl. 1768) – Compendium codicis Bavarici, S. 104. Vgl. auch Danzer 1894 – Kommentar CMC, S. 218/219. Somit ist klar, dass v. Kreittmayr auch im Fall dieser speziellen Vertragsart von der Culpa-Compensation mit dem „Alles-oder-nichts"-Prinzip ausging.

243 Eine dritte Stelle befindet sich in Teil IV Kap. III § 16 CMC im Rahmen der Eviktionshaftung: *„3tio Wenn derjenige, welcher schadlos gehalten seyn will, durch eigenes Verschulden die Eviction veranlaßt"*, kann dieser sich nicht beim Verkäufer schadlos halten; vgl. CMC/Bai. Landrecht 1821, S. 445.

244 So sah diese Stelle vor, dass grundsätzlich jeder den Schaden selbst zu tragen hätte, den er sich selbst zufügt, Art. 68 Abs. 1. Wenn jedoch ein Anderer bei diesem Schaden mitgewirkt hat, kann der Geschädigte insofern von diesem Ersatz verlangen, Art. 68 Abs. 2. Allerdings konnte der Geschädigte nach Art. 68 Abs. 3 insoweit keinen Ersatz verlangen, wenn zwar der Schaden ursprünglich von einem Anderen verursacht wurde, aber dann der Geschädigte selbst diesen Schaden vergrößert hat. Vgl. hierzu Entwurf Bayr. BGB 1973 (ursprgl. 1861-1864), S. 64/65 und insbesondere die Motive auf S. 382/383.

wurde[245]. Im zweiten Teil im 30. Hauptstück regelt das ABGB in den §§ 1293 ff. die deliktische Schadensersatzhaftung. § 1304 ABGB betrifft dann das Mitverschulden:

> *„Wenn bei einer Beschädigung zugleich ein Verschulden von Seite des Beschädigten eintritt, so trägt er mit dem Beschädiger den Schaden verhältnismäßig, und, wenn sich das Verhältnis nicht bestimmen läßt, zu gleichen Theilen“*[246].

Im Gegensatz zu dem CMC setzt das ABGB hier eine Quotenlösung fest[247]. Ausgehend von der grundsätzlich verschuldeten[248] Schadensherbeiführung durch den eigentlichen Schädiger ist in einem zweiten Schritt der Verschuldensgrad des Geschädigten zu ermitteln. Danach kann man insgesamt das Verschulden der beiden Parteien in ein Verhältnis setzen und die Haftungsquote des Schädigers ermitteln[249]. Auffällig ist, dass nach dem Wortlaut des § 1304 ABGB nur eine anteilige Haftung möglich ist, nicht aber eine volle Haftung des Schädigers oder des Geschädigten[250]. Bei der Bestimmung des Verschuldensgrades ist aber zunächst ein absichtliches Handeln des Geschädigten von einem bloßen Versehen abzugrenzen. Hat nämlich der Geschädigte seinerseits den Schaden absichtlich herbeigeführt, kann er nicht zugleich Ersatz von dem Schädiger verlangen[251]. Das gleiche musste in der Konsequenz aber auch für den Schädiger gelten. Wenn dieser absichtlich handelte, konnte ein Versehen des Geschädigten den Schadensersatzanspruch nicht beseitigen[252].

---

245 Luig 1969 – Überwiegendes Mitverschulden, S. 232

246 Österreichisches ABGB 1852, 2. Theil, 30. Hauptstück, § 1304, Seite 382

247 Zur Entwicklungsgeschichte des ABGB siehe Aumann 1964 – Mitwirkendes Verschulden, S. 70 ff.

248 Das Verschulden des Schädigers wird ausdrücklich behandelt in § 1294: Verschulden ist demnach entweder ein absichtliches (mit Wissen und Willen), oder ein versehentliches Verhalten, vgl. Österreichisches ABGB 1852, 2. Theil, 30. Hauptstück, § 1294, Seite 378/379. Siehe auch Floßmann 2001 – ÖsterPRG, S. 272 und S. 275.

249 Lässt sich dabei das Verhältnis des jeweiligen Verschuldens nicht sicher bestimmen, so enthält § 1304 ABGB am Ende die Bestimmung, dass letztlich der Schaden von beiden Parteien zu gleichen Teilen zu tragen sei.

250 So auch Aumann 1964 – Mitwirkendes Verschulden, S. 75, wobei für die Fälle, in denen das Verschulden einer Seite absolut überwiegt ohnehin ein Haftungsausschluss insgesamt anerkannt ist.

251 Vgl. schon in der 1. Auflage Stubenrauch 1858 – Kommentar ABGB III, S. 523; vgl. auch später in der 8. Auflage Stubenrauch 1903 – Kommentar ABGB II, S. 657.

252 In der 1. Auflage Stubenrauch 1858 – Kommentar ABGB III, S. 523/524 und später in der 8. Auflage Stubenrauch 1903 – Kommentar ABGB II, S. 658.

Neben dieser Grundregel zum Mitverschulden enthält das ABGB auch an anderen Stellen Regelungen, wann neben dem Verschulden des Schädigers auch ein Verschulden des Geschädigten in Betracht kommt[253]. Die Rechtsfolge bei diesen Normen richtet sich aber ebenfalls nach der Quotenlösung des § 1304 ABGB.

Die Quoten des Verschuldens und damit der Haftung hatte das Gericht im Rahmen des richterlichen Ermessens festzusetzen[254]. Im Vergleich mit dem ALR und dem CMC handelt es sich bei den Normen des ABGB zum Mitverschulden um eine aus heutiger Sicht sehr moderne Regelung. Mit seiner Quotenlösung stellte sich das ABGB jedoch gegen die zu dieser Zeit herrschende Meinung.

(4) Der Französische Code Civil (CC)

Die Normen des CC sind meist allgemein gefasst, um somit der Lehre und der Rechtsprechung einen großen Einflussbereich zu bereiten[255]. Eine Regelung des mitwirkenden Verschuldens enthält der CC in seiner originalen Fassung jedoch nicht, vielmehr stellt der CC die Klärung dieser Frage auch der Wissenschaft und der Praxis anheim[256].

Eine in Deutschland geltende Fassung des CC, das Badische Landrecht (BadLR) von 1809[257], enthielt jedoch insofern eine Ergänzung gegenüber der originalen Fassung, als eine Regelung des Mitverschuldens in Art. 1148 a BadLR enthalten war[258]. § 1148 a BadLR hatte folgenden Wortlaut:

---

253 So behandelt § 1299 ABGB die Beauftragung eines Sachverständigen. Fehlt diesem die zur Ausführung des Auftrages notwendige Erfahrung, so trifft auch den Auftraggeber ein Versehen, wenn dieser von der Unerfahrenheit wusste, vgl. Österreichisches ABGB 1852, 2. Theil, 30. Hauptstück, § 1299, Seite 380. Hierzu auch Stubenrauch 1903 – Kommentar ABGB II, S. 651. Ferner regelt § 1320 ABGB den Fall, dass bei einer Beschädigung durch ein Tier derjenige für den Schaden haften muss, der das Tier gereizt hat. Dies kann nach der herrschenden Auffassung dabei auch der Geschädigte selbst zusammen mit einem Dritten gewesen sein. Vgl. hierzu Stubenrauch 1903 – Kommentar ABGB II, S. 658.

254 Hasenöhrl 1899 – Österr. Obligationenrecht II, S. 168; vgl. auch Aumann 1964 – Mitwirkendes Verschulden, S. 77 und S. 79.

255 Hierzu Aumann 1964 – Mitwirkendes Verschulden, S. 68; vgl. auch Schlosser 2005 – Neuere PrRG, S. 132.

256 Aumann 1964 – Mitwirkendes Verschulden, S. 68

257 Zur Geschichte und Entwicklung des BadLR sehr instruktiv: Behaghel 1869 – Badisches bürgerliches Recht, S. 7 ff.

258 § 1148 a BadLR steht im dritten Kapitel des dritten Titels im Kontext vertraglicher Verbindlichkeiten und behandelte mithin das Mitverschulden bei Schadensersatzansprüchen aus Vertrag. Warum das BadLR diese Annäherung an eine Quotenlösung ent-

„Sie hat auch nicht statt wegen einem Schaden oder einer Schadens-vergrößerung, welche aus einer zu dem Versehen des Schuldners hinzugekommenen Verschuldung des Gläubigers entstand"[259].

Für Schäden aus Delikt enthält das französische Recht keine Regelung für die Mitverantwortlichkeit des Geschädigten. Bei Verträgen hat grundsätzlich der Schädiger dem Geschädigten bei einer schuldhaften Vertragsverletzung dessen Schaden zu ersetzen[260]. § 1148 a BadLR hat dabei zur Folge, dass die Schadensersatzverpflichtung des Schädigers entfällt, soweit der Geschädigte aus eigenem Versehen den Schaden verursacht oder vergrößert hat. Hintergrund dieser Regelung ist dabei die Vorstellung, dass im Falle eines Verschuldens des Geschädigten der Schaden nicht mehr vom ursprünglichen Schädiger stammt[261]. Im Fall der Schadensvergrößerung spricht der Wortlaut dafür, die Schadloshaltung auch nur in Höhe der Vergrößerung zu versagen. § 1148 a BadLR bedeutet somit keinen vollständigen Haftungsausschluss, sondern nur einen teilweisen[262]. Allerdings erfolgt die teilweise Haftung nicht nach Abwägung des Verschuldens, sondern einzig danach, ob es sich um den ursprünglichen Schaden handelt, oder um eine Schadensvergrößerung. Diese Regelung entspricht somit zunächst der gemeinrechtlichen Culpa-Compensation in Form eines „Alles-oder-nichts"-Prinzips. Sie ist lediglich insofern gelockert, als sich der Haftungsausschluss nur auf den Teil des Schadens bezieht, der wirklich durch das Verschulden des Geschädigten verursacht wurde[263]. Ein Einfluss der vernunftrechtlichen Quotenlösung von Wolff ist dabei in keiner Weise zu erkennen[264].

---

hielt, ist unklar. Eine grundsätzliche Abkehr von der Culpa-Compensation ist daran aber nicht zu festzumachen.

259 BadLR / Code Napoléon 1809, S. 312. „Sie" bezieht sich dabei auf die in § 1148 BadLR/CC behandelte Schadloshaltung, vgl. § 1148 BadLR/CC: *„Die Entschädigungs-Klage hat nicht statt, wenn der Schuldner durch höhere Gewalt oder Zufall verhindert wurde, das Zugesagte zu geben oder zu thun, oder veranlaßt wurde, gegen seine Zusage zu handeln"*, siehe BadLR / Code Napoléon 1809, S. 312.

260 Behaghel 1869 – Badisches bürgerliches Recht, S. 506, geregelt ist dies in den §§ 1142, 1147 BadLR/CC, siehe BadLR / Code Napoléon 1809, S. 310/311.

261 Vgl. Aumann 1964 – Mitwirkendes Verschulden, S. 68.

262 Aumann 1964 – Mitwirkendes Verschulden, S. 69

263 Behaghel 1869 – Badisches bürgerliches Recht, S. 506/507

264 Dies schon deshalb, weil § 1148 a BadLR keinen einheitlichen Schaden kennt, der zwischen Schädiger und Geschädigtem aufgeteilt wird. Vielmehr wird noch zwischen ursprünglichem Schaden und Schadensvergrößerung unterschieden.

c) Eingang ins BGB, § 254 BGB

Im 19. Jahrhundert war somit zum Mitverschulden sowohl die gemeinrechtliche Culpa-Compensation in mehr oder weniger strenger Handhabung bekannt, als auch die vernunftrechtliche Quotenlösung nach Wolff.

i. Vor der ersten Kommission

§ 254 BGB steht in seiner aktuellen Fassung der Culpa-Compensation entgegen. Vielmehr orientierte er sich an dem vernunftrechtlichen Gedanken einer Quotenlösung. Allerdings erfolgte diese Abkehr von der herrschenden Meinung nicht automatisch[265].

Zwar enthielt bereits der Entwurf von v. Kübel in § 13 des ersten Abschnitts, zweiter Titel unter „III. Unerlaubte Handlungen“ eine Regelung, die eine verhältnismäßige Teilung des Schadensersatzanspruches vorsah:

> *„Ist ein Schaden durch das Zusammentreffen fremder Verschuldung und eigener Nachlässigkeit des Beschädigten verursacht worden, so hat der Letztere nur insoweit Anspruch auf Schadensersatz, als dies nach richterlichem Ermessen dem betreffenden Verhältniß entspricht“*[266].

Dabei handelte es sich aber nur um einen Entwurf für das Deliktsrecht. Auf das Vertragsrecht war sie nicht zu übertragen. V. Kübel ging davon aus, dass die regula iuris aus Dig. 50, 17, 203 keiner gesonderten gesetzlichen Verankerung bedürfte. Es sei ohnehin klar, dass kein Schadensersatz zu leisten sei, wenn der Geschädigte den Schaden selbst herbeigeführt habe[267]. Bei einem konkurrierenden Verschulden wollte v. Kübel hingegen keine starre Regelung, sondern vielmehr eine gerichtliche Ermessensentscheidung[268]. Der Entwurf enthält deshalb eine Quotenlösung insofern, als das Verschulden des Geschädigten im Verhältnis zum Verschulden des Schädigers gesehen werden musste.

Der „Vorläufige Entwurf der allgemeinen Bestimmungen über das Recht der Schuldverhältnisse“ von 1881 hingegen enthielt eine solche Quotenlösung nicht.

---

265 Zur Gesetzgebungsgeschichte des § 254 BGB siehe auch Looschelders 1999 – Mitverantwortlichkeit, S. 30 ff., bzw. Honsell 1977 – Quotenteilung, S. 69 ff.

266 Kübel 1980 (ursprgl. 1882) – Schuldverhältnisse I AT, S. 655

267 Kübel 1980 (ursprgl. 1882) – Schuldverhältnisse I AT, S. 712

268 Kübel 1980 (ursprgl. 1882) – Schuldverhältnisse I AT, S. 714

Ebenfalls im Rahmen der unerlaubten Handlungen enthielt dieser Entwurf in § 190 noch folgende Regelung:

> *„Jeder muß den Schaden selbst tragen, welchen er sich selbst zugezogen oder welchen ihm mit seiner Einwilligung ein anderer zugefügt hat. Hat bei einer Beschädigung, welche sich Jemand selbst zugezogen hat, ein Anderer mitgewirkt, so ist dieser nur insoweit ersatzpflichtig, als er absichtlich einen von dem Beschädigten nicht vorhergesehenen Schaden verursachte"*[269].

§ 190 dieses Entwurfs kodifizierte damit letztlich nichts anderes als die herrschende Lehre auf Grundlage von Dig. 50, 17, 203[270].

ii. Erster Entwurf

Trotz dieser entgegenstehenden Ansichten und Anträge konnte sich die erste Kommission auf eine Quotenlösung einigen. § 222 E I lautete:

> *„Hat bei der Entstehung des von einem Anderen verschuldeten Schadens eine Fahrlässigkeit des Beschädigten, wenn auch nur in Ansehung der Abwendung des Schadens, mitgewirkt, so hat das Gericht nach den Umständen des Falles zu ermessen, ob und in welchem Umfange der Andere zum Schadensersatze verpflichtet sei. Das Gericht hat bei der Entscheidung insbes. zu würdigen, ob und inwiefern das Verschulden des Anderen oder die Fahrlässigkeit des Beschädigten überwogen hat"*[271].

Der erste Entwurf nahm also die Idee einer Ermessensentscheidung des Gerichts auf[272]. Im Gegensatz zu dem Entwurf von v. Kübel erfolgte hier jedoch weder

269 Kübel 1980 (ursprgl. 1882) – Schuldverhältnisse I AT, S. 1166

270 In den Beratungen der ersten Kommission wurde auch ein Antrag gestellt, den Entwurf von v. Kübel dahingehend zu ändern, dass der Anspruch auf Schadensersatz ausgeschlossen sei, *„wenn und soweit der Beschädigte den durch den Beschädiger verursachten Schaden durch Anwendung gewöhnlicher Sorgfalt hätte vermeiden können, es sei denn, daß der Beschädiger vorsätzlich den Schaden zugefügt hat"*. Dieser Antrag wurde von Planck gestellt, allerdings wurde v. Kübels Entwurf von der Mehrheit gebilligt, vgl. Jakobs/Schubert 1978 – Beratung BGB I §§ 241-432, S. 114/115.

271 Mugdan 1899 – Materialien II, S. IV

272 Von § 222 E I ausgenommen ist jedoch der Fall, dass der Schaden wegen des mitwirkenden Verschuldens des Geschädigten bereits nach den allgemeinen Grundsätzen dem Schädiger nicht mehr zurechenbar war, so dass eine Ermessensentscheidung des Ge-

systematisch noch inhaltlich eine Einschränkung auf die deliktische Haftung[273]. Zwar enthält diese Regelung keine ausdrückliche Quotenlösung[274]. Vielmehr wird eine Entscheidung in das Ermessen des Gerichts gelegt[275]. In dieser Ermessensentscheidung kommt jedoch ein Quotenlösungsgedanke zum Ausdruck. Das Gericht soll abwägen, wessen Verschulden bei der Entstehung des streitgegenständlichen Schadens stärker zum Tragen kam[276].

Bei bloßer Betrachtung des Abwägungsgedankens könnte man jedoch auch zu dem Ergebnis gelangen, das Gericht könne im Rahmen seiner Ermessensentscheidung entweder dem Schädiger oder dem Geschädigten die Haftung aufbürden[277]. Allerdings sieht § 222 Satz 1 E I ausdrücklich vor, dass das Gericht über das ob und über den Umfang der Haftung zu entscheiden habe. Eine solche Entscheidung ist nur sinnvoll, wenn sich das Ergebnis für die Haftungsquote nach dem Ergebnis der Abwägung richtet. Es muss also neben der vollständigen Haftungsablehnung[278] auch und gerade eine quotale Haftung möglich sein. Die Motive zur Begründung von § 222 E I nehmen auch Bezug auf andere gesetzliche Regelungen, in denen der Richter

> *„die Ersatzpflicht nach Verhältniß ermäßigen oder gänzlich von ihr entbinden könne“*[279].

---

richts schon nicht mehr möglich war. Vgl. Looschelders 1999 – Mitverantwortlichkeit, S. 31; siehe auch Mugdan 1899 – Materialien II, S. 13.

273 Mugdan 1899 – Materialien II, S. 13, Motive

274 Es wird daher bezweifelt, dass es sich bei § 222 E I um eine echten Gegensatz zur gemeinrechtlichen Auffassung, mithin um eine echte Quotenlösung handle, weil die Norm nichts über eine quotale Teilung eines zunächst zu bildenden Gesamtschadens aussage, sondern an sich auch eine schon anfängliche Begrenzung des Haftungsumfanges zuließe, vgl. Honsell 1977 – Quotenteilung, S. 72 ff.

275 Es wird jedoch beispielhaft vorgegeben, welche Gesichtspunkte in die Würdigung des Gerichts einzufließen haben.

276 Für § 222 E I als Beispiel einer vernunftrechtlichen Quotenbildung auch Aumann 1964 – Mitwirkendes Verschulden, S. 178.

277 Honsell ist der Meinung, § 222 E I lasse hinsichtlich der Rechtsfolge alles offen, Honsell 1977 – Quotenteilung, S. 72.

278 Eine vollständige Haftungsablehnung muss bei einem entsprechenden absoluten Überwiegen des Verschuldens des Geschädigten möglich sein.

279 Mugdan 1899 – Materialien II, S. 13, Motive. Vgl. auch Looschelders 1999 – Mitverantwortlichkeit, S. 30; Looschelders meint dabei, die Auffassung Honsells (siehe Fn. 274) sei schon deswegen unzutreffend, weil die Motive *„ausdrücklich davon sprechen, der Richter könne „die Ersatzpflicht nach Verhältniß ermäßigen“*“; Diese Ansicht ist zwar im Ergebnis richtig, jedoch übersieht Looschelders dabei wohl, dass die

Ferner darf nicht übersehen werden, dass § 222 E I in dieser Form ganz bewusst geschaffen wurde, obschon ein Antrag von Planck vorlag, den Entwurf von v. Kübel in einen Haftungsausschluss nach dem Vorbild der Culpa-Compensation zu ändern[280]. In der Ablehnung dieses Antrags kann ein Votum gegen eine „Alles-oder-nichts"-Lösung und für eine Quotenlösung gesehen werden[281].

iii. Zweiter Entwurf

In der zweiten Kommission wurde § 222 E I nochmals eingehend diskutiert. Das Ergebnis war § 217 E II und hat im Abs. 1 folgenden Wortlaut:

> *„Hat bei der Entstehung des Schadens, wenn auch nur durch Unterlassen der Abwendung oder Minderung desselben, ein Verschulden des Beschädigten mitgewirkt, so hängt die Verpflichtung zum Ersatze sowie der Umfang des zu leistenden Ersatzes von den Umständen, insbes. davon ab, inwieweit der Schaden vorwiegend von dem einen oder dem anderen Theile verursacht ist"*[282].

Auffällig ist bei § 217 E II im Gegensatz zu § 222 E I zum einen, dass es bei der Abwägung nicht mehr darauf ankommen sollte,

> *„ob und inwiefern das Verschulden des Anderen oder die Fahrlässigkeit des Beschädigten überwogen"*

habe, sondern darauf,

> *„inwieweit der Schaden vorwiegend von dem einen oder dem anderen Theile verursacht worden"*

---

zitierte Fundstelle in den Motiven nur auf die Regelungen des schweizerischen, des französischen und des österreichischen Rechts bezogen ist, während erst im anschließenden Satz steht: *„In ähnlicher Weise stellt der Entwurf /.../ auf das richterliche Ermessen ab, /.../."*, Mugdan 1899 – Materialien II, S. 13, Motive.

280 Vgl. hierzu Jakobs/Schubert 1978 – Beratung BGB I §§ 241-432, S. 114/115.

281 Die Redaktoren des ersten Entwurfes unterstützten eine richterliche Ermessensentscheidung, weil aufgrund der Vielfältigkeit der Praxis eine einheitliche Regelung zu komplex ausfallen würde, vgl. Mugdan 1899 – Materialien II, S. 13, Motive.

282 Mugdan 1899 – Materialien II, S. IV

sei. Es fand mithin ein Wandel statt, vom Verschulden hin zur Verursachung, also hin zur Kausalität[283]. Zu begründen ist dieser Umschwung unter anderem damit, dass man auch die Fälle der Gefährdungshaftung, bei denen den Schädiger schließlich kein Verschulden treffen muss, in den Anwendungsbereich des § 254 BGB bringen wollte[284].

Zum anderen fiel der Hinweis weg, dass die Abwägung im Rahmen einer richterlichen Ermessensentscheidung erfolgen sollte[285]. Dies kann damit begründet werden, dass die Höhe eines Ersatzanspruches grundsätzlich nicht von dem Ermessen eines Gerichts abhängig sein könne. § 222 E I ist keine Norm des Zivilprozessrechts, sondern des materiellen Rechts, so dass dieses Ermessen nicht nur durch ein Gericht ausgeübt werden kann[286]. Auch gilt § 222 E I nicht nur für gerichtliche Verfahren. Er greift vielmehr auch bei allen sonstigen privaten Auseinandersetzungen, bei denen ein Mitverschulden in Betracht kommt[287]. Ist dem Geschädigten aufgrund der Handlung eines Schädigers ein Schaden entstanden, dann hat er zunächst einen entsprechenden Schadensersatzanspruch. Hat jedoch ein Verschulden des Geschädigten mitgewirkt, bzw. hat dieser den Schaden teilweise mitverursacht, so kann er keinen vollen Schadensersatzanspruch haben. Dieser teilweise Schadensersatzanspruch besteht dabei von Anfang in dieser Höhe und nicht erst nach einer entsprechenden richterlichen Ermessensentscheidung. Für das Entstehen des Anspruches ist somit die richterliche Entscheidung zunächst ohne Bedeutung[288].

Zwischen § 217 E II und dem endgültigen § 254 BGB sind nur noch Feinheiten angepasst worden. Eine inhaltliche Änderung gab es nicht mehr[289].

---

283 Vgl. Looschelders 1999 – Mitverantwortlichkeit, S. 33; mit dieser Änderung folgte die zweite Kommission diesbezüglich der gemeinrechtlichen Meinung, wonach die Frage des Mitverschuldens eine Frage der Kausalität sei.

284 Vgl. Honsell 1977 – Quotenteilung, S. 80.

285 Die Protokolle enthalten zu diesen beiden Punkten nur den relativ einfachen Hinweis, dass die entsprechenden Anträge zu diesen Änderungen gebilligt worden seien, Mugdan 1899 – Materialien II, S. 519. Es ist somit davon auszugehen, dass durch diese Streichung keine sachliche Änderung gegenüber der ursprünglichen Regelung beabsichtigt war, vgl. auch Honsell 1977 – Quotenteilung, S. 81.

286 Ein Gericht würde ein solches Ermessen auch ohne ausdrücklichen Hinweis ausüben, vgl. BGB-Entwurf Gutachten II 1967 (ursprgl. 1890), S. 23.

287 BGB-Entwurf Gutachten II 1967 (ursprgl. 1890), S. 23

288 Allerdings kann der Geschädigte freilich vor einer rechtskräftigen gerichtlichen Ermessensentscheidung keine Gewissheit über die tatsächliche Höhe seines Schadensersatzanspruches haben.

289 So Honsell 1977 – Quotenteilung, S. 83 ff.

iv. § 254 BGB und Culpa-Compensation

§ 254 BGB bestimmt aus heutiger Sicht die Haftung beim Mitverschulden anhand einer Quotenteilung. Gleichwohl wurde insbesondere in den ersten Jahren der Geltung des BGB vertreten, dass auch hierin eine Form der Culpa-Compensation zu sehen sei[290]. Zwar anerkannte man, dass es sich jedenfalls nicht um eine strenge Form der Culpa-Compensation handle[291]. § 254 BGB hatte zudem den Schwerpunkt für die Abwägung nicht auf das gegenseitige Verschulden gesetzt[292], sondern auf die Verursachung des Schadens. Dennoch wurde darin, dass die Haftung „von den Umständen“ abhänge, die Ausprägung eines konkurrierenden Verschuldens gesehen[293]. Teilweise ging die Literatur sogar soweit, entgegen des eindeutigen Wortlauts nach wie vor auf das überwiegende Verschulden abzustellen[294]. V. Leyden formulierte die ratio legis des § 254 BGB dabei wie folgt:

> *„Ist der zu ersetzende Schaden durch ein schuldhaftes Verhalten des Beschädigten mitverursacht worden, so hängt die Verpflichtung zum Ersatze sowie der Umfang des zu leistenden Ersatzes davon ab, inwieweit das Verschulden des einen Teils überwiegt“*[295].

---

290 Beispielsweise schrieb v. Leyden: *„Jetzt ist sie (die Culpa-Compensation) aufgenommen und ausführlich behandelt im B.G.B.“*, Leyden 1902 – Culpa-Compensation, S. 4.

291 Das BGB legte auch keinen vollständigen Haftungsausschluss fest, vgl. Leyden 1902 – Culpa-Compensation, S. 42.

292 Bei der Culpa-Compensation kam es hingegen ja gerade auf das gegenläufige Verschulden an.

293 Vgl. hierzu Dernburg 1899 – Bürgerliches Recht II 1, S. 75.

294 So z.B. die Meinung Rümelins: *„An dieser Stelle lassen sich die causale Betrachtungsweise und das Werthurtheil, das wir über das Verhalten fällen, nicht völlig von einander trennen, und so wird es trotz der Bemerkung der Protokolle* [siehe hierzu Mugdan 1899 – Materialien II, S. 519: *„Es wurde gebilligt, daß der Antrag 1 /.../ als den für die Abgrenzung der Ersatzpflicht vorzugsweise maßgebenden Umstand nicht die Schwere des beiderseitigen Verschuldens, sondern das Kausalverhältnis bezeichne.“*] *dazu kommen, dass auch mit der Schwere des beiderseitigen Verschuldens gerechnet wird. Und wollte man je Anstoss daran nehmen, derartige Entscheidungen durch die Worte „vorzugsweise verursacht“ für gedeckt zu halten, so bliebe immer noch möglich, sich auf die allgemeine Weisung des Gesetzes, dass nach den Umständen zu entscheiden sei, zurückzuziehen. So wenig wie im bisherigen gemeinen Recht wird man künftig eine derartige Abwägung des Verschuldens entbehren können.“*, Rümelin 1900 – Verwendung der Causalbegriffe, S. 314. In diese Richtung auch Liszt 1898 – Deliktsobligationen, S. 81.

295 V. Leyden begründet diese Ansicht mit der Überlegung, dass ein Schaden nicht vorwiegend durch den einen oder durch den anderen verursacht werden kann. Beide Handlungen führen ja gerade erst zusammen zu dem Schaden. Fiele eine Handlung weg, entfiele

Nach diesen Meinungen kam es also nicht auf die Abwägung der beiderseitigen kausalen Verursachung an. Vielmehr wurde nach wie vor das Verschulden des Schädigers und des Geschädigten, welches kausal zu dem Schaden führte, als relevant angesehen[296].

Die Änderung des Wortlauts von Verursachung zu Verschulden erfolgte jedoch gewollt und bewusst in Abkehr von der pandektistischen Lehre von der Culpa-Compensation. Für die Abwägung sollte es auf die kausale Verursachung ankommen und gerade nicht auf das Verschulden. Deshalb kann § 254 BGB nicht als Culpa-Compensation gesehen werden[297]. Vielmehr fand ein Dogmenwechsel statt[298]. Eine solche Quotenteilung mag dem deutschen Zivilrecht als solches fremd sein[299], die Norm in ihrer Handhabung durch die Rechtspraxis hat sich jedenfalls bewährt[300].

2. Voraussetzungen und Wirkung

Zwar bestehen in der Wissenschaft nach wie vor Unklarheiten über den Anwendungsbereich und vor allem die dogmatischen Grundlagen des § 254 BGB[301]. Dennoch gestaltet sich die Anwendung in der Praxis weitestgehend unproblematisch. Im Folgenden sollen kurz die Voraussetzungen, sowie die Wirkungen des § 254 Abs. 1 BGB dargestellt werden.

---

auch der Schaden. Aus diesem Grund müsse es auf das Verschulden bezüglich dieser Handlung ankommen, Leyden 1902 – Culpa-Compensation, S. 47 ff. und insbesondere S. 53.

296 Insofern war es nur konsequent, davon auszugehen, dass § 254 BGB eine Kodifizierung der Culpa-Compensation darstelle.

297 Im Ergebnis spielt dies freilich keine große Rolle. Auch die Anhänger einer Culpa-Compensation gingen inzwischen davon aus, dass der Richter entweder den Schadensersatzanspruch vollumfänglich zulassen, ablehnen, oder verhältnismäßig verringern kann. Siehe hierzu Leyden 1902 – Culpa-Compensation, S. 53. Eine kurze Übersicht bietet auch Matthiae 1856 – Controversen-Lexikon, S. 177/178.

298 Trotz der gewichtigen Gegenargumente, welche dafür sprechen, dass mit § 254 BGB gerade kein Bruch mit der gemeinrechtlichen Lehre erfolgte, vgl. Honsell 1977 – Quotenteilung, S. 69 ff. und insbesondere S. 86, ist dieser Bruch vor allem in der Schwerpunktsetzung auf die Verursachung zu sehen. Die Überschrift des § 254 BGB „Mitverschulden" ist dabei nicht richtig gewählt, weil es schließlich um das Verhältnis der Verursachungsbeiträge geht, vgl. hierzu HKK 2007 – §§ 241-304, § 254, Rn. 1.

299 So im Ergebnis Honsell: *„Im Bereich zivilrechtlicher Zurechnung ist die mathematische Teilung ein irrationaler Fremdkörper"*, vgl. Honsell 1977 – Quotenteilung, S. 127.

300 Siehe hierzu HKK 2007 – §§ 241-304, § 254, Rn. 68.

301 Siehe hierzu ausführlich HKK 2007 – §§ 241-304, § 254, Rn. 32 ff.

a) Voraussetzungen

Um eine Mitwirkung des Geschädigten an der Entstehung eines Schadens bejahen zu können, bedarf es grundsätzlich dreierlei. Zunächst muss der Geschädigte objektiv eine Pflicht oder Obliegenheit verletzt, bzw. für eine Gefährdung einzustehen haben. Ferner muss ihm diese Verletzung zuzurechnen sein. Zuletzt muss diese zurechenbare Verletzung für den Schaden kausal sein[302].

§ 254 Abs. 1 BGB regelt das Mitverschulden sowohl für deliktische, als auch für vertragliche Schadensersatzansprüche[303]. Es kommen als Pflicht- oder Obliegenheitsverletzungen nicht nur rechtswidrige Handlungen als solches in Betracht[304], sondern auch vertragliche Pflichtverletzungen[305]. Neben echten Pflichtverletzungen des Geschädigten, können auch lediglich Obliegenheitsverletzungen ein Mitverschulden im Sinne des § 254 BGB darstellen. Diese Obliegenheitsverletzungen sind zwar ein Verschulden des Geschädigten gegen sich selbst[306], können aber gleichwohl dazu führen, dass im Rahmen des § 254 BGB dem Geschädigten ein Mitverschulden angerechnet wird[307]. Daneben kann sich ein Mitverschulden auch schon daraus ergeben, dass der Geschädigte für eine Gefährdung, bzw. eine Sach- oder Betriebsgefahr einzustehen hat[308]. Hier liegt zwar an sich keine Pflichtverletzung des Geschädigten vor. Jedoch soll nach § 254 BGB ein Schaden stets zwischen den Parteien aufgeteilt werden, die für die haftungsbegründenden Umstände einzustehen haben und zwar unabhängig vom Rechtsgrund[309]. Umgekehrt ist § 254 BGB auch dann anwendbar, wenn bei einer Gefährdungshaftung des Schädigers eine Pflichtverletzung des Geschädig-

---

302 Zu diesen Voraussetzungen Medicus/Lorenz 2008 – Schuldrecht I, Rn. 716.

303 Es wird auch die analoge Anwendung des § 254 BGB in Fällen erwogen, in denen es das Verschulden mehrerer abzuwägen gilt. Vgl. zur analogen Anwendung des § 254 BGB: Lange/Schiemann 2003 – Schadensersatz, S. 540 ff., § 10 IV 3.

304 Wie beispielweise eine gefährliche Fahrweise mit dem Fahrrad bei einem Unfall, den letztlich ein Auto verursacht hat.

305 Medicus/Lorenz 2008 – Schuldrecht I, Rn. 717

306 Fikentscher definiert eine Obliegenheit als *„eine Verhaltensaufforderung, die das Recht einem Rechtssubjekt /.../ in dessen Interesse und im Interesse eines anderen auferlegt, ohne daß der andere von dem mit der Obliegenheit Belasteten ein entsprechendes Verhalten fordern kann"*, vgl. Fikentscher/Heinemann 2006 – Schuldrecht, Rn. 44.

307 So hat beispielsweise der BGH entschieden, dass das Überschreiten der Richtgeschwindigkeit auf der Autobahn durch den Geschädigten stets und unabhängig von der sonstigen Verschuldenslage ein Mitverschulden des Geschädigten hervorruft, BGHZ 117, 337 [343/344].

308 In Betracht kommt beispielsweise eine Gefährdungshaftung nach § 7 Abs. 1 StVG.

309 Brox/Walker 2007 – Schuldrecht AT, S. 354/355, § 31, Rn. 42

ten mitgewirkt hat, bzw. wenn auf beiden Seiten nur eine Gefährdungshaftung zur Anwendung kommt[310].

Der Geschädigte muss die Pflichtverletzung verschuldet haben[311]. Die Pflichtverletzung muss dem Geschädigten zurechenbar sein. Er muss also

> *„gegenüber einem anderen oder gegenüber der Allgemeinheit bestehende Rechtspflichten in vorwerfbarer Weise verletzt"*

haben[312]. Die Anforderungen an das Verschulden richten sich dabei nach den Grundsätzen des § 276 I BGB. Der Geschädigte muss also für Vorsatz und Fahrlässigkeit einstehen[313]. Dabei ist die Verschuldensfähigkeit des Geschädigten vorausgesetzt[314]. Die Schädigung, bzw. die schädigende Handlung muss für den Geschädigten voraussehbar und vor allem vermeidbar gewesen sein[315]. Dem Geschädigten kann also kein Mitverschulden angerechnet werden, wenn er selbst in einem Zustand des § 827 Satz 1 BGB zur Schadensverursachung beigetragen hat[316].

Zuletzt muss zwischen der Pflichtverletzung des Geschädigten und dessen Schaden ein Kausalzusammenhang bestehen[317]. Die Handlung muss „conditio sine qua non" für den Schaden, bzw. dessen Umfang sein[318]. Hat der Geschädigte zwar eine Pflicht verletzt, konnte sich diese Pflichtverletzung jedoch nicht in dem endgültigen Schaden auswirken, so kann diese Pflichtverletzung nicht in die Abwägung des § 254 BGB gestellt werden. Die erforderliche haftungsbe-

---

310 Brox/Walker 2007 – Schuldrecht AT, S. 355, § 31, Rn. 43

311 Bei einer Obliegenheitsverletzung spricht man dann von einem „Verschulden gegen sich selbst", vgl. Medicus/Lorenz 2008 – Schuldrecht I, Rn. 719.

312 Lange/Schiemann 2003 – Schadensersatz, S. 549, § 10 VI 1

313 Fahrlässigkeit wird dabei als das Außerachtlassen der im Verkehr erforderlichen Sorgfalt definiert, § 276 Abs. 2 BGB.

314 Brox/Walker 2007 – Schuldrecht AT, S. 353, § 31, Rn. 38. Dies gilt auch, obwohl es hauptsächlich auf die Verursachung ankommt und nicht auf das Verschulden.

315 Palandt 2009 – Kommentar BGB, § 254, Rn. 9

316 Vgl. Medicus/Lorenz 2008 – Schuldrecht I, Rn. 719. Zuweilen wird aber auch vertreten, dass die Beurteilung des Mitverschuldens unabhängig von der Verschuldensfähigkeit erfolgen müsse, so etwa Esser/Schmidt 2000 – Schuldrecht I 2, S. 280, § 35 I 3 b.

317 Medicus/Lorenz 2008 – Schuldrecht I, Rn. 721; Palandt 2009 – Kommentar BGB, § 254, Rn. 12, vgl. auch BGH NJW 2000, 3069.

318 Vgl. Lange/Schiemann 2003 – Schadensersatz, S. 561, § 10 VIII.

gründende Kausalität erfährt aber auch beim Mitverschulden Einschränkungen durch die Adäquanztheorie, sowie die Lehre vom Schutzbereich[319].

b) Wirkung

Eine direkte Regelung über die Funktionsweise fehlt bei § 254 BGB genauso, wie eine Regelung darüber, wer über die Abwägung zu entscheiden hat[320]. Zu untersuchen ist deshalb, wie es methodisch zu der Abwägung der Verursachungsbeiträge kommt, wie also das Mitverschulden nach § 254 BGB funktioniert. Dabei muss auch geklärt werden, wer die Abwägung durchführen kann. Anschließend ist in einem Überblick darzulegen, nach welchen Grundsätzen die Quote für die Auflösung des Mitverschuldens zu finden ist[321].

i. Automatismus

Die Frage eines Mitverschuldens ist immer dann von Bedeutung, wenn ein Schadensersatzanspruch zu prüfen ist[322]. Für den Inhalt und den Umfang dieses Schadensersatzes gelten die §§ 249 ff. BGB, insbesondere der Grundsatz der Naturalrestitution des § 249 Abs. 1 BGB[323].

§ 254 BGB stellt auf die sofortige Reduktion des eigentlichen Schadensersatzanspruches schon bei dessen Entstehen ab. Dies ergibt sich zum einen systematisch aus der Stellung des § 254 BGB im ersten Abschnitt des zweiten Buches („Inhalt von Schuldverhältnissen"), dort im ersten Titel „Verpflichtung zur Leis-

---

319 Siehe BGH NJW 1972, 334: hier hat der BGH entschieden, dass bei der Arzthaftung wegen eines Kunstfehlers dem Geschädigten nicht entgegengehalten werden könne, dass dieser die Behandlungsbedürftigkeit selbst verursacht habe. Eine etwaige Obliegenheitsverletzung des Geschädigten soll nämlich gerade nicht einen ärztlichen Kunstfehler vermeiden.

320 Im Gegensatz zu § 222 E I wurde bei § 217 E II und schließlich bei § 254 BGB auf den Zusatz verzichtet, dass die Abwägung durch das Gericht erfolge, siehe B, II, 1, c), iii und Fn. 285, 286 und 287.

321 Eine detaillierte Darstellung der Problematik der Quotenlösung kann hier nicht erfolgen; siehe hierzu aber Honsell 1977 – Quotenteilung, S. 121 ff.; Lange/Schiemann 2003 – Schadensersatz, S. 610 ff., § 10 XII; Rother 1965 – Haftungsbeschränkung, S. 42 ff.

322 § 254 BGB steht systematisch im allgemeinen Schuldrecht. Damit wird klar, dass es sich um eine allgemeine Regelung für alle Arten von Schadensersatzansprüchen handelt.

323 Brox/Walker 2007 – Schuldrecht AT, S. 338, § 31, Rn. 2

tung“[324]. Zum anderen spricht der Wortlaut vom Umfang der Schadensersatzpflicht[325]. Die Berücksichtigung des Mitverschuldens erfolgt dabei automatisch. Einer irgendwie gearteten Geltendmachung des Mitverschuldens durch den Geschädigten bedarf es nicht. Auch ist keine Entscheidung einer gerichtlichen Instanz erforderlich. Vielmehr steht theoretisch bereits in dem Augenblick der Schadensverursachung fest, in welchem Verhältnis der Schaden vom Schädiger, bzw. vom Geschädigten verursacht wurde. Im selben Augenblick ist somit an sich klar, in welcher Höhe der Schadensersatzanspruch des Geschädigten entstanden ist. § 217 E I enthielt noch den Hinweis darauf, dass die Abwägung durch ein Gericht zu erfolgen habe[326]. Dieser Passus wurde jedoch gestrichen, so dass bereits § 222 E II[327] und mit diesem dann § 254 BGB keine entsprechende Zuständigkeitsklausel mehr hatte[328].

Durch diesen Automatismus steht die Höhe des Schadensersatzanspruches mit dem Schadenseintritt fest[329]. Gleichwohl kann der Geschädigte Rechtssicherheit erst mit dem rechtskräftigen Urteil eines Gerichts haben[330]. In den Fällen, in denen die Parteien also keine Einigung über die Quotenteilung erzielen, bzw. die feststehende Quote nicht ausreichend sicher ermitteln konnten, kommt es folglich dennoch auf die Entscheidung durch ein Gericht an[331].

---

324 Diese Stellung zeigt deutlich auf, dass das Mitverschulden bereits im Stadium des Entstehens des Schadensersatzanspruches zu berücksichtigen ist. Dies hat zur Folge, dass trotz eines eventuell realiter höheren Schadens der Ersatzanspruch niedriger ist.

325 Vgl. hierzu Palandt 2009 – Kommentar BGB, § 254, Rn. 59.

326 Siehe Mugdan 1899 – Materialien II, S. IV und Fn. 320.

327 Siehe Mugdan 1899 – Materialien II, S. IV.

328 Dieser Wortlaut basiert dabei auch auf den Überlegungen Fischers, der die Abwägung des Mitverschuldens nicht als Fall richterlichen Ermessens sah, sondern als Problem der Anspruchsentstehung überhaupt: *„So ist die Bestimmung über die Konkurrenz einer Fahrlässigkeit des Beschädigten in § 222 nicht nur für den Prozeß, sondern auch für das schiedsgerichtliche Verfahren, für Vergleichsverhandlungen, überhaupt auch zur privatrechtlichen Anwendung bestimmt. Daher muß die Beziehung auf das Gericht, welche den Eindruck erweckt, als ob ein derartiger Fall ohne Prozeß gar nicht erledigt werden könnte, vermieden /.../ werden /.../“*, vgl. Fischer 1974 (ursprgl. 1889) – Recht und Rechtschutz, S. 40. Siehe. auch BGB-Entwurf Gutachten II 1967 (ursprgl. 1890), S. 23.

329 Die Quote wird mithin automatisch durch den Sachverhalt der Schädigung bestimmt.

330 Eine solche Rechtssicherheit besteht freilich stets nur mit einem entsprechenden Urteil.

331 In der Literatur wird häufig auch ohne weitere Erläuterung davon gesprochen, dass die Abwägung durch ein Gericht zu erfolgen habe, vgl. nur Brox/Walker 2007 – Schuldrecht AT, S. 357/358, § 31 Rn. 50.

ii. Quotenteilung

Beim Mitverschulden nach § 254 BGB ist letztlich die Bestimmung der Höhe des zu leistenden Schadensersatzes maßgeblich. § 254 Abs. 1 BGB besagt, dass der Umfang der Haftung, also die Haftungsquote, nach den Umständen und insbesondere nach dem Verhältnis der jeweiligen Schadensverursachung zu bestimmen sei[332].

Ausgangspunkt der Quotelung ist der realiter entstandene Gesamtschaden[333]. Dieser stellt den 100%-igen Schaden, bzw. den vollen Schadensersatzanspruch dar. Auf dieser Basis werden die Verursachungsbeiträge des Schädigers und des Geschädigten darauf hin untersucht, mit welcher Wahrscheinlichkeit sie zum Schadenseintritt geführt haben. Die Beiträge werden nicht als gleichwertig angesehen, sondern es erfolgt schon auf dieser Stufe eine Gewichtung[334]. Bei dieser Abwägung kann die Höhe des jeweiligen Verschuldens, aber auch die Höhe einer mitwirkenden Betriebsgefahr[335] eine Rolle spielen[336].

In einem zweiten Schritt sind die so ermittelten Quoten von dem 100%-igen Schaden in Abzug zu bringen. Im Ergebnis erhält man so den vom Schädiger noch zu ersetzenden Schaden. Grundsätzlich kann nach § 254 BGB ein Mitverschulden in jeder Höhe berücksichtigt werden[337]. Allerdings kann eine exakte Bestimmung der Quote in der Praxis beinahe nie erfolgen. Es wird sich daher stets um eine mehr oder weniger genaue Schätzung handeln[338]. Um dieser aus

---

332 Die Ausbildungsliteratur stellt diese Quotenlösung meist mit einem Hinweis auf eine erforderliche Abwägung knapp dar, vgl. nur Brox/Walker 2007 – Schuldrecht AT, S. 357/358, § 31 Rn. 50.

333 In diese Richtung auch Lange/Schiemann 2003 – Schadensersatz, S. 620, § 10 XII 6.

334 Medicus/Lorenz 2008 – Schuldrecht I, Rn. 726. Auch die Rechtsprechung geht so vor, BGH VersR 1988, 1238.

335 *„Denn je größer die Betriebsgefahr ist, umso wahrscheinlicher macht sie einen Schaden (/.../). Auch ein Verschulden wird regelmäßig umso schwerer wiegen, je näher es einen Schaden bringt"*, Medicus/Lorenz 2008 – Schuldrecht I, Rn. 726. Allerdings bleibt auch bei dieser Aussage die grundlegende Problematik erhalten, in welcher Höhe eine solche Wahrscheinlichkeit bei der Quote in Ansatz zu bringen ist.

336 Bei Vorsatz auf einer Seite wird es regelmäßig angebracht sein, die Fahrlässigkeit der Gegenseite unberücksichtigt zu lassen, vgl. Lange/Schiemann 2003 – Schadensersatz, S. 621, § 10 XII 6; Esser/Schmidt 2000 – Schuldrecht I 2, S. 288, § 35 IV 1, vgl. auch BGH NJW 1992, 310.

337 Die Haftungsquote kann sich theoretisch in einem Bereich von 0,01% bis 99,99% befinden.

338 Siehe hierzu Medicus/Lorenz 2008 – Schuldrecht I, Rn. 726.

der Natur der Sache resultierenden Ungenauigkeit Rechnung zu tragen, wird regelmäßig eine Quote von unter 20% als nicht mehr sicher bestimmbar und somit nicht ausreichend abwägbar erachtet[339]. Eine Berücksichtigung kann deshalb nicht erfolgen. In diesen Fällen trifft somit denjenigen, dessen Verhalten den Schaden überwiegend verursacht hat, die gesamte Haftung.

Für die Bestimmung der Haftungsquote bei § 254 BGB gibt es demnach zwar grundsätzlich fixe theoretische Ansatzpunkte. Wegen der schweren Bestimmbarkeit in der Praxis können diese aber nur einzelfallbezogen beurteilt werden. Dies führt nicht selten dazu, dass die im Streitfall durch ein Gericht gefundenen Ergebnisse nicht vorhersehbar waren. Ein solcher Streit ist dann für den Kläger schwer kalkulierbar[340].

3. Zusammenfassung

Das Mitverschulden in Form von § 254 BGB ist geprägt vom Gedanken eines gerechten Ausgleichs zwischen dem Schädiger und dem Geschädigten. Führte das schuldhafte Verhalten zweier Personen zu einem Schaden, so erscheint es nach heutiger Auffassung unbillig, wenn der Schaden dennoch ganz von einem Teil getragen werden müsste. Vielmehr ist inzwischen anerkannt, dass es in solchen Fällen regelmäßig zu einer Schadensteilung in Form einer Quotenlösung kommen muss.

Dennoch besteht dieses Modell im deutschen Zivilrecht gerade erst seit dem Inkrafttreten des BGB und damit knapp über 100 Jahre. Eine einheitliche Regelung des Mitverschuldens war bis zu diesem Zeitpunkt weitestgehend unbekannt. Zwar enthielten manche deutsche Kodifikationen entsprechende Regelungen. Diese standen aber meist im Kontext der unerlaubten Handlung und galten nicht allgemein. Im römischen Recht, ohnehin „für den Tüchtigen geschrieben"[341], existierte kein Mitverschulden im heutigen Sinn. Hatte bei einer Schadensverursachung auch ein Verschulden des Geschädigten mitgewirkt, so konn-

339 Lange/Schiemann 2003 – Schadensersatz, S. 620, § 10 XII 6 a). Teilweise wird diese Grenze auch erst bei 10% gezogen, vgl. Palandt 2009 – Kommentar BGB, § 254, Rn. 66. Diese Ansicht wurde dabei hauptsächlich von der Rechtsprechung entwickelt, vgl. nur OLG Hamm VersR 1971, 914.

340 Esser/Schmidt 2000 – Schuldrecht I 2, S. 290, § 35 IV 5. Dies gilt gleichermaßen aber auch für den Beklagten.

341 So drückt es Zimmermann aus, vgl. HKK 2007 – §§ 241-304, § 254, Rn. 3. Gemeint ist dabei, dass das römische Recht Unzulänglichkeiten im Rechtsverkehr zuweilen mit straffen Folgen für den Geschädigten behandelte.

te nach römischem Recht vom Geschädigten kein Schadensersatz verlangt werden. Im Mittelalter gründete sich auf dieser Basis die Lehre von der sog. Culpa-Compensation. Diese Lehre ging dabei von der Überlegung aus, dass sich das Verschulden von Schädiger und Geschädigtem gegenseitig kompensiere[342]. Im Ergebnis konnte der Geschädigte deshalb keinen Ersatzanspruch mehr gegen den Schädiger geltend machen. Zwar wurden im Laufe der Jahre auch Ausnahmen zugelassen[343], so dass es sich nicht mehr um ein reines "Alles-oder-nichts"-Prinzip handelte. Dennoch war dieses strenge Modell lange Zeit vorherrschend.

Die vernunftrechtlich geprägte, von Wolff im 18. Jahrhundert entwickelte Theorie von der Quotenlösung vermochte sich dagegen jedenfalls in Deutschland noch nicht durchzusetzen[344]. Voraussetzung für diesen Ansatz ist die Erkenntnis, dass für einen Schaden auch mehrere parallel verantwortlich sein können. Dieser Ansatz war dem römischen Recht noch fremd, nicht jedoch der Rechtswissenschaft im 19. Jahrhundert. Dennoch wurde auf Grundlage der römischen Rechtsquellen versucht, praktikable Ergebnisse zu erzielen. Solche konnten aber erst gefunden werden, als man sich von der Culpa-Compensation löste und das Mitverschulden über eine Quotenteilung zu regeln begann.

§ 254 BGB brachte eine Lösung, die sowohl den Geschädigten, als auch den Schädiger gleich behandelt. Bei einer „arbeitsteiligen" Schadensverursachung ist auch der Schadensersatz nur anteilig zu leisten. Während es bei der Anwendung der Culpa-Compensation oft zu unbilligen Ergebnissen kam, kann durch die Quotenlösung ein gerechter Ausgleich sichergestellt werden. Eine Dispositionsbefugnis über die Berücksichtigung des Mitverschuldens haben die Parteien bei dieser Konstruktion jedoch nicht. Dies läuft zwar an sich den Grundsätzen der Privatautonomie zuwider. Schließlich werden die Parteien verhindert, eine Schadensabwicklung alleine nach ihren Vorstellungen zu gestalten. Allerdings erfolgt diese Einschränkung der Disponibilität nicht ohne Grund. Denn Hintergrund des § 254 BGB ist ein für beide Seiten gerechter Interessenausgleich.

---

342 Diese Kompensation erfolgte dabei automatisch, ohne dass es einer Handlung der Parteien bedurfte.

343 Etwa in Fällen, in denen das Verschulden einer Seite das der anderen deutlich überwog; die Culpa-Compensation wurde damit zu einem Instrument der Billigkeit.

344 Im österreichischen ABGB hingegen kam diese Quotenlösung schon 1811 zur Anwendung.

III. Weitere Verknüpfungsphänomene

Bislang wurden die Entwicklung und Wirkungsweise der Aufrechnung nach §§ 387 ff. BGB und des Mitverschuldens nach § 254 BGB untersucht. In diesen beiden Fällen treffen zwei Handlungsebenen aufeinander, was im Ergebnis untechnisch gesprochen zu einer Anspruchsverkürzung führt[345]. Dieses Phänomen tritt dort jedoch nicht exklusiv auf. Es lässt sich vielmehr auch im Bereicherungsrecht bei der Saldotheorie und im allgemeinen Schadensrecht bei der Vorteilsausgleichung nachweisen.

1. Saldotheorie

Bei der Saldotheorie[346] handelt es sich um eine juristische Konstruktion im Rahmen des Bereicherungsrechts der §§ 812 ff. BGB. Im Folgenden soll untersucht werden, wie sich die Saldotheorie entwickelte und wie sie in der gerichtlichen Praxis angewandt wird.

a) Theoretischer Ansatz

Im Bereicherungsrecht sind grundsätzlich alle Leistungsverhältnisse getrennt voneinander zwischen dem Leistenden und dem Empfänger abzuwickeln[347]. Bei einem synallagmatischen Vertrag kommt es zu einer gegenseitigen Rückabwicklung, wenn aufgrund dieses Vertrages Leistungen ausgetauscht wurden und sich nachträglich die Nichtigkeit des Vertrages herausstellt. In diesem Fall erfolgt eine Rückabwicklung in Form einer beidseitigen Leistungskondiktion nach § 812 Abs. 1 S. 1 Alt. 1 BGB. Beide Parteien können in Ermangelung eines Rechtsgrundes das Geleistete von der anderen Seite zurückverlangen[348].

---

345 Rechtlich gesehen erlöschen bei der Aufrechnung zwei existente Forderungen. Anschließend bleibt nur noch eine etwaig überschießende Forderung bestehen. Das Mitverschulden wirkt hingegen insgesamt nur auf die Entstehung einer Forderung ein. Ausführlich zur Definition eines Verknüpfungsphänomens, siehe unten C, I.

346 Der Name dieser Theorie leitet sich davon ab, dass zwischen der Leistung und der Gegenleistung eine Saldierung erfolgt; siehe hierzu auch Mossler 2006 – Bereicherung, S. 135 ff.

347 Statt vieler Palandt 2009 – Kommentar BGB, § 812, Rn. 14.

348 § 812 Abs. 1 S. 1 Alt. 1 BGB lautet dabei: *„Wer durch die Leistung eines anderen /.../ etwas ohne rechtlichen Grund erlangt hat, ist ihm zur Herausgabe verpflichtet"*. Diese gegenseitigen Kondiktionsansprüche haben die Parteien dabei nach §§ 273, 274 BGB Zug um Zug zu erfüllen, vgl. Looschelders 2008 – Schuldrecht BT, Rn. 1128.

i. Zweikondiktionentheorie

Problematisch wird diese Konstellation, wenn sich eine der Parteien auf den Wegfall der Bereicherung nach § 818 Abs. 3 BGB beruft[349]. Bei einem nichtigen gegenseitigen Vertrag wäre dies der Fall, wenn eine Seite die empfangene Leistung nicht mehr herausgeben könnte, weil sie untergegangen ist[350]. Hintergrund dieser Regelung ist dabei ein dem Bereicherungsrecht immanenter Gerechtigkeitsgedanke. Der Kondiktionsschuldner hat stets nur die echte Bereicherung herauszugeben. Sein sonstiges Vermögen muss er nicht antasten[351]. Die entreicherte Partei ist somit der anderen Seite zur Herausgabe des Geleisteten nicht mehr verpflichtet[352]. Da die Kondiktionsverhältnisse aber grundsätzlich getrennt voneinander zu betrachten sind, könnte an sich die entreicherte Partei selbst von der anderen Seite die Herausgabe der Gegenleistung nach § 812 Abs. 1 S. 1 Alt. 1 BGB verlangen[353]. Diesen Lösungsweg verfolgt die sog. Zweikondiktionentheorie[354]. Hiernach sind die Kondiktionsverhältnisse streng getrennt voneinander abzuwickeln[355]. Eine Verknüpfung dieser beiden Kondiktionsansprüche kann nur nach den Regeln der Aufrechnung oder der Zurückbehaltung erreicht werden[356]. Die teilweise unbilligen Ergebnisse, die aus dieser strengen Gesetzesanwendung resultieren, werden dabei in Kauf genommen.

ii. Saldotheorie

Gegen die Zweikondiktionentheorie wurde die Saldotheorie[357] entwickelt[358]. Diese kommt immer dann zur Anwendung, wenn bei einem nichtigen gegensei-

---

349 Nach § 818 Abs. 3 BGB ist *„die Verpflichtung zur Herausgabe oder zum Ersatz des Wertes"* ausgeschlossen, *„soweit der Empfänger nicht mehr bereichert ist"*.

350 Diese Partei darf wegen dieser Zerstörung auch keinen Ersatzanspruch gegen einen Dritten (z.B. eine Versicherung) haben. Diesen müsste er nach § 818 Abs. 1 BGB herausgeben.

351 Looschelders 2008 – Schuldrecht BT, Rn. 1110; vgl. auch BGHZ 55, 128 [134].

352 Der Kondiktionsanspruch ist dann von Anfang an ausgeschlossen, vgl. Larenz/Canaris 1994 – Schuldrecht II/2 BT, S. 301/302, § 73 I 4.

353 Die eigene Entreicherung dürfte an sich keine Rolle spielen.

354 Siehe hierzu: Oertmann 1915 – Bereicherungsansprüche, S. 1063 ff.; Tuhr 1916 – Der 86. Band der Entscheidungen des RG, S. 582 ff.

355 Siehe hierzu Reuter/Martinek 1983 – Ungerechtfertigte Bereicherung, S. 595, § 17 III 3; Looschelders 2008 – Schuldrecht BT, Rn 1128; Medicus 2007 – Schuldrecht II, Rn. 692.

356 Jedenfalls außerhalb des Bereicherungsrechts, vgl. Schneider 1912 – Bereicherungsumfang, S. 179/180. Siehe hierzu auch RGRK 1960 – §§ 705-853, Vor § 812, Anm. 18.

357 Zu unterscheiden ist die sog. materiellrechtliche Saldotheorie von der sog. verfahrensrechtlichen, bzw. prozessualen Saldotheorie. Bei letzterer handelt es sich um die Saldie-

tigen Vertrag von beiden Seiten Leistungen bereits erbracht wurden, welche es nunmehr abzuwickeln gilt[359]. Aufgrund der synallagmatischen Verknüpfung der Leistungen, welche trotz der Nichtigkeit des Vertrages weiter wirkt[360], soll dabei keine einseitige Benachteiligung der noch bereicherten Partei eintreten. Auch spricht gegen die Zweikondiktionentheorie, dass der Entreicherte nicht besser gestellt werden soll, als er ohne die Rückabwicklung, also bei der normalen Vertragsdurchführung stünde. Dann nämlich ginge die Entreicherung auch voll zu seinen Lasten[361].

Ein billiger Ausgleich wird durch die Saldotheorie insofern erreicht, als die beiden Kondiktionsansprüche gedanklich gegenüber gestellt werden. Im Ergebnis erfolgt dann zwischen der Kondiktionsforderung des Entreicherten und der untergegangenen Kondiktionsforderung des Bereicherten eine Saldierung[362]. Dabei wird für die untergegangene Kondiktionsforderung der Wert der ursprünglichen Bereicherung in Ansatz gebracht. Die Kondiktionsforderung des Entreicherten besteht somit nur noch in Höhe eines etwaigen positiven Saldos[363]. Bei einem negativen Saldo hingegen bleibt es bei einem Ausschluss des Bereicherungsanspruches nach § 818 Abs. 3 BGB[364]. Theoretische Grundlage der Saldotheorie

---

rung aller Vor- und Nachteile im Rahmen der Ermittlung der vorhandenen Bereicherung bei § 818 Abs. 3 BGB. Der Kondiktionsanspruch geht dabei von Anfang an nur auf einen positiven Saldo, vgl. Palandt 2009 – Kommentar BGB, § 818, Rn. 28/29. Eine Rolle spielt die verfahrensrechtliche Saldotheorie, wenn es im Prozess darauf ankommt, ob beim Kondiktionsschuldner noch eine Bereicherung vorhanden ist. In beide Ausprägungen sind dabei die Kondiktionsansprüche anfänglich auf den positiven Saldo beschränkt. Bei der verfahrensrechtlichen Saldotheorie ist dies der Saldo zwischen Vor- und Nachteil, bei der materiellrechtlichen Saldotheorie der Saldo zwischen den Leistung und Gegenleistung. Die folgenden Ausführungen beziehen sich auf die materiellrechtliche Saldotheorie.

358 Diese Entwicklung erfolgte maßgeblich durch die Rechtsprechung: erstmals RGZ 54, 137, heute BGHZ 146, 298 [306 ff.], BGH NJW 2005, 884 [887]. Siehe ausführlich unten C, III, 1, b).

359 Es kommt dabei gerade darauf an, dass die Leistungen bereits tatsächlich erbracht wurden, vgl. Palandt 2009 – Kommentar BGB, § 818, Rn. 49.

360 Palandt 2009 – Kommentar BGB, § 818, Rn. 48; Looschelders 2008 – Schuldrecht BT, Rn. 1129.

361 Vgl. zu dieser Argumentation Medicus 2007 – Schuldrecht II, Rn. 694.

362 Zu dieser Saldierung Looschelders 2008 – Schuldrecht BT, Rn. 1130. Vgl. auch Reuter/Martinek 1983 – Ungerechtfertigte Bereicherung, S. 595, § 17 III 3.

363 Vgl. BGHZ 145, 52 [54/55], BGH NJW 1988, 3011.

364 Palandt 2009 – Kommentar BGB, § 818, Rn. 48 und Rn. 50; Medicus 2007 – Schuldrecht II, Rn. 693. Der Bereicherte erlangt nicht etwa einen Gegenanspruch, wenn der Wert der Entreicherung höher war.

ist dabei der Gedanke, dass trotz der Nichtigkeit eines Vertrages eine synallagmatische Verknüpfung von Leistung und Gegenleistung bestehen bleibt[365]. Wegen dieser synallagmatischen Verknüpfung kann die Rückabwicklung nicht getrennt durch Kondiktion von Leistung und Gegenleistung erfolgen. Vielmehr bedarf es einer Gesamtbetrachtung. Anstatt zweier Kondiktionsansprüche gelangt nur ein Kondiktionsanspruch zur Entstehung. Dieser ist auf den positiven Saldo gerichtet[366].

b) Historische Entwicklung

i. Ausgangslage

Die Saldotheorie wurde maßgeblich von der Rechtsprechung des 19. Jahrhunderts zum ALR und zum gemeinen Recht entwickelt. Im 20. Jahrhundert hielt die Rechtsprechung unter dem BGB an ihr fest[367]. Im gemeinen Recht in der Zeit vor Inkrafttreten des BGB ging man davon aus, dass eine spätere Entreicherung[368] den Kondiktionsschuldner nur von der Herausgabepflicht befreie, wenn diese Entreicherung ohne seine Schuld eingetreten sei[369]. Hatte der Kondiktionsschuldner die Entreicherung aber zu vertreten, könne er den Entreicherungseinwand nicht geltend machen[370]. Gestützt wurde diese Ansicht dabei unter anderem auf römisches Recht, insbesondere auf die Stellen Dig. 12, 6 ,65, 8[371] und Dig. 12, 6, 32[372]. Gerade die Konstellation einer ver-

---

365 Reuter/Martinek 1983 – Ungerechtfertigte Bereicherung, S. 595/596, § 17 III 3

366 In diese Richtung BGH NJW 1988, 3011.

367 Siehe hierzu Oertmann 1915 – Bereicherungsansprüche, S. 1063; Diesselhorst 1968 – Saldotheorie, S. 50.

368 Insgesamt zur historischen Entwicklung der Lehre von der Entreicherung siehe Diesselhorst 1968 – Saldotheorie, S. 32 ff.

369 Bei der schuldlosen Entreicherung gab es eine Ansicht, die eine Entreicherung nur anerkennen wollte, wenn durch die Entreicherung eine Unmöglichkeit der Herausgabe eingetreten ist. Dies konnte nur der Fall sein, wenn eine individuell bestimmbare Sache geschuldet wurde, nicht aber bei einer bloßen Gattungsschuld, vgl. Witte 1859 – Bereicherungsklagen, S. 139 ff.; dagegen: Windscheid/Kipp 1963 (ursprgl. 1906) – Pandektenrecht II, S. 887/888, insbesondere Fn. 3.

370 Siehe z.B. Windscheid/Kipp 1963 (ursprgl. 1906) – Pandektenrecht II, S. 887.

371 Dig. 12, 6, 65, 8: *„Wenn ich dir einen nicht geschuldeten Sklaven übereignet habe und Du ihn freigelassen hast, haftest du auf seinen Wert, wenn Du es wissentlich getan hast. Hast Du es nicht wissentlich getan, so haftest du nicht auf den Wert, sondern nur auf die Dienste dieses Freigelassenen und darauf, daß du seinen Nachlaß herausgibst"*. Im Original: *„Si servum indebitum tibi dedi eumque manumisisti, si sciens hoc fecisti. Teneberis ad pretium eius, si nesciens, non teneberis, sed propter operas eius liberti et ut hereditatem eius restituas"*, vgl. Behrends/Knütel 1999 – CIC III Dig. 11-20, S. 132.

schuldeten Entreicherung erinnert an die heutigen Fälle der verschärften Haftung nach §§ 819, 820 BGB[373].

Der Einwand der Entreicherung stellt ein Institut der Billigkeit dar[374]. Dabei war kein Grund ersichtlich, weshalb eine Herausgabepflicht aus Billigkeit länger bestehen bleiben sollte, als realiter eine Bereicherung vorhanden ist[375]. Deshalb sollte es für die Entreicherung auch nicht mehr auf ein Verschulden des Entreicherten ankommen[376]. Vielmehr anerkannte man, dass die ungerechtfertigte Bereicherung ihre Grenze stets in der tatsächlichen Bereicherung des Kondiktionsschuldners haben müsse[377].

ii. Rechtsprechung des Reichsgerichts

In einer Entscheidung des Reichsgerichts aus dem Jahre 1893[378] ging es um den Fall, dass ein Geisteskranker G einem Bankier B Wertpapiere im Wert von 11.000 Mark verkauft hatte. 3.000 Mark wurden von B sofort gezahlt. Die restlichen 8.000 Mark holte G nie ab, so dass letztlich B 7.482 Mark an den Vormund V des G zahlte. V verlangte daraufhin von B Zahlung von 3.518 Mark aus ungerechtfertigter Bereicherung. Bei der Rückabwicklung des nichtigen Vertrages müsse der B seine Bereicherung herausgeben. Da G dem B die Wertpapiere aber nur gegen sofortige Zahlung von 3.000 Mark gegeben habe, bestand die Bereicherung des B von Anfang an nur in Höhe von 8.000 Mark. B war somit abzüglich der gezahlten 7.482 Mark nur noch in Höhe von 518 Mark bereichert:

---

372 Dig. 12, 6, 32: *„Jemand schuldet Pamphilus oder Stichus und leistet beide gleichzeitig. Wenn er beide geleistet hat und danach entweder beide sterben oder einer von ihnen, kann er nichts zurückverlangen. Als Erfüllungsleistung erweist sich nämlich das, was übrigbleibt"*; im Original: *„Cum is qui Pamphilum aut Stichum debet simul utrumque solverit, si, posteaquam utrumque solverit, aut uterque aut alter ex his desiit in rerum natura esse, nihil repetet: id enim remanebit in soluto quod superest"*, vgl. Behrends/Knütel 1999 – CIC III Dig. 11-20, S. 120. Auch weitere Stellen bezeugen diese Ansicht, so etwa Dig. 12, 6, 26, 12.

373 In beiden Fällen läßt die Entreicherung den Kondiktionsanspruch nicht entfallen. Für die Voraussetzungen in diese Richtung Windscheid/Kipp 1963 (ursprgl. 1906) – Pandektenrecht II, S. 887/888, insbesondere Fn. 3.

374 Zur Saldotheorie und § 242 BGB siehe unten D, I, 2, b), i, (2).

375 So Windscheid/Kipp 1963 (ursprgl. 1906) – Pandektenrecht II, S. 887/888, insbesondere Fn. 3.

376 Windscheid/Kipp 1963 (ursprgl. 1906) – Pandektenrecht II, S. 889 für das Recht des BGB.

377 Auf ein Verschulden sollte es auf dieser Stufe somit noch nicht ankommen.

378 RGZ 32, 319. Hier kam noch das ALR zur Anwendung.

„Die Annahme des Berufungsrichters, daß der ganze Wert der erhaltenen Papiere als Bereicherung des Beklagten zu erachten sei, beruht ersichtlich auf unzulässigem Zerreißen des aus der Hingabe der Papiere und der Zahlung der 3000 M zusammengesetzten Vorganges und ist demnach rechtsirrig"[379].

Mit dieser Entscheidung verdeutlichte das Reichgericht, dass auch bei einem nichtigen Rechtsgeschäft die gegenseitigen Leistungen jeweils nicht ohne das sie ursprünglich verbindende Synallagma gedacht werden können[380]. Folglich dürften auch die Kondiktionsforderungen[381] jeweils nicht getrennt voneinander betrachtet werden. An sich hätten nämlich G, bzw. V einen Kondiktionsanspruch in Höhe der 3.518 Mark gehabt, während B seinerseits die bereits gezahlten 3.000 Mark bei G hätte kondizieren können. Dem Reichsgericht wollte hierbei offensichtlich eine billige Lösung für B finden, da die Chance auf eine Realisierung der Kondiktionsforderung des B gegen G gering war[382].

Maßgeblich kam die Saldotheorie dann erstmals in einer Entscheidung des Reichsgerichts aus dem Jahre 1903 zur Anwendung[383]. Hintergrund dieser Entscheidung war der Verkauf eines Grundstückes vom Beklagten an den Kläger. Der Kläger hatte nach Anzahlung des Kaufpreises und empfangener Auflassung den Kaufvertrag nach § 123 BGB angefochten, so dass es um die Rückgewähr der gegenseitig empfangenen Leistungen ging. Zusätzlich machte der Beklagte aber auch geltend, durch die Anfechtung neben der Auflassung einen weiteren Nachteil erlitten zu haben. Das Reichsgericht entschied sich dabei ausdrücklich gegen eine getrennte Abwicklung der Kondiktionsansprüche und für eine Gesamtsaldierung:

„Allerdings verordnet der hierfür grundlegende § 812 B.G.B. nur einfach, daß, wer durch die Leistung eines anderen /.../ etwas ohne rechtlichen Grund erlangt, ihm zur Herausgabe verpflichtet ist. Hier-

379 Vgl. RGZ 32, 319 [321].

380 Wenn auch die Entscheidung wohl contra legem war, da I 16 § 170 ALR entgegen seinem Wortlaut nicht angewendet wurde, vgl. hierzu Diesselhorst 1968 – Saldotheorie, S. 168.

381 Allerdings kennt das ALR keine allgemeine Regelung des Rechts der ungerechtfertigten Bereicherung. Es existieren aber einzelne Stellen, welche in diese Richtung gehen, so z.B. I 13 §§ 262-264 ALR, siehe Hattenhauer/Bernert 1970 – ALR 1794, S. 203; vgl. Koch 1858 – Preußisches Privatrecht II, S. 348 ff. und insbesondere S. 350.

382 So auch Diesselhorst 1968 – Saldotheorie, S. 169/170.

383 RGZ 54, 137. Diese Entscheidung wurde zum BGB erlassen.

nach könnte es scheinen, daß der Herausgabeanspruch unabhängig von etwaigen Gegenansprüchen besteht, daß letztere selbständig geltend gemacht und dann nach den Grundsätzen über Aufrechnung und Zurückbehaltung beurteilt werden müßten. Aber dies ist nicht der Sinn des Gesetzes. Wie sich schon aus der Überschrift des Titels: „ungerechtfertigte Bereicherung" ergibt, und wie insbesondere auch aus § 818 Abs. 3 gefolgert werden muß, wonach die Verpflichtung zur Herausgabe oder zum Ersatz bei nicht mehr gegebener Bereicherung ausgeschlossen ist, kann und muß unter dem nach § 812 herauszugebenden „etwas" nicht etwa ein beliebiger einzelner aus dem Vermögen des Einen in das des Anderen hinübergeflossener Wert, sondern nur die Gesamtheit des Hinübergelangten unter gleichzeitiger Berücksichtigung der dafür gegebenen Werte und der auf dem Empfangenen ruhenden Lasten verstanden werden"[384].

Mit diesen Entscheidungen war der Grundstein für eine Gesamtsaldierung bei der Rückabwicklung eines nichtigen gegenseitigen Vertrags gelegt[385]. Auf dieser Basis entschied das Reichsgericht im Jahre 1915 einen Fall, in dem wiederum ein Geisteskranker G ein Grundstück vom Verkäufer V erworben und angezahlt hatte[386]. Nunmehr verlangte G die Anzahlung heraus, während V im Wege eines Zurückbehaltungsrechts geltend machte, er wolle im Gegenzug das Grundstück zurückhaben. G konnte das Grundstück aber nicht mehr herausgeben, weil er es seinerseits weiter veräußert hatte. Das Reichsgericht führte hierzu aus:

„Die Revision (des V) *verkennt zunächst, daß es einer „Einrede" des Beklagten im Sinne der Ausübung eines Zurückbehaltungsrechts an der Gegenleistung (§ 273 BGB.) überhaupt nicht bedarf, sondern daß der Bereicherungsanspruch* (des G) *von vornherein nur auf Heraus-*

384 RGZ 54, 137 [140/141]

385 Zur Bestimmung der Bereicherung durch die Rechtsprechung siehe das grundlegende Urteil des Reichsgerichts von 1899, RGZ 44, 136. Hier wurde entschieden: *„Andererseits findet die Verpflichtung ihre Begrenzung aber wieder in der Bereicherung, und wenn die grundlose Leistung gleichzeitig einen Nachteil mit sich gebracht hat, so bleibt nur insoweit, als dieser Nachteil überwogen wird, eine wahre Bereicherung zurück. Der Umfang der Rückgewährspflicht wird also durch das Maß der ungerechtfertigten Vermögenserweiterung bezeichnet"*, vgl. RGZ 44, 136 [144]; vgl. hierzu Diesselhorst 1968 – Saldotheorie, S. 124 ff. In diese Richtung auch Mossler 2006 – Bereicherung, S. 78. Mossler zitiert dort zwar hauptsächlich die spätere Entscheidung RGZ 170, 65, erkennt aber, dass das Reichsgericht bereits in seiner Entscheidung RGZ 44, 136 eine solche Gesamtsaldierung durchgeführt hat.

386 RGZ 86, 343

gabe der wirklichen Bereicherung geht, d.h. desjenigen, was nach Abzug des als Gegenwert Geleisteten sich als Vermehrung des Gesamtvermögens des Empfängers darstellt, ohne daß dabei Zurückbehaltungs- oder Aufrechnungsgrundsätze in Frage kommen"[387].

Im Ergebnis konnte G von V also den angezahlten Kaufpreis nur in der Höhe heraus verlangen, in der er den Wert des Grundstücks, dessen G entreichert war, überstieg[388]. Die Saldotheorie in ihrer heutigen Gestalt war damit endgültig ausgearbeitet und entwickelte sich zur absolut herrschenden Rechtsprechung[389].

iii. Rechtsprechung des Bundesgerichtshofs und Kritik

Auch der Bundesgerichtshof schloss sich in Nachfolge des Reichsgerichts der Saldotheorie an[390]. Allerdings erfuhr die Saldotheorie dabei in den Jahren ab 1970 eine theoretische Änderung. Nun wurde nicht mehr darauf abgestellt, wie sich das Vermögen der Parteien im Rahmen des Kondiktionsverhältnisses bestimmte[391]. Vielmehr war jetzt maßgeblich, dass auch durch den nichtigen Vertrag noch eine Verbindung zwischen den beiden Austauschleistungen bestehe, ein sog. „faktisches Synallagma"[392]. Erst in einer Entscheidung aus dem Jahre 2005[393] erfuhr die Saldotheorie eine Bestärkung durch den Bundesgerichtshof:

---

387 RGZ 86, 343 [346]

388 Dieses Urteil wurde in der Theorie kritisiert, vgl. Tuhr 1916 – Der 86. Band der Entscheidungen des RG, S. 584/585.

389 In der Folge siehe nur: RGZ 94, 253 [254/255]; RGZ 129, 307 [309/310]; RGZ 140, 156 [161].

390 Siehe nur: BGHZ 1, 75 [81]; BGHZ 53, 144 [147/148]; BGHZ 116, 251 [256/257]; BGHZ 146, 298 [306 ff.].

391 Das Reichsgericht stellte vor allem darauf ab, dass der Kondiktionsschuldner durch die Entreicherung des Kondiktionsgläubigers selbst entsprechend entreichert wäre. In seinem Vermögen sei nämlich auch der Kondiktionsanspruch zu berücksichtigen, vgl. nur RGZ 54, 137 [141]. Insgesamt zur Rechtsprechung des Reichsgerichts zur Saldotheorie Mossler 2006 – Bereicherung, S. 30 ff.

392 Aufgrund dieses faktischen Synallagmas dürften die Austauschleistungen auch in der bereicherungsrechtlichen Rückabwicklung nicht isoliert voneinander betrachtet werden, vgl. nur BGHZ 78, 216 [223]: *„Schon nach dem Grundgedanken, auf dem die sogenannte Saldotheorie beruht, bleiben Leistung und Gegenleistung durch das von den Parteien ursprünglich gewollte Austauschverhältnis (Synallagma) auch bei der bereicherungsrechtlichen Abwicklung miteinander verknüpft"*. Insgesamt zur „neuen Saldotheorie" des Bundesgerichtshofs Mossler 2006 – Bereicherung, S. 38 ff.

393 BGH NJW 2005, 884

„Wäre über das Vermögen der Schuldnerin das Insolvenzverfahren nicht eröffnet worden, kämen die Grundsätze der „Saldotheorie" zur Anwendung. Danach besteht zwischen den Parteien eines gescheiterten Austauschvertrags ein umfassendes Abwicklungsschuldverhältnis, in dem die beiderseitigen Leistungen zu verrechnen sind. Demzufolge wäre durch Vergleich der infolge des Bereicherungsvorgangs verursachten Vor- und Nachteile zu ermitteln, für welchen Beteiligten sich ein Überschuss ergibt; dieser Vertragsteil wäre dann Gläubiger eines einheitlichen, von vornherein durch Abzug des ihm zugeflossenen Vorteils beschränkten Anspruchs"[394].

In der zeitgenössischen Literatur schloss man sich überwiegend der Rechtsprechung des Reichsgerichts an[395]. Allerdings wurde auch scharfe Kritik an dieser Rechtsprechung geäußert[396]. Diese richtete sich hauptsächlich gegen die Tatsache, dass dem Synallagma trotz der Nichtigkeit des Vertrages eine Bedeutung für die bereicherungsrechtliche Rückabwicklung zugerechnet wurde[397]. Nach Ansicht der Kritiker müssten die Bereicherungslinien getrennt voneinander ohne Rücksicht auf die Gegenleistung aufgelöst werden. Zum Ausgleich der dann gegenüberstehenden Kondiktionsansprüche müssten Aufrechnungs- oder Zurückbehaltungsrechte zur Anwendung kommen[398]:

„Der Zweikondiktionstheorie gebührt durchaus Beifall. Die herrschende Lehre beruht auf den Fehler, beim nichtigen Geschäft einen

394 BGH NJW 2005, 884 [887]

395 Beispielsweise Dernburg 1915 – Bürgerliches Recht II 2, S. 741, insbesondere Fn. 13: *„Die durch Leistung und Gegenleistung erwachsenen Vorteile und Nachteile sind gegeneinander abzuwägen; nur der sich so ergebende Überschuß stellt sich sonach als ungerechtfertigte Bereicherung dar."*. Vgl. auch Enneccerus/Lehmann 1958 – Schuldverhältnisse, S. 911/912, § 227 III 3.

396 Zu dieser Kritik: Oertmann 1915 – Bereicherungsansprüche, S. 1063 ff.; Tuhr 1916 – Der 86. Band der Entscheidungen des RG, S. 584/585 und maßgeblich Schneider 1912 – Bereicherungsumfang, S. 179 ff.

397 Vgl. Oertmann 1915 – Bereicherungsansprüche, S. 1066/1067: *„Aber trotzdem darf sie (die Bereicherung) auch hier mit nichten auf die „Grundlage" des Kausalgeschäftes zurückgeführt werden. Dessen Nichtigkeit enthält die Negation einer Rechtswirkung und damit der Bereicherung; keine juristische Kunst kann das in eine Grundlage der letzteren umdeuten"*.

398 Siehe auch Schneider 1912 – Bereicherungsumfang, S. 193/194: *„Was einem Bereicherungskläger nicht als dessen eigene Bereicherung abgezogen werden kann, mindert auch die Bereicherung des Bereicherungsbeklagten nicht – selbst dann nicht, wenn seine Opfer und Verluste mit der Tatsache der Vermögensverschiebung in näherem oder weiterem Zusammenhange stehen"*.

einheitlichen Entstehungsgrund für die beiderseitigen Bereicherungsansprüche anzunehmen. Das ist aber nicht der Fall: das nichtige Geschäft läßt als solches überhaupt keine Rechte übergehen“[399].

In neuerer Zeit wird die Kritik an der Saldotheorie mit ausführlicher und stichhaltiger Argumentation wieder neu befeuert[400]. Inhalt dieser Kritik sind dabei grundsätzliche Bedenken an der Saldotheorie, so dass überwiegend deren vollständige Aufgabe gefordert wird. Die Rechtsprechung hält gleichwohl bislang an ihrer ursprünglichen Auffassung fest[401].

c) Voraussetzungen und Wirkung

Die Saldotheorie stellt keinen gesetzlichen Mechanismus dar. Vielmehr handelt es sich um ein theoretisches Modell zur Lösung eines praktischen Problems. Dieses Modell ist umstritten, wird aber von der Rechtsprechung gleichwohl angewandt. Im Folgenden sollen deshalb kurz die Voraussetzungen und die Wirkung der Saldotheorie dargestellt werden.

i. Voraussetzungen

Der Anwendungsbereich der Saldotheorie ist eröffnet, wenn sich bei der bereicherungsrechtlichen Rückabwicklung eines nichtigen gegenseitigen Vertrages eine Partei auf Entreicherung nach § 818 Abs. 3 BGB beruft. Erforderlich ist somit zunächst ein synallagmatischer Vertrag, bei dem Leistung und Gegenleistung bereits ausgetauscht wurden[402]. Wenn eine Partei in Vorleistung ging, kann die Saldotheorie nicht zur Anwendung gelangen. Der Grund hierfür liegt darin, dass es bei der Saldotheorie gerade auf die Saldierung von Leistung und Gegen-

---

399 Oertmann 1929 – Kommentar BGB II 2 §§ 433-853, S. 1358, § 818, 3 a) α)

400 Vgl. Larenz/Canaris 1994 – Schuldrecht II/2 BT, S. 334 ff, § 73 III 7, der eine sog. Gegenleistungskondiktion vorschlägt, nach welcher „*der gutgläubige unverklagte Bereicherungsschuldner bei Zurechenbarkeit seines Verhaltens bis zur vertrauensrechtlichen Opfergrenze wie ein bösgläubiger i.S. von § 819 I BGB zu behandeln*“ sei; „*im übrigen ist nach der – der gesetzlichen Ausgangslage entsprechenden – Zweikondiktionentheorie zu entscheiden, was bedeutet, daß dann § 818 III BGB uneingeschränkt zum Zuge kommt*“, Larenz/Canaris 1994 – Schuldrecht II/2 BT, S. 337, § 73 III 7 e. Vgl. auch MünchKomm BGB 2004 – §§ 705-853, § 818, Rn. 112.

401 Siehe nur BGHZ 146, 298. Allerdings anerkennt auch die Rechtsprechung heute gewisse Einschränkungen, beispielsweise zum Schutze Minderjähriger oder Geschäftsunfähiger. Auch in der Literatur gibt es Stimmen, die an der Saldotheorie festhalten wollen, vgl. Looschelders 2008 – Schuldrecht BT, Rn. 1133.

402 Es kommt maßgeblich darauf an, daß der Leistungsaustausch erfolgt ist. Vgl. Looschelders 2008 – Schuldrecht BT, Rn. 1131.

leistung ankommt. Im Falle der Vorleistung gibt es hingegen nur eine Leistung rückabzuwickeln[403]. Derjenige, der noch nicht geleistet hat, hat auch keinen Kondiktionsanspruch. Derjenige, der in Vorleistung geht, trägt das Risiko, der Gegenleistung verlustig zu gehen[404].

Weiter muss der Anwendungsbereich der §§ 812 ff. BGB eröffnet sein. Der gegenseitige Vertrag muss also als Rechtsgrund weggefallen sein, bzw. darf von Anfang nicht bestanden haben. Dies hat zur Folge, dass die Parteien grundsätzlich jeweils ihre erbrachte Leistung nach § 812 Abs. 1 S. 1 Alt. 1, bzw. S. 2 Alt. 1 BGB bei der Gegenseite kondizieren können. Solange beide Leistungen noch vorhanden sind, ist dies unproblematisch[405]. Zum Tragen kommt die Saldotheorie, wenn eine Partei entreichert ist im Sinne des § 818 Abs. 3 BGB. Eine solche Entreicherung liegt vor, wenn die empfangene Leistung weder körperlich, noch in Form eines sonstigen Surrogats im Vermögen des Kondiktionsschuldners vorhanden ist[406]. Wenn der Kondiktionsschuldner § 818 Abs. 3 BGB geltend macht, führt dies zum Ausschluss des Kondiktionsanspruchs. Beim gegenseitigen Vertrag ist es unerheblich, ob Leistung und Gegenleistung gleichartig waren. Die Saldotheorie spielt ja gerade dann eine Rolle, wenn eine Leistung untergegangen ist[407]. Es ist dann regelmäßig der Wert maßgeblich, den die Leistung im Zeitpunkt ihrer Erbringung hatte[408].

ii. Wirkung

Die Wirkung der Saldotheorie besteht darin, dass bei der bereicherungsrechtlichen Rückabwicklung eines nichtigen gegenseitigen Vertrages im Falle einer einseitigen Entreicherung nach § 818 Abs. 3 BGB zwischen Leistung und Ge-

---

403 Dem entsprechenden Kondiktionsanspruch kann dabei trotz des Synallagmas der Entreicherungseinwand nach § 818 Abs. 3 BGB entgegengehalten werden, vgl. Palandt 2009 – Kommentar BGB, § 818, Rn. 49.

404 Kritisch hierzu: MünchKomm BGB 2004 – §§ 705-853, § 818, Rn. 117, der die Ansicht vertritt, der Vorleistende trage lediglich das Insolvenzrisiko des anderen, nicht aber das Risiko des Unterganges; vgl. auch Reuter/Martinek 1983 – Ungerechtfertigte Bereicherung, S. 597/598, § 17 III 3 b.

405 Die beiden Parteien müssen dann jeweils nach § 818 Abs. 1 BGB die empfangenen Leistungen, die gezogenen Nutzungen, sowie die erlangten Surrogate herausgeben, bzw. nach bei Unmöglichkeit der Herausgabe nach § 818 Abs. 2 BGB Wertersatz leisten.

406 Looschelders 2008 – Schuldrecht BT, Rn. 1111; Medicus 2007 – Schuldrecht II, Rn. 680 ff.

407 Die Herausgabe in Natur ist in diesen Fällen somit ohnehin nicht möglich. Es geht also lediglich um die Anrechnung des entsprechenden Wertes der Entreicherung.

408 Palandt 2009 – Kommentar BGB, § 818, Rn. 48/50

genleistung ein Saldo gebildet wird. Es handelt sich hier aber gerade nicht um eine Aufrechnungslage im Sinne der §§ 387 ff. BGB. Es stehen sich nämlich nicht zwei selbständige Forderungen zur Verrechnung gegenüber. Die Saldierung bedeutet vielmehr eine Anrechnung. Ausgehend von einer Forderung (hier die Kondiktionsforderung des Entreicherten) wird dabei ein unselbständiger Rechnungsposten (hier der Wert der Entreicherung) in Abzug gebracht[409].

Bei einem nichtigen Kaufvertrag könnte an sich der Verkäufer die Kaufsache kondizieren und der Käufer den Kaufpreis. Ist beim Käufer die Kaufsache aber entschädigungslos untergegangen, so bliebe es bei dessen Kondiktionsanspruch in Bezug auf den Kaufpreis, während der Verkäufer wegen § 818 Abs. 3 BGB mit seinem Anspruch ausgeschlossen wäre. Anstelle dieser zwei Leistungskondiktionsansprüche nach § 812 Abs. 1 S. 1 Alt. 1 BGB existiert nach der Saldotheorie von Anfang an nur ein Kondiktionsanspruch in Höhe des positiven Saldos[410]. Dieser verbleibende Kondiktionsanspruch steht dabei der entreicherten Partei zu. Die Saldotheorie kann nämlich nur einen Anspruch verkürzen, nicht aber einen weitergehenden Anspruch begründen[411]. Ist der Käufer hingegen nicht vollständig entreichert, so führt die Saldierung nur zu einer entsprechenden Kürzung des Kondiktionsanspruches. In diesem Fall bestehen dann zwei Kondiktionsansprüche. Hinsichtlich dieser Ansprüche haben die Parteien dann jeweils ein Zurückbehaltungsrecht nach § 273 BGB[412].

Die Verkürzung des Kondiktionsanspruches des Entreicherten im Wege der Anrechnung erfolgt dabei automatisch[413]. Der Kondiktionsschuldner kann dem Kondiktionsanspruch der entreicherten Partei mit der Argumentation entgegentreten, dass durch diese Entreicherung auch er nach § 818 Abs. 3 BGB entreichert sei. Schließlich könne er seinen Kondiktionsanspruch, der als bereicherungsrechtliches Pendant an die Stelle der Leistung tritt, nicht mehr durchset-

409 Zu dieser Abgrenzung der Anrechnung von der Aufrechnung: Palandt 2009 – Kommentar BGB, § 387, Rn. 2; MünchKomm BGB 2007 – §§ 241-432, § 387, Rn. 50.

410 Fikentscher/Heinemann 2006 – Schuldrecht, Rn. 1522; vgl. auch Looschelders 2008 – Schuldrecht BT, Rn. 1130; Brox/Walker 2008 – Schuldrecht BT, S. 481, § 39, Rn. 12.

411 Wenn der Wert der untergegangenen Kaufsache höher war, als der Kaufpreis, hat der Verkäufer also gegen den entreicherten Käufer dennoch keinen Kondiktionsanspruch in Höhe dieser Differenz. Vgl. Medicus 2007 – Schuldrecht II, Rn. 693; vgl. auch Palandt 2009 – Kommentar BGB, § 818, Rn. 48.

412 Der Leistungsaustausch kann also nur Zug um Zug erfolgen, § 274 BGB.

413 Eine Geltendmachung durch den Kondiktionsschuldner in Form einer Aufrechnung oder eines Zurückbehaltungsrechts ist nicht erforderlich. Hierzu Palandt 2009 – Kommentar BGB, § 818, Rn. 50.

zen[414]. Prozessual hat das Gericht diese Anrechnung von Amts wegen durchzuführen[415].

d) Zusammenfassung

Bei der bereicherungsrechtlichen Rückabwicklung nichtiger gegenseitiger Verträge kann die Anwendung des § 818 Abs. 3 BGB zu unbilligen Ergebnissen führen. Die entreicherte Partei könnte den Kondiktionsanspruch der anderen Seite abwehren, aber gleichzeitig ihre hingegebene Leistung voll kondizieren. Zur Abwehr dieses Ergebnisses entwickelte die Rechtsprechung die Saldotheorie. Danach entsteht der Kondiktionsanspruch des Entreicherten von Anfang an nur in Höhe eines Überschusses seiner Leistung über den Wert der Entreicherung. Trotz der massiven Kritik durch die Rechtswissenschaft, die gerade in neuester Zeit erheblich an Vehemenz und Argumentation gewonnen hat, wird die Saldotheorie von der Rechtsprechung nach wie angewandt[416].

Die Saldotheorie setzt einen gegenseitigen nichtigen Vertrag voraus, bei dem die gegenseitigen Leistungen bereits ausgetauscht wurden. Zusätzlich ist erforderlich, dass eine Parteien entreichert ist im Sinne des § 818 Abs. 3 BGB. Die Saldotheorie führt dann zu einer automatischen Saldierung von Leistung und Gegenleistung. Eine Rolle spielt die Saldotheorie dabei immer nur im Rahmen des Kondiktionsanspruches des Entreicherten. Die Saldierung kann nur zu einer Verkürzung von dessen Anspruch führen.

Die Anwendung der Saldotheorie führt dazu, dass sich ein Kondiktionsschuldner mit dem Einwand der Entreicherung des Gläubigers hinsichtlich der Gegenleistung jedenfalls teilweise gegen den Kondiktionsanspruch wehren kann. Es kommt durch die Saldotheorie zu einer „Verkürzung“ des Kondiktionsanspruches. Diese Saldierung von Leistung und Gegenleistung steht nicht in der Disposition der Parteien. Sie ist mithin deren Privatautonomie entzogen. Jedoch ist der Anwendungsbereich der Privatautonomie schon nicht eröffnet. Es geht gerade nicht um zwei disponible Forderungen, sondern um die Bestimmung des Inhalts einer Kondiktionsforderung.

---

414 Vgl. MünchKomm BGB 2004 – §§ 705-853, § 818, Rn. 111.

415 Palandt 2009 – Kommentar BGB, § 387, Rn. 2

416 Über die Saldotheorie kann regelmäßig ein billiges Ergebnis gefunden werden, vgl. Palandt 2009 – Kommentar BGB, § 818, Rn. 48/49.

2. Vorteilsausgleichung

Die Vorteilsausgleichung steht im Kontext des allgemeinen Schadensrechts nach den §§ 249 ff. BGB. Nachfolgend soll deshalb dargestellt werden, wie sich die Lehre von der Vorteilsausgleichung entwickelte und wie sie heute angewendet wird.

a) Theoretischer Ansatz

Die Lehre von der Vorteilsausgleichung[417]. ist im allgemeinen Schadensrecht angesiedelt. Sie betrifft den Umfang des Schadensersatzanspruches und damit dogmatisch die §§ 249 ff. BGB. Nach der Grundidee des § 249 Abs. 1 BGB hat der Schädiger

> *„den Zustand herzustellen, der bestehen würde, wenn der zum Ersatz verpflichtende Umstand nicht eingetreten wäre".*

Der Schädiger schuldet Schadensersatz in Form der Naturalrestitution. Er muss also den Schaden restlos beseitigen[418]. Als Schaden wird nach der Differenzhypothese jede negative Abweichung des Vermögensstandes nach der Schädigung gegenüber dem Vermögensstand vor der Schädigung angesehen[419]. Häufig erleidet der Geschädigte bei einem schädigenden Ereignis nicht nur einen Nachteil in Form eines Schadens, sondern er erlangt gleichzeitig auch einen Vorteil[420]. Hier

---

417 Ein klassischer Fall der Vorteilsausgleichung wird dargestellt bei Brox/Walker 2007 – Schuldrecht AT, S. 346, § 31, Rn. 21. Davon abzugrenzen ist die Kategorie des „Abzugs neu für alt": das Auto des Geschädigten G wird vom Schädiger S beschädigt, indem dieser die gebrauchten Reifen zersticht. Im Zuge der Naturalrestitution nach §§ 249 ff. BGB erhält G dann vier neue Reifen. Damit ist zwar einerseits der Schaden beseitigt. Andererseits erhält G insofern mehr, als er nun neue Reifen hat, während die alten bereits gebraucht waren. Diese Konstellation fällt nicht unter die Vorteilsausgleichung. Hier hängt der Vorteil nicht mit der Schädigung als solches zusammen, sondern vielmehr mit der Art des Ausgleichs, vgl. Lange/Schiemann 2003 – Schadensersatz, S. 487/488, § 9 I 3. Gleichwohl fasst die überwiegende Auffassung und insbesondere die Rechtsprechung diese Fälle unter die Vorteilsausgleichung, vgl. nur BGH NJW 1997, 2879 [2880].

418 Statt vieler Palandt 2009 – Kommentar BGB, § 249, Rn. 2; vgl. auch BGH NJW 1985, 793.

419 So die ganz herrschende Meinung, vgl. nur Looschelders 2007 – Schuldrecht AT, Rn. 879; Medicus/Lorenz 2008 – Schuldrecht I, Rn. 635/636.

420 Fälle der Vorteilsausgleichung liegen z.B. immer dann vor, wenn der Geschädigte aufgrund der Schädigung Leistungen erhält. Unerheblich ist dabei, ob diese Leistungen von Dritten, z.B. von Versicherungen, oder mit, bzw. ohne Zutun des Geschädigten kom-

besteht ein Spannungsverhältnis zwischen dem schadensrechtlichen Bereicherungsverbot[421] und der Erwägung, dass es unbillig wäre, zu Gunsten des Schädigers sämtliche Vorteile anzurechnen[422].

Zunächst ist aber die Schadensberechnung von der Vorteilsausgleichung abzugrenzen. Bei der Schadensberechnung als solches sind die Umstände zu berücksichtigen, die die Höhe des Schadens direkt betreffen. Bei der Vorteilsausgleichung hingegen werden nur die Umstände betrachtet, die unabhängig von dem Schaden einen zusätzlichen Vorteil bringen[423]. Nur um letztere Umstände geht es hier. Diese Abgrenzung gewährleistet schon im Vorfeld, dass bloß vorteilhafte Posten der Schadensberechnung schon gar nicht in den Anwendungsbereich einer Vorteilsausgleichung gelangen[424]. Die Vorteilsausgleichung hat also zum Ziel, einen entstandenen Schaden wiedergutzumachen, ohne den Geschädigten besser zu stellen[425]. Dieses Ziel wird erreicht, indem der anrechenbare Vorteil mit dem Nachteil, also dem tatsächlich entstandenen Schaden verrechnet wird. Dies hat zur Folge, dass der Geschädigte lediglich einen eventuell überschießenden Saldo als Schadensersatz geltend machen kann[426]. Der Schädiger erhält durch den Vorteil des Geschädigten keinen eigenen Anspruch, den er dann gegen den Schadensersatzanspruch des Geschädigten aufrechnen könnte. Vielmehr mindert dieser fiktive Gegenanspruch als bloßer Rechnungsposten den Schadensersatzanspruch ipso iure[427].

---

men. Siehe hierzu den sehr ausführlichen Überblick von Lange 1978 – Vorteilsausgleichung, S. 652 ff. Zu berücksichtigen ist allerdings, dass es sich bei diesen Fällen zwar insgesamt um Fälle der Vorteilsausgleichung handelt. Diese werden jedoch nicht alle über eine Anrechnung gelöst.

421 Das schadensrechtliche Bereicherungsverbot besagt, dass ein Schadensersatzanspruch seine Grenze stets in der Schädigung des Geschädigten finden muss, vgl. Looschelders 2007 – Schuldrecht AT, Rn. 929 und 876.

422 Unbillig erscheint die Anrechnung vor allem dann, wenn die Leistungen seitens des Geschädigten erkauft werden (z.B. über Versicherungsprämien), vgl. Lange 1978 – Vorteilsausgleichung, S. 649; Looschelders 2007 – Schuldrecht AT, Rn. 929.

423 Lange 1978 – Vorteilsausgleichung, S. 649/650: als Beispiel für Umstände, die den Schaden direkt betreffen, wird hier der Restwert eines Unfallfahrzeuges genannt. Dieser bringt dem Geschädigten keinen echten Vorteil, sondern mindert lediglich von Anfang an den entstandenen Schaden. Ein Fall der Vorteilsausgleichung ist nicht gegeben.

424 So auch Larenz 1987 – Schuldrecht I AT, S. 530, § 30 II.

425 Brox/Walker 2007 – Schuldrecht AT, S. 346, § 31, Rn. 21

426 Palandt 2009 – Kommentar BGB, Vorb. v. § 249, Rn. 123

427 Lange/Schiemann 2003 – Schadensersatz, S. 487, § 9 I 3. Der Aufrechnungsgedanke war bei dieser Theorie aber von Anfang an vorhanden, man sprach von einer „compensatio lucri cum damno“, Brox/Walker 2007 – Schuldrecht AT, S. 346, § 31, Rn. 21.

Bei der Vorteilsausgleichung verbietet sich jedoch eine allzu pauschale Lösung[428]. Zwar ist die Anrechnung eines Vorteils im Wege der Saldierung anerkannt. Eine Wertung ist jedoch vorab insbesondere bei der Frage erforderlich, welche Umstände einen anrechenbaren Vorteil darstellen[429]. Rechtsprechung und Wissenschaft haben hierzu zwei grundsätzliche Kriterien entwickelt[430].

b) Historische Entwicklung

Die Problematik der Vorteilsausgleichung hat sich nicht erst in der modernen Rechtswissenschaft gestellt. Vielmehr wurde schon sehr früh diskutiert, ob und wie durch eine Schädigung hervorgerufene Vorteile beim Schadensersatzanspruch zu berücksichtigen sind. Auch in der Rechtsprechung kam diese Problematik immer wieder zum Tragen.

i. Gemeines Recht des 19. Jahrhunderts

Im 19. Jahrhundert wurde bereits ausführlich über die Vorteilsausgleichung diskutiert. Grundlage dieser Diskussion[431] war das gemeine Recht mit der römisch-rechtlichen Pandektistik. Hierbei war anerkannt, dass ein Geschädigter auf Grund der Schädigung nicht besser gestellt werden dürfe, als er ohne die Schädigung stünde. Dieses schadensrechtliche Bereicherungsverbot gilt noch heute[432]. Man berief sich hierzu auf die römisch-rechtliche Regel aus Dig. 50, 17, 206:

> *„Iure naturae aequum est neminem cum alterius detrimento et iniuria fieri locupletiorem"*, also *„Es ist nach dem Naturrecht billig, dass Niemand mit des Andern Schaden und durch Unrecht reicher werde"*[433].

---

428 Larenz spricht von einer *„Wertungsfrage"* und hält *„eine differenzierte Betrachtung* (für) *erforderlich"*, Larenz 1987 – Schuldrecht I AT, S. 531, § 30 II.

429 Bzw. in welchem Umfang dieser Vorteil anzurechnen ist.

430 Siehe hierzu ausführlich unten B, III, 2, c), i.

431 Die Diskussion wurde unter dem Oberbegriff „compensatio lucri cum damno" geführt. Der hinter der Vorteilsausgleichung stehende Verrechnungsgedanke kam dabei deutlich zum Ausdruck.

432 So auch HKK 2007 – §§ 241-304, §§ 249-253, 255, Rn. 59.

433 Vgl. Otto/Schilling 1984 (ursprgl. 1832) – CIC IV, S. 1286, bzw. Krüger/Mommsen/Kunkel 2000 (ursprgl. 1963) – CIC I Inst. Dig., S. 926. In diesem Zusammenhang wird auch auf die Stelle Dig. 12, 6, 14 verwiesen: *„Nam hoc natura aequum est neminem cum alterius detrimento fieri locupletiorem"*, also *„Denn es entspricht der natürlichen Gerechtigkeit, daß niemand sich zum Nachteil eines anderen bereichern darf"*, Behrends/Knütel 1999 – CIC III Dig. 11-20, S. 110. Für einen Fall der Anwalts-

Über die Behandlung der „compensation lucri cum damno" indessen bestand noch keine Einigkeit. Als Voraussetzungen der „compensatio lucri cum damno" wurden sowohl ein Schaden, als auch ein davon unabhängiger Gewinn verlangt. Bestand diese Unabhängigkeit nicht, so konnte keine Verrechnung[434] erfolgen. Dann hätte insgesamt entweder ein Schaden oder ein Gewinn vorgelegen[435]. Die Fragestellung wurde deutlich herausgearbeitet:

> *„Die sog. compensatio lucri cum damno betrifft die Frage, ob der Gewinn, den Jemand verschafft, mit dem Schaden, den er angerichtet hat, zusammengerechnet oder der Schaden ohne Rücksicht auf den anderweit verschafften Gewinn dem vollem Umfange nach ersetzt werden muß?"*[436].

Zu dieser Zeit ging man noch davon aus, der Problematik der „compensatio lucri cum damno" anhand einer allgemeinen Lösung beikommen zu können[437]. Es bestand Einigkeit, dass die Vorteilsausgleichung eine Anrechnung schon aus der „Natur der Sache"[438] erfordere. Das zu ersetzende Interesse[439] des Geschädigten

---

haftung führt Kori 1822 aus, dass es im Rahmen eines Regressprozesses gegen den Anwalt darauf ankommen müsse, ob der Vorprozess, der aufgrund eines Anwaltsverschuldens verloren ging, für den Regresskläger ohne das Anwaltsverschulden Erfolg gehabt hätte: *„Durch die entgegengesetzte Meinung aber würde man die wegen Fahrläßigkeit ihres Anwalts unterlegene Partei auf Kosten ihres Anwalts in eine weit bessere Lage setzen, als in welcher sie sich vor eingetretenem Ungehorsam befand, und offenbar gegen die Regel anstoßen: nemo cum alterius damno fieri debet locupletior"* /.../.", Kori 1822 – Regress und Anwaltshaftung, S. 411.

434 Unklar blieb, ob es sich um eine echte Kompensation handeln sollte, oder lediglich um eine Verrechnung im Rahmen eines Schadensersatzanspruches des Geschädigten.

435 Die Verrechnung von Schaden und Gewinn müsse schon im Rahmen der Schadensbestimmung als solches erfolgen, so Cohnfeldt 1865 – Interesse, S. 168/169. Vgl. auch schon in der 1. Auflage Windscheid 1865 – Pandektenrecht II 1, S. 27/28, § 258, insbesondere Fn. 4; Vangerow 1869 – Pandekten III, S. 34 ff, § 571, Anm. 1.

436 So Cohnfeldt 1865 – Interesse, S. 169.

437 An eine kasuistische Lösung von Einzelfällen dachte man noch nicht. Siehe HKK 2007 – §§ 241-304, §§ 249-253, 255, Rn. 79.

438 Windscheid schreibt zunächst: *„Hat die betreffende Thatsache nicht blos Nachtheil, sondern auch Gewinn hervorgebracht, so ist wirklicher Nachtheil nur, was nach Abzug des Gewinnes übrig bleibt"* und begründet diese Feststellung in einer Fußnote mit: *„Das folgt aus der Natur der Sache"*, in der 1. Auflage Windscheid 1865 – Pandektenrecht II 1, S. 27 und insbesondere Fn. 4, § 258.

439 Cohnfeldt meint hierzu: *„Das Interesse besteht hier in dem Gewinne nach Abzug des Verlustes"*, Cohnfeldt 1865 – Interesse, S. 161. Er weist aber zugleich darauf hin, dass alleine in dieser Feststellung noch keine Lösung der Vorteilsausgleichung liege.

könne anders nicht bestimmt werden. Ein besonderes Augenmerk wurde dabei auf die Kausalität zwischen dem schadensstiftenden Ereignis und der Vorteilserlangung gelegt[440].

In der Rechtsprechung wurde diese Argumentation aufgenommen und umgesetzt[441]. In einer Entscheidung aus dem Jahr 1877[442] meinte das Reichsoberhandelsgericht in einem Fall, in dem ein vertragsbrüchiger Warenlieferant verlangte, dass dem Käufer bei dessen Schadensersatzanspruch der Vorteil angerechnet werden sollte, den er dadurch erlangte, dass er die Waren bei einem anderen Lieferanten billiger erwerben konnte:

> *„Darnach ist auch für den Geltungsbereich des Preußischen Rechts der Satz anzuerkennen, daß wenn Schaden und Vortheil durch einen und denselben thatsächlichen Umstand verursacht sind, als Schaden nur Das zu ersetzen ist, was nach Abzug des Vortheils übrig bleibt. Die Frage, ob Vortheil und Schaden auf einem und denselben Umstand als Ursache zurückzuführen sei, wird in jedem einzelnen Falle concret zu entscheiden sein; die Billigkeit führt aber dahin, den Begriff „desselben Umstandes" nicht zu eng aufzufassen, Zusammenhängendes nicht zu zerreißen, sondern als Ganzes zu behandeln"*[443].

Diese Behandlung der „compensatio lucri cum damno" entwickelte sich zur herrschenden Rechtsprechung[444]. Obschon die Rechtsprechung die Vorteilsausgleichung grundsätzlich anerkannte, gab es jedoch auch Fälle, in denen aus Gründen der Billigkeit eine Anrechnung unterblieb[445].

---

440 Vangerow 1869 – Pandekten III, S. 34/35, § 571, Anm. 1

441 Die Begründungen waren aber insgesamt eher ergebnisorientiert.

442 ROGHE 22, 184. Die Entscheidung erging zum ALR.

443 ROGHE 22, 184 [186/187]

444 Einen umfassenden Überblick über die Rechtsprechung zur „compensatio lucri cum damno" bietet auch Cantzler 1957 – Vorteilsausgleichung, S. 33 ff.

445 z.B. OLG Braunschweig (1891) SeuffA 46, 272, Nr. 173: hier hatte ein Lohnbäcker vom Kläger gelieferten Teig gebacken, aber jeweils vorher einen Teil des Teiges entfernt. Dennoch wurden die Semmeln vom unwissenden Kläger zum vollen Preis verkauft. Diesen Vorteil wollte das OLG Braunschweig auf den Schadensersatzanspruch des Klägers nicht anrechnen, obwohl an sich ein Fall der „compensatio lucri cum damno" gegeben wäre.

ii. Kodifikation des BGB

Das BGB regelt zwar in den §§ 249 ff. Inhalt und Umfang eines Schadensersatzanspruches. Eine Regelung zur Vorteilsausgleichung ist jedoch nicht vorhanden. Angesichts der wissenschaftlichen Diskussion erstaunt es zunächst, dass es nicht zur Kodifikation einer gesetzlichen Lösung kam. Die Redaktoren des BGB haben aber die „compensatio lucri cum damno“ ganz bewusst nicht geregelt und die Lösung somit der Wissenschaft, bzw. der Praxis überlassen:

> *„Die Entscheidung der Frage, ob und inwiefern der Vortheil, welcher dem Beschädigten durch den schadenbringenden Umstand zugefallen ist, von der Ersatzsumme in Anrechnung zu bringen sei (comp. lucri et damni), muß der Wissenschaft und Praxis überlassen werden“*[446].

Hintergrund dieser gesetzgeberischen Entscheidung war die Überzeugung, die Problematik nicht umfassend in einer Norm abhandeln zu können. Dies sei ohne eine weitläufige Kasuistik nicht möglich[447].

> *„Allein der Versuch einer Entscheidung der Frage durch einen Ausspruch im Gesetze wäre insbes. für Deliktsfälle bedenklich. Ihre Lösung hängt wesentlich mit der Feststellung des Schadensbegriffes zusammen, welche ohnedies nicht für alle Fälle nach allen möglichen auch sonst zweifelhaften Seiten hin durch das Gesetz erfolgen kann. Der Versuch müßte zu einer weitgehenden Kasuistik führen, von welcher keine befriedigenden Resultate zu erwarten wären“*[448].

Eine Regelung der Vorteilsausgleichung fehlt somit im Rahmen des allgemeinen Schadensrechts[449].

---

446 So die Motive zum ersten Entwurf Mugdan 1899 – Materialien II, S. 10.

447 Eine solche Kasuistik war im Zuge der Schaffung eines abstrakten Gesetzes unerwünscht,

448 Vgl. Mugdan 1899 – Materialien II, S. 10.

449 Dass diese Problematik dem BGB nicht völlig unbekannt ist, erkennt man daran, dass nach der Einzelfallregelung des § 843 Abs. 4 BGB ein Schadensersatzanspruch wegen einer Körperverletzung nicht deshalb ausgeschlossen ist, weil ein Dritter dem Verletzten Unterhalt zu zahlen hat. Vgl. hierzu Lange 1978 – Vorteilsausgleichung, S. 650. Hier wurde es als Unbillig angesehen, einen Schadensersatzanspruch wegen des Vorteils zu kürzen, so dass ein ausdrückliches Verbot erging. Dieser Abs. 4 war bereits in den Vorgängervorschrift § 766 E II enthalten, Mugdan 1899 – Materialien II, S. CXXVII/CXXVIII. Die Verfasser des ersten Entwurfes hingegen wollten diese Klausel bewusst nicht haben, siehe Motive in Mugdan 1899 – Materialien II, S. 438/439. Beim zweiten Entwurf ging man hingegen davon aus, dass es sich bei dieser Klausel eigent-

iii. Rechtspraxis ab 1900

Nachdem der Gesetzgeber die Lösung der „compensatio lucri cum damno“ der Rechtspraxis anheim gestellt hatte, begann diese, sich auf Grundlage der bestehenden Überlegungen der Problematik anzunehmen. Zunächst wurde maßgeblich auf das schadensrechtliche Bereicherungsverbot abgestellt. Dies führte dazu, dass Vorteile in großem Umfange zur Anrechnung kamen[450].

Nach herrschender Ansicht musste das Bereicherungsverbot zur Folge haben, dass ein Vorteil bei der Schadensberechnung in Abzug gebracht werde. Dabei wurde auch ausdrücklich festgestellt, dass dieser Abzug stets eine Anrechnung darstellen müsse. Ein eigener Anspruch des Schädigers war damit ausgeschlossen[451]. Für die Abgrenzung, welche Vorteile anrechenbar sein sollten, wurde überwiegend darauf abgestellt, ob der Vorteil zu der Schadensverursachung in einem adäquat kausalen Zusammenhang stand[452]. Dies bedeutete eine Lockerung insofern, als es nun ausreichend war, wenn zwischen Schaden und Vorteil ein „conditio sine qua non“-Verhältnis[453] herrschte. Zudem musste die Schädigung aber auch grundsätzlich geeignet sein, einen entsprechenden nicht völlig unwahrscheinlichen Vorteil mit sich zu bringen[454]. Eine Einheit zwischen schädigendem und vorteilhaftem Verhalten war hingegen nicht mehr erforderlich[455]. Einher mit dieser Herausstellung der adäquaten Kausalität ging dann auch ein

---

lich um eine Selbstverständlichkeit handle, siehe Protokolle in Mugdan 1899 – Materialien II, S. 1113.

450 Eine anschauliche Übersicht über die vertretenen Ansichten findet sich bei Cantzler 1957 – Vorteilsausgleichung, S. 36 ff. Vgl. auch HKK 2007 – §§ 241-304, §§ 249-253, 255, Rn. 80.

451 Es sollte gerade nicht zu einer Aufrechnungslage kommen. Vgl. in der 3./4. Auflage Oertmann 1910 – Kommentar BGB II, S. 38, Vorbem. zu § 249, Anm. 5 a: *„Eine wahre Aufrechnung liegt auch in dem Normalfall der Vorteilsanrechnung nicht vor. Der Beschädiger hat in keinem Fall einen selbständigen Anspruch auf den dem Beschädigten zugeflossenen Vorteil, kann vielmehr nur, wenn er auf Ersatz belangt wird, Berücksichtigung des Vorteils fordern, sei es mittels Anrechnung, sei es nach Wahl des Beschädigten mittels realer Herausgabe“.*

452 Enneccerus/Lehmann 1958 – Schuldverhältnisse, S. 85, § 17 II 1 a; siehe hierzu auch die Übersicht bei Cantzler 1957 – Vorteilsausgleichung, S. 36 ff.

453 Vgl. Lange 1978 – Vorteilsausgleichung, S. 651.

454 Vgl. Lange 1978 – Vorteilsausgleichung, S. 650; diese Auffassung ist auch heute noch herrschend, vgl. nur Palandt 2009 – Kommentar BGB, Vorb. v. § 249, Rn. 120 und Rn. 58 ff.; auch in der Rechtsprechung, vgl. BGH NJW 1968, 491 [492]; BGH NJW 1990, 1360.

455 Vgl. in der 3./4. Auflage Oertmann 1910 – Kommentar BGB II, S. 39, Vorbem. zu § 249, Anm. 5 c.

Wandel im Sprachgebrauch. Man sprach nicht mehr von der „compensatio lucri cum damno“[456]. Vielmehr wurde der „neue“ Begriff der Vorteilsausgleichung gewählt[457]. Trotz dieser Lockerung sollte aber auch weiterhin nicht die Kausalität alleine entscheidend sein. Als zusätzliches Korrektiv wurde die „Zumutbarkeit“ der Anrechnung verlangt:

„Die bloße Adäquanz rechtfertigt die Anrechnung aber nur grundsätzlich, sie genügt nicht, wenn sich aus einer richtigen Bewertung der Beziehungen zwischen Vorteil und Tat die Unzumutbarkeit der Anrechnung nach § 242 ergibt“[458].

Auch die Rechtsprechung richtete sich unter der Geltung des BGB zunächst nach der herrschenden Lehre. So entschied das Reichsgericht erstmals im Jahre 1912[459]:

„Die neuere Rechtsprechung hat sich mehrfach gegen eine zu enge Fassung der Voraussetzungen „ein und dasselbe Ereignis“ gewendet und /.../ den „der Natur der Sache“ entsprechenden Zusammenhang (wohl im Grunde nichts anderes, als der sogenannte adäquate Zusammenhang) für maßgebend erklärt, daneben auch die, gerade auf diesem Gebiete zu fordernde Rücksichtnahme auf die Billigkeit betont“[460].

Würde man die Anrechnung eines Vorteils alleine auf dessen adäquate Kausalität stützen, müssten aber beinahe alle Vorteile angerechnet werden. Der Bundesgerichtshof wollte dieses Ergebnis vermeiden. Deshalb verlangte er als weitere Voraussetzung einer Anrechnung, dass diese dem Sinn und Zweck der

---

456 Diese beschreibt an sich nur die Fälle, in denen eine eben solche Einheit bestand.

457 Lehman schreibt hierzu: *„/.../; der Vorteil ist also bei der Ersatzleistung anzurechnen oder die Ersatzleistung in anderer Weise /.../ auf den wahren Betrag des Schadens zu beschränken (sog. compensatio lucri cum damno oder, da dieser Ausdruck nur die Fälle der direkten Anrechnung trifft, besser Vorteilsausgleichung)“*, Enneccerus/Lehmann 1958 – Schuldverhältnisse, S. 84/85, § 17 II 1. Siehe hierzu auch in der 3./4. Auflage Oertmann 1910 – Kommentar BGB II, S. 39, Vorbem. zu § 249, Anm. 5 c.

458 Enneccerus/Lehmann 1958 – Schuldverhältnisse, S. 85, § 17 II 1 a

459 RGZ 80, 155

460 RGZ 80, 155 [160]; vgl. auch RGZ 133, 221 [223]; RGZ 146, 275 [278]; bei diesen Entscheidungen wird zwar eine adäquate Kausalität erfordert. Eine genauere Definition dieses Begriffs erfolgt jedoch nicht, vgl. hierzu Cantzler 1957 – Vorteilsausgleichung, S. 34. Auch der Bundesgerichtshof führte diese Rechtsprechung weiter: BGHZ 3, 261 [266/267].

Schadensersatzpflicht entspreche[461] und es insbesondere nicht zu einer unbilligen Entlastung des Schädigers komme[462].

Dieses Vorgehen der Rechtsprechung wurde teilweise scharf kritisiert. Es handle sich um irrationale und kaum greifbare Voraussetzungen; ferner sei keine allgemeine Lösung möglich, sondern jeder Fall könne nur für sich beurteilt werden[463]. Allerdings ist es der Wissenschaft bislang nicht gelungen, einen Lösungsweg für die Vorteilsausgleichung zu finden, welcher dem Ansatz der Rechtsprechung überlegen wäre[464].

c) Voraussetzungen und Wirkung

Auch die Vorteilsausgleichung stellt kein gesetzliches Institut dar. sondern eine von Wissenschaft und Rechtsprechung entwickelte Theorie. Trotz heftiger Kritik wird diese Theorie von den Gerichten nach wie vor angewandt. Nachfolgend sind deshalb die Voraussetzungen und die Wirkungen dieser Anrechnung darzustellen.

i. Voraussetzung

Der Anwendungsbereich der Vorteilsausgleichung ist immer dann eröffnet, wenn dem Geschädigten durch das schädigende Ereignis auch ein Vorteil entstanden ist.

Zunächst müssen also die Voraussetzungen eines Schadensersatzanspruches erfüllt sind. Unerheblich ist dabei, ob es sich um einen deliktischen, oder einen sonstigen Schadensersatzanspruch handelt[465]. Weiter ist zu prüfen, ob der Geschädigte gleichzeitig einen Vorteil erlangt hat. Unter einem Vorteil ist jede Vermögensmehrung zu verstehen, die aus dem schädigenden Ereignis stammt

---

461 BGHZ 10, 107 [108]; BGHZ 30, 29 [33]; hierzu auch Lange 1978 – Vorteilsausgleichung, S. 650.

462 So ausdrücklich BGHZ 49, 56 [62].

463 Zu dieser Kritik siehe Lange 1978 – Vorteilsausgleichung, S. 651/652; Cantzler 1957 – Vorteilsausgleichung, S. 48 ff; Staudinger 2005 – Kommentar BGB §§ 249-254, S. § 249, Rn. 139 ff. Die einzelnen Lösungsansätze können hier nicht näher dargestellt werden.

464 Zu diesem Ergebnis kommt auch Heinrichs in Palandt 2009 – Kommentar BGB, Vorb. v. § 249, Rn. 120.

465 Die §§ 249 ff. BGB regeln den Inhalt und Umfang eines zu ersetzenden Schadens. Diese Frage gilt allgemein für alle Schadensersatzansprüche und ist unabhängig vom Grund der Schadensersatzpflicht, vgl. nur Medicus/Lorenz 2008 – Schuldrecht I, Rn. 622/623.

und von dem eigentlichen Schaden unabhängig ist. Irrelevant ist dabei, ob der Geschädigte den Vorteil tatsächlich realisiert. Es kommt vielmehr rein auf die Möglichkeit einer Vorteilsziehung an[466]. Ein solcher Vorteil muss aber mit dem schädigenden Ereignis in einem adäquaten Kausalzusammenhang stehen[467]. Ferner ist er nur zu berücksichtigen, wenn dies auf normativer Seite dem Sinn und Zweck der Schadensersatzpflicht entspricht[468].

(1) Tatsächliche Voraussetzung

Auf der Tatsachenebene braucht es zwischen dem schädigenden Ereignis und dem Vorteil einen adäquaten Kausalzusammenhang[469]. Zunächst muss das schädigende Ereignis somit „conditio sine qua non" für den Vorteil sein. Die Schädigung darf nicht hinweg gedacht werden, ohne dass der Vorteil entfiele[470]. Diese Formel ist jedoch in ihrem Anwendungsbereich sehr weit und kann deshalb nur zur ersten Abgrenzung geeignet sein. Eine erste Einschränkung erfolgt durch die Adäquanztheorie. Hiernach kann eine Kausalität nur angenommen werden, wenn es nicht von vornherein fern jeder Lebenserwartung war, dass das schädigende Ereignis auch zu einem Vorteil, wie dem tatsächlich eingetretenen, führen könnte[471]. Die Adäquanztheorie wird ständig angewendet, da sie ein gutes In-

---

466 So BGH NJW 1997, 251.

467 Vgl. nur BGHZ 81, 271 [275].

468 Hier geht es um eine umfassende Abwägung. BGHZ 10, 107 [108]: *„Ob nun diese Leistung /.../ anzurechnen ist, bedarf daher einer Prüfung mit Rücksicht auf den Sinn und Zweck der Ersatzpflicht. Es kommt auf die gesamte Interessenlage an, wie sie durch den Unfall zwischen dem Schädiger und Geschädigten sowie dem leistenden Dritten besteht. Eine Anrechnung darf /.../ nur im Rahmen der Zumutbarkeit erfolgen"*. Vgl. auch Palandt 2009 – Kommentar BGB, Vorb. v. § 249, Rn. 120; Larenz 1987 – Schuldrecht I AT, S. 531, § 30 II.

469 Siehe hierzu schon RGZ 1934, 896: Ein Arzt hatte bei einer Operation einen Kunstfehler begangen und der Patient verlangte hierfür Schadensersatz. Der Arzt konnte hier nicht im Wege der Vorteilsausgleichung einwenden, dem Patienten durch die Operation insgesamt das Leben gerettet zu haben. Das schädigende Ereignis war hier nicht die Operation als solches, sondern der Kunstfehler. Zwischen diesem und dem Vorteil (der für sich freilich kausal zur erfolgreichen Operation war) bestand keine äquivalente Kausalität. Eine Vorteilsausgleichung konnte deshalb nicht in Betracht kommen.

470 Die „conditio-sine-qua-non"-Formel wird sowohl im Zivilrecht, als auch im Strafrecht zur Bestimmung der äquivalenten Kausalität verwendet, Looschelders 2007 – Schuldrecht AT, Rn. 895.

471 Bei der Adäquanztheorie handelt es sich nicht um eine Kausalitätslehre, sondern vielmehr um eine wertende Einschränkung einer an sich bestehenden äquivalenten Kausalität. Looschelders 2007 – Schuldrecht AT, Rn. 901 ff.

strument zur Eingrenzung der Zurechenbarkeit darstellt[472]. Es wäre nicht gerechtfertigt, dass dem Schädiger ein Vorteil, mit dessen Eintreten billigerweise nicht zu rechnen war, zu Gute kommen sollte. Ein Vorteil ist ferner auch nur dann anzurechnen, wenn er in einem gewissen zeitlichen Zusammenhang mit dem Schaden eintritt. Es kann den Parteien nicht zugemutet werden, einen sehr viel später eintretenden Vorteil noch zu berücksichtigen, obschon der Schaden als solches schon ausgeglichen wurde[473].

(2) Normative Voraussetzung

Neben der Adäquanztheorie ist weiter erforderlich, die Zurechnung potentieller Vorteile über ein normatives Element zu reduzieren[474]. Eine allgemeine Regel für die Wertung kann es aber nicht geben. Vielmehr muss jeweils im Einzelfall anhand des Sachverhalts überprüft werden, ob eine Zurechnung des Vorteils den Schädiger unbillig entlasten würde[475]. Dabei ist insbesondere zu bewerten, ob es dem Zweck des jeweiligen Schadensersatzanspruches entspricht und dem Geschädigten zumutbar ist, einen Vorteil anzurechnen. Nach der Formulierung des Bundesgerichtshofes darf

> *„der Geschädigte /.../ nicht besser gestellt werden, als er ohne das schädigende Ereignis stünde; andererseits sind nicht alle durch das Schadensereignis bedingten Vorteile auf den Schadensersatzanspruch anzurechnen, sondern nur solche, deren Anrechnung mit dem jeweiligen Zweck des Ersatzanspruches übereinstimmt, das heißt, dem Ge-*

472 Vgl. nur Palandt 2009 – Kommentar BGB, Vorb. v. § 249, Rn. 121. Nach anderer Ansicht ist die Zurechnung über die Vorhersehbarkeit von Vorteilen untauglich, siehe hierzu Staudinger 2005 – Kommentar BGB §§ 249-254, § 249, Rn. 139.

473 Lange/Schiemann 2003 – Schadensersatz, S. 490, § 9 II 3; vgl. auch BGH VersR 1967, 187 [189]; RGZ 100, 255 [257]. Dieses temporäre Element ist dabei schon aus Gründen der Rechtssicherheit erforderlich. In der Zwischenzeit könnte schon ein Urteil über den Schadensersatzanspruch ergangen sein, so dass der Vorteilsausgleich keinen Ansatzpunkt mehr hätte. Siehe aber auch die Kritik bei Lange/Schiemann 2003 – Schadensersatz, S. 499/500, § 9 III 9 und die Problematik einer Schwebezeit, siehe unten C, III, 2, b), iii.

474 Trotz der ersten Einschränkung wäre der Anwendungsbereich noch zu groß. Vgl. nur Medicus/Lorenz 2008 – Schuldrecht I, Rn. 646.

475 Brox/Walker 2007 – Schuldrecht AT, S. 347, § 31, Rn. 22. Schiemann stellt angesichts dieser nicht befriedigend lösbaren Zurechnungsprobleme insgesamt die Frage, ob die Anrechnung eines Vorteils die Regel darstellt, oder vielmehr nur noch die Ausnahme, Staudinger 2005 – Kommentar BGB §§ 249-254, § 249, Rn. 140. Siehe hierzu auch Medicus/Lorenz 2008 – Schuldrecht I, Rn. 646.

schädigten zumutbar ist und den Schädiger nicht unangemessen entlastet"[476].

Zur Ermittlung dieser normativen Voraussetzung kommt es auf eine Gesamtbetrachtung des Sachverhalts und aller Umstände an[477]. Anhand einer Bewertung dieses Hintergrundes muss man letztlich die Frage beantworten, ob die Anrechnung eines Vorteils angemessen ist. Zwischen Vor- und Nachteil muss bei dieser Bewertung ein innerer Zusammenhang bestehen. Beide sind als Rechnungseinheiten zu sehen und entsprechend gegenüberzustellen[478].

ii. Wirkung

Bei der Wirkung der Vorteilsausgleichung bestehen Parallelen zur Saldotheorie[479]. Anerkennt man bei einem Schadensersatzanspruch des Geschädigten einen Vorteilsausgleich, hat dies zur Folge, dass der Wert des Schadens dem entstandenen Vorteil, bzw. dessen Wert gegenübergestellt wird. Anschließend kommt es zu einer Verrechnung dieser beiden Beträge. Im Ergebnis gelangt nur noch ein Schadensersatzanspruch in Höhe eines etwaig überschießenden Teils zur Entstehung[480]. Auf keinen Fall erhält der Schädiger wegen des Vorteils des Geschädigten einen eigenen Ausgleichsanspruch[481]. Es kommt immer nur eine Anrechnung in Betracht[482]. Ist der Vorteil des Geschädigten also höher als der

---

476 So BGH NJW 2004, 3557.

477 Zur Kritik an diesem Ansatz der Rechtsprechung siehe Lange 1978 – Vorteilsausgleichung, S. 651.

478 Palandt 2009 – Kommentar BGB, Vorb. v. § 249, Rn. 122; vgl. auch BGH NJW 1997, 2378.

479 Vgl. oben B III. 1. c) ii.

480 Vgl. Staudinger 2005 – Kommentar BGB §§ 249-254, § 249, Rn. 142. Diese einfache Anrechnungsmethode kommt dabei freilich nur dann in Betracht, wenn der Vorteil einen Geldwert hat. Komplizierter wird die Berechnung, wenn bereits ein Mitverschulden des Geschädigten gegeben ist. Dann entsteht zum einen der Schadensersatzanspruch nur in Höhe einer bestimmten Quote, § 254 BGB, und zum Anderen ist auch der Vorteil nur in Höhe dieser Quote zu berücksichtigen ist, Staudinger 2005 – Kommentar BGB §§ 249-254, § 249, Rn. 143. Vgl. auch Larenz 1987 – Schuldrecht I AT, S. 530, § 30 II, Brox/Walker 2007 – Schuldrecht AT, S. 346, § 31, Rn. 21.

481 Man könnte hier allenfalls an einen „quasi-bereicherungsrechtlichen" Anspruch des Schädigers denken, weil der Geschädigte etwas auf Kosten des Schädigers erhält. Problematisch ist bei einer solchen Konstruktion aber bereits die Frage nach dem Rechtsgrund.

482 Ist eine Anrechnung nicht möglich, weil es sich um einen nicht-monetären Vorteil handelt, kommt eine Herausgabe des Vorteils Zug um Zug gegen den vollen Schadensersatz in Betracht, vgl. Lange/Schiemann 2003 – Schadensersatz, S. 487, § 9 I 2 und ins-

entstandene Schaden, hat der Geschädigte somit keinen Schadensersatzanspruch. Im Gegenzug darf er aber den überschießenden Vorteil ersatzlos behalten[483]. In Ermangelung eines eigenen Anspruchs des Schädigers scheidet auch von Anfang an die Möglichkeit einer Verrechnung einerseits der Schadensersatzforderung und andererseits der „Vorteilsausgleichsforderung" im Wege der Aufrechnung aus[484]. Vielmehr erfolgt der Ausgleich über eine Verrechnung von Vor- und Nachteil als bloße Rechnungsposten. Diese Anrechnung erfolgt dabei automatisch[485]. Prozessual ist sie von Amts wegen zu berücksichtigen.

d) Zusammenfassung

Die Lehre von der Vorteilsausgleichung ist geprägt vom Gedanken des schadensrechtlichen Bereicherungsverbots. Niemand soll sich daran bereichern, dass er einen Schaden erlitten hat[486]. Von diesem Dogma geleitet[487], wurde im 19. Jahrhundert sowohl von der Wissenschaft, als auch von der Rechtsprechung überwiegend die Auffassung vertreten, dass jeder Vorteil, der einem Geschädigten unabhängig von der eigentlichen Schädigung durch das selbe schädigende Ereignis zuteil wurde, auf den Schadensersatzanspruch angerechnet werden müsste. Bei der Kodifikation des BGB war diese Thematik ebenfalls bekannt. Der historische Gesetzgeber verzichtete jedoch auf eine Regelung der Vorteilsausgleichung, da er befürchtete, keine passende, abstrakte und dennoch übersichtliche Regelung zu finden[488].

Eine zu weit ausufernde Anrechnung aller Vorteile wurde als unbillig empfunden. Zur Einschränkung sollte ein Vorteil nur dann anrechenbar sein, wenn er

---

besondere Fn. 5. Vgl. auch Staudinger 2005 – Kommentar BGB §§ 249-254, § 249, Rn. 143.

483 Dieses Ergebnis ist auch richtig. Für den Schädiger kann es nur darauf ankommen, keinen Schadensersatz zahlen zu müssen, nicht aber darauf, selbst durch die Schädigung bereichert zu werden.

484 Palandt 2009 – Kommentar BGB, Vorb. v. § 249, Rn. 123, § 387, Rn. 2. Es handelt sich mithin endgültig nicht mehr um eine „compensatio lucri cum damno". Aufrechnungsverbote etc. spielen somit auch keine Rolle, vgl. Palandt 2009 – Kommentar BGB, Vorb. v. § 249, Rn. 123; BGH NJW 1962, 1909.

485 Es bedarf weder einer Aufrechnungserklärung des Schädigers, noch einer sonstigen Gestaltungserklärung, Staudinger 2005 – Kommentar BGB §§ 249-254, § 249, Rn. 142. Vgl. auch BGHZ 27, 241 [248/249].

486 Das Schadensrecht darf nur eine Ausgleichung des Schadens zur Folge haben, nicht aber eine darüber hinausgehende Bereicherung.

487 Dieses Dogma ist schon auf die römisch-rechtlichen Quellen zurückzuführen.

488 Vielmehr wurde diese Aufgabe der Wissenschaft und Praxis überlassen.

adäquat und äquivalent kausal zu dem schädigenden Ereignis war. Darüber hinaus musste diese Anrechnung auch dem Zweck des jeweiligen Schadensersatzanspruches entsprechen. Durch eine Vorteilsausgleichung sollte weder der Geschädigte unbillig bevorteilt, noch der Schädiger unbillig benachteiligt werden. Diese Kriterien sind heute noch herrschende Rechtsprechung[489]. Zwar wird diese Rechtsprechung heute teilweise vehement kritisiert. Insbesondere wird die Abgrenzung über den Zweck des Schadensersatzes und die Billigkeit für untauglich gehalten. Eine Anrechnung sei nur in bestimmten Fällen möglich, welche es genau zu katalogisieren gelte. Hierbei müsse es in besonderem Maße auf die Art des Vorteils, sowie auf dessen Erstehung ankommen. Ein wirklich überzeugendes System, mit dem man zu „besseren“ Ergebnissen kommen würde, konnte die Literatur jedoch bislang nicht vorlegen[490].

Diese Anrechnungslehre führt zu dem Ergebnis, dass der Schadensersatzanspruch eines Geschädigten um den Wert zu mindern ist, den der Vorteil hat. Die Vorteilsausgleichung stellt also eine Anspruchsverkürzung dar. Durch das Aufeinandertreffen von Vor- und Nachteil kommt nur der überschießende Nachteil als ersatzwürdiger Schaden in Betracht. Die Parteien haben dabei keine Möglichkeit, diese Anrechnung zu verhindern[491]. Die Anrechnung erfolgt automatisch, ein Gericht hat dies von Amts wegen zu berücksichtigen.

---

489 Trotz der Kritik konnten anhand dieser Kriterien angemessene Ergebnisse gefunden werden. Zu dieser Auffassung gelangt offensichtlich auch Heinrichs in Palandt 2009 – Kommentar BGB, Vorb. v. § 249, Rn. 120.

490 Vgl. Palandt 2009 – Kommentar BGB, Vorb. v. § 249, Rn. 120.

491 Die Anrechnung erfolgt bereits im Entstehungsstadium des Schadensersatzanspruches, so dass der Anwendungsbereich der Privatautonomie an sich schon nicht eröffnet ist.

C) Vergleich der Verknüpfungsphänomene

Gegenstand dieses Teils ist ein Vergleich von Aufrechnung, Mitverschulden, Saldotheorie und Vorteilsausgleichung in deren Eigenschaft als Verknüpfungsphänomene. Hierbei wird nach einer Definition des Begriffes „Verknüpfungsphänomen" zunächst eine Darstellung der gegenläufigen Sachverhalte bei den einzelnen Rechtsinstituten vorangestellt. In diesem Zusammenhang wird insbesondere auf die Unterschiede beim Eintritt der Wirkung einzugehen sein. Auf dieser Grundlage erfolgt dann die Untersuchung, inwiefern es durch diese Verknüpfungen zu einer Verkürzung von Ansprüchen kommt. Dabei wird zwischen den Auswirkungen auf der Ergebnis-Ebene und auf der Anspruch-Ebene zu unterscheiden sein. Anschließend erfolgt eine Abgrenzung der Rechtsinstitute danach, welche Anforderungen jeweils an die Wirkung der Verknüpfung gestellt werden, in Relation zu deren Folgen.

I. Definition des Begriffs „Verknüpfungsphänomen"

Zunächst soll dargestellt werden, was im Weiteren unter dem Begriff eines Verknüpfungsphänomens zu verstehen ist.

Von einer Verknüpfung ist stets dann die Rede, wenn sich zwei[492] Handlungs-, oder Argumentationsstränge an einer bestimmten Stelle kreuzen[493]. Durch diese Kreuzung kommt es zu dem Effekt, dass zwei Handlungsebenen, die für sich genommen jeweils von der anderen unabhängig sind, in ihrem weiteren Schicksal untrennbar miteinander verbunden werden. Es entwickelt sich durch diese Verknüpfung mithin aus zwei Parallelen eine gemeinsame Linie, bzw. ein gemeinsames Schicksal.

Diese Verknüpfung zweier Parallelen zu einem gemeinsamen Schicksal kann ein Phänomen bezeichnen. Bei einem Phänomen handelt es sich zunächst um ein real wahrnehmbares Ereignis, gleichzeitig aber auch um eine Ausnahmeerschei-

492 Es müssen mindestens zwei Stränge sein, die sich kreuzen. Eine zahlenmäßige Beschränkung gibt es indessen nicht.

493 Solche Verknüpfungen gibt es in vielen Bereichen, so etwa beim Ablauf eines Geschehnisses, bei der argumentativen Logik, und in neuerer Zeit vor allem bei der Datenverarbeitung. Ein Verknüpfungsphänomen ist somit keine rein juristische Erscheinung.

nung[494]. Als Phänomen werden dabei in der Regel solche Erscheinungen beschrieben, die nicht selbstverständlich sind, sondern entgegen einer allgemeinen Erwartung verlaufen. Es ist dabei nicht selbstverständlich, dass das Aufeinandertreffen zweier Handlungsebenen zu einem weiteren gemeinsamen Schicksal führt. Hierin ist mithin ein Phänomen zu erkennen.

Ein juristisches Verknüpfungsphänomen ist nach diesen Überlegungen also gegeben, wenn zwei Handlungsstränge sich an einer Stelle ihres Schicksals kreuzen, mit der Folge, dass aufgrund dieser Verknüpfung diese beiden Handlungsstränge untrennbar miteinander verbunden werden. Im Ergebnis bleibt letztlich nur noch ein Handlungsstrang über.

Nach den vorhergehenden Teilen dieser Arbeit ist zunächst einmal die Feststellung zu treffen, dass es sich sowohl bei der Aufrechnung[495], als auch bei den

---

494 Nach der allgemeinen Definition stellt ein Phänomen etwas dar, *„das in seiner Erscheinungsform ungewöhnlich ist"* und daher auffällt, vgl. nur Brockhaus 1992 Enzyklopädie XVII Pes-Rac, S. 74, Artikel „Phänomen".

495 Mit der Aufrechnung artverwandt ist dabei das Zurückbehaltungsrecht des § 273 BGB. Danach darf ein Schuldner die ihm obliegende Leistung solange verweigern, bis er selbst befriedigt wird. Dies gilt, wenn der Schuldner *„aus demselben rechtlichen Verhältnis, auf dem seine Verpflichtung beruht, einen fälligen Anspruch gegen den Gläubiger"* hat. Im Unterschied zur Aufrechnungslage besteht hier zwar das Erfordernis der Konnexität, allerdings wird dieses Erfordernis weit ausgelegt, vgl. nur Palandt 2009 – Kommentar BGB, § 273, Rn. 9 ff. Ferner kommt gegenüber der Aufrechnung ein Zurückbehaltungsrecht regelmäßig nur in Betracht, wenn es sich um ungleichartige Forderungen handelt. Bei gleichartigen Forderungen gelangt die Aufrechnung zu einem sinnvolleren Ergebnis, vgl. Medicus/Lorenz 2008 – Schuldrecht I, Rn. 238. Auch das Zurückbehaltungsrecht stellt ein Gestaltungsrecht dar, welches einer rechtsgeschäftlichen Gestaltungserklärung bedarf. Allerdings besteht zur artverwandten Aufrechnung der entscheidende Unterschied, dass es nicht zu einem Erlöschen der sich deckenden Forderungen kommt. Vielmehr erfolgt lediglich eine Hemmung der Durchsetzbarkeit der Forderung des Gläubigers und eine Zug-um-Zug-Durchführung, § 274 BGB. Eine echte Anspruchsverkürzung ist somit beim Zurückbehaltungsrecht nicht gegeben. In der Konsequenz handelt es sich bei dem Zurückbehaltungsrecht prozessual auch nicht um eine rechtsvernichtende Einwendung, sondern um eine echte Einrede, MünchKomm BGB 2007 – §§ 241-432, § 273, Rn. 88. Wegen dieses Unterschiedes stellt das Zurückbehaltungsrecht kein echtes Verknüpfungsphänomen dar. Zwar stehen sich zwei gegenläufige Handlungsstränge gegenüber. Auch führt die Erhebung der Einrede zu einer Verknüpfung dieser Handlungsstränge. Allerdings hat diese Verknüpfung nicht zur Folge, dass die beiden Handlungsstränge miteinander verschmelzen. Die Handlungsstränge bleiben vielmehr weiterhin voneinander unabhängig. Es erfolgt keine Anspruchskürzung, sondern lediglich eine Hemmung der Durchsetzbarkeit der Ansprüche. Diese Wirkung ist

weiteren untersuchten Rechtsinstituten des Mitverschuldens, der Vorteilsausgleichung und der Saldotheorie um grundsätzlich ähnlich gelagerte Konstellationen handelt. In all diesen Konstellationen kommt es zu einem Aufeinandertreffen zweier gegenläufiger Handlungslinien[496]. Dieses Aufeinandertreffen führt auf der Ergebnis-Ebene insofern zu einer Verkürzung, als der Gläubiger nicht den vollen Betrag seiner Forderung, bzw. seines Schadens verlangen kann. Um die herausgearbeitete Definition eines Verknüpfungsphänomens aufzugreifen: Es kreuzen sich also in diesen Konstellationen zwei parallele Sachverhalte, deren Schicksale sich aufgrund dieser Kreuzung endgültig verbinden, so dass letztlich nur noch ein Sachverhalt übrig bleibt.

Aufrechnung, Mitverschulden, Saldotheorie und Vorteilsausgleichung stellen mithin Verknüpfungsphänomene dar. Bei diesen wirkt sich die Verknüpfung von zwei gegensätzlich auftretenden, aber an sich voneinander unabhängigen Sachverhalten[497] unmittelbar auf den Bestand von Forderungen aus.

---

dabei auch nicht endgültig. Vielmehr besteht sie nur solange die Einrede erhoben wird, bzw. sich die Forderungen gegenüberstehen. Aus diesen Gründen wurde das Zurückbehaltungsrecht trotz seiner konstruktiven Nähe zur Aufrechnung nicht in den hiesigen Vergleich mit einbezogen.

496 Mit Handlungslinien oder Handlungssträngen sind dabei die Umstände gemeint, aus denen sich die beiden gegenüberstehenden Sachverhalte ergeben.

497 Der Begriff des Sachverhaltes wird dabei nicht als Gesamtheit aller juristisch relevanten Tatsachen in Form mehrerer Handlungsstränge verstanden, sondern vielmehr als ein einzelner solcher Strang. Man könnte anstatt vom Gegenüberstehen zweier gegenläufiger Sachverhalte auch von entgegen gerichteten Handlungsebenen sprechen, die in ihrer Gesamtheit erst den anspruchsbegründenden Sachverhalt bilden.

II. Verknüpfung zweier gegenläufiger Sachverhalte

Die Behauptung, bei Aufrechnung, Mitverschulden, Saldotheorie und Vorteilsausgleichung handle es sich um Verknüpfungsphänomene im gerade genannten Sinn, bedarf einer näheren Untersuchung. Von Bedeutung ist hierfür nicht nur der Beweis, dass sich tatsächlich zwei Sachverhalte gegenüberstehen, sondern vor allem die Untersuchung der Frage, wie Verknüpfungen dieser Sachverhalte eintreten und wirken.

1. Tatsächliches Gegenüberstehen

Bei Aufrechnung, Mitverschulden, Saldotheorie und Vorteilsausgleichung kommt es auf das Aufeinandertreffen zweier Sachverhalte im Zuge des Schicksals einer Forderung an.

a) Aufrechnung

Die Ausgangslage einer Aufrechnung nach den §§ 387 ff. BGB ist stets das Vorliegen einer Aufrechnungslage, also das Gegenüberstehen zweier gleichartiger gegensätzlicher Forderungen[498]. Für eine solche Aufrechnungslage bedarf es somit immer eine Forderung des Gläubigers gegen den Schuldner und gleichzeitig eine Forderung des Schuldners gegen den Gläubiger. Die Aufrechnung steht mithin paradigmatisch für ein Verknüpfungsphänomen. Hier treffeh deutlich zwei Sachverhalte aufeinander. Zu berücksichtigen ist dabei jedoch, dass es zu einem „Aufeinandertreffen“ im eigentlichen Sinne erst durch die Aufrechnungserklärung einer Partei kommt[499]. Die Aufrechnungslage beschreibt somit nur das Gegenüberstehen der Forderungen an sich. Auf der einen Seite steht der forderungsbegründende Sachverhalt hinsichtlich der Forderung des Gläubigers und auf der anderen Seite derjenige hinsichtlich der Forderung des Schuldners. Einer irgendwie gearteten Verbindung dieser beiden Sachverhalte bedarf es dabei nicht; diese können vielmehr völlig unterschiedliche Hintergründe haben[500]. Das Aufeinandertreffen der gegensätzlichen Forderungen kann auch zufällig erfolgen. Es kommt also in Ermangelung eines Konnexitätserfordernisses ausschließ-

498 Handelt es sich nicht um gleichartige Forderungen, so kommt, wie bereits dargestellt, regelmäßig ein Zurückbehaltungsrecht nach § 273 BGB in Betracht, vgl. Medicus/Lorenz 2008 – Schuldrecht I, Rn. 238; MünchKomm BGB 2007 – §§ 241-432, § 273, Rn. 75.

499 Siehe dazu später unten C, II, 2, b), i.

500 Eine Konnexität der beiden Forderungen setzen die §§ 387 ff. BGB gerade nicht voraus, siehe hierzu schon Fn. 125.

lich darauf an, dass jeweils Gläubiger und Schuldner personenidentisch sind. Haupt- und Gegenforderung müssen auch nicht zum selben Zeitpunkt entstanden sein. Die Aufrechnungslage des § 387 BGB setzt nur voraus, dass sich die beiden Forderungen zu irgendeinem Zeitpunkt aufrechenbar gegenüberstehen[501].

b) Mitverschulden

Im Gegensatz zur Aufrechnung, bei der sich das Aufeinandertreffen zweier Sachverhalte leicht aufzeigen lässt, bedarf es beim Mitverschulden diesbezüglich einer tiefer gehenden Erläuterung. Das Mitverschulden in Form des heutigen § 254 BGB bedeutet ein Verschulden des Geschädigten gegen sich selbst, also eine Obliegenheitsverletzung. § 254 BGB regelt somit nicht den Fall, dass der Schädiger seinerseits einen eigenen Anspruch gegen den Geschädigten hat[502]. Gegensätzliche Ansprüche wie bei einer Aufrechnungslage gibt es demnach nicht.

Dennoch liegen zwei Sachverhalte vor. Das Mitverschulden setzt systematisch am Schadensersatzanspruch des Geschädigten an. Ein Sachverhalt ist mithin in dem schädigenden Ereignis zu sehen. § 254 BGB setzt also voraus, dass der Schädiger dem Geschädigten auf Schadensersatz haftet[503]. Um zu einem anrechenbaren Mitverschulden zu gelangen, ist weiter erforderlich, dass dem Geschädigten hinsichtlich des Schadenseintrittes oder jedenfalls des Schadensumfanges ebenfalls eine mitwirkende Verantwortlichkeit vorzuwerfen ist. In den Tatsachen, die diese Verantwortlichkeit des Geschädigten begründen, ist dann der zweite Sachverhalt zu sehen. Dieser Sachverhalt ist dem ursprünglichen Schadenersatzsachverhalt auch insofern gegenläufig, als das mitwirkende Verschulden des Geschädigten dessen Schadensersatzanspruch gegen den Schädiger beeinflusst. Das Mitverschulden wird also gewissermaßen dem Verschulden des Schädigers gegenübergestellt. Zu beachten ist jedoch, dass diese gegenläufigen

---

501 Dies zeigt sich schon daran, dass nach § 215 BGB die Aufrechnung sogar bei einer inzwischen verjährten Forderung möglich ist, solange jedenfalls irgendwann eine Aufrechnungslage mit unverjährten Forderungen bestand, vgl. hierzu Palandt 2009 – Kommentar BGB, § 215, Rn. 1.

502 Im Einzelfall ist zwar möglich, dass die Obliegenheitsverletzung des Geschädigten zugleich einen eigenen Schadensersatzanspruch des Schädigers auslösen kann, was wiederum eine echte Aufrechnungslage herbeiführen würde. In einem solchen Fall handelt es sich aber nicht mehr um ein Mitverschulden im Sinne des § 254 BGB.

503 Man könnte somit auch sagen, der erhebliche Sachverhalt ist weniger der Schadensersatzanspruch als solches, sondern vielmehr die hinter dem Schadensersatzanspruch stehende schädigende Handlung. Unerheblich ist dabei, ob es sich um eine vertragliche, oder um eine gesetzliche/deliktische Schadensersatzpflicht handelt.

Sachverhalte nicht erst durch die Schädigung entstehen, sondern vielmehr schon zuvor existieren. Vor dem schädigenden Ereignis laufen sie aber parallel, während die Verknüpfung erst durch die Schadensentstehung eintritt[504]. Da § 254 BGB auf die Schadensentstehung abstellt, ist es erforderlich, dass sowohl das haftungsbegründende Verschulden des Schädigers, als auch das mitwirkende Verschulden des Geschädigten zum selben Zeitpunkt vorliegen[505].

c) Saldotheorie und Vorteilsausgleichung

Ähnlich wie beim Mitverschulden sind auch bei der Saldotheorie und der Vorteilsausgleichung die gegenläufigen Sachverhalte nicht auf den ersten Blick ersichtlich. Gleichwohl sind sie vorhanden.

Die Saldotheorie kommt, wie bereits dargestellt[506], stets dann zur Anwendung, wenn sich bei der bereicherungsrechtlichen Rückabwicklung eines synallagmatischen Vertrages eine Seite auf Entreicherung im Sinne des § 818 Abs. 3 BGB beruft. Dies hat zur Folge, dass der Kondiktionsanspruch des Entreicherten seinerseits um den Wert dieser Entreicherung gekürzt wird. Der Entreicherte kann dann nur noch eine etwaig überschießende Summe verlangen. Bei dieser Konstellation mag man zunächst daran denken, dass die gegenläufigen Sachverhalte in zwei gegenüberstehenden Kondiktionsansprüchen liegen könnten. Jedoch hat die Anwendung der Saldotheorie ja gerade zur Folge, dass nur ein Kondiktionsanspruch des Entreicherten in verminderter Höhe entsteht[507]. Die andere Partei fällt wegen der Entreicherung des Schuldners mit ihrem Kondiktionsanspruch

---

504 Das sieht auch Looschelders, wenn auch in einem anderen Kontext, Looschelders 1999 – Mitverantwortlichkeit, S. 168/169. Eine strenge Parallelität dürfte indessen nicht vorliegen, da die Handlungsstränge in ihrem Zusammenwirken, also in ihrer Verknüpfung den Schaden herbeiführen. Bildlich ausgedrückt, laufen die Sachverhalte eher diagonal aufeinander zu.

505 Ein Mitwirken bei der Schadensentstehung setzt diese Gleichzeitigkeit voraus; in diese Richtung BGH NJW 1997, 2234 [2235], wo ausgeführt wird, dass derjenige, der die Sorgfalt außer Acht lässt, die aktuell erforderlich ist, um sich vor Schaden zu bewahren, eine Kürzung seines Schadensersatzanspruches hinnehmen müsse. Diese Gleichzeitigkeit wird auch die Regel sein, es sei denn, es geht um Fälle, in denen sich ein Schaden nachträglich durch das Mitwirken des Geschädigten vergrößert; dies wird aber unter dem Gesichtspunkt der Schadensminderungspflicht nach § 254 Abs. 2 BGB zu berücksichtigen sein.

506 Siehe hierzu B, III, 1 a).

507 Siehe hierzu nochmals Palandt 2009 – Kommentar BGB, § 818, Rn. 50; dies stellt dabei gerade den entscheidenden Unterschied zur Zweikondiktionentheorie dar, bei der die beiden Kondiktionsansprüche jeweils getrennt voneinander betrachtet werden.

weiterhin nach § 818 Abs. 3 BGB aus. Gegenseitige Kondiktionsansprüche sind mithin nicht gegeben.

Vielmehr liegen die gegenläufigen Sachverhalte einerseits in den Umständen des Kondiktionsanspruchs des Entreicherten nach § 812 Abs. 1 BGB[508] und andererseits in den Umständen, die zu dessen Entreicherung im Sinne des § 818 Abs. 3 BGB führten[509]. Eine Gegenläufigkeit dieser Sachverhalte ist darin zu erkennen, dass die Entreicherung des Kondiktionsgläubigers dessen eigenen Kondiktionsanspruch mindert. Bei einer streng differenzierenden Betrachtung wäre dieser Kondiktionsanspruch hingegen von der Entreicherung an sich nicht betroffen.

Nach der Konzeption der Saldotheorie ist es nicht erforderlich, dass diese beiden Sachverhalte gleichzeitig eintreten, solange sie jedenfalls irgendwann zur selben Zeit nebeneinander bestehen[510]. Regelmäßig wird sich die Sachlage auch so gestalten, dass sich in dem Zeitpunkt des Wegfalls der Rechtsgrundlage zunächst zwei Kondiktionsansprüche gegenüberstehen, da die Entreicherung der einen Seite erst nachträglich eintritt[511]. Bis zum Eintritt der Entreicherung handelt es sich somit um ein gewöhnliches bereicherungsrechtliches Schuldverhältnis. Für die Saldotheorie gibt es dann noch keinen Anwendungsbereich.

Die Lehre von der Vorteilsausgleichung wurde von der Rechtsprechung entwickelt[512]. Ziel war ein Ausgleich in Fällen, in denen der Geschädigte bei einer Schädigung nicht nur einen Nachteil in Form des Schadens erlitten hat, sondern gleichzeitig auch einen Vorteil. Wie schon bei der Saldotheorie bestehen auch

---

508 Dieser Kondiktionsanspruch ist ja zunächst von der Entreicherung des Gläubigers nach § 818 Abs. 3 BGB nicht betroffen.

509 Unerheblich ist dabei, dass beide Sachverhalte ihren Ursprung in der derselben Partei haben. Nach der theoretischen Lösung der Saldotheorie ist die Entreicherung direkt bei der Kondiktionsforderung anzusetzen. Letztlich kommt sie aber dem Kondiktionsschuldner zugute, der mit seiner eigenen Kondiktionsforderung ausfällt.

510 Bei den von der Rechtsprechung entschiedenen Fällen wurde der Punkt des gleichzeitigen Bestehens von Bereicherungsanspruch und Entreicherung (soweit mir ersichtlich) nicht problematisiert.

511 Handelt es sich um den Fall, dass von Anfang an kein Rechtsgrund vorhanden war, wird das Gesagte nur deutlicher, da sich zur Anwendung der Saldotheorie wenigstens am Anfang Leistung und Gegenleistung ausgetauscht und im Vermögen der jeweiligen Gegenseite noch vorhanden gegenüberstehen mussten, vgl. hierzu Looschelders 2008 – Schuldrecht BT, Rn. 1131.

512 Siehe hierzu ausführlich B, III, 2.

bei der Vorteilsausgleichung die gegenläufigen Sachverhalte nicht etwa in zwei gegenüberstehenden Ansprüchen. Zwar existiert ein Schadensersatzanspruch des Geschädigten[513], jedoch fehlt es an einem Gegenanspruch des Schädigers. Der Vorteil des Geschädigten führt eventuell zu einer Benachteiligung des Schädigers. Dies geht jedoch nicht soweit, dass dem Schädiger hierfür zum Ausgleich ein Gegenanspruch in Höhe des Werts des Vorteils gegeben würde[514]. Vielmehr setzt auch die Vorteilsausgleichung direkt an dem Schadensersatzanspruch des Geschädigten an, indem dieser um den Wert des Vorteils gekürzt wird. Gegenseitige Ansprüche sind somit auch bei der Vorteilsausgleichung nicht gegeben.

Ein Sachverhalt ist aber in dem Umstand der Schädigung des Geschädigten durch ein rechtswidriges und schuldhaftes Verhalten des Schädigers zu sehen. Der zweite Sachverhalt liegt dann in dem Umstand, aus welchem sich für den Geschädigten neben dem Schaden auch ein Vorteil ergibt[515]. Bei diesen beiden Sachverhalten besteht eine Gegenläufigkeit insofern, als der Schadensersatzanspruch des Geschädigten durch den Umstand des Vorteils direkt gekürzt wird, so dass diese Kürzung letztlich dem Schädiger zugute kommt. Unerheblich ist hierbei, dass die Sachverhalte wie auch bei der Saldotheorie beide beim Geschädigten ansetzen[516]. Letztlich handelt es sich um einen Ausgleich zu Gunsten des Schädigers.

Problematisch wird die Anwendung der Vorteilsausgleichung in Fällen, in denen sich die Sachverhalte der Schädigung und des Vorteils nicht unmittelbar gleichzeitig realisieren, sondern zeitlich versetzt[517]. In diesen Fällen tritt das Verknüp-

---

513 Unerheblich ist bei diesem Schadensersatzanspruch, ob es sich um einen vertraglichen, oder um einen deliktischen Anspruch handelt.

514 Stünden sich hier tatsächlich Schadensersatz- und Vorteilsausgleichsanspruch gegenüber, so hätte man zudem eine klassische Aufrechnungslage, so dass es einer speziellen Regelung über den Vorteilsausgleich nicht mehr bedürfte.

515 Der Schaden entsteht dem Geschädigten dabei auch an sich unabhängig von dem Vorteil. Die Vorteilsausgleichung behandelt gerade die Fälle, in denen dem Geschädigten neben dem Schaden auch ein Vorteil entsteht; betreffen sowohl Schaden, als auch Vorteil nur einen Umstand, so ist alleine in diesem Zusammenhang zu sehen, ob überhaupt ein Schaden entstanden ist, vgl. B, III, 2 a).

516 Beim Mitverschulden haben die Sachverhalte ihren Ursprung beim Schädiger und beim Geschädigten. Auch bei der Aufrechnung setzen die Sachverhalte jeweils beim Gläubiger und beim Schuldner an.

517 Zu denken ist dabei an die Fälle, in denen sich der Vorteil erst Wochen nach dem schädigenden Ereignis zeigt. In BGH VersR 1967, 187 wurde hierzu beispielsweise der Fall behandelt, dass der Geschädigte ein Haus ersteigert und in diesem Rahmen Schadensersatz verlangt; der Wertzuwachs, den das Haus nach der Ersteigerung erfahren hat, wur-

fungsphänomen erst verspätet ein, weil sich die beiden Sachverhalte erst nachträglich gegenüber stehen. Gleichwohl ist das Erfordernis eines zeitlichen Zusammenhanges nicht gemeinhin anerkannt[518]. Die Folgen für die Kondiktionsansprüche in dieser Schwebezeit sind jedoch bislang nicht hinreichend erörtert worden[519].

d) Zwischenergebnis

Nach dieser Darstellung kommt man zu dem Ergebnis, dass sowohl bei Aufrechnung und Mitverschulden, als auch bei den Theorien der Vorteilsausgleichung und der Saldotheorie jeweils zwei gegenläufige Sachverhalte vorhanden sind. Ein Unterschied besteht darin, dass einzig bei der Aufrechnung realiter zwei unabhängige Forderungen sich gegenüberstehen. Bei Mitverschulden, Vorteilsausgleichung und Saldotheorie hingegen existiert jeweils nur eine Forderung. Auch ist auffällig, dass die beiden Sachverhalte bei Mitverschulden, Vorteilsausgleichung und Saldotheorie jeweils auf derselben Grundlage basieren, ihren Kern also in derselben Rahmenhandlung haben[520]. Bei der Aufrechnung spielt es dagegen keine Rolle, aus welchem Kontext die gegenseitigen Ansprüche resultieren, da eine Konnexität gerade nicht mehr erforderlich ist[521].

---

de dabei nicht als Vorteil angerechnet, weil er außerhalb eines gewissen zeitlichen Zusammenhanges gestanden habe. RGZ 100, 255 [257] führt zwar an, dass grundsätzlich Vor- und Nachteil *„gleichzeitig gegenübertreten"* müssten, erklärt aber anschließend: *„Ist zwar auch hier wieder der Begriff der Gleichzeitigkeit ebensowenig wie der der Einheitlichkeit des Ereignisses zu pressen (/.../), so muß es sich doch immer um einen im wesentlichen gleichzeitig erlangten Vortheil handeln"*.

518 Eine befriedigende Lösung scheint sich in dieser Frage nicht finden zu lassen. Eine starre Grenze würde stets mit dem Makel der willkürlichen Grenzziehung behaftet sein, während eine flexible Grenze im Ergebnis auf eine Einzelfallrechtsprechung hinauslaufen würde. Einerseits erscheint es unbillig, eine strenge Gleichzeitigkeit zu fordern, gleichwohl ist es auch nicht zweckmäßig, jeden Vorteil anzurechnen, der in beliebigem Abstand zum schädigenden Ereignis steht. Zu dieser Kritik siehe auch Lange/Schiemann 2003 – Schadensersatz, S. 499, § 9 III 9.

519 In der Rechtsprechung scheint sich dieses Problem bislang nicht gestellt zu haben. In RGZ 100, 255 [257] und BGH VersR 1967, 187 [189] fand es noch nicht einmal Erwähnung. Siehe hierzu aber unten C, III, 2, b), iii.

520 Bei Mitverschulden und Vorteilsausgleichung ist dies das jeweilige schädigende Ereignis und bei der Saldotheorie der Umstand des nichtigen synallagmatischen Vertrages.

521 Insofern unterscheidet sich die moderne Aufrechnung auch von der römisch-rechtlichen Compensatio, bei der nach dem Satz „ex eadem causa" eine Konnexität erforderlich war, vgl. oben B, I, 1, a), i.

Jedoch ist auf dieser Ebene nicht das bloße Gegenüberstehen von Ansprüchen relevant. Vielmehr geht es um die Auswirkungen von Sachverhalten, bei denen jeweils entgegengesetzte Handlungsstränge eine Rolle spielen. Dies sind bei der Aufrechnung die gegenseitigen Forderungen von Gläubiger und Schuldner, beim Mitverschulden die schädigende Handlung des Schädigers[522] und das mitwirkende Verschulden des Geschädigten, bei der Saldotheorie der Kondiktionsanspruch und die eigene Entreicherung des Kondiktionsgläubigers hinsichtlich der Gegenleistung, sowie bei der Vorteilsausgleichung der Schaden und der gleichzeitige Vorteil des Geschädigten. Ausgehend von dieser Feststellung muss weiter untersucht werden, wie sich dieses Gegenüberstehen von Sachverhalten im Einzelnen auswirkt.

2. Wirkungsmechanismen

Wie gezeigt, ist die Ausgangslage bei den untersuchten Rechtsinstituten und Theorien stets das Gegenüberstehen zweier Sachverhalte. Offen ist aber noch, wie es von diesem einfachen Gegenüberstehen zu einer tatsächlichen Auswirkung kommt.

In Betracht kommen hierfür grundsätzlich zwei verschiedene Wege: entweder die Wirkung tritt ohne Zutun der Parteien ein, also im Wege eines Automatismus. Oder das bloße Gegenüberstehen entfaltet erst in Verbindung mit einer aktiven Handlung[523] wenigstens einer der Parteien eine Wirkung. Die gesetzlichen Konstellationen der Aufrechnung und des Mitverschulden sind dabei Ausprägungen für jeweils einen dieser Wege. Saldotheorie und Vorteilsausgleichung folgen dabei grundsätzlich dem Mitverschulden[524].

a) Automatismus

Die einfachste Form der Wirkungsweise ist die Ausgestaltung eines Automatismus. Bei einem solchen kommt es automatisch, d.h. durch das bloße Gegen-

522 Bzw. vielmehr der Schadensersatzanspruch des Geschädigten. Setzt man den Anspruch in den Vordergrund, so ist festzustellen, dass zwischen Mitverschulden, Saldotheorie und Vorteilsausgleichung dogmatisch eine bemerkenswerte Einigkeit besteht. Diese Institute setzen jeweils direkt an einem Anspruch an.

523 Weiter abzugrenzen ist dabei, ob diese aktive Handlung rechtsgeschäftlicher, oder bloß faktischer Natur ist.

524 Die Rechtsprechung hat bei der Saldotheorie und der Vorteilsausgleichung hinsichtlich der Wirkung den Weg des Mitverschuldens aufgegriffen. Diese drei Rechtsinstitute stehen somit der Aufrechnung gegenüber.

überstehen der beiden Sachverhalte zu einer Auswirkung auf das Schicksal der Forderung. Ein aktives Tun einer der Parteien, insbesondere eine rechtsgeschäftliche Gestaltungserklärung ist nicht erforderlich. Vielmehr ist der entgegenstehende Sachverhalt automatisch zu berücksichtigen, mit der Folge, dass auch ein Gericht, welches mit der Prüfung des entsprechenden Anspruches betraut wurde, die Umstände von Amts wegen heranzuziehen hat[525].

i. Mitverschulden, Saldotheorie und Vorteilsausgleichung

Die Anrechnung des Mitverschuldens nach § 254 BGB erfolgt automatisch. Auch bei der Saldotheorie und der Vorteilsausgleichung hat die Rechtsprechung einen entsprechenden Automatismus vorgesehen.

(1) Mitverschulden und Culpa-Compensation

§ 254 Abs. 1 BGB enthält zunächst keine direkte Regelung der Wirkungsweise; vielmehr spricht § 254 Abs. 1 BGB davon, dass im Falle eines Mitverschuldens

> *„die Verpflichtung zum Ersatz, sowie der Umfang des zu leistenden Ersatzes von den Umständen"*

abhänge. Ein direkter Hinweis darauf, von wem und in welchem Verfahren diese Ersatzverpflichtung, bzw. deren Umfang festgestellt werden soll, ist in der Regelung nicht enthalten.

§ 254 BGB steht systematisch im 2. Buch „Recht der Schuldverhältnisse" und dort im 1. Abschnitt „Inhalt der Schuldverhältnisse", Titel 1 „Verpflichtung zur Leistung". Durch diese Systematik ist klargestellt, dass die Frage des Mitverschuldens schon im Rahmen der Anspruchsentstehung, genauer im Rahmen der Anspruchshöhe zu klären ist. Auch wird hierdurch deutlich, an wen sich die Norm richtet. § 254 BGB spielt stets dann eine Rolle, wenn über das Vorhandensein eines Schadensersatzanspruches verhandelt wird. Adressat ist somit zunächst jedes ordentliche Gericht, bei dem eine entsprechende Schadensersatzklage anhängig ist. Adressat ist aber grundsätzlich auch jede Partei, die außerge-

525 Diese Berücksichtigung von Amts wegen kann aber freilich nur dann zum Tragen kommen, wenn das Gericht irgendwie auf den Sachverhalt hingewiesen wird, oder dieser sich anderweitig aufdrängt, vgl. Palandt 2009 – Kommentar BGB, § 254, Rn. 74 zum Mitverschulden und Palandt 2009 – Kommentar BGB, § 387, Rn. 2 zu den Fällen der Anrechnung.

richtlich über einen solchen Schadensersatzanspruch diskutiert[526]. Es muss von vornherein und für die Zukunft endgültig die Frage entschieden werden, ob ein Mitverschulden existiert und inwieweit dieses bei dem Schadensersatzanspruch, bei dem das Mitverschulden dogmatisch ansetzt, zu beachten ist. Diese Aufgabe ist nur durch einen Automatismus zu bewerkstelligen, der die Berücksichtigung des Mitverschuldens für alle Fälle sicherstellt und nicht davon abhängig macht, ob die schadensersatzpflichtige Partei sich tatsächlich auf das Mitverschulden beruft[527].

Ferner sieht § 254 Abs. 2 BGB die Berücksichtigung eines Mitverschuldens auch dann vor,

> *„wenn sich das Verschulden des Beschädigten darauf beschränkt, dass er es unterlassen hat, den Schuldner auf die Gefahr eines ungewöhnlich hohen Schadens aufmerksam zu machen, die der Schuldner weder kannte noch kennen musste“.*

Wenn der Schuldner also schon die Gefahr nicht kennen musste, kann ihm nicht abverlangt werden, sich in einem Prozess auf eben diese Gefahr, bzw. deren Unkenntnis, berufen zu müssen. Vielmehr muss es ausreichend sein, wenn das Gericht irgendwie von dieser Gefahr erfährt, sei es durch einen bloßen Hinweis des Schuldners, oder weil bei Sachverhalten wie dem streitigen regelmäßig ein Mitverschulden in Form einer solchen Gefahr gegeben ist. Das Gericht muss also die entsprechenden Umstände auch ohne Hinweis zumindest prüfen[528]. Wenn aber § 254 Abs. 2 BGB eine Einrede zu Gunsten einer Einwendung ablehnt und damit hinsichtlich der Wirkungsweise einen Automatismus voraussetzt, so muss dies auch und erst recht für § 254 Abs. 1 BGB gelten[529]. Im Prozess handelt es sich aus diesem Grund beim Mitverschulden auch nicht um eine echte Einrede, sondern lediglich um eine Einwendung, die von Amts wegen zu berücksichtigen ist[530].

---

526 Siehe hierzu schon B, II, 2, b), i. Siehe auch Fischer 1974 (ursprgl. 1889) – Recht und Rechtschutz, S. 40.

527 Andernfalls hätte man eine echte Einrede, mit der Folge, dass das Gericht das Mitverschulden mangels eines „Sich-darauf-Berufens“ nicht berücksichtigen dürfte. Dies soll § 254 BGB aber gerade vermeiden.

528 So auch Fikentscher/Heinemann 2006 – Schuldrecht, Rn. 712 und Rn. 523.

529 § 254 Abs.2 BGB verweist hinsichtlich der Rechtsfolge ja gerade auf § 254 Abs. 1 BGB.

530 Vgl. hierzu ausführlich B, II, 3, a), i. Siehe schon in der 12. Auflage Enneccerus/Lehmann 1932 – Schuldverhältnisse, S. 79, § 16 V. Die Meinung, dass § 254 BGB

Im Mittelalter und bis ins 20. Jahrhundert[531] war das Rechtsinstitut des Mitverschuldens noch unbekannt. Insbesondere gab es noch keine Quotenteilung, wie sie mit der Einführung des § 254 BGB Gesetz wurde. Vielmehr wurden diese Fälle unter dem Stichwort der Culpa-Compensation gehandelt. Hintergrund dieser Culpa-Compensation war die Auffassung, dass sich ein gegenläufiges Verschulden nach den Regeln der Kompensation gegenseitig aufhebe[532]. Zwar wurde diese Behandlung des Mitverschuldens als Kompensation bezeichnet, jedoch bedeutete dies nicht, dass es sich um eine Kompensation im Sinne einer heutigen Aufrechnung handelte[533]. Vor allem hatte dieser Bezug nicht zur Folge, dass irgendeine Form von rechtlicher Erklärung für die Auslösung der Wirkung erforderlich gewesen wäre. Mit Culpa-Compensation wurde lediglich der Umstand beschrieben, dass sich ein gegenläufiges Verschulden kompensiere[534], so dass kein Schadensersatzanspruch entstehen könne. Diese Kompensation erfolgte dabei ebenfalls im Wege eines Automatismus[535].

---

eine echte Einrede darstelle, wird heute nicht mehr vertreten, siehe aber Ebert/Schneider 1912 – Kommentar BGB, S. 170, § 254, Anm. 13, der unter Hinweis auf die Rechtsprechung, insbesondere RGZ 51, 186 [193], RGZ 55, 316 [321], RGZ 59, 305 [311], RG JW 06, 85 [86], RG JW 08, 522, RG JW 09, 13, diese Meinung vertritt: *„Die Bestimmung des § 254 ist nicht von Amts wegen anzuwenden"*. Insgesamt scheint dies gerade in den ersten Jahren der Geltung des BGB herrschende Meinung zu sein, vgl. auch Wolf 1908 – Kommentar BGB, S. 63, § 254, Anm. 8. Lehmann weist darauf hin, dass diese Ansicht und die Bezugnahme der genannten Rechtsprechung nur zu Unrecht vertreten werden könne, siehe 12. Auflage Enneccerus/Lehmann 1932 – Schuldverhältnisse, S. 79, § 16 V, insbesondere Fn. 15.

531 Teilweise wurde auch § 254 BGB als Ausgestaltung der ursprünglichen Culpa-Compensation gesehen, vgl. nur Leyden 1902 – Culpa-Compensation, S. 4.

532 Näher zur Culpa-Compensation siehe bereits B, II, 1, b), i und B, II, 1, c), iv. Eine ausführliche theoretische Darstellung enthält Leyden 1902 – Culpa-Compensation, der jedoch auch § 254 BGB noch als eine Ausgestaltung dieser Culpa-Compensation sieht, vgl. Leyden 1902 – Culpa-Compensation, S. 38 ff.

533 Nach Dernburg umfasste der Begriff „compensare" auch sowohl die Tätigkeit der Partei, als auch die Wirkung in Form des Erlöschens, vgl. Dernburg 1868 – Kompensation, S. 10/11. Bei der Culpa-Compensation soll es dabei eher um die zweite Bedeutung, also die Wirkung gehen; in diese Richtung Leyden 1902 – Culpa-Compensation, S. 20.

534 Siehe hierzu auch die Übersicht über den Streitstand bei Matthiae 1856 – Controversen-Lexikon, S. 177/178; nach damals wohl überwiegender Meinung kam es zu einer vollständigen Kompensation, vgl. Krug 1833 – Compensation, S. 133/134, während auch vertreten wurde, eine Kompensation trete nur in der Höhe ein, in der sich das gegenseitige Verschulden deckt, vgl. Sintenis 1847 – Civilrecht II, S. 410, § 104, Anm. 1.

535 Auf die Wirkung der Culpa-Compensation wurde im Einzelnen meist nicht genauer eingegangen. V. Leyden begnügte sich diesbezüglich mit dem Hinweis: *„Sie (die römischen Juristen) fingierten, dass das Schuldmoment fehle und kleideten diese Fiktion, da*

(2) Saldotheorie und Vorteilsausgleichung

Die Saldotheorie und die Lehre von der Vorteilsausgleichung stellen von der Rechtsprechung entwickelte Lösungsansätze dar. Behandelt werden diese Ansätze als Fälle der Anrechnung. Diese ist von der Aufrechnung insofern abzugrenzen, als es nicht darum geht, zwei existierende Forderungen gegeneinander zu verrechnen. Vielmehr ist im Rahmen der Entstehung der einen Forderung der Wert der anderen als bloßer Rechnungsposten in Abzug zu bringen[536]. Insofern besteht eine Ähnlichkeit zum Mitverschulden[537]. Zwar ist weder bei der Vorteilsausgleichung, noch bei der Saldotheorie eine Abwägung im Sinne des § 254 BGB vorgesehen, jedoch setzen auch diese Theorien schon bei der Entstehung des eigentlichen streitgegenständlichen Anspruches an. Zur endgültigen Feststellung des Anspruches ist hinsichtlich der Wirkung des Gegenüberstehens der Sachverhalte somit ebenfalls ein Automatismus erforderlich.

Bei der Saldotheorie entsteht bei der Rückabwicklung eines nichtigen gegenseitigen Vertrages der Kondiktionsanspruch des seinerseits entreicherten Gläubigers von vornherein nur in Höhe eines etwaig überschießenden Wertes[538]. Der Wert seiner Entreicherung, in deren Höhe der Kondiktionsanspruch des Schuldners nach § 818 Abs. 3 BGB untergeht, wird bei seinem Kondiktionsanspruch als Rechnungsposten in Abzug gebracht[539]. Dieser Abzug erfolgt dabei als Automatismus. Der Kondiktionsschuldner ist außergerichtlich berechtigt, nur den geminderten Betrag zu bezahlen. Aber auch das Gericht darf bei einem anhängigen Rechtsstreit dem Kondiktionsgläubiger nicht mehr als den geminderten Betrag zusprechen. Hierfür ist lediglich erforderlich, dass das Gericht von den genauen Umständen der Kondiktionsklage, also insbesondere von der Entreicherung des Kondiktionsgläubigers erfährt. Folge dieser Kenntnis ist die Prüfung der Entreicherung des Kondiktionsgläubigers und die Reduktion dessen Kondiktionsanspruches. Einer weiteren Aktion des Kondiktionsschuldners bedarf es hierzu nicht.

---

ja Schuld und Schuld sich gegenüberstanden, in das Gewand der Compensation. Die Schuld des Schädigers und des Beschädigten heben sich auf", Leyden 1902 – Culpa-Compensation, S. 35.

536 Vgl. nur Palandt 2009 – Kommentar BGB, § 387, Rn. 2 und Staudinger 2006 – Kommentar BGB §§ 362-396, Vorbem. zu §§ 387 ff., Rn. 97 ff.

537 Beim Mitverschulden wird zwar nichts angerechnet, allerdings werden die beiden Verschuldenslinien im Rahmen eines Anspruches abgewogen.

538 Vgl. Brox/Walker 2008 – Schuldrecht BT, S. 481, § 39, Rn. 12.

539 Siehe hierzu B, III, 1, c), ii. Siehe auch Fikentscher/Heinemann 2006 – Schuldrecht, Rn. 1522.

Auch bei der Vorteilsausgleichung findet die Anrechnung des Vorteils[540] automatisch statt. Sobald dem Geschädigten durch das schädigende Ereignis neben dem Schaden gleichzeitig ein Vorteil entstanden ist, muss der Wert dieses Schadens bei dem Schadensersatzanspruch in Abzug gebracht werden. Dieser Anspruch entsteht letztlich nur in geminderter Höhe. Die Vorteilsausgleichung ist somit zwar im Schadensrecht angesiedelt, die konkrete rechnerische Ausgestaltung und deren Funktionsweise ist jedoch dieselbe wie bei der Saldotheorie[541]. Im Prozess ist diese Anrechnung im Wege der Einwendung vorzubringen und von Amts wegen zu berücksichtigen, der Schädiger muss sich nicht hierauf berufen.

Der rechtshistorische Vorgänger der heutigen Vorteilsausgleichung ist, wie dargestellt, in der sog. „compensatio lucri cum damno“ zu sehen. Diese Theorie behandelte die Vorteilsausgleichung insgesamt als einen Unterfall der Kompensation, bei der Vor- und Nachteil miteinander verrechnet wurden[542]. Offen blieb dabei jedoch, ob es sich um eine Kompensation im Sinne der heutigen Aufrechnung handeln sollte, oder ob lediglich sinngemäß eine Verrechnung von Vor- und Nachteil gemeint war[543]. Allerdings hatte der ursprüngliche Begriff der Kompensation eine weitergehende Bedeutung, wie die heutige Aufrechnung. Unter Kompensation wurde nicht nur die Tätigkeit der Aufrechnung, also das aktive Tun gefasst, sondern auch die „Kompensationskraft“ von Forderungen

540 Zur Anrechnung kommt der monetäre Wert des Vorteils. Andernfalls besteht die Möglichkeit, den Vorteil als solchen Zug um Zug gegen die Leistung des vollen Schadensersatzes herauszugeben, siehe hierzu schon Fn. 482.

541 Dies mag zum einen daran liegen, dass beide Theorien von der Rechtsprechung entwickelt wurden und zum anderen daran, dass es in beiden Fällen letztlich darum geht, den Inhalt eines Anspruches genau zu bestimmen. Dieser Schritt kann nur im Rahmen des Entstehens eines Anspruches geklärt werden, da ein bereits entstandener Anspruch aufgrund von echten Einreden zwar wieder erlöschen kann (auch teilweise), aber in seinem Inhalt grundsätzlich unveränderbar ist.

542 Ausführlich hierzu B, III, 2, b), i.

543 Es wurde ursprünglich offensichtbar zwischen Compensation und Anrechnung noch nicht genau unterschieden. Matthiae spricht in seinem Überblick sowohl von Anrechnung, als auch später von Compensation, vgl. Matthiae 1856 – Controversen-Lexikon, S. 259. Vgl. auch Ebert/Schneider 1912 – Kommentar BGB, S. 167, § 252, Anm. 5. Oertmann hingegen sagte klar, dass ein echter Fall der Aufrechnung nicht vorliegen könne, so in der 3./4. Auflage Oertmann 1910 – Kommentar BGB II, S. 38, Vorbem. zu § 249, Anm. 5 a. Siehe hierzu auch schon Fn. 533.

ohne menschliches Zutun[544]. In diesem Zusammenhang ist der römische Begriff „compensare" eher in seiner ursprünglichen Übersetzung als „aufwägen" zu verstehen[545]. Aus diesem Grund ist nicht ersichtlich, dass die ursprüngliche „compensatio lucri cum damno" an die Auslösung der Wirkung höhere Anforderungen stellte, als dies heute mit dem Automatismus der Vorteilsausgleichung der Fall ist.

ii. Der Satz „ipso iure compensatur" bei der Aufrechnung

Wie gerade gezeigt, wirken sowohl das Mitverschulden, als auch die Lehre vom Vorteilsausgleich und die Saldotheorie über einen Automatismus. Ein rechtsgeschäftliches Zutun wird von den Beteiligten nicht verlangt. Bei der Entwicklung der Aufrechnung bestand insbesondere im 19. Jahrhundert ein lang anhaltender Streit darüber, ob nicht auch die Kompensation automatisch, also „sine facto hominis" wirke. Grundlage dieses Streits war dabei die Auslegung des Satzes „ipso iure compensatur"[546]. Dieser Satz, bzw. die Verbindung von „ipso iure" und „compensatio" findet sich in den justinianischen Quellen häufig. Es liegt somit an sich der Schluss nahe, es habe sich bei der Wirkung der römischen Kompensation seit jeher um einen Automatismus gehandelt[547]; tatsächlich war dies aber umstritten.

Nach einer Ansicht war das Begriffspaar „ipso iure compensatur" als Automatismus anzusehen. Dies hatte zur Folge, dass sich die Forderungen in dem Zeitpunkt, in dem sie sich erstmals gegenüberstanden, also als aufrechenbare Forde-

544 Windscheid/Kipp 1963 (ursprgl. 1906) – Pandektenrecht II, S. 461/462 und insbesondere Fn. 2/3; in diesem Zusammenhang spielt auch die Auslegung des „ipso-iure-compensatur"-Grundsatzes eine maßgebliche Rolle.

545 Windscheid/Kipp 1963 (ursprgl. 1906) – Pandektenrecht II, S. 461, Fn. 3: Windscheid zieht hierbei das Sinnbild der Waagschale heran, wobei er ausführt, „compensare" meine nicht lediglich das Hineinlegen von Gewicht in die Waagschale, sondern ebenso das Liegen des Gewichts in dieser als solches. Auf die sog. „compensatio lucri cum damno" übertragen bedeutet dies, dass sich in der Waagschale sowohl Vor-, als auch Nachteil befinden und letztlich insgesamt nur dann ein Schaden entsteht, wenn die Waage noch zu Gunsten des Nachteils ausschlägt.

546 Einen instruktiven Überblick über den Streitstand bietet Matthiae 1856 – Controversen-Lexikon, S. 176/177; vgl. auch Ubbelohde 1858 – Ipso Jure Compensatur.

547 Der Begriff „ipso iure compensatur", bzw. entsprechende Begriffe, finden sich beispielsweise in den Stellen Dig. 16, 2, 4; Dig. 16, 2, 10; Dig. 16, 2, 21, vgl. hierzu Behrends/Knütel 1999 – CIC III Dig. 11-20, S. 325–329; Cod. 4, 31, 4; Cod. 4, 31, 14, vgl. hierzu Krüger/Kunkel 1997 (ursprgl. 1954) – CIC II Codex, S. 171 und Otto/Schilling 1984 (ursprgl. 1832) – CIC V, S. 610/612; Inst. 4, 6, 30, vgl. hierzu Behrends/Knütel 1997 – CIC I Inst, S. 237.

rungen existierten, gegenseitig zum Erlöschen brachten. Eines Zutuns der Parteien, oder eines Gerichts hätte es hierzu nicht bedurft. Deutlich wird dies von Glück ausgedrückt:

> *„Jetzt wird nun also durch Compensation jede Schuld, jeder Anspruch des Klägers, sammt Allem, was davon abhing, ipso iure aufgehoben, das heißt, in dem Augenblick, da gegenseitige compensable Forderungen zu existieren anfangen, erlöschen sie von selbst durch das Gesetz, ohne dass es hierzu einer besonderen Vereinbarung und Erklärung der Partheyen oder einer Verfügung des Richters bedarf“*[548].

Aber auch andere Autoren sahen einen solchen Automatismus, wobei sie sich zur Begründung oft auf die Ansichten der klassischen römischen Juristen beriefen[549]. Als Argument wurde angeführt, dass es anerkannt wäre, im Falle der Kompensation den Zinslauf der Forderungen schon in dem Moment zu stoppen, in dem sich die Forderungen erstmals aufrechenbar gegenüberstehen. Dies sei darauf zurückzuführen, dass die Forderungen in diesem Moment erlöschen[550]. Auch wurde argumentiert, dass eine Vertragsstrafe wegen nicht rechtzeitiger Erfüllung einer vertraglich geschuldeten Leistung dann hinfällig sein müsse, wenn der Schuldner eine aufrechenbare Gegenforderung gegen den Gläubiger innehabe. Ab diesem Zeitpunkt könne nämlich eine vertragliche Schuld in Folge der Kompensation nicht mehr bestehen[551]. Wäre hingegen eine Erklärung zur Ausübung der Kompensation erforderlich, so müsste diese noch vor einer Klage auf die Konventionalstrafe erfolgen, da vorher mangels vertragsgemäßer Leistung an sich die Konventionalstrafe verwirkt worden wäre[552]. Des Weiteren soll-

548 Glück 1813 – Pandecten 15,1, S. 102/103

549 Krug 1833 – Compensation, S. 67, der zu dem Ergebnis kommt: *„Nach neuerem Rechte tritt die compensatio, sobald compensable Gegenforderungen existiren, von selbst ein“*; vgl. auch Hartter 1837 – Kompensation, S. 170 ff.

550 Krug 1833 – Compensation, S. 69/70; dieses Argument wurde freilich auch von der anderen Seite verwandt, indem man sagte, sobald die Aufrechnung erklärt wurde, entfalte sie Rückwirkung, vgl. nur Wening-Ingenheim 1831 – Gemeines Civilrecht II, S. 159, § 246.

551 Krug 1833 – Compensation, S. 71. Dies kann freilich nur dann gelten, wenn der Schuldner seinerseits auf die Leistung seiner Forderung verzichtet.

552 Eine Rückwirkung der Kompensation wurde von dieser Ansicht nicht anerkannt. Lehnt man aber einen Automatismus ab und anerkennt gleichzeitig eine Rückwirkung der Kompensation, so bestünde nach der Ansicht von Krug praktisch kein Unterschied mehr zwischen den beiden Ansichten, vgl. Krug 1833 – Compensation, S. 72. Ein Unterschied ist aber schon darin zu erkennen, dass bei einem „ipso-iure“-Automatismus die

te der Schuldner, der trotz Vorhandensein einer aufrechenbaren Gegenforderung seine Leistung erbrachte, im Anschluss die Möglichkeit einer „condictio indebiti" haben[553]. Diese Rechtsfolge wäre nicht denkbar, ließe die Kompensation die Forderungen nicht sofort ohne weiteres erlöschen, so dass auf eine Nichtschuld geleistet wird.

Aus diesen Gründen wurde also vertreten, dass der Satz „ipso iure compensatur" nichts anderes bedeuten könne, als eine automatische Verrechnung der Forderungen. Da sich nach dieser Ansicht die gegenläufigen Forderungen somit automatisch zum Erlöschen brachten, bedurfte es in der Konsequenz bei der gerichtlichen Geltendmachung einer der Forderungen auch keiner Einrede in Form einer „Exceptio"[554]. Vielmehr konnte das Gericht lediglich noch feststellen, dass die Forderungen aufgrund der Compensation erloschen sind[555]. Wie bereits dargestellt[556], haben im 19. Jahrhundert auch einige, überwiegend naturrechtlich geprägte europäische Gesetzeskodifikationen der Kompensation eine „ipso-iure"-Wirkung beigemessen. Diese haben klar das Erlöschen der gegenseitigen Forderungen ohne weiteres menschliches Zutun angeordnet, so etwa § 300 ALR, § 1438 ABGB, oder Art. 1290 CC[557].

Betrachtet man diesen Automatismus hinsichtlich der Wirkung der Aufrechnung näher, kommt man zu folgendem Ergebnis:

In dem Zeitpunkt des Entstehens der Gegenforderung würde diese in der Höhe der Deckung mit der Hauptforderung sofort und „ipso iure" wieder erlöschen, ohne dass es eines Zutuns der Parteien bedürfte. Die Verrechnung entzöge sich durch den Automatismus vollständig der Dispositionsbefugnis der Parteien. Ob es bei diesem Automatismus zunächst überhaupt zu einem wirklichen Entstehen der Gegenforderung in voller Höhe käme, oder ob nicht bereits im Entstehungsstadium der Gegenforderung eine Verrechnung mit der Hauptforderung erfolgen

---

Parteien keinerlei Einfluss auf das Eintreten der Kompensationswirkung haben, während die Aufrechnungserklärung in der Dispositionsfreiheit der Beteiligten steht.

553 Krug 1833 – Compensation, S. 72

554 So vertreten von Ubbelohde 1858 – Ipso Jure Compensatur, S. 180.

555 Wie dargestellt bedurfte es nach dieser Ansicht auch keines Richterspruches zur Auslösung der Aufrechnungswirkung.

556 Siehe oben B, I, 1, c), ii.

557 Wenngleich zuzugeben ist, dass jedenfalls in Österreich und in Preußen die jeweiligen Normen im Laufe des 19. Jahrhunderts unter größten argumentatorischen Anstrengungen dahingehend ausgelegt wurden, dass eine Aufrechnungserklärung erforderlich sei.

müsste, könnte an sich dahinstehen[558]. Gerade aber im Rahmen des hiesigen Vergleichs ist es durchaus bemerkenswert, dass sich die Aufrechnung in Form eines Automatismus erheblich der rechtlichen Gestaltung des Mitverschuldens, bzw. der Vorteilsausgleichung und der Saldotheorie annähern würde. Bei einer automatischen Aufrechnung ist eine Verrechnung (Anrechnung) der gegenläufigen Sachverhalte bereits im Rahmen der Entstehung einer Forderung denkbar, so wie dies bei Mitverschulden, Saldotheorie und Vorteilsausgleichung dem Gesetz, bzw. der herrschenden Rechtsprechung entspricht. Ein Unterschied bestünde jedoch darin, dass auch bei einer automatischen Aufrechnung bereits eine Forderung, nämlich die Hauptforderung, fix bestehen müsste und sich die Ähnlichkeit lediglich im Rahmen des Entstehens der Gegenforderung zeigen würde[559]. Die Hauptforderung als solche würde hingegen nachträglich erlöschen, bzw. nur in Höhe eines etwaigen Überschusses weiter bestehen bleiben[560]. Gleichwohl wären die Ähnlichkeiten der Rechtsinstitute bei dieser Art der Auslegung von „ipso iure compensatur" nicht zu übersehen.

Nach anderer Ansicht sollte der Satz „ipso iure compensatur" keinesfalls einen Automatismus der Kompensationswirkung zur Folge haben. Vielmehr solle mit „ipso iure compensatur" lediglich zum Ausdruck kommen, dass nach der Erklärung der Aufrechnung die weitere Rechtsfolge, also das Erlöschen der sich deckenden Forderungen, ohne weiteres Zutun allein auf Grundlage des Gesetzes eintrete[561]. Zur Einleitung dieser Rechtsfolge benötige man jedoch die Erklärung

558 Voraussetzung des Automatismus ist jedoch das Gegenüberstehen „compensabler" Forderungen. Dies scheint eher dafür zu sprechen, dass sowohl die Haupt-, als auch die Gegenforderung zunächst vollständig entstanden sein müssen, wenn auch nur für eine juristische Sekunde. Anschließend bringt jedenfalls der Automatismus die Forderungen in Höhe ihrer Deckung sofort zum Erlöschen.

559 Die bestehende Hauptforderung wäre dann der gegenläufige Sachverhalt, der auf den Sachverhalt der Gegenforderung einwirken könnte.

560 Es würde sich hier also das Gegenüberstehen der beiden Sachverhalte Haupt- und Gegenforderung direkt bei der Gegenforderung auswirken. Bei Mitverschulden, Saldotheorie und Vorteilsausgleichung geht es hingegen von vornherein nur um die Entstehung einer Forderung, während der gegenläufige Sachverhalt gerade keine eigene Forderung begründen kann.

561 Regelmäßig wurde der Satz „ipso iure compensatur" auch zur Begründung einer Rückwirkung der erklärten Aufrechnung herangezogen. Wurde die Aufrechnung ausgeübt, so galt sie „ipso iure", also von dem Zeitpunkt des ersten Gegenüberstehens der aufrechenbaren Forderungen an, vgl. Puchta 1877 – Pandekten, S. 445, § 290. Bei Heimbach in Weiskes Rechtslexikon wird nicht recht deutlich, ob er die Regel „compensatio ipso iure fit" nur auf die Rückwirkung anwenden will, oder ob er vielmehr auch einen Wirkungsautomatismus sieht, vgl. Weiske 1984 (ursprgl. 1840) – Rechtslexikon II, S. 740.

einer Aufrechnung[562], wobei hierunter oftmals das Zusammenwirken von Gläubiger und Schuldner verstanden wurde und nicht eine einseitige Willenserklärung einer Partei[563]. Zuweilen wurde auch die Ansicht vertreten, dass es nicht direkt auf die Erklärung der Aufrechnung ankomme, sondern schon der bloße Wille des Schuldners zur Kompensation die Wirkung „ipso iure" herbeiführe[564]. Es wurden also auch innerhalb dieser Ansicht verschiedene Ansätze verfolgt. Dennoch wurde aber grundsätzlich die Kompensation so verstanden, dass sie keinesfalls „ipso iure sine facto hominis" wirken konnte, sondern stets nur „ope exceptionis", also kraft einer Einrede[565]. Voraussetzung war also stets die Erklärung einer Partei, da andernfalls nichts vorhanden gewesen wäre, auf das sich diese Partei hätte berufen können. Dies wurde unter anderem aus der Überlegung gefolgert, dass nach den strengen römischen Prozessregeln die Komposition nur durch den Richter „ex officio", bzw. aufgrund einer „exceptio doli" berücksichtigt werden konnte, was unvereinbar sei mit einem „von-selbst"-Erlöschen der Forderungen[566]. Auch wurde es als nicht tragbar erachtet, dass den Parteien keine Möglichkeit zugestanden werden sollte, bewusst auf eine Kompensation zu verzichten und vielmehr eine Forderung in Geld zu begleichen[567].

An späterer Stelle führt Heimbach jedoch aus, dass eine Zahlung trotz Vorhandenseins einer aufrechenbaren Forderung die Leistung auf eine Nichtschuld sei, da schon die bloße Existenz der gegenläufigen Forderungen die Schuld aufgehoben habe, vgl. Weiske 1984 (ursprgl. 1840) – Rechtslexikon II, S. 742.

562 In diese Richtung Hasse 1824 – Compensation, S. 198 ff. Vgl. auch Brinz 1849 – Compensation, S. 26 ff.

563 So erkennt beispielsweise Dernburg einen außergerichtlichen Aufrechnungsvertrag an, Dernburg 1868 – Kompensation, S. 529/530.

564 Unterholzner führt hierzu aus: *„Die Wirksamkeit der Gegenrechnung erfordert zwar keine Übereinkunft derjenigen, die gegenseitig etwas voneinander zu fordern haben; allerdings aber wird vorausgesetzt, daß der Schuldner, dem die Gegenrechnung zu Nutze kommen soll, den Willen habe, von dem Rechte derselben Gebrauch zu machen"*, vgl. Unterholzner 1840 – Schuldverhältnisse I, S. 552, § 256; wie genau sich jedoch dieser Willen äußern soll, lässt Unterholzner dabei leider offen.

565 V. Vangerow formulierte es klar: *„/.../, daß also das Klagrecht durch die Existenz einer kompensablen Gegenforderung nicht unmittelbar vernichtet, sondern dadurch nur ein Recht des Gläubigers begründet wird, dessen Ausübung blos mittelbar die Erlöschung des Klagerechts herbeiführt, daß also in der That die Kompensation stets nur ope exceptionis wirksam ist, geht insbesondere aus folgenden Betrachtungen hervor: /.../"*, Vangerow 1869 – Pandekten III, S. 357, § 618, Anm. III; vgl. auch Dernburg 1897 – Pandekten II, S. 175, § 62.

566 Vangerow 1869 – Pandekten III, S. 358, § 618, Anm. III

567 Vangerow 1869 – Pandekten III, S. 358, § 618, Anm. III

Zusammenfassend kann man somit hervorragend das entsprechende Präjudiz von Matthiae übernehmen:

> *„Nicht schon die Existenz einer Gegenforderung hebt die Forderung von selbst auf; es bestehen vielmehr Forderung und Gegenforderung bis dahin neben einander fort, daß der eine oder andere der Berechtigten seinen Willen zur Compensation erklärt hat"*[568]*.s*

Die letztgenannte Ansicht konnte sich in der Rechtswissenschaft des 19. Jahrhunderts durchsetzen[569]. Die Kompensation wurde nicht mehr als Automatismus verstanden, sondern als Rechtsgeschäft. Zwar wollte zunächst die überwiegende Meinung in der Wissenschaft eine außerprozessuale Kompensation nicht anerkennen. Die Rechtsprechung indessen zeigte diese Scheu nicht[570]. So konnte sich letztlich die Kompensation als einseitiges, rein materiellrechtliches Rechtsgeschäft, mithin als Gestaltungsrecht etablieren. Dies führte dann auch zur Kodifikation der §§ 387 ff. BGB.

b) Erfordernis einer Handlung

Neben der Ausgestaltung als Automatismus besteht die Möglichkeit, die Wirkungen des Gegenüberstehens zweier Sachverhalte von einem aktiven Tun einer der Parteien abhängig zu machen. Das bloße Gegenüberstehen der Sachverhalte hat somit für sich genommen noch keine Auswirkung auf den Anspruch, vielmehr muss noch eine Willensentscheidung und eine entsprechende Handlung der Parteien hinzukommen. Als Beispiel für diese Art der Ausgestaltung ist die heutige Aufrechnung nach den §§ 387 ff. BGB zu sehen[571]. In der Konsequenz dieser Ansicht können auch die Gerichte nicht von sich aus die Wirkungen der Aufrechnung berücksichtigen. Vielmehr müssen sie die Berücksichtigung von dem entsprechenden Wunsch wenigstens einer Partei abhängig machen[572]. Zu

568 Matthiae 1856 – Controversen-Lexikon, S. 177, Präjudiz 1

569 Windscheid schreibt 1906 hierzu abschließend: *„Die Kompensation hebt die Forderungsrechte nicht ipso iure auf"*, Windscheid/Kipp 1963 (ursprgl. 1906) – Pandektenrecht II, S. 463, § 349 Nr. 1, Fn. 1.

570 Siehe hierzu ausführlich oben B, I, 1, c), iii.

571 Dies gilt gleichermaßen auch für das Zurückbehaltungsrecht des § 273 BGB, da auch dieses als echtes Gestaltungsrecht ausgestaltet ist und deshalb zur Wirkungsentfaltung einer entsprechenden Willenserklärung bedarf. Siehe zum Zurückbehaltungsrecht aber bereits Fn. 495.

572 In einem solchen Prozess bewegt sich das Gericht somit stets zwischen den Grundsätzen der Dispositionsmaxime, der Unparteilichkeit und des Verbots „ne ultra petita" des § 308 Abs. 1 S. 1 ZPO.

unterscheiden ist in diesem Zusammenhang zwischen dem qualifizierten Erfordernis einer rechtsgeschäftlichen Handlung und dem Erfordernis einer bloß faktischen Handlung.

i. Rechtsgeschäftliche Handlung

Unter einer Handlung im juristischen Sinne ist stets ein vom Willen gesteuertes menschliches Verhalten zu verstehen[573]. Eine rechtsgeschäftliche Handlung stellt im Gegensatz zu einer rein faktischen Handlung die Äußerung eines rechtsgeschäftlich relevanten Willens dar. Grundlage eines jeden Rechtsgeschäfts ist dabei eine Handlung,

> *„die dazu bestimmt ist, anderen einen bestimmten Rechtsfolgewillen kundzutun“,*

also regelmäßig eine Willenserklärung[574]. Bloß faktische Handlungen sind hingegen nicht auf die Herbeiführung einer Rechtsfolge gerichtet; sie können eine solche somit auch nicht auslösen.

Bei der Aufrechnung handelt es sich nicht (mehr) um einen Automatismus. Vielmehr verlangt das Rechtsinstitut der Aufrechnung in seiner heutigen Ausgestaltung gemäß § 388 S. 1 BGB für den Eintritt der Wirkungen des § 389 BGB eine Aufrechnungserklärung. Da die Aufrechnungslage an sich noch keine Rechtsfolgen auslöst, hat die Gestaltungserklärung bei der Aufrechnung als Verknüpfungsphänomen gewissermaßen eine Doppelwirkung. Auf der einen Seite kommt es erst durch diese Erklärung zu einer Verknüpfung der beiden Sachverhalte[575]. Auf der anderen Seite sorgt diese Erklärung gleichzeitig dafür, dass diese Verknüpfung eine Wirkung entfaltet. Bei der Aufrechnungserklärung handelt es sich um eine einseitige empfangsbedürftige Willenserklärung, durch die der Ausübende die Rechtsfolge des § 389 BGB herbeiführen will. Die Handlung ist somit zweigeteilt. Auf der internen Seite steht der Wille des Aufrechnenden, eben durch die Aufrechnung die Forderungen zum Erlöschen zu bringen. Auf der externen Seite die nach Außen wahrnehmbare Handlung der Erklä-

573 So die allgemein gültige Definition, vgl. nur Köbler 1997 – Lexikon europ. RG, S. 221.

574 Larenz/Wolf 2004 – BGB AT, S. 394, § 22, Rn. 3; jedenfalls bei einem einseitigen Rechtsgeschäft reicht eine Willenserklärung aus, ansonsten benötigt man entsprechend mehrere.

575 Ohne die Aufrechnungserklärung liefen die beiden Sachverhalte quasi parallel nebeneinander her, ohne sich zu berühren. Erst durch die Erklärung kommt es zu einem Schnittpunkt.

rung[576]. Da durch das Erlöschen der sich gegenseitig deckenden Forderungen die Rechtslage gestaltet wird, stellt die Aufrechnung insgesamt ein (einseitiges) Gestaltungsgeschäft dar[577]. Darüber hinaus handelt es sich bei der Aufrechnung auch um ein Verfügungsgeschäft, da der Aufrechnende insofern über seine (Gegen-)Forderung verfügt, als er mit ihr die gegen ihn gerichtete Hauptforderung tilgt[578].

Derjenige, der aufrechnen will, ist somit nach § 388 S. 1 BGB gezwungen, aktiv rechtsgeschäftlich etwas zu tun. Ohne eine entsprechende Aufrechnungserklärung entwickelt das bloße Gegenüberstehen der Forderungen noch keinerlei Rechtswirkungen. Zwar ist anerkannt, dass sich die Haupt- und Gegenforderung vor der Aufrechnungserklärung nicht „objektiv völlig fremd, gleichgültig und wirkungslos gegenüber“ stehen[579]. Die Beziehung, die die beiden Forderungen zu diesem Zeitpunkt zueinander haben, kann jedoch allenfalls als eine Art Vertrauen in die Möglichkeit der jederzeitigen Erledigung des gegenseitigen Schuldverhältnisses durch Erklärung der Aufrechnung bezeichnet werden[580]. Auch vor Gericht kann die Aufrechnung und das damit verbundene Erlöschen der Forderungen nur dann berücksichtigt werden, wenn der Beklagte dies vorbringt[581]. Es handelt sich dabei zwar prozessrechtlich um eine rechtsvernichten-

---

576 Dabei kann die Aufrechnungserklärung auch konkludent erfolgen; erforderlich ist jedoch, dass der Aufrechnungsempfänger tatsächlich von dem Aufrechnungsbegehren erfährt, da es sich eben um eine empfangsbedürftige Willenserklärung handelt, vgl. Medicus/Lorenz 2008 – Schuldrecht I, Rn. 316. Wenn die Aufrechnung schon gegen den Willen des Aufrechnungsgegners erfolgen kann, so muss dieser wenigstens Klarheit über die Ausübung haben.

577 Eine Gestaltungserklärung ist dabei jedoch nichts anderes als eine Willenserklärung, die auf die Auslösung eines Gestaltungsgeschäftes abzielt, vgl. Palandt 2009 – Kommentar BGB, Überbl. v. § 104, Rn. 17.

578 Zur Aufrechnung als Verfügungsgeschäft vgl. auch Staudinger 2006 – Kommentar BGB §§ 362-396, Vorbem. zu §§ 387 ff., Rn. 11; § 388, Rn. 3.

579 So sah es jedoch noch die Rechtsprechung in RGZ 66, 266 [274{275].

580 Vgl. hierzu bereits die Nachweise in Fn. 136 und 137; auch knüpft das BGB bereits an die Aufrechnungslage manche Rechtsfolge, so z.B. in § 215 BGB, wonach die Verjährung der Hauptforderung die Aufrechnung mit einer Gegenforderung dann nicht ausschließt, wenn sich die Forderungen wenigstens für eine juristische Sekunde aufrechenbar gegenüberstanden. In diesem Fall entwickelt also bereits die reine Aufrechnungslage gewisse Rechtsfolgen, wobei es letztlich dann doch wieder auf eine Ausübung des Gestaltungsrechts ankommt.

581 Zu unterscheiden sind hierbei zum einen die außergerichtliche Aufrechnung, auf die sich der Beklagte im Prozess beruft, zum anderen die gerichtliche Primäraufrechnung als einziges Verteidigungsmittel gegen die Klage und zum dritten die gerichtliche Even-

de Einwendung, da schließlich die eingeklagte Hauptforderung durch die Aufrechnungserklärung zum Erlöschen gebracht wird. Das Gericht darf jedoch die Aufrechnungswirkung nicht ohne Vorhandensein einer solchen Erklärung annehmen, da es gerade um die Ausübung eines Gestaltungsrechts geht. Der Beklagte muss also zunächst gegenüber dem Gericht die Ausübung darlegen[582]. Nur wenn diese bewiesen wurde, muss das Gericht die Aufrechnungswirkung von Amts wegen berücksichtigen.

Diese Gestaltungserklärung ist zwar an sich zunächst ein materielles Gegenrecht gegen die Hauptforderung des Gläubigers und kann dementsprechend auch außergerichtlich geltend gemacht werden[583]. In diesem Fall ist dann materiellrechtlich die Aufrechnungswirkung des § 389 BGB schon eingetreten. Das Gericht kann nur noch feststellen, dass die klageweise geltend gemachte Hauptforderung erloschen ist[584]. Dennoch muss der Beklagte im Prozess nochmals die Aufrechnung einwenden oder jedenfalls vortragen, dass die Aufrechnung außergerichtlich bereits erfolgt ist. Die Berücksichtigung von Amts wegen kann schließlich nur erfolgen, wenn das Gericht Kenntnis von der Aufrechnungswirkung hat[585].

ii. Faktische Handlung

Die Wirkungsmechanismen bei Mitverschulden, Saldotheorie und Vorteilsausgleichung sind als Automatismen ausgeprägt, während die Aufrechnung nach § 388 S. 1 BGB einer rechtsgeschäftlichen Handlung in Form einer Gestaltungserklärung bedarf. Bei einem Automatismus ist allerdings zu bedenken, dass im

---

tualaufrechnung, die der Beklagte nur hilfsweise für den Fall erklärt, dass seine sonstigen Verteidigungsmittel nicht greifen sollten.

582 Legt der Beklagte beispielsweise lediglich das Vorhandensein einer aufrechenbaren Gegenforderung dar, nicht aber die Aufrechnungserklärung im Sinne des § 388 BGB, so darf das Gericht keinesfalls die Wirkung des § 389 BGB von Amts wegen berücksichtigen.

583 Zu der Diskussion, ob die Aufrechnung außergerichtlich geltend gemacht werden kann und die anderslautende herrschende Meinung im späten 19. Jahrhundert siehe oben B, I, 1, c), i und iii.

584 In Rechtskraft erwächst dabei die Entscheidung, dass sowohl die Hauptforderung, als auch die Gegenforderung bestehe, vgl. § 322 Abs. 2 ZPO, bzw. Palandt 2009 – Kommentar BGB, § 388, Rn. 6.

585 Wird das Gericht nicht auf die Aufrechnung hingewiesen, läuft der Beklagte Gefahr, dass er zur Leistung verurteilt ist, obschon die eingeklagte Forderung materiell-rechtlich erloschen ist.

Falle einer gerichtlichen Geltendmachung der Beklagte regelmäßig[586] nicht umhin kommen wird, das Gericht auf die Umstände des entgegenwirkenden Sachverhalts aufmerksam zu machen[587].

Zwar ist beim Mitverschulden Adressat der Abwägung des § 254 Abs. 1 BGB jedenfalls im Falle einer gerichtlichen Geltendmachung des Schadensersatzanspruches das Gericht[588]. Dieses muss die Umstände eines mitwirkenden Verschuldens von Amts wegen in die Entscheidung einfließen lassen[589]. Diese Berücksichtigung kann dabei jedoch nur erfolgen, wenn das Gericht einen Hinweis darauf enthält, dass entsprechende Umstände vorliegen. Klagt der Geschädigte auf Schadensersatz, dann wird er diesen in vollem Umfang zugesprochen bekommen, wenn nicht der verklagte Schädiger darauf hinweist, dass der Geschädigte selbst an der Entstehung des Schadens eine gewisse Rolle gespielt hat.

Gleiches gilt auch bei der Vorteilsausgleichung, sowie der Saldotheorie. Der Schädiger muss das Gericht darauf aufmerksam machen, dass der Geschädigte durch das schädigende Ereignis auch einen Vorteil erlangt hat. Respektive muss der Beklagte vorbringen, dass es sich um eine Kondiktionsklage aus der Abwicklung eines gegenseitigen Vertrages handelt und der Kläger seinerseits hinsichtlich der Gegenleistung entreichert ist. Erst wenn das Gericht aufgrund eines solchen Hinweises Kenntnis von diesen Umständen erlangt hat, muss es diese im weiteren Prozessverlauf von Amts wegen berücksichtigen. Hinzu kommt, dass der Beklagte für die von ihm behauptete Einwendung auch die Beweislast trägt. Im Ergebnis wird somit vom Beklagten zweierlei verlangt: er muss das Gericht auf anspruchsmindernde Umstände aufmerksam machen und diese Umstände auch noch beweisen.

Gleichwohl ist diese faktische Handlungspflicht nicht mit dem Erfordernis einer rechtsgeschäftlichen Erklärung zu vergleichen. Das Gestaltungsrecht der Aufrechnung entfaltet materiell-rechtlich überhaupt erst mit der Aufrechnungserklä-

---

586 Abzusehen ist dabei von den Fällen, in denen sich beispielsweise ein zu berücksichtigendes Mitverschulden typischerweise geradezu aufdrängt, so dass das Gericht auch ohne entsprechenden Hinweis von Amts wegen tätig werden muss.

587 Zumal der Beklagte hierbei auch die Beweislast für diesen Sachverhalt trägt. Zur Beweislast siehe unten C, III, 3, b).

588 Zu der Vorgängernorm § 222 E I, die noch einen ausdrücklichen Hinweis auf die Abwägung durch das Gericht enthielt, sowie zu den Gründen, diesen Hinweis wegzulassen, siehe B, II, 1, c).

589 Vgl. nur die Rechtsprechung BGH NJW 1991, 166 [167].

rung Wirkung[590]. Der Automatismus beim Mitverschulden, der Vorteilsausgleichung und der Saldotheorie wirkt hingegen unabhängig von einer solchen Erklärung. Die Anrechnung des Mitverschuldens, des Vorteils oder des Werts der eigenen Entreicherung erfolgt dabei auch ohne dass es einer gerichtlichen Geltendmachung des Anspruches bedürfte. Der Automatismus kommt zum Tragen, sobald juristisch der Anspruch entsteht[591].

Das Erfordernis einer faktischen Handlung im Falle der gerichtlichen Geltendmachung hat nur den Hintergrund, dass ein Gericht den bereits außergerichtlich eingetretenen Automatismus erst nachvollziehen kann, wenn ihm die entsprechende Kenntnis verschafft wurde. Der maßgebliche Unterschied zwischen dem Automatismus mit seiner gerichtlichen faktischen Handlungspflicht und dem Erfordernis einer rechtsgeschäftlichen Handlungspflicht besteht somit eben gerade darin, dass die Wirkung des Automatismus unabhängig von einer Erklärung bereits im Rahmen der Anspruchsentstehung eintritt. Ein Gestaltungsrecht entfaltet hingegen erst mit der Gestaltungserklärung eine materiell-rechtliche Wirkung.

c) Zwischenergebnis

Im Ergebnis ist somit festzustellen, dass die Wirkungsmechanismen von Aufrechnung, Mitverschulden, Saldotheorie und Vorteilsausgleichung jeweils Beispiele für die beiden vorhandenen Möglichkeiten darstellen. Das Mitverschulden, ist als Automatismus ausgestaltet, dessen Wirkungen von selbst ohne ein menschliches Zutun eingreifen. Bei der Aufrechnung in ihrer heutigen Form ist dagegen eine rechtsgeschäftliche Erklärung erforderlich, ohne die keine Wirkung eintreten kann. Die Vorteilsausgleichung und die Saldotheorie in ihren durch die Rechtsprechung entwickelten Ausprägungen folgen dabei dem Modell des Mitverschuldens und wirken ebenfalls als Automatismen „sine facto hominis“. Im historischen Rückblick ist zu erkennen, dass die Institute des Mitverschuldens und der Aufrechnung, aber auch der Vorteilsausgleichung und der Saldotheorie, noch viel stärker miteinander verwoben waren, als dies heute der Fall ist[592]. Die „culpa-compensation“ und die „compensatio lucri cum damno“

590 Diese rechtsgeschäftliche Handlung ist somit eine echte Voraussetzung für den Eintritt sowohl der Verknüpfung, als auch der Aufrechnungswirkung.

591 Ein Gericht kann dabei einen Anspruch auch nur feststellen, aber freilich nicht als solches begründen.

592 Dies ist schon daran zu erkennen, dass die Ausgangsbasis für die Überlegungen zur Vorteilsausgleichung und zum Mitverschulden stets in den Gedanken der Aufrechnung

stellten nach den Überlegungen des 19. Jahrhunderts besondere Formen der Kompensation dar[593]. Die Saldotheorie basierte ebenfalls auf dem Grundgedanken, dass sich zwei gegenüberstehende Forderungen soweit ausgleichen, dass letztlich nur noch ein positiver Saldo zu ersetzen ist. Die Aufrechnung selbst wurde lange Zeit in Ihrer Funktionsweise als Automatismus behandelt, ähnlich, wie dies heute beim Mitverschulden der Fall ist. In diesem „ipso-iure"-Verständnis war die Ähnlichkeit zum heutigen Automatismus der anderen untersuchten Rechtsinstitute nicht zu übersehen[594].

---

gesucht und auch gefunden wurden. In der heutigen gesetzlichen und wissenschaftlichen Ausprägung dieser Institute hingegen sind Ähnlichkeiten zunächst kaum zu sehen.

593 Wenn dabei auch nicht letztlich klar ist, ob mit der begrifflichen Nähe zur Kompensation tatsächlich die Funktionsweise der Kompensation annektiert werden, oder lediglich die Wirkung des gegenseitigen Aufhebens zum Ausdruck kommen sollte.

594 Interessant ist der Gedanke, dass die „ipso-iure"-Wirkung der Aufrechnung gerade in der Zeit zur Debatte stand, in der man das Mitverschulden als „culpa-compensation" behandelte. Bei letzterer ist bis heute der Automatismus geblieben, wenn auch nicht mehr mit der Folge einer vollständigen Aufhebung des gegenseitigen Verschuldens und damit des Schadensersatzanspruches. Die Aufrechnung hingegen entwickelte sich zu einem Gestaltungsrecht weiter.

III. Anspruchsverkürzung durch Verknüpfung

Im obigen Teil wurde dargestellt, inwiefern bei Aufrechnung, Mitverschulden, Vorteilsausgleichung und Saldotheorie zwei gegenläufige Sachverhalte miteinander verknüpft werden und wie diese Verknüpfung jeweils Wirkung entfaltet. Im Folgenden kommt es darauf an, aufzuzeigen, zu welchen Folgen diese Verknüpfungen bei den einzelnen Rechtsinstituten führen. Zu unterscheiden ist hierbei zwischen den Auswirkungen auf der Ergebnis-Ebene und auf der Anspruchs-Ebene. Zuletzt ist auf die Folgen für die prozessuale Geltendmachung der Verknüpfungsphänomene einzugehen.

1. Auswirkungen auf der Ergebnis-Ebene

Das materielle Zivilrecht erfüllt keinen Selbstzweck. Wie das Rechtssystem mit seinem Normengefüge insgesamt, ist es nicht dazu da, bloß theoretische Lösungen zu bieten. Vielmehr soll es die Rechtspraxis angemessen regeln und für praktikable Lösungen sorgen. Gerade für den Rechtsanwender ist es von maßgeblicher Bedeutung, welche Auswirkungen eine rechtliche Gestaltung im Ergebnis hat. Für ihn ist es beispielsweise entscheidend, in welcher Höhe er tatsächlich Schadensersatz erhält, oder inwieweit ein gleichzeitig erhaltener Vorteil bei einem Schaden angerechnet wird.

a) Definition des Begriffs „Ergebnis-Ebene"

Wenn im Folgenden von der Ergebnis-Ebene die Rede ist, so ist hierunter die Ebene zu verstehen, auf der sich die Rechtsfolgen eines Rechtsinstituts für den Rechtsanwender in Form eines konkreten Ergebnisses darstellen. Bei der Ergebnis-Ebene soll es mithin ausschließlich darauf ankommen, welche konkreten Auswirkungen eine Rechtslage für die Betroffenen hat. Die dahinterstehende rechtliche Konstruktion ist dagegen an dieser Stelle ohne Belang. Ganz regelmäßig wird es für den Rechtsanwender auch keine Rolle spielen, wie ein Rechtsinstitut im Einzelnen funktioniert. Vielmehr ist für ihn die Frage von Interesse, was das jeweils für ihn konkret bedeutet. Diese Ebene wird hier als Ergebnis-Ebene bezeichnet, so dass die Auswirkungen der Verknüpfungsphänomene zunächst auf dieser Ebene zu untersuchen sind.

b) Aufrechnung

Bei der Aufrechnungslage stehen sich zwei Forderungen gegenüber, wobei der Gläubiger stets zugleich auch Schuldner der anderen Partei sein muss. Nach

§ 389 BGB erlöschen die Forderungen durch die Aufrechnung in Höhe ihrer Deckung. Hat also A eine Forderung gegen B in Höhe von 1.000 €, während B seinerseits ebenfalls 1.000 € von A fordern kann, so hat die Aufrechnung zur Folge, dass beide Forderungen vollständig erlöschen. A und B sind durch die Aufrechnung jeweils hinsichtlich ihrer eigenen Forderung befriedigt und von ihrer Schuld befreit zugleich[595]. Beträgt die Forderung des B jedoch nur 750 €, so bleibt nach der Aufrechnung zu Gunsten des A ein Überschuss in Höhe von 250 €. Geht man jetzt von dem Fall aus, dass A von B seine 1.000 € einfordert und erklärt daraufhin B als Schuldner die Aufrechnung, so entsteht in diesem Moment das Verknüpfungsphänomen[596]. A verliert durch § 389 BGB seinen Anspruch in Höhe der Deckung (750 €) und kann lediglich noch den Überschuss von 250 € einfordern. Durch die Aufrechnungserklärung des B verringert sich somit das Forderungsrecht des A gegen B um 750 €[597]. Diese Verringerung kann für den A durchaus einen Nachteil darstellen, etwa wenn er diese Forderung zur Tilgung einer Drittschuld nach den §§ 398 ff. BGB an C abtreten wollte[598], oder aber kurzfristig Kapital realisieren muss. In Betracht kommt auch ein prozessrechtlicher Nachteil in Form der Kostenentscheidung, die auf Grundlage des Obsiegens/Unterliegens gefällt wird[599].

c) Mitverschulden

Im Gegensatz zur Aufrechnung stehen sich beim Mitverschulden nicht zwei Forderungen gegenüber. Vielmehr ist grundsätzlich erforderlich, dass der Geschädigte einen Schadensersatzanspruch gegen den Schädiger hat, weil dieser dem Geschädigten schuldhaft einen Schaden zugefügt hat. Zur Anwendung

---

595 Es kommt in diesem Fall auch nicht darauf an, wer von den beiden die Aufrechnung erklärt, da die Rechtsfolge in beiden Fällen dieselbe ist.

596 Zu diesem Verknüpfungsphänomen käme es jedoch auch, wenn A selbst die Aufrechnung erklären würde. Erkennt A die Gegenforderung des B aber nicht an, oder weiß er nichts von ihr, so wird regelmäßig A die volle Summe einfordern und B daraufhin die Aufrechnung erklären. In Betracht kommt auch die Konstellation, dass A seine noch nicht fällige Forderung schon durch Aufrechnung verliert, bevor sie überhaupt fällig wird, vgl. nur Palandt 2009 – Kommentar BGB, § 387, Rn. 11/12.

597 Zwar wird A durch die Aufrechnung jedenfalls materiell nicht schlechter gestellt, da er im Gegenzug ja von der Forderung des B in Höhe eben dieser 750 € frei wird. Seine Forderung gegen B wird jedoch zunächst objektiv um den Wert der Aufrechnung geschmälert.

598 Die Aufrechnung des B würde dabei auch dann noch gegen C wirken, wenn er sie erst nach der Abtretung erklären würde; allerdings bestehen nach § 406 BGB gewisse Einschränkungen.

599 Zur Kostenfolge siehe ausführlich unten C, III, 3, c), i.

kommt § 254 BGB dann, wenn bei der Entstehung dieses Schadens der Geschädigte selbst einen gewissen Anteil[600] hatte. Dieser Anteil hat dann zur Folge, dass der Geschädigte nicht den vollen Schaden ersetzt erhält, der ihm eigentlich entstanden ist[601]. Ersetzt wird nur ein quotaler Schaden, bei dem der eigene Verursachungsbeitrag des Geschädigten berücksichtigt werden muss.

Der Geschädigte erhält somit tatsächlich weniger, als ihm als Schaden entstanden ist. Hat der Schädiger S etwa dem Geschädigten G bei einer Rangelei den Arm gebrochen und betragen die Heilbehandlungskosten hierfür 2.000 €, so hat G gegen S an sich einen Schadensersatzanspruch in eben dieser Höhe, §§ 823, 249 ff. BGB. Hat G den S jedoch provoziert und damit die Rangelei mit heraufbeschworen, so ist ein Mitverschulden zu berücksichtigen. Setzt man hierfür eine prozentuale Quote von 25 % an[602], so reduziert sich der Schadensersatzanspruch des G auf 75 %, mithin auf 1.500 €. Für G hat seine Beteiligung somit konkret zur Folge, dass er statt 2.000 € nur 1.500 € erhält, obschon an sich S ihm einen Schaden von 2.000 € schuldhaft und rechtswidrig zugefügt hat[603]. Im Ergebnis verkürzt sich somit durch die Berücksichtigung des Mitverschuldens der Schadensersatzanspruch des G. Diesem entsteht somit ein Nachteil zu Gunsten des S.

d) Saldotheorie und Vorteilsausgleichung

Auch bei der Saldotheorie und der Vorteilsausgleichung ergibt sich durch die Berücksichtigung der gegenläufigen Sachverhalte eine Verringerung der Ansprüche.

Bei der Saldotheorie hätte der Kondiktionsgläubiger an sich einen Kondiktionsanspruch aus § 812 Abs. 1 S. 1 BGB in Höhe der Bereicherung des Kondikitonsschuldners. Die eigene Entreicherung im Sinne des § 818 Abs. 3 BGB ist zunächst unabhängig von der Bereicherung der anderen Seite. Ist S bei der be-

600 Wie dargestellt, muss dieser Anteil nach der Rechtsprechung prozentual mindestens 20 % betragen, da andernfalls eine zuverlässige Abwägung nicht möglich ist, siehe B, II, 2, b) ii.

601 Auszugehen ist bei dieser Überlegung von dem entstandenen Schaden in seiner Summe.

602 Die genaue Quote kann rechtskräftig freilich nur durch ein Gericht nach einer umfangreichen Abwägung bestimmt werden.

603 Dieses Ergebnis deutet sich dabei schon im Prüfungsaufbau an, da zunächst der ungekürzte Schadensersatzanspruch und damit auch der entstandene Schaden zu prüfen ist, während erst im Anschluss die Frage der Reduktion aufgrund eines Mitverschuldens diskutiert wird.

reicherungsrechtlichen Rückabwicklung eines synallagmatischen Vertrages um 1.000 € bereichert, könnte G diese 1.000 € verlangen. Wenn allerdings G hinsichtlich der Gegenleistung in Höhe von 800 € vollständig entreichert ist, so führt die Saldotheorie dazu, dass G von S nur noch die Differenz von 200 € verlangen kann. Der Wert der eigenen Entreicherung des G wird bei dessen Konditionsanspruch in Ansatz gebracht. Im Ergebnis führt dies also dazu, dass G entgegen der gesetzlichen Rechtslage schlechter gestellt wird, indem die Konditionsansprüche nicht isoliert voneinander betrachtet werden[604]. Durch die Anwendung der Saldotheorie erhält G in unserem Beispiel somit 800 € weniger, als ihm nach dem Gesetz zustünde[605].

Die Vorteilsausgleichung hat zur Folge, dass ein Geschädigter, dem durch die schädigende Handlung neben dem Schaden auch ein Vorteil entstanden ist, nicht seinen tatsächlichen Schaden ersetzt verlangen kann. Vielmehr kann er lediglich die positive Differenz verlangen, die zwischen Vor- und Nachteil zu seinen Lasten übrig blieb. Auch hier ist die Ausgangslage zunächst so, dass der Schadensersatzanspruch nur den realiter eingetretenen Schaden umfasst. Ein etwaiger Vorteil spielt hierbei aber schon eine Rolle. Zwar ist dieser Vorteil an sich von der Schadensentstehung unabhängig, dennoch wird erst durch die Anrechnung der endgültige Schaden ermittelt[606]. Verletzt der Schädiger S den Geschädigten G, so dass G zwei Wochen im Krankenhaus bleiben muss (Verdienstausfall 5.000 €), hat G gegen S einen Schadensersatzanspruch in Höhe von 5.000 €. Musste G aber wegen einer Blinddarmoperation sowieso für eine Woche ins Krankenhaus und wurde diese Operation gleich mit ausgeführt, so hat G auch einen Vorteil, indem er einen Verdienstausfall von S bezahlt erhält, den er sonst hätte selbst tragen müssen. In der Konsequenz der Vorteilsausgleichung führt dies dazu, dass G von S nur die positive Differenz, hier also 2.500 € ersetzt verlangen kann. G erleidet somit auch hier einen Nachteil, weil er von S weniger

---

604 Würde man den Fall ausschließlich nach den §§ 812 ff. BGB beurteilen, müsste dass zwingende Ergebnis das der Zweikondiktionentheorie sein: voneinander unabhängige Rückabwicklung der jeweiligen Kondiktionsverhältnisse, also zwei selbständige Kondiktionsansprüche.

605 Diese „Benachteiligung" ist gerade Ausdruck der Billigkeitserwägungen, auf denen die Saldotheorie beruht, dazu später unten D, I, 2, b), i, (2).

606 Auch diese Konstellation spiegelt sich im Prüfungsaufbau wieder. Im Rahmen der Anspruchsvoraussetzung „Schaden" wird nicht nur darauf eingegangen, ob als solches ein Schaden entstanden ist, sondern auch darauf, ob ein Vorteil angerechnet werden muss.

Schadensersatz erhält, als ihm nach der gesetzlichen Konstellation der §§ 823, 249 ff. BGB zustünde[607].

e) Zwischenergebnis

Nach dieser Darstellung bleibt also festzuhalten, dass sich die untersuchten Rechtsinstitute auf der Ergebnis-Ebene in ihren Auswirkungen ähnlich sind. Ungeachtet der bestehenden juristischen Unterschiede[608] befindet sich der Gläubiger einer Forderung in einer vergleichbaren Ausgangslage:

Bei der Aufrechnung kann er nur einen etwaig die Gegenforderung übersteigenden Betrag geltend machen. Beim Mitverschulden erhält er nur einen reduzierten quotalen Schadensersatz, ähnlich wie bei der Vorteilsausgleichung, wo er ebenfalls nur einen um den Wert des Vorteils reduzierten Schadensersatz fordern kann. Bei der Saldotheorie schließlich kann er nicht die volle Bereicherung des Schuldners kondizieren, sondern muss sich den Wert seiner eigenen Entreicherung hinsichtlich der Gegenleistung anrechnen lassen. Der Gläubiger sieht sich auf der Ergebnis-Ebene somit stets einer Reduzierung seiner ursprünglichen Forderung ausgesetzt, es erfolgt in allen Fällen eine Anspruchsverkürzung[609]. Dieses Phänomen tritt jedoch nicht ausschließlich auf der Seite des Gläubigers auf. Gleichermaßen könnte man die Betrachtung umkehren und die Ähnlichkeit der Institute darin ausmachen, dass stets der Schuldner weniger zahlen muss, als ursprünglich vom Gläubiger gefordert wurde[610].

2. Auswirkungen auf der Anspruchs-Ebene

Neben der Ergebnis-Ebene als der Ebene, in welcher sich die Auswirkungen einer rechtlichen Gestaltung konkret abzeichnen, steht die Anspruchs-Ebene.

607 Wie gezeigt, existiert eine gesetzliche Regelung der Vorteilsausgleichung gerade nicht, siehe B, III, 2, b).

608 Auf die sogleich einzugehen sein wird.

609 Der Begriff „Anspruchsverkürzung“ ist dabei bewusst zunächst untechnisch gewählt. Anhand dieses Begriffs soll verdeutlicht werden, dass es für den Gläubiger auf der Ergebnis-Ebene regelmäßig ohne Belang sein wird, aus welchem juristischen Grund er seinen vollen Anspruch nicht liquidieren kann. Vielmehr wird es für ihn darauf ankommen, dass er überhaupt weniger erhält.

610 Gleichwohl handelte es sich auch bei dieser Betrachtungsweise um eine „Anspruchsverkürzung“, wenn auch zu Gunsten des Schuldners.

a) Definition des Begriffs „Anspruchs-Ebene"

Als Anspruchs-Ebene wird hier die Ebene bezeichnet, auf der sich das rechtliche Schicksal eines Anspruches unabhängig von den Auswirkungen auf der Ergebnis-Ebene entscheidet. Auf der Anspruchs-Ebene kommt es also nicht darauf an, was eine rechtliche Gestaltung konkret bedeutet, sondern vielmehr darauf, was bei einer rechtlichen Gestaltung, bzw. bei einem Rechtsinstitut aus rechtstechnischer Sicht geschieht. Ein Anspruch ist dabei

> *„das Recht, von einem anderen ein Tun oder Unterlassen zu verlangen"*[611].

Das moderne Zivilrecht in Form des BGB und dort insbesondere das Schuldrecht ist geprägt von einem „Denken in Ansprüchen"[612]. Dies bedeutet, dass der Anspruch das zentrale Instrument der gesetzlichen Normierungen darstellt. Das BGB handelt die verschiedenen regelungsbedürftigen Problematiken nicht abstrakt ab, sondern stets anhand der entsprechenden Ansprüche[613]. Von besonderer Bedeutung ist bei diesen Ansprüchen stets deren Schicksal, also die Frage, wie ein Anspruch durch ein Verhalten der Parteien oder durch sonstige Umstände verändert werden kann. Es soll hier also darauf ankommen, was aus materiellrechtlicher Sicht mit den Ansprüchen passiert, wenn ein Verknüpfungsphänomen vorliegt. Die materiellrechtlichen Auswirkungen sind diejenigen, die den Anspruch als solches direkt betreffen und gestalten.

Im Folgenden soll also untersucht werden, welche Rechtsfolgen auf der Anspruchs-Ebene eintreten, wenn sich bei Aufrechnung, Mitverschulden, Vorteilsausgleichung und Saldotheorie zwei Sachverhalte gegenüber stehen. In Betracht kommen dabei grundsätzlich zwei Möglichkeiten. Entweder das Verknüpfungsphänomen wirkt direkt auf die Entstehung eines Anspruches ein, so dass dieser von Anfang an nur in einer niedrigeren Höhe entsteht. Oder die Anspruchsent-

---

611 So die Legaldefinition des § 194 Abs. 1 BGB, die allgemeine Gültigkeit besitzt.

612 Die Begriffe „Anspruch" und „Forderung" sind dabei in gewisser Weise als Synonyme zu sehen. Dies ergibt sich schon daraus, dass § 194 Abs. 1 BGB den Anspruch in beinahe identischer Weise definiert, wie § 241 Abs. 1 BGB die Forderung: *„Kraft des Schuldverhältnisses ist der Gläubiger berechtigt, von dem Schuldner eine Leistung zu fordern. Die Leistung kann auch in einem Unterlassen bestehen"*. Allerdings ist der Anspruchsbegriff insgesamt weiter, während die Forderung nur eine Teilmenge des Anspruchs umfasst, vgl. hierzu Larenz/Wolf 2004 – BGB AT, S. 264, § 15, Rn. 56.

613 Aus dem BGB ergeben sich für (fast) alle Lebensbereiche entsprechende Rechte und Pflichten. Die zivilrechtliche Kardinalsfrage lautet folgerichtig auch: „Wer will was von wem woraus".

stehung bleibt zunächst von dem Verknüpfungsphänomen unbeeinflusst und eine Wirkung tritt erst im Rahmen des Erlöschens des Anspruchs ein[614].

b) Entstehen in geringerer Höhe

Ein Weg, wie sich eine untechnisch so genannte „Anspruchsverkürzung" juristisch gestalten kann, ist das Einwirken der beiden Sachverhalte bereits im Rahmen der Anspruchsentstehung. In dieser frühen Phase geht es um die Bestimmung des Anspruchsinhalts[615]. Wird bereits auf dieser Stufe festgelegt, wie zwei gegenläufige Sachverhalte hinsichtlich der Anspruchshöhe zu berücksichtigen sind, so ist diese Festlegung endgültig. Der Anspruch entsteht folglich nur in dieser Höhe und kann nachträglich nicht mehr verändert werden[616]. Diese Gestaltung hat dabei zur Folge, dass die Problematik der gegenläufigen Sachverhalte im Rahmen eines einzigen Anspruches abgehandelt werden muss. Zwar treffen zwei Sachverhalte aufeinander, jedoch begründet nicht jeder Sachverhalt einen eigenen Anspruch, sondern es steht vielmehr am Ende nur ein Anspruch[617].

i. Mitverschulden

Das Mitverschulden setzt bei einem Schadensersatzanspruch an. Ein solcher ist somit stets die erste Voraussetzung, dass es überhaupt zu der Frage kommen kann, ob und wie sich ein mitwirkendes Verschulden des Geschädigten auswirkt. Eine selbständige Anspruchsgrundlage stellt § 254 BGB in keinem Fall dar, sondern stets nur ein Gegenrecht des Schädigers gegenüber dem Schadens-

---

614 Auch die Systematik des BGB insgesamt hat diesen Aufbau. In den §§ 241 ff. BGB wird das Schicksal eines Anspruches chronologisch abgearbeitet: am Anfang steht das Entstehen von Ansprüchen und deren Inhalt, während am Ende die verschiedenen Varianten des Erlöschens abgehandelt werden.

615 Insbesondere im Schadensersatzrecht besteht dabei eine Trennung zwischen Anspruchsgrund und Anspruchsinhalt, vgl. Medicus/Lorenz 2008 – Schuldrecht I, Rn. 622/623. Zur Frage des Anspruchsinhalts gelangt man dabei erst nach Bejahung des Anspruchsgrundes.

616 Gerade bei der gerichtlichen Geltendmachung eines solchen Anspruches bedeutet diese (theoretische) Folge jedoch nicht die absolute Unveränderbarkeit. Bestimmt die erste Instanz den Anspruchsinhalt rechtsfehlerhaft, so kann dies von der zweiten Instanz korrigiert werden. Die absolute Grenze bildet jedoch die Rechtskraft einer Entscheidung. Bei einer außergerichtlichen Einigung können die Parteien den Anspruchsinhalt grundsätzlich beliebig festlegen und auch verändern.

617 In diesem Umstand zeigt sich bereits ein erster dogmatischer Unterschied zur Aufrechnung, da dort zunächst zwei Ansprüche bestehen und miteinander verrechnet werden.

ersatzanspruch[618]. Hat bei einer Schadensentstehung neben dem Verschulden des Schädigers auch ein Verschulden des Geschädigten mitgewirkt, so hängt nach § 254 Abs. 1 BGB

> *„die Verpflichtung zum Ersatz sowie der Umfang des zu leistenden Ersatzes von den Umständen, insbesondere davon ab, inwieweit der Schaden vorwiegend von dem einen oder dem anderen Teil verursacht worden ist".*

Durch diesen Wortlaut wird klargestellt, dass die Frage des Mitverschuldens eine Frage des vom Schädiger zu leistenden Ersatzes ist. Der Prüfungsaufbau gestaltet sich dabei jedoch so, dass zunächst der Anspruchsgrund vollständig zu Lasten des Schädigers durchgeprüft wird[619]. Erst im Anschluss, nach Bejahung der grundsätzlichen Einstandspflicht des Schädigers kann eine Reduzierung des Anspruchs aufgrund eines Mitverschuldens erfolgen (= Anspruchsinhalt). Im Rahmen dieser Prüfung bestehen nach einer Abwägung folgende Optionen: Entweder hat das mitwirkende Verschulden des Geschädigten ein so geringes Ausmaß, dass es nicht zu berücksichtigen ist. Oder dieses Verschulden ist in einem solchem Maß vorhanden, dass es sich in einer Quote ausdrücken lässt[620]. Diese Quote ist von dem Schadensersatzanspruch in Abzug zu bringen, wobei der volle Schaden stets 100 % darstellt. Hiervon ausgehend wird dann die Höhe des zu leistenden Ersatzes im Wege der Quotelung errechnet[621]. Erst nach Abschluss dieses Prozesses steht am Ende der Schadensersatzanspruch in seiner tatsächlichen, gegenüber dem ursprünglich entstandenen Schaden geringeren Höhe endgültig fest[622]. Das Verknüpfungsphänomen beim Mitverschulden hat somit zum Ergebnis, dass die Schadensersatzforderung des Geschädigten von Anfang an in geringerer Höhe entsteht.

---

618 Vgl. Brox/Walker 2007 – Schuldrecht AT, S. 352, § 31, Rn. 36. Hat das Mitverschulden einen solchen Grad erreicht, dass ein selbständiger Schadensersatzanspruch des Schädigers begründet wird, so handelt es sich begrifflich nicht mehr um ein Mitverschulden im Sinne des § 254 BGB.

619 Es wird also danach gefragt, ob der Schädiger grundsätzlich für den Schaden zu 100 % einstehen müsste.

620 Zu dieser Quotenregelung siehe bereits B, II, 2, b), ii; siehe auch nochmals Medicus/Lorenz 2008 – Schuldrecht I, Rn. 726.

621 Ermittelt man also eine Mitverschuldensquote von 30 %, so hat der Schädiger 70 % des tatsächlich entstandenen Schadens zu ersetzen.

622 Im Prinzip steht die Quote bereits mit dem Schadenseintritt unabänderlich fest. Empirisch lässt sich dies jedoch selten exakt nachvollziehen, so dass es auf die Quotenentscheidung ankommt, siehe hierzu schon oben B, II, 2, b) i.

ii. Saldotheorie und Vorteilsausgleichung

Auch bei der Saldotheorie, sowie bei der Lehre von der Vorteilsausgleichung wirken sich die gegenläufigen Sachverhalte bereits im Rahmen der Anspruchsentstehung aus[623].

(1) Saldotheorie

Die Saldotheorie hat zur Folge, dass es im Gegensatz zur Zweikondiktionentheorie nicht zwei Kondiktionsansprüche gibt, von denen einer wegen der Entreicherung des Schuldners nach § 818 Abs. 3 BGB untergeht. Vielmehr existiert von Anfang an nur ein Kondiktionsanspruch in Höhe eines etwaigen Überschusses der Bereicherung gegenüber dem Wert der Entreicherung[624]. Ist bei der bereicherungsrechtlichen Rückabwicklung eines gegenseitigen Vertrages eine Seite entreichert, so führt dies im Rahmen des Kondiktionsanspruches dieser Seite automatisch zu einer Anrechnung. Dabei werden die Werte der Bereicherung und der Entreicherung als unselbständige Rechnungsposten gegenüber gestellt. Der Kondiktionsanspruch ist dann nur auf den positiven Saldo gerichtet[625]. Der Kondiktionsanspruch des Bereicherten wird von dieser Saldierung nicht berührt; seine Entstehung wird nach wie vor durch die Entreicherung des anderen Teils nach § 818 Abs. 3 BGB verhindert. Der Entreicherte hingegen erhält durch die Anwendung der Saldotheorie einen automatisch um den Wert der Entreicherung gekürzten Kondiktionsanspruch. Dieser Anspruch entsteht somit von Anfang an nur in der geringeren Höhe.

(2) Vorteilsausgleichung

Dasselbe Prinzip wurde bei der Lehre von der Vorteilsausgleichung eingehalten. Wie beim Mitverschulden erfolgt hier die Berücksichtigung des gegenläufigen

---

623 Im Unterschied zum Mitverschulden erfolgt hier aber keine Abwägung und Quotenteilung, sondern vielmehr kommt es rechtstechnisch zu einer Anrechnung, vgl. Palandt 2009 – Kommentar BGB, Vorb. v. § 249, Rn. 123, sowie § 818, Rn. 48/50.

624 So auch die herrschende Rechtsprechung, vgl. nur BGHZ 109, 139 [148]; BGHZ 149, 326 [333/334]; deutlich auch in BGHZ 145, 52 [54/55]: *„/.../ begründen die beiderseitigen Vermögensverschiebungen (grundsätzlich) keine eigenständigen Herausgabeansprüche. Es besteht vielmehr von vornherein nur ein einheitlicher Anspruch auf Herausgabe des Überschusses der Aktiv- über die Passivposten, der dem Teil zusteht, zu dessen Gunsten sich ein Saldo errechnet“*; siehe auch Mossler 2006 – Bereicherung, S. 135/136.

625 Dabei ermöglicht die Saldotheorie jedoch stets nur einen Abzug vom Kondiktionsanspruch. War die Entreicherung höher als die Bereicherung der Gegenseite, kann weder der Entreicherte etwas kondizieren, noch der Bereicherte einen Ausgleich verlangen, vgl. Medicus 2007 – Schuldrecht II, Rn. 693.

Sachverhalts im Rahmen eines Schadensersatzanspruches. Dessen Voraussetzungen müssen dem Grunde nach gegeben sein, damit überhaupt die Frage nach dem Ausgleich für einen Vorteil gestellt werden kann. Allerdings besteht insofern ein Unterschied, als beim Mitverschulden zunächst insgesamt der Schadensersatzanspruch auch der Höhe nach ermittelt werden muss[626]. Die Vorteilsausgleichung kommt hingegen schon im Zuge der Bestimmung der Schadenshöhe zur Anwendung, also im Rahmen der Schadensberechnung[627]. Wie bei der Saldotheorie stellen auch bei der Vorteilsausgleichung der Vor- und der Nachteil, die jeweils durch das schädigende Ereignis verursacht wurden, bloße Rechnungsposten dar[628]. Diese Rechnungsposten werden gegenüber gestellt. Der Schädiger hat letztlich einen Schadensersatz nur zu leisten, wenn zu seinen Lasten ein Saldo übrig bleibt[629]. Der Schadensersatzanspruch des Geschädigten entsteht somit im Ergebnis von Anfang an[630] nur in Höhe der Differenz und damit, wie beim Mitverschulden und der Saldotheorie im Vergleich zum tatsächlich eingetretenen Nachteil nur in verminderter Höhe.

iii. Problematik der zeitversetzten Sachverhalte

Mitverschulden, Saldotheorie und Vorteilsausgleichung funktionieren im Wege eines Automatismus. Dieser wirkt sich so aus, dass es bereits im Entstehungsstadium des Anspruches zu einer Verkürzung kommt und zwar bei der Bestimmung des Anspruchsinhalts. Beim Mitverschulden ist diese Konzeption unproblematisch, da sowohl das schädigende Ereignis, als auch das mitwirkende Ver-

---

626 Man benötigt den vollen Schaden, um von diesem ausgehend eine Quote bilden zu können.

627 So auch Rother 1965 – Haftungsbeschränkung, S. 225. Cantzler meint dasselbe, wenn er formuliert: „*Hat der zum Ersatz verpflichtende Umstand neben Nachteilen auch Vorteile mit sich gebracht, so verlangt eine konsequente Anwendung dieses Prinzips des Schadensersatzes, daß nicht nur die Schäden repariert, sondern auch die Vorteile ausgeglichen werden*“, vgl. Cantzler 1957 – Vorteilsausgleichung, S. 31.

628 Vgl. hierzu schon B, III, 2, c), iii; siehe auch Brox/Walker 2007 – Schuldrecht AT, 346, § 31, Rn. 21.

629 Entscheidend ist mithin, ob also der Geschädigte nach Abzug des Vorteils insgesamt noch einen Nachteil erlitten hat.

630 Diese Überlegung ist allerdings problematisch, wenn zwischen dem schädigenden Ereignis und dem Eintritt des Vorteils kein zeitlicher Zusammenhang gefordert wird; vgl. zu dieser Problematik schon die Nachweise in Fn. 517 und 518 und insbesondere Lange/Schiemann 2003 – Schadensersatz, S. 490, § 9 II 3 und S. 499/500, § 9 III 9. Dann würde zunächst der Schadensersatz in voller Höhe entstehen und nach Eintritt des Vorteils entstünde das Problem, dass der anfängliche Schadensersatzanspruch nachträglich „von Anfang an“ nur vermindert entstehen könnte. Ausführlich hierzu im nächsten Abschnitt C, III, 2, b), iii.

schulden des Geschädigten zeitgleich vorliegen. Abzustellen ist dabei auf den Zeitpunkt der Schadensentstehung und damit auf den Zeitpunkt der Anspruchsentstehung[631].

Bei der Vorteilsausgleichung und noch deutlicher bei der Saldotheorie kann der Automatismus jedoch zu einer Problematik führen, die bislang noch wenig beleuchtet wurde[632]. Gleichwohl kann sie jedenfalls zu schwierigen Folgeproblemen führen. Der Automatismus zur Anspruchsverkürzung wirkt in dem Moment, in dem sich die beiden Sachverhalte gegenüberstehen. Bei der Saldotheorie ist also erforderlich, dass der Kondiktionsgläubiger hinsichtlich der Gegenleistung entreichert ist. Bei der Vorteilsausgleichung muss sowohl ein Nachteil, als auch ein Vorteil eingetreten sein. Diese Umstände treten aber in den seltensten Fällen gleichzeitig ein[633]. Dennoch sind diese Theorien bei der Anspruchsentstehung verankert, indem der tatsächliche Anspruchsinhalt erst nach einer Anrechnung der Werte von Bereicherung und Entreicherung, bzw. von Vor- und Nachteil bestimmt wird[634]. Diese Werte werden für diese Anrechnung als bloße Rechnungsposten behandelt. Unberücksichtigt bleibt bei diesem theoretischen Ansatz die Problematik, dass bei nicht gleichzeitig eintretenden Sachverhalten die Posten der Anrechnung nicht bloß einfache Rechnungsposten sein können, sondern bereits vollständig entstandene Ansprüche. In der konsequenten Anwendung dieser Theorien kann es dann zu einem Schwebezustand kommen, der im Ergebnis zu einer Benachteiligung der Parteien führen kann.

Bei der Vorteilsausgleichung erfolgt die Schadensentstehung regelmäßig mit Eintritt des schädigenden Ereignisses. An sich kommt dann auch der entspre-

---

631 Dies ergibt sich bereits aus dem Wortlaut des § 254 Abs. 1 BGB, wenn auch das Schrifttum oder die Rechtsprechung dies nicht ausdrücklich feststellt. Vereinzelt wird aber vertreten, das auch ein Mitverschulden nach der Schadensverursachung zu einer Schadensteilung hinsichtlich des Folgeschadens führen müsse; so entgegen der herrschenden Meinung Looschelders 1999 – Mitverantwortlichkeit, S. 643.

632 Meist wird in diesem Umstand, wenn er denn überhaupt erkannt wird, kein Problem gesehen, vgl. MünchKomm BGB 2007 – §§ 241-432, § 249, Rn. 224.

633 Allerdings wird jedenfalls bei der Vorteilsausgleichung von der Rechtsprechung ein *„gewisser zeitlicher Zusammenhang"* zwischen Vor- und Nachteil gefordert, BGH VersR 1967, 187 [189] unter Rückgriff auf RGZ 100, 255 [257]; siehe hierzu aber schon Fn. 517, 518, 630 und 631.

634 Es wird bei dieser Anrechnung zwar nicht ausdrücklich gesagt, dass sie im Rahmen der Anspruchsentstehung erfolgt. Da jedoch der Inhalt des Kondiktionsanspruches, bzw. des zu leistenden Schadensersatzes erst nach dieser Anrechnung endgültig feststeht, kann der Anspruch als solches vorher noch nicht entstanden sein.

chende Schadensersatzanspruch in Höhe des jeweiligen Schadens zeitgleich in diesem Moment zur Entstehung. Unproblematisch ist diese Konstellation jedoch nur dann, wenn der anzurechnende Vorteil ebenfalls im selben Zeitpunkt eintritt. Nur dann kann der Wert des Vorteils unmittelbar auf den Nachteil angerechnet und der Anspruchsinhalt so bereits von Anfang an in endgültiger Höhe bestimmt werden. Wenn aber, wie zumeist[635], sich der Vorteil erst nach Realisierung des Schadens zeigt, entwickelt sich nach der Lehre von der Vorteilsausgleichung eine Art Schwebezustand. In diesem Schwebezustand existiert zunächst der Schadensersatzanspruch des Geschädigten in Höhe des eingetretenen Schadens. Dieser Schadensersatzanspruch muss dann aber nach einiger Zeit durch die Realisierung des Vorteils automatisch wieder in entsprechender Höhe gekürzt werden. Ist jedoch ein Anspruch in einer bestimmten Höhe einmal entstanden, so kann diese Höhe nachträglich an sich nicht mehr verändert werden[636]. Da aber die Vorteilsausgleichung als Automatismus direkt bei der Anspruchsentstehung ansetzt, erfolgt hierdurch eine nachträgliche Inhaltsbestimmung im Wege der Anrechnung. Es wird hierbei keine Rücksicht darauf genommen, dass der Anspruch an sich bereits entstanden ist. Hier erfolgt somit die Degradierung eines existenten Anspruchs zu einem bloßen Rechnungsposten. Dem Geschädigten wird in der Konsequenz ein bestehender Anspruch genommen, bzw. dieser wird nachträglich, aber mit „ex-tunc"-Wirkung gekürzt.

Bei der Saldotheorie wirkt sich diese Problematik umso drastischer aus, als ein irgendwie zeitlich gearteter Zusammenhang zwischen dem Eintritt des Kondiktionsfalles und der Entreicherung des Kondiktionsgläubigers nicht gefordert wird. Es kommt für die Wirkung einzig darauf an, dass bei der bereicherungsrechtlichen Rückabwicklung eines Austauschvertrages die Seite hinsichtlich der Gegenleistung entreichert ist, die gleichzeitig ihren Kondiktionsanspruch gegen die andere Seite geltend machen will[637]. Dabei wird deutlich zum Ausdruck gebracht, dass der Wert der Entreicherung beim Kondiktionsgläubiger als unselbständiger Rechnungsposten im Rahmen der Entstehung eines einzigen Kondiktionsanspruches zu berücksichtigen ist[638]. Durch diese Konzeption kann es wie

635 Käme es stets gleichzeitig zu Vor- und Nachteil, bedürfte es nicht eines „gewissen zeitlichen Zusammenhanges". Die Problematik realisiert sich aber auch, wenn ein wie auch immer gearteter „gewisser zeitlicher Zusammenhang" besteht.

636 Eine Veränderung kann dann nur noch durch ein Erlöschen eintreten, sei es durch Erfüllung, Verzicht, oder Aufrechnung.

637 Siehe hierzu Fikentscher/Heinemann 2006 – Schuldrecht, Rn. 1522.

638 Palandt 2009 – Kommentar BGB, § 818, Rn. 48 und Rn. 50, sowie insbesondere Fikentscher/Heinemann 2006 – Schuldrecht, Rn. 1522, der ausdrücklich schreibt: *„Bei der Ermittlung der Bereicherung wird die Gegenleistung, auch wenn der Empfänger inso-*

bei der Vorteilsausgleichung zu einem Schwebezustand mit schwerwiegenden Folgen kommen. Das Risiko ist hier jedoch nochmals größer, da überhaupt kein zeitlicher Zusammenhang gefordert wird.

Der Leistungskondiktionsanspruch in Form der „condictio indebiti"[639] entsteht an sich in dem Augenblick, in dem eine Leistung ohne Rechtsgrund gewährt wurde[640]. Liegt also ein von Anfang an nichtiger Kaufvertrag vor, sind aber Leistung und Gegenleistung bereits ausgetauscht worden, so entstehen nach den allgemeinen bereicherungsrechtlichen Vorschriften der §§ 812 ff. BGB in diesem Moment zwei Kondiktionsansprüche gerichtet auf Leistung und Gegenleistung. Eine Entreicherung einer Seite nach § 818 Abs. 3 BGB wird regelmäßig erst zu einem späteren Zeitpunkt eintreten[641]. Da die Saldotheorie aber dogmatisch beim Inhalt des Kondiktionsanspruches ansetzt und diesen in geringerer Höhe entstehen lässt, kommt es auch hier insofern zu einem Schwebezustand, als zunächst zwei vollständige Kondiktionsansprüche in Höhe der jeweiligen Bereicherung entstehen. Durch die nachträgliche Entreicherung der einen Seite „entsteht" dann jedoch dessen Anspruch „rückwirkend von Anfang an" nur in Höhe der Differenz zwischen Be- und Entreicherung[642]. Auch hier wird zu Gunsten eines gerechten Ergebnisses[643] die Degradierung von bestehenden Ansprüchen zu bloßen Rechnungsposten in Kauf genommen[644].

---

weit entreichert ist, von vornherein als Abzugsposten berücksichtigt. Es stehen sich nicht mehr zwei Bereicherungsansprüche gegenüber, sondern es entsteht nur ein einziger Anspruch. Bereichert ist nur jener Beteiligter, auf dessen Seite sich ein positiver Saldo ergibt".

639 Gemeint ist also der Bereicherungsanspruch bei einer *„Leistung auf eine nicht bestehende, auf eine aus irgendwelchen Gründen unwirksame Verpflichtung"*, vgl. Reuter/Martinek 1983 – Ungerechtfertigte Bereicherung, S. 126, § 5 I 1.

640 Vgl. hierzu Reuter/Martinek 1983 – Ungerechtfertigte Bereicherung, S. 129, § 5 I 2.

641 Bei einer anfänglichen Nichtschuld ist es an sich ausgeschlossen, dass die Entreicherung gleichzeitig eintritt, da jedenfalls für eine juristische Sekunde eine rechtsgrundlose Bereicherung vorliegen muss.

642 Die Entreicherung hat jedenfalls den Untergang des entsprechenden Kondiktionsanspruches zur Folge. Problematisch ist aber die nachträgliche anfänglich wirkende Inhaltsbestimmung des gegensätzlichen Kondiktionsanspruches.

643 Die Intention, gerechte Ergebnisse zu finden, war von Anfang an Hintergrund der Rechtsprechung zur Saldotheorie, vgl. Reuter/Martinek 1983 – Ungerechtfertigte Bereicherung, S. 595, § 17 III 3 a).

644 Lorenz erkennt diese „Degradierung" grundsätzlich, behandelt sie aber unter dem Aspekt der Einschränkung des § 818 Abs. 3 BGB durch die Saldotheorie: *„Dadurch, daß den wechselseitigen Ansprüchen nicht der Charakter von grundsätzlich eigenständigen Bereicherungsansprüchen zugestanden wird, sondern diese als bloße Rechnungsposten*

Die Schaffung solcher Schwebezustände[645] stellt eine deutliche dogmatische Schwäche sowohl der Lehre von der Vorteilsausgleichung, als auch der Saldotheorie dar. Diese dogmatische Schwäche alleine wäre in Rücksicht auf ein angemessenes Ergebnis vielleicht hinnehmbar. Allerdings birgt diese Konstruktion Risiken, die bislang zwar wenig beleuchtet wurden[646], aber gleichwohl gravierende Folgen für die beteiligten Parteien haben können. Bei den theoretischen Konstruktionen der Saldotheorie und der Vorteilsausgleichung kann es zu Schwebezuständen kommen, bei denen zunächst Ansprüche entstehen, die dann nachträglich aber mit „ex-tunc"-Wirkung durch Hinzutreten des gegenläufigen Sachverhalts wieder reduziert werden müssen. In der Zwischenzeit, also während dieser Schwebezustände[647], bestehen juristisch konsequent Rechtsansprüche, über welche die Inhaber im Rahmen der Privatautonomie frei verfügen können. Tritt bei der Saldotheorie die Entreicherung der einen Seite erst einige Zeit nach dem Erkennen der Nichtigkeit auf, so hat diese Seite bis zu dem Moment der Entreicherung einen Kondiktionsanspruch gegen die andere Seite in voller Höhe von dessen Bereicherung[648]. Diesem Anspruch könnte die Gegenseite zwar ein Zurückbehaltungsrecht nach § 273 BGB entgegenhalten[649]. Den-

---

zur Ermittlung eines einheitlichen einzigen Bereicherungsanspruchs in Höhe des Saldos qualifiziert werden, findet Abs. 3 zunächst, /.../, keine Anwendung", Staudinger 2007 – Kommentar BGB §§ 812-822, § 818, Rn. 41. Die Folgeproblematik wird dabei nicht gesehen.

645 Schwebezustände sind einer auf Rechtssicherheit gerichteten Rechtsordnung stets abträglich und werden nur in Ausnahmefällen zu Gunsten besonders schutzwürdiger Gruppen, z.B. Minderjährigen, hingenommen.

646 Aus der Rechtsprechung sind (soweit ersichtlich) keine entsprechenden Fälle bekannt; in der Literatur werden weder das Problem, noch dessen Auswirkungen gesehen. MünchKomm BGB 2007 – §§ 241-432, § 249, Rn. 224 schreibt hierzu: *„Ob der Vorteil darin besteht, dass der zunächst entstandene Schaden später wieder ausgeglichen wird (...), oder darin, dass von vornherein ein Schaden nicht entsteht (...), ist grds. ohne Bedeutung. Beide Fallgruppen werden zu Recht gleichbehandelt"*.

647 Dieser Schwebezustand wird regelmäßig als solcher nicht wahrgenommen, weil die Parteien von der Entreicherung, oder dem noch eintretenden Vorteil keine Kenntnis haben.

648 Im Gegenzug ist jedoch auch der Kondiktionsanspruch der Gegenseite noch nicht wegen § 818 Abs. 3 BGB untergegangen. Es kommt zu einer „Zug-um-Zug"-Situation, §§ 273, 274 BGB.

649 Dennoch würde dies eine Aufrechnung der Kondiktionsforderungen untereinander nicht verhindern können, da das Aufrechnungsverbot des § 390 BGB in den Fällen, in denen das Zurückbehaltungsrecht gerade die Forderung sichern soll, deren Tilgung durch die Aufrechnung angestrebt wird, nicht greift, vgl. Gernhuber 1994 – Erfüllung und Surrogate, S. 251, § 12 IV 2 b). Hierbei handelt es sich um die herrschende Meinung, vgl. nur

noch hat der Kondiktionsgläubiger hier die Möglichkeit, die Forderung nach den §§ 398 ff. BGB abzutreten[650], oder die Aufrechnung mit einer weiteren Forderung zu erklären[651]. Auch besteht die Gefahr, dass ein anderer Gläubiger im Wege der Zwangsvollstreckung diese Forderung beim Kondiktionsgläubiger pfändet[652]. Kommt es im Anschluss hieran zu einer Entreicherung des Kondiktionsgläubigers hinsichtlich der Gegenleistung, so geht zunächst der Kondiktionsanspruch der Gegenseite nach § 818 Abs. 3 BGB unter. Gleichermaßen reduziert sich aber automatisch der Kondiktionsanspruch des Entreicherten quasi rückwirkend in entsprechender Höhe. Hiervon wäre auch eine etwaige Verfügung betroffen, die der Entreicherte in der Schwebezeit über seine Forderung getroffen hatte[653].

Kann der Schuldner bei der Saldotheorie sich jedenfalls vor der Entreicherung mittels des Zurückbehaltungsrechts aus § 273 BGB helfen, so ist er in den Fällen der Vorteilsausgleichung hilflos gestellt. Wenn es nicht unmittelbar mit dem schädigenden Ereignis auch zu einem Vorteil des Geschädigten kommt, entsteht analog der Saldotheorie zunächst der Schadensersatzanspruch in voller Höhe[654].

RGZ 119, 1 [4/5]; BGH NJW 1990, 3210; MünchKomm BGB 2007 – §§ 241-432, § 390, Rn. 1.

650 Zu berücksichtigen ist hierbei jedoch wiederum § 404 BGB, wonach der Kondiktionsschuldner dem Zessionar das Zurückbehaltungsrecht gegen den Zedenten vorhalten kann.

651 Gerade diese Konstellation ist diffizil, da die Aufrechnung, unabhängig davon welche Seite sie erklärt, stets das Erlöschen einer Forderung zum Inhalt hat, die später für die Saldotheorie benötigt wird.

652 Die Zwangsvollstreckung anhand der Pfändung einer Forderung nach § 829 ZPO setzt nur eine bestehende Forderung voraus, vgl. Thomas/Putzo 2008 – Kommentar ZPO, § 829, Rn. 27 und Rn. 10, nicht aber die Einredefreiheit. Jedoch kann der Kondiktionsschuldner als Drittschuldner die Einwendung dem Pfändungsgläubiger im Rahmen der Verwertung nach § 835 ZPO entgegenhalten.

653 Zugleich tritt durch die Entreicherung der interessante Effekt ein, dass das Zurückbehaltungsrecht des Kondiktionsschuldners nach § 273 BGB in Ermangelung einer Gegenforderung entfällt. Ist die Forderung nach §§ 829, 835 ZPO beim Kondiktionsgläubiger gepfändet, entfällt auch in diesem Rahmen das Zurückbehaltungsrecht des Kondiktionsschuldners als Drittschuldner. Fraglich ist dann jedoch, ob der Drittschuldner dem Pfändungsgläubiger die Einwendung der Saldotheorie entgegenhalten kann, weil diese zur Zeit der Pfändung noch nicht existierte, vgl. MünchKomm ZPO 2007 – §§ 511-945, § 829, Rn. 72. Im Ergebnis wird es in solchen Fällen wiederum auf eine Entscheidung nach Billigkeitsgrundsätzen ankommen.

654 Hieran zeigt sich, dass das Kriterium des „gewissen zeitlichen Zusammenhanges“ tatsächlich untauglich ist, da jedenfalls für diese relativ kurze Zeit ein Anspruch existiert, über den der Geschädigte verfügen kann.

In Ermangelung einer Gegenforderung hat der Schädiger in diesem Fall kein Zurückbehaltungsrecht nach § 273 BGB, dass er dem Geschädigten oder bei einer Abtretung einem Dritten entgegenhalten könnte. Der Geschädigte hingegen erhält zunächst einen Schadensersatzanspruch, über den er im Rahmen der Privatautonomie frei verfügen kann. Der Geschädigte kann also die Forderung beim Schädiger liquidieren[655], er kann sie an einen Dritten abtreten[656], aber sie auch gegen eine anderweitige Forderung des Schädigers gegen ihn aufrechnen[657]. Gerade der letztgenannte Fall der Aufrechnung führt dazu, dass die Forderung nach § 389 BGB erlischt und zwar in Höhe der Deckung mit der Gegenforderung ohne Rücksicht auf einen später entstandenen Vorteil. Tritt erst nach diesen Handlungen der Vorteil des Geschädigten zu Tage, so hat der Schädiger keine Möglichkeit mehr, diesen Vorteil noch irgendwie geltend zu machen, da dies nur im Rahmen eines Schadensersatzprozesses des Geschädigten gegen den Schädiger möglich ist[658]. Zwar reduziert sich der Schadensersatzanspruch nach der Lehre von der Vorteilsausgleichung unabhängig von einer gerichtlichen Geltendmachung automatisch und mit „ex-tunc"-Wirkung um den Wert des Vorteils. Solange es jedoch nicht zu einer Schadensersatzklage kommt, kann eine solche Anrechnung rechtskräftig nicht bestätigt werden[659]. Es kommt mithin zu einer Bevorteilung des Geschädigten auf Kosten des Schädigers.

Saldotheorie und Vorteilsausgleichung werden ob ihrer theoretischen Voraussetzungen kritisiert[660]. Die Wirkungsweise, also die Behandlung der Sachverhalte als bloße Rechnungsposten, sowie deren Anrechnung im Rahmen der An-

---

655 In diesem Stadium kann der Schuldner auch noch nicht die Einwendung der Entreicherung geltend machen.

656 Fraglich ist in diesem Fall der Abtretung, ob der Schädiger dann nach Realisierung des Vorteils dem Zessionar die Anspruchskürzung in Folge der Vorteilsausgleichung entgegenhalten kann. In Betracht käme an sich § 404 BGB, da es sich jedenfalls um eine prozessuale Einwendung des Schädigers handelt; allerdings scheidet § 404 BGB aus, weil im vorliegenden Fall diese Einwendung erst nach der Abtretung entstanden ist.

657 § 393 BGB ist hier nicht einschlägig, da es auch bei einem deliktischen Schadensersatzanspruch nicht um die Aufrechnung gegen eine Forderung aus unerlaubter Handlung geht, sondern um eine Aufrechnung mit einer solchen Forderung, vgl. Gernhuber 1994 – Erfüllung und Surrogate, S. 259, § 12 VI 3 a).

658 Der Vorteil kann stets nur als Einwendung gegen einen Schadensersatzanspruch verwendet werden. Ein eigener Anspruch des Schädigers kann durch die Vorteilsausgleichung hingegen nie begründet werden, siehe schon B, III, 2, c), ii.

659 Im Ergebnis muss der Vorteil bis zur Rechtskraft des Titels entstanden und geltend gemacht sein.

660 Zu dieser Kritik siehe oben zur Saldotheorie B, III, 1, b), Fn. 397 und 400, bzw. zur Vorteilsausgleichung B, III, 2, b), iii, Fn. 463.

spruchsentstehung waren bislang jedoch nicht Bestandteil dieser Kritik. Wie aber gezeigt wurde, birgt gerade diese rechtliche Konstruktion große Risiken für beide Parteien. Insbesondere erscheint es dogmatisch unsauber, schon entstandene Ansprüche nachträglich zu bloßen Rechnungsposten zu degradieren. Zur Vermeidung eines solchen Schwebezustandes wäre eine Konstruktion wünschenswert, in der nicht nachträglich der Anspruchsinhalt mit „ex-tunc“-Wirkung bestimmt wird. Vielmehr sollte der Schuldner durch den später hinzutretenden zweiten Sachverhalt eine Möglichkeit erhalten, sich ohne Inhaltsänderung gegen den gegen ihn gerichteten Anspruch zur Wehr zu setzen. Sollte es bereits zu einer Realisierung dieses Anspruches gekommen sein, müsste eine Möglichkeit gefunden werden, wie der Schädiger nachträglich einen angemessenen Ausgleich erhält[661].

c) Erlöschen einer entstandenen Forderung bei der Aufrechnung

Der zweite denkbare Weg, wie sich ein Verknüpfungsphänomen auf der Anspruchs-Ebene rechtlich auswirken kann, ist die nachträgliche Verkürzung eines Anspruches, nachdem dieser zunächst in voller Höhe entstanden ist[662]. Mitverschulden, Saldotheorie und Vorteilsausgleichung verfolgen das Prinzip der Einwirkung im Rahmen der Anspruchsentstehung. Im Gegensatz zu diesem Prinzip steht der Fall, bei dem zunächst ein Anspruch vollständig entsteht und deshalb grundsätzlich vom Gläubiger voll eingefordert werden kann, dann aber nachträglich durch ein Ereignis wieder erlischt. Dies ist der Fall der Aufrechnung.

Ausgangslage ist hier eben ein vollständig entstandener und durchsetzbarer Anspruch, um dessen ganzes oder teilweises Erlöschen es im Ergebnis geht. Allerdings zeigt sich bereits an dieser Stelle ein Unterschied zu den anderen untersuchten Instituten. Zwar treffen bei der Aufrechnung auch zwei gegenläufige Sachverhalte aufeinander[663]; jedoch handelt es sich hier bei diesen Sachverhal-

661 Zu denken wäre hier sowohl bei der Saldotheorie, als auch bei der Vorteilsausgleichung an die Möglichkeit einer bereicherungsrechtlichen Abwicklung, wobei allerdings dieser Ansatz ohne einen Rückgriff auf den Grundsatz von Treu und Glauben schwer zu realisieren wäre.

662 In diesem Fall ist der Begriff der „Anspruchsverkürzung“ nicht untechnisch gemeint. Hier geht es gerade darum, dass ein bestehender Anspruch ganz oder teilweise wieder wegfällt, erlischt, oder eben verkürzt wird.

663 Siehe C, II, 1, a).

ten um zwei jeweils vollständig entstandene Ansprüche[664]. Kommt es bei bestehender Aufrechnungslage durch eine Gestaltungserklärung gemäß § 388 BGB zur Aufrechnung, so hat dies zur Folge, dass nach § 389 BGB die Ansprüche in Höhe ihrer Deckung erlöschen[665]. Zu beachten ist dabei auch, dass es gerade zum Erlöschen beider Forderungen kommt, also sowohl der Hauptforderung, um die es hier in erster Linie geht, als auch der Gegenforderung. Die Aufrechnung entwickelt somit Erfüllungswirkung. Dem Schuldner wird die Möglichkeit eröffnet, mit einer Gegenforderung, die ihm gegen seinen Gläubiger zusteht, die Hauptforderung des Gläubigers zu erfüllen und den Gläubiger damit zu befriedigen[666]. Dabei ist der Schuldner jedoch nicht zur Aufrechnung gezwungen. Gleichermaßen hat er die Möglichkeit, die Forderung des Gläubigers nach § 362 Abs.1 BGB durch Zahlung zu erfüllen. Allerdings hat der Gläubiger keinen Einfluss darauf, wie der Schuldner die Leistung bewirkt. Wenn der Schuldner also den Weg der Aufrechnung wählt, kann der Gläubiger dies nicht verhindern[667]. Sind Haupt- und Gegenforderung gleichwertig, so kommt es insgesamt zu einem vollständigen Erlöschen und zu einer gegenseitigen Befriedigung von Gläubiger und Schuldner. Ist jedoch eine Forderung höherwertig, so führt dies dazu, dass die kleinere Forderung vollständig erlischt, während die größere Forderung in Höhe eines positiven Saldos bestehen bleibt. Der jeweilige Gläubiger kann diesen Rest somit weiterhin einfordern.

Im Ergebnis führt das Verknüpfungsphänomen bei der Aufrechnung dazu, dass eine bereits vollständig entstandene Hauptforderung des Gläubigers durch eine Aufrechnung des Schuldners mit einer ebenfalls bereits bestehenden Gegenforderung in Höhe der Deckung zum Erlöschen kommt.

---

664 Diese gegenüberstehenden Ansprüche sind gerade die erforderliche Aufrechnungslage des § 387 BGB.

665 Bei der Aufrechnung handelt es sich auch nach der Systematik des BGB um einen Erlöschensgrund. Sie steht deshalb im vierten Abschnitt des zweiten Buches *„Erlöschen der Schuldverhältnisse"*.

666 Die Aufrechnung wird deshalb als Tilgungs- oder Erfüllungssurrogat bezeichnet, vgl. Larenz 1987 – Schuldrecht I AT, S. 255/256, § 18 VI; Gernhuber 1994 – Erfüllung und Surrogate, S. 225 ff. Siehe hierzu ausführlich B, I, 2, b).

667 Bei der Aufrechnung handelt es sich gerade nicht um einen Fall der Leistung an Erfüllungs statt im Sinne des § 364 Abs. 1 BGB; dort kommt es zum Eintritt der Erfüllung gerade auf die Mitwirkung des Gläubigers an. Ursprünglich wurde die Aufrechnung zwar noch teilweise als Unterart der Annahme an Erfüllungs statt gesehen, vgl. noch Siber 1899 – Compensation und Aufrechnung, S. 136. Heute ist dies jedoch nicht mehr vertretbar, da nach den §§ 387 ff. BGB der Wille des Aufrechnungsgegners gerade keine Rolle mehr spielen soll.

d) Zwischenergebnis

Im Ergebnis zeigt sich somit, dass bei der Aufrechnung auf der einen Seite und bei Mitverschulden, Saldotheorie und Vorteilsausgleichung auf der anderen Seite zwei verschiedene Lösungswege zur Wirkung des Verknüpfungsphänomens realisiert wurden. Bei der Aufrechnung kommt es zu einem Erlöschen bestehender Ansprüche, so dass nach der Verrechnung nur noch ein Anspruch in Höhe eines etwaigen Überschusses bestehen bleibt. Die anderen untersuchten Rechtsinstitute kennen dagegen von vornherein nur einen Anspruch, wobei sich das Verknüpfungsphänomen auswirkt, indem es diesen Anspruch inhaltlich beschränkt entstehen lässt. Interessant ist dabei die Feststellung, dass die beiden theoretischen Modelle der Saldotheorie und der Vorteilsausgleichung methodisch dem Vorbild des Mitverschuldens folgen. Diese Ausgestaltung bietet sich zwar an, da sich diese drei Institute insofern ähneln, als sich jeweils gerade nicht zwei Forderungen gegenüberstehen, welche verrechnet werden könnten[668]. Gerade die beschriebene Problematik eines möglichen Schwebezustandes zwischen dem Aufeinandertreffen der gegensätzlichen Sachverhalte zeigt aber, dass die gewählte Funktionsmethode bei Saldotheorie und Vorteilsausgleichung weder dogmatisch sauber ist, noch stets zu angemessenen Ergebnissen führt.

3. Prozessrechtliche Folgen

Die gerade dargestellten materiellrechtlichen Auswirkungen treffen die Ansprüche unabhängig davon, ob eine außergerichtliche Lösung gefunden, oder ein Gerichtsprozess erforderlich wird[669]. Im Falle einer gerichtlichen Geltendmachung, spielt es eine maßgebliche Rolle, welche prozessrechtlichen Folgen sich aus den Verknüpfungsphänomenen ergeben. Dies gilt dabei nicht nur für den Kläger, sondern erst recht für den Beklagten. Dieser wird regelmäßig kraft Stellung im Prozess in der Situation sein, sich gegen einen Anspruch verteidigen zu müssen.

668 Zwingend ist diese Ausgestaltung jedoch auch nicht. In Betracht kommt in beiden Fällen auch die Möglichkeit, dass der Schadensersatz- oder Kondiktionsanspruch zunächst in voller Höhe zur Entstehung gelangt und erst anschließend durch eine rechtsvernichtende Einwendung des Schuldners entsprechend gekürzt wird.

669 Bei einer solchen außergerichtlichen Lösung ist es möglich, dass die Parteien etwas anderes vereinbaren, als an sich juristisch richtig wäre. Es können sich also beispielsweise die Parteien auf eine Mitverschuldensquote von 40 % einigen, obwohl richtigerweise 50 % angesetzt werden müssten, oder man anerkennt eine Aufrechnung, obschon die Gegenforderung nicht besteht. Hierbei handelt es sich jedoch stets um Fälle eines Vergleichs im Sinne des § 779 BGB.

a) Geltendmachung

Wird der Beklagte mit einer Klage auf Schadensersatz, mit einer Kondiktionsklage, oder mit einer Klage auf einen sonstigen Geldanspruch konfrontiert, so ist es für ihn entscheidend, wie er sich hiergegen adäquat verteidigen kann. Aufgrund der Dispositionsmaxime berücksichtigt ein Zivilgericht nur den Prozessstoff, der ihm von den Parteien vorgetragen wird[670]. Gleiches gilt somit auch für Angriffs- und Verteidigungsmittel des Beklagten.

i. Prozessuale Einwendungen

Grundsätzlich kennt das materielle Zivilrecht des BGB Einreden und Einwendungen. Unter dem Begriff der Einrede werden alle Gründe zusammengefasst, die den Anspruch hemmen, also den Schuldner zur Verweigerung einer geschuldeten Leistung berechtigen[671]. Gesetzliche Beispiele für solche Einreden finden sich in § 273 Abs. 1 BGB[672] oder in § 771 BGB[673]. Unterschieden wird dabei zwischen dauernden Einreden (peremptorische Einreden) und aufschiebenden Einreden (dilatorischen Einreden). Die Abgrenzung wird danach getroffen, ob der Schuldner die Leistung dauerhaft oder nur vorübergehend verweigern darf[674]. Bei einer Einwendung hingegen handelt es sich nicht um ein Gegenrecht, sondern um die Feststellung, dass ein Recht aus bestimmten Gründen nicht oder nicht mehr besteht[675]. Abzugrenzen sind hierbei rechtshindernde und rechtsvernichtende Einwendungen, also Einwendungen, die ein Recht schon am Entstehen hindern, und solche, welche ein Recht nachträglich wieder entfallen lassen[676].

---

670 Die Dispositionsmaxime wird dabei als die prozessuale Ausprägung der Privatautonomie bezeichnet, vgl. Musielak 2008 – Kommentar ZPO, Einl., Rn. 35.

671 Larenz/Wolf 2004 – BGB AT, S. 329, § 18, Rn. 57; Köhler/Lange 2008 – BGB AT, S. 239, § 18, Rn. 11.

672 Das Zurückbehaltungsrecht ist eine der wichtigsten Einreden und in seiner Wirkungsweise mit der Aufrechnung artverwandt, siehe schon Fn. 495.

673 Mit der Einrede der Vorausklage kann der Bürge seine Inanspruchnahme solange verhindern, bis der Gläubiger erfolglos gerichtlich gegen den Hauptschuldner vorgegangen ist.

674 Larenz/Wolf 2004 – BGB AT, S. 330, § 18, Rn. 64 ff. nennt noch eine dritte Art der anspruchsbeschränkenden Einreden; diese führen jedoch nicht zu einer Klageabweisung, sondern nur zu einem Vorbehaltsurteil.

675 Köhler/Lange 2008 – BGB AT, S. 239, § 18, Rn. 10

676 Köhler/Lange 2008 – BGB AT, S. 239, § 18, Rn. 10

Das Prozessrecht hingegen versteht unter Einreden auch Einwendungen, der Begriff der prozessualen Einrede ist somit weiter zu fassen[677]. Im Prozess kommt es mithin nur darauf an, dass der Beklagte Tatsachen vorträgt, aus denen das Gericht schließen kann, ob der vom Kläger geltend gemachte Anspruch begründet ist.

Materiellrechtlich sind sowohl Aufrechnung und Mitverschulden, als auch Saldotheorie und Vorteilsausgleichung als Einwendungen zu kategorisieren. Sie sind keine Einreden, weil sie zwar jeweils dauerhaft zu einer Leistungsverweigerung berechtigen, nicht aber echte Gegenrechte gegen einen Anspruch begründen. Vielmehr beseitigen sie direkt den Anspruch, bzw. lassen diesen gar nicht entstehen[678].

ii. Aufrechnung

(1) Doppelnatur der Prozessaufrechnung

Obschon spätestens seit dem 19. Jahrhundert anerkannt ist, dass es sich bei der Aufrechnung um ein Institut des materiellen Rechts handelt[679], hat die Aufrechnung auch eine erhebliche prozessuale Relevanz. Zwar führt die Ausübung der Aufrechnung nach § 389 BGB zu einem materiellen Erlöschen zweier sich deckender Forderungen. Allerdings kann dieses Erlöschen durch Aufrechnung rechtskräftig nur durch ein Gericht festgestellt werden. Zudem dient die Aufrechnung oft als Verteidigungsmittel, wenn der Beklagte auf eine Zahlungsklage entgegnet, dass diese Forderung durch Aufrechnung mit einer Gegenforderung erloschen sei.

In dieser Konstellation hat die Aufrechnung dann eine Doppelnatur. Auf der einen Seite ist sie materielles Rechtsgeschäft, auf der anderen Seite ist die prozessuale Aufrechnungserklärung eine Prozesshandlung[680]. Die Einführung der Aufrechnung in den Prozess erfolgt dabei im Wege einer rechtsvernichtenden

677 Sie zu dieser Abgrenzung Larenz/Wolf 2004 – BGB AT, S. 334, § 18, Rn. 80.

678 Eine Leistung kann nur verweigert werden, wenn der Anspruch als solches noch besteht. Materiellrechtliche Einreden sind hingegen darauf gerichtet, die Durchsetzbarkeit von bestehenden Ansprüchen zu hindern, vgl. Larenz/Wolf 2004 – BGB AT, S. 329, § 18, Rn. 55 ff.

679 Seit Einführung des BGB kann es hieran auch keinen ernsthaften Zweifel mehr geben.

680 Palandt 2009 – Kommentar BGB, § 388, Rn. 2

Einwendung[681], da durch die Aufrechnung ein bereits bestehender Anspruch nachträglich wieder ganz oder teilweise beseitigt wird[682].

Die Aufrechnung kann im Prozess sowohl im Wege der Primäraufrechnung, als auch im Wege der Eventualaufrechnung geltend gemacht werden[683]. Zu beachten ist dabei jedoch, dass es bei der Aufrechnung nicht darauf ankommt, wer die Gestaltungserklärung abgibt. Auf die prozessuale Situation übertragen bedeutet dies, dass es unerheblich ist, welche der beiden Parteien ihre Forderung einklagt, bzw. welche Partei hierauf hin die Aufrechnung erklärt[684]. Im Prozess wird aber regelmäßig die beklagte Partei aufrechnen.

(2) Primäraufrechnung

Es muss dem Beklagten möglich sein, sich zu verteidigen, indem er sich darauf beruft, die Klageforderung durch eine Aufrechnung mit einer Gegenforderung zum Erlöschen gebracht zu haben, §§ 387, 388, 389 BGB[685]. Ist dies das einzige Verteidigungsmittel des Beklagten, so handelt es sich um eine Primäraufrechnung[686]. Es kommt hierbei nicht darauf an, ob sich der Beklagte im Prozess auf eine außergerichtlich erklärte Aufrechnung beruft, oder die Aufrechnung erst im Prozess erklärt[687]. Die materiell-rechtliche Wirkung bleibt die gleiche. Das Gericht muss dann sowohl die Klageforderung auf ihre Begründetheit überprüfen, als auch die geltend gemachte Gegenforderung. Kommt das Gericht zu dem Ergebnis, dass beide Forderungen in der geltend gemachten Höhe begründet sind,

---

681 Gernhuber 1994 – Erfüllung und Surrogate, S. 312. Auf die Abgrenzung zwischen der „zivilistischen Theorie" (die als h.M. die Einführung der Aufrechnung in den Prozess von der materiellrechtlichen Aufrechnung streng trennt) und der „prozessualen Theorie" (welche die materiellrechtliche Aufrechnung von der prozessrechtlichen scharf trennte und letztere als rein prozessuales Institut betrachtete, welches als echte Einrede vorgebracht werden musste und dazu führte, dass die Aufrechnung erst durch richterliches Gestaltungsurteil eintrat) soll hier nicht weiter eingegangen werden. Für die „prozessuale Theorie" siehe Enneccerus/Lehmann 1958 – Schuldverhältnisse, S. 278/279, § 69 III 1.

682 Zwar hat die Aufrechnung Rückwirkung, § 389 BGB. Dies ändert jedoch nichts daran, dass zunächst beide Ansprüche entstanden waren und nur nachträglich wieder entfallen.

683 Siehe hierzu sogleich.

684 Diese Situation ist bei Mitverschulden, Saldotheorie und Vorteilsausgleichung anders. Diese Einwendungen können nur von dem verklagten Schädiger, bzw. dem entreicherten Kondiktionsschuldner geltend gemacht werden.

685 So auch Gernhuber 1994 – Erfüllung und Surrogate, S. 313.

686 Dies bedeutet zugleich, dass die Klageforderung als solches anerkannt wird.

687 Hierzu MünchKomm BGB 2007 – §§ 241-432, S. § 387, Rn. 40.

so wird die Klage in Höhe der Aufrechnung abgewiesen[688]. In materielle Rechtskraft erwächst dabei nur der Teil der Gegenforderung, über den entschieden wurde[689]. Der Aufrechnende hat dann die Möglichkeit, den Rest direkt im Wege der Widerklage nach § 33 ZPO im selben Prozess einzuklagen. Bestätigt das Gericht die Gegenforderung nicht, so bewirkt § 322 Abs. 2 ZPO, dass die materielle Rechtskraft ebenfalls nur für die Höhe gilt, in der die Gegenforderung geltend gemacht wurde. Ein etwaig überschießender Teil könnte also wiederum gesondert eingeklagt werden[690]. Insgesamt ist bei der Geltendmachung einer Primäraufrechnung somit zu berücksichtigen, dass die Entscheidung über die Aufrechnung in Höhe der eingeklagten Forderung in Rechtskraft erwächst. Durch diese Prozessaufrechnung wird die Gegenforderung aber nicht rechtshängig[691].

(3) Eventualaufrechnung

Erklärt der Beklagte die Aufrechnung nur hilfsweise für den Fall, dass das Gericht die Hauptforderung anerkennt, handelt es sich um eine Eventualaufrechnung[692]. Die Eventualaufrechnung ist dabei zunächst unter dem Gesichtspunkt der Bedingungsfeindlichkeit nach § 388 S. 2 BGB bedenklich. Hiernach ist die Aufrechnungserklärung

„unwirksam, wenn sie unter einer Bedingung /.../ abgegeben wird“.

Dies trifft an sich bei der Eventualaufrechnung zu, da die Erklärung gerade nur für den Fall gelten soll, dass die Klageforderung nicht aus anderen Gründen unwirksam ist[693]. Gleichwohl wird die Eventualaufrechnung insgesamt für zulässig erachtet[694]. Diese Zulässigkeit setzt auch § 45 Abs. 3 GKG voraus[695]. Eine Bedingung im Sinne der §§ 388 S. 2, 158 BGB wird verstanden als eine

---

688 Nicht zwangsläufig ganz, ein etwaiger überschüssiger Teil wird dann zugesprochen.

689 Zöller 2009 – Kommentar ZPO, § 322, Rn. 21, vgl. auch BGH NJW 1998, 995.

690 Die Einschätzung des ersten Gerichts ist für ein weiteres Verfahren keineswegs zwingend.

691 So jedenfalls die herrschende Rechtsprechung, vgl. BGHZ 57, 242 [243/244], BGHZ 60, 85 [87], wobei die maßgebliche Argumentation den Wortlaut des § 261 Abs. 1 ZPO betrifft, nach welchem Rechtshängigkeit nur bei Erhebung einer Klage eintrete, während die bloße Geltendmachung einer Aufrechnung keine Klageerhebung sei.

692 Die Eventualaufrechnung setzt also voraus, dass der Beklagte gegen die Klageforderung zunächst andere Gründe vorbringt. Nur für den Fall, dass diese nicht greifen, soll hilfsweise wenigstens die Forderung durch Aufrechnung erlöschen.

693 Palandt 2009 – Kommentar BGB, § 388, Rn. 3

694 Vgl. nur Musielak 2007 – Grundkurs ZPO, S. 191, Rn. 299.

„durch den Parteiwillen in ein Rechtsgeschäft eingefügte Bestimmung, die die Rechtswirkungen des Geschäfts von einem zukünftigen ungewissen Ereignis abhängig macht“[696].

Die Eventualaufrechnung ist davon abhängig, ob die Klageforderung besteht, bzw. ob das Gericht dieses Bestehen feststellt. Diese gerichtliche Feststellung ist jedoch keine echte Bedingung, da es sich nicht um ein zukünftiges ungewisses Ereignis handelt Vielmehr ist an sich bereits von Anfang des Gerichtsverfahrens an klar, ob die Forderung besteht, unabhängig davon, ob das Gericht dies auch erkennt[697]. Es handelt sich mithin um eine bloße innerprozessuale Bedingung. Diese ist aber jedenfalls dann unschädlich, wenn man § 388 S. 2 BGB insoweit restriktiv auslegt[698]. Das Gericht darf über die Gegenforderung nur insoweit urteilen, wie es die Hauptforderung trotz der vorgebrachten Gegenargumente zunächst für begründet erachtet[699]. Für die Rechtskraft der Eventualaufrechnung dasselbe, wie bei der Primäraufrechnung. Soweit das Gericht über die zur Aufrechnung gestellte Forderung entscheidet, erwächst diese Entscheidung in Rechtskraft. Rechtshängigkeit tritt nicht ein.

iii. Mitverschulden

Beim Mitverschulden nach § 254 BGB handelt es sich um ein rein materielles Rechtsinstitut, welches einen zivilrechtlichen Anspruch schon im Anfangsstadium verkürzt entstehen lässt. Die Quote des Mitverschuldens bestimmt sich dabei nach dem Grad der jeweiligen Verursachung. Einer gerichtlichen Ermessensentscheidung bedürfte es dabei an sich nicht, da die Quote der Verursachungsbeiträge mit dem Schadenseintritt feststeht[700]. Dennoch hat das Mitverschulden eine nicht zu unterschätzende zivilprozessuale Rolle. Dies nicht zuletzt schon deshalb, weil Rechtssicherheit über die Haftungsquote letztlich nur über ein gerichtliches Urteil hergestellt werden kann.

---

695 § 45 Abs. 3 GKG lautet: *„Macht der Beklagte hilfsweise die Aufrechnung mit einer bestrittenen Gegenforderung geltend, erhöht sich der Streitwert um den Wert der Gegenforderung, soweit eine der Rechtskraft fähige Entscheidung über sie ergeht“*.

696 Palandt 2009 – Kommentar BGB, S. Einf. v. § 158, Rn. 1

697 So argumentierte bereits das Reichsgericht in RGZ 97, 269 [273].

698 Vgl. Gernhuber 1994 – Erfüllung und Surrogate, S. 314/315 mit weiteren Nachweisen.

699 Es reicht aber aus, wenn das Gericht zu der Auffassung gekommen ist, dass über die Klageforderung in die nähere Beweisaufnahme eingetreten werden müsste (so die herrschende Beweiserhebungstheorie), vgl. Gernhuber 1994 – Erfüllung und Surrogate, S. 313/314.

700 Siehe hierzu oben B, II, 2, b) i und Fn. 622.

(1) Einrede oder Einwendung

Unklar ist dabei schon, ob das Mitverschulden im Wege einer materiellrechtlichen Einrede oder einer Einwendung geltend zu machen ist[701]. Für den auf Schadensersatz verklagten Beklagten macht diese Abgrenzung einen großen Unterschied, da sich die Anforderungen an sein prozessuales Verhalten hiernach bestimmen. Handelte es sich um eine Einrede, so müsste er sich darauf berufen; bei einer Einwendung müsste das Gericht das Mitverschulden des Klägers und Geschädigten von Amts wegen berücksichtigen.

Der Schadensersatzanspruch des Geschädigten im Falle eines mitwirkenden Verschuldens wird automatisch in der Höhe reduziert. Die Reduktion erfolgt quasi in der juristischen Sekunde der Schadensentstehung. Dies muss auch Folgen auf den Prozess haben. Müsste sich der beklagte Schädiger im Prozess aktiv auf ein Mitverschulden berufen, also die „Einrede des Mitverschuldens" erheben, so könnte dies dazu führen, dass der Geschädigte im Falle des Unterlassens oder der prozessualen Unzulässigkeit dieser Einrede[702] den vollen Schadensersatz zugesprochen bekommt. Eine Möglichkeit des Schädigers, das Mitverschulden in einem anderen Prozess vorzubringen, bestünde dann nicht mehr[703]. Gerade aber der Automatismus des § 254 BGB muss gewährleisten, dass das Gericht das Mitverschulden des Geschädigten unabhängig davon berücksichtigt, ob der Schädiger sich hierauf beruft. Im Ergebnis muss es sich somit beim Mitverschulden nach § 254 BGB nicht um eine Einrede handeln, sondern um eine Einwendung[704]. Da § 254 BGB dogmatisch beim Entstehen des Schadensersatz-

701 Mit einer Einrede kann der Beklagte die Durchsetzbarkeit eines bestehenden Anspruchs hindern, indem er sich im Prozess aktiv darauf beruft. Im Gegensatz dazu hat das Gericht eine Einwendung auch dann zu berücksichtigen, wenn ihm nur ein entsprechender Sachverhalt vorgetragen wird; eines Berufens hierauf bedarf es dann nicht mehr, vgl. hierzu Larenz/Wolf 2004 – BGB AT, S. 326 ff, § 18, Rn. 42 ff.; siehe auch Fikentscher/Heinemann 2006 – Schuldrecht, Rn. 219 Rn. 523.

702 Die prozessuale Unzulässigkeit von Einreden kommt beispielsweise in Betracht, wenn das entsprechende Angriffs- und Verteidigungsmittel verspätet vorgebracht wird, § 296 ZPO.

703 Da regelmäßig das Mitverschulden des Geschädigten nur eine Obliegenheitsverletzung ist, hat der Schädiger wegen dieses Verhaltens keinen eigenständigen Schadensersatzanspruch gegen den Geschädigten, welchen er in einem gesonderten Prozess geltend machen könnte. Es kommt somit maßgeblich darauf an, dass das Mitverschulden im Schadensersatzprozess des Geschädigten abgeurteilt wird.

704 So die ganz herrschende Meinung, vgl. Ludwig 2006 – Fehlender Mitverschuldenseinwand, S. 3760; Lange/Schiemann 2003 – Schadensersatz, S. 663, § 10 XIX; MünchKomm BGB 2007 – §§ 241-432, § 254, Rn. 143; Palandt 2009 – Kommentar BGB,

anspruches ansetzt und diesen anfänglich inhaltlich beschränkt, ist es ein Fall einer rechtshindernden Einwendung[705].

(2) Beachtung von Amts wegen

Sobald das Gericht im Rahmen eines Schadensersatzprozesses Umstände erfährt, die auf ein Mitverschulden des Geschädigten hindeuten, muss es diese Umstände entsprechend würdigen und gegebenenfalls den Schadensersatzanspruch quotal gekürzt zusprechen. Dabei kommt es nicht darauf an, welche Partei dem Gericht den jeweiligen Sachverhalt mitteilt[706]. Auch ist möglich, dass das Gericht aufgrund der üblichen Umstände eines Schadensersatzanspruches ein Mitverschulden sogar ohne Erwähnung durch die Parteien berücksichtigt oder jedenfalls überprüft[707]. Insgesamt muss das Gericht hier von Amts wegen tätig werden[708]. Der Schädiger muss sich im Rahmen des Prozesses nicht damit

---

§ 254, Rn. 74. Es handelt sich auch um die herrschende Meinung in der Rechtsprechung, vgl. BGH NJW 2000, 217 [219]; BGH NJW 1991, 166 [167]; BAG NJW 1971, 957 [958].

705 Üblicherweise wird § 254 BGB lediglich als Einwendung bezeichnet, ohne zwischen rechtshindernder und rechtsvernichtender Einwendung zu unterscheiden, vgl. nur Palandt 2009 – Kommentar BGB, § 254, Rn. 74; MünchKomm BGB 2007 – §§ 241-432, § 254, Rn. 143, BGH NJW 2000, 217 [219]. Wenn man jedoch der Definition der rechtshindernden Einwendung folgt, vgl. Larenz/Wolf 2004 – BGB AT, S. 327, § 18, Rn. 48, und hierunter Gründe fasst, die das Entstehen eines Rechts verhindern, so muss § 254 BGB als rechtshindernde Einwendung verstanden werden. Der Schadensersatzanspruch entsteht durch das Mitverschulden gegenüber dem realiter eingetretenen Schaden nur in geringerer Höhe.

706 Entscheidend ist lediglich, dass das Gericht von diesen Umständen erfährt, vgl. Lange/Schiemann 2003 – Schadensersatz, S. 663, § 10 XIX.

707 Dies ist vor allem dann der Fall, wenn auf Seiten des Geschädigten ein Tatbestand der Gefährdungshaftung in Betracht kommt. Klagt also ein Kfz-Halter gegen einen anderen Kfz-Halter auf Schadensersatz wegen eines Unfalls, so wird schon wegen § 7 StVG regelmäßig ein Mitverschulden des Klägers zu berücksichtigen sein.

708 Auch dies entspricht der ganz herrschenden Meinung, vgl. nur Palandt 2009 – Kommentar BGB, § 254, Rn. 74; Lange/Schiemann 2003 – Schadensersatz, S. 663, § 10 XIX. Nach einer anderen Ansicht soll hingegen keine Berücksichtigung des Mitverschuldens von Amts wegen erfolgen, so Nastelski in der 11. Auflage des RGRK 1960 – §§ 241-432, § 254, Anm. 116; Nastelski bezieht sich hierbei ausschließlich auf die Rechtsprechung des Reichsgerichts, so unter anderem auf RGZ 51, 186 [193] von 1902 und zuletzt RGZ 162, 24 [29/30] von 1940, wo das § 254 BGB als vom Beklagten zu erhebende Einrede behandelt wird. In der 12. Auflage ist diese Ansicht dann aufgegeben, vgl. RGRK 1976 – §§ 241-413, § 254, Rn. 76, jedenfalls aber entschärft. Der BGH machte dann bereits in BGHZ 1, 248 [250] deutlich, dass § 254 Abs. 1 BGB *„dem*

verteidigen, dass die Klage wegen eines Mitverschuldens des Klägers in entsprechender Höhe unbegründet sei. Zwar hat der Bundesgerichtshof in einem neueren Urteil ausgeführt, ein

> *„substantiiertes Vorbringen der Bekl. zu 1, aus dem sich ein Mitverschulden der Zedentin ergeben könne“,*

fehle[709]. Dies hatte in dem hier entschiedenen Fall zur Folge, dass eine Überprüfung eines Mitverschuldens trotz medialer Offenkundigkeit entsprechender Umstände übergangen wurde[710]. Hierbei handelt es sich jedoch um eine Einzelfallentscheidung, welche nicht eine grundsätzliche Rechtsprechungsänderung herbeiführte.

(3) Zivilprozessuale Klagemöglichkeiten

§ 254 BGB birgt insofern ein Risiko, als letztlich vor einem rechtskräftigen Urteil des Gerichts keine Rechtssicherheit über die tatsächliche Haftungsquote bestehen kann. Dieser Umstand bringt für den Kläger, dem ein Schaden entstanden ist, folgendes Dilemma: der Kläger hat einen genau bezifferbaren Schaden, kann aber bei Klageerhebung nicht sicher sein, wie das Gericht sein Mitverschulden beurteilt[711].

Schädiger bloß einen Einwand (gebe), der seine Schadensersatzpflicht im Hinblick auf das mitwirkende Verschulden des Geschädigten mindern oder beseitigen kann“.

709 BGH NJW 2006, 830 [834]

710 Vgl. hierzu die scharfe Kritik von Ludwig 2006 – Fehlender Mitverschuldenseinwand, S. 3757 ff. und insbesondere S. 3760.

711 Das Gericht kann in einem Grundurteil nach § 304 ZPO über das Mitverschulden und damit über die Haftungsquote entscheiden, vgl. MünchKomm BGB 2007 – §§ 241-432, § 254, Rn. 146; Palandt 2009 – Kommentar BGB, § 254, Rn. 74. Dann ist der Haftungsgrund sicher, bevor es im Betragsverfahren um die tatsächliche Höhe des Anspruches geht, vgl. Schellhammer 2007 – Zivilprozess, Rn. 906. Dieses Vorgehen hat den Vorteil der Prozessökonomie, da eine Beweisaufnahme über die Haftungshöhe hinfällig wird, wenn schon im Grundurteil eine Haftung dem Grunde nach verneint wird. Das Gericht kann aber von einem Grundurteil absehen und gleich im Betragsverfahren auch über die Haftungsquote entscheiden, wenn von Anfang an klar ist, dass der Schädiger jedenfalls quotal haften muss, vgl. BGHZ 76, 397 [400]: *„Aber auch wenn ein Mitverschulden bei der Entstehung des Schadens (Abs. 1 des § 254 BGB) geltend gemacht wird, ist es nicht unzulässig, die Entscheidung darüber dem Nachverfahren vorzubehalten.“*; siehe auch schon BGHZ 1, 34 [36]: *„Wenn aber nach der aus den Entscheidungsgründen zweifelsfrei erkennbaren Meinung des Tatrichters das mitwirkende Verschulden zweifellos nur zu einer Minderung, nicht zu einer Beseitigung der Schadenshaftung führen kann, so kann die Prüfung dem Betragsverfahren vorbehalten bleiben“.*

Der Geschädigte kann dabei den vollen Betrag im Wege einer Leistungsklage einklagen. Sieht das Gericht aber ein Mitverschulden, so unterliegt der Geschädigte mit seiner Klage in entsprechender Höhe, so dass er diesbezüglich die Kosten zu tragen hat. Der Geschädigte kann auch sein Mitverschulden von sich aus berücksichtigen, indem er nur eine gewisse Quote seines Schadens einklagt. Allerdings obliegt die Entscheidung über die Quote im Ergebnis alleine dem Gericht. Dies bedeutet, dass das Gericht entweder dem „Vorschlag“ des Geschädigten folgt, oder aber abweicht. Sieht das Gericht dabei ein geringeres Mitverschulden des Klägers als begründet an, so kann es dennoch nicht von sich aus dem Kläger mehr zusprechen. Dies ergibt sich schon aus dem Grundsatz „ne ultra petita“ des § 308 Abs. 1 ZPO[712].

Im Gegensatz zur Leistungsklage auf Schmerzensgeld darf der Kläger beim Schadensersatz keine unbezifferte Klage erheben. Vielmehr muss er den Betrag, den er begehrt, genau angeben. Nach § 253 Abs. 2 Nr. 2 ZPO muss die Klage einen bestimmten Klageantrag enthalten, was auch eine genau bezifferte Klageforderung umfasst[713]. Eine Ausnahme wird nur in den Fällen gemacht, in denen dem Kläger eine Bezifferung nicht möglich ist, weil die Summe von einer gerichtlichen Schätzung oder einem richterlichen Ermessen abhängt[714]. Hierunter werden unter anderem die Fälle des § 287 ZPO gefasst. Das Gericht hat hier die Möglichkeit, die Entstehung eines Schadens, bzw. dessen Höhe zu schätzen. Die Bestimmung der Haftungsquote des § 254 BGB wird jedoch nicht zu diesen Fällen gezählt. Mit § 287 Abs. 1 ZPO darf nur der Schaden als solches geschätzt werden[715], während die Haftungsquote den Schadensgrund betrifft[716]. Der unbestimmte Klageantrag soll dabei eine Ausnahme für die Fälle sein, in denen dem Kläger das Risiko der exakten Bezifferung eines Schadens billigerweise nicht aufgebürdet werden kann. Dies ist bei Feststellungen zum Mitverschulden aber

---

712 Zu überlegen ist jedoch, ob das Gericht in diesem Fall nicht dem Kläger einen richterlichen Hinweis nach § 139 ZPO zu erteilen hat, dass es dessen Mitverschulden geringer einschätze, so dass der Kläger die Möglichkeit hat, seine Klage entsprechend zu erweitern, §§ 263, 264 Nr. 2 ZPO.

713 Zöller 2009 – Kommentar ZPO, § 253, Rn. 13a

714 Zöller 2009 – Kommentar ZPO, § 253, Rn. 14; Schellhammer 2007 – Zivilprozess, Rn. 59.

715 Vgl. Zöller 2009 – Kommentar ZPO, § 287, Rn. 2. Hiernach kann das Gericht nur bei der Ermittlung der Verursachungsbeiträge schätzen.

716 Siehe hierzu sogleich C, III, 3, b), ii.

gerade nicht der Fall, da dieses Risiko stets Bestandteil einer Schadensersatzklage ist[717].

Als eine dritte Möglichkeit käme für den Geschädigten eine Feststellungsklage nach § 256 ZPO zur Haftungsquote in Betracht. Anschließend könnte er dann eine entsprechende Leistungsklage erheben. Im Rahmen der Feststellungsklage über den Haftungsgrund würde das Gericht ein Urteil fällen, zu welcher Quote der Schädiger dem Grunde nach haften muss. Die tatsächliche Schadenshöhe wäre bei diesem Urteil noch nicht von Belang. Diese Konstellation stößt dabei aber auf die grundsätzliche Problematik der Subsidiarität der Feststellungsklage gegenüber der Leistungsklage[718]. Wenn der Kläger bereits eine Leistungsklage erheben könnte, hat er regelmäßig kein Feststellungsinteresse[719]. Eine Feststellungsklage kommt somit nur in Betracht, wenn die Höhe des Schadens noch nicht endgültig feststeht. Dann kann in einem Urteil festgestellt werden, dass der Beklagte dem Grunde nach hafte, wobei im Rahmen dieser Feststellung bereits das Mitverschulden mitberücksichtigt wird[720]. Wenn der Schaden jedoch an sich in der Höhe bekannt ist und nur ein potentielles Mitverschulden des Geschädigten zur Debatte steht, ist die Feststellungsklage nicht die richtige Klageart.

iv. Saldotheorie

Die Saldotheorie wurde von der Rechtsprechung entwickelt. Schon in diesem Umstand zeigt sich die praktische Relevanz dieser Theorie gerade für die prozessuale Praxis.

Die Saldotheorie begünstigt den bereicherten Kondiktionsschuldner. Grundsätzlich kommen bei der prozessualen Rückabwicklung eines nichtigen gegenseitigen Vertrages nach §§ 812 ff. BGB zwei Konstellationen in Betracht. Beim Beispiel eines nichtigen Kaufvertrages klagt entweder der Verkäufer auf Herausgabe der Kaufsache, oder der Käufer auf Herausgabe des Kaufpreises. Eine Verbindung dieser beiden Kondiktionsansprüche ist dabei insofern denkbar, als die-

---

717 Vgl. BGH NJW 1967, 1420 [1421]: *„Die Möglichkeit, daß sich der vom Kläger behauptete Geschehensablauf in der Beweisaufnahme anders darstellt, gehört zu dem Prozeßrisiko, das die Zivilprozeßordnung jedem Kläger auferlegt. Von diesem Risiko kann der Kläger sich nur durch einen wahrheitsgemäßen, erweisbaren Sachvortrag, nicht aber durch einen unbezifferten Klageantrag befreien"*.

718 Hierzu Schellhammer 2007 – Zivilprozess, Rn. 184.

719 Dieses Feststellungsinteresse ist aber nach § 256 HS. 2 ZPO Voraussetzung einer Feststellungsklage.

720 Zöller 2009 – Kommentar ZPO, § 256, Rn. 4a

jenige Partei, die zuerst auf Herausgabe verklagte wird, in diesem Prozess Widerklage nach § 33 ZPO ebenfalls auf Herausgabe erheben kann.

Ist die Kaufsache beim Käufer untergegangen, wird dieser im Rahmen eines durch den Verkäufer angestrebten Kondiktionsprozesses seine Entreicherung nach § 818 Abs. 3 BGB geltend machen. Dabei handelt es sich um eine echte rechtsvernichtende Einwendung und nicht lediglich um eine Einrede[721]. Dies hat zur Folge, dass das Gericht die Entreicherung von Amts wegen zu berücksichtigen hat, auch wenn es nur irgendwie durch den Sachvortrag darauf aufmerksam wird[722]. Im Ergebnis wird diese Einwendung des Käufers dazu führen, dass der Kondiktionsanspruch des Verkäufers in Höhe der Bereicherung ausgeschlossen ist. Eine Entscheidung über die Herausgabepflicht des Verkäufers bezüglich des Kaufpreises wird in diesem Prozess nicht getroffen[723]. Zu einer Anwendung der Saldotheorie kommt es mithin nicht.

Diese kann immer nur in dem anderen Fall zum Tragen kommen, wenn der entreicherte Käufer seinen Kondiktionsanspruch gegen den Verkäufer geltend macht. Der entreicherte Kläger klagt auf die Herausgabe des Kaufpreises. Die Einordnung der Entreicherung im Sinne des § 818 Abs. 3 BGB als Einwendung ermöglicht es dann dem Verkäufer ebenfalls, die Entreicherung des Käufers geltend zu machen. Dies führt zur Anwendung der Saldotheorie auf den Kondiktionsanspruch des Käufers[724]. Wie bereits dargestellt, hat dann die Saldierung der gegenseitigen Kondiktionsansprüche im Wege der Anrechnung von Amts wegen zu erfolgen. Das Ergebnis liegt dann in einer vollständigen Abweisung der Kondiktionsklage, bzw. je nach Grad der Entreicherung in einer teilweisen Abweisung. Bei der prozessualen Geltendmachung der Saldotheorie handelt es sich somit ebenfalls um eine Einwendung. Diese ist aber nicht von der entreicherten Partei, sondern von der Gegenpartei zu erheben. Da die Saldotheorie in ihrer

---

721 Looschelders 2008 – Schuldrecht BT, Rn. 1518. Vgl. auch Larenz/Canaris 1994 – Schuldrecht II/2 BT, S. 302, § 73 I 4 b. § 818 Abs. 3 BGB führt zu einem gesetzlichen ursprünglichen Ausschluss des Kondiktionsanspruches und nicht zu einer nachträgliche Beschränkung; dies wird auch von der Rechtsprechung so gesehen, vgl. BGHZ 118, 383 [388].

722 Siehe zur Abgrenzung schon die Ausführungen in Fn. 701.

723 Sofern es sich nicht um einen Klage-Widerklage-Prozess handelt.

724 In dieser Konstellation ist ein weiterer prozessualer Grund für die Einordnung der Entreicherung als Einwendung auszumachen: handelte es sich um eine echte Einrede, käme man zu dem merkwürdigen Ergebnis, dass der Beklagte eine Einrede erheben müsste, die eigentlich den Kläger betrifft und aus beweisrechtlichen/prozessualen Gründen von diesem geltend gemacht werden muss.

Wirkung einen Kondiktionsanspruch von Anfang an nur in Höhe der Differenz entstehen lässt und nicht etwa einen bestehenden Anspruch nachträglich begrenzt[725], handelt es sich auch bei der Einwendung der Saldotheorie um eine rechtshindernde Einwendung[726].

Wie das Mitverschulden gibt auch die Saldotheorie dem Kondiktionsschuldner keinen eigenen Anspruch. Die Geltendmachung kann somit nur im Rahmen einer Kondiktionsklage vom Kondiktionsschuldner erfolgen und zu einer Verringerung des Anspruches führen[727].

v. Vorteilsausgleichung

Auch die Vorteilsausgleichung wurde maßgeblich durch die Rechtsprechung entwickelt. Die prozessuale Bedeutung ergibt sich deshalb wie bei der Saldotheorie schon hieraus. Durch die Vorteilsausgleichung kann der Schädiger niemals einen eigenen Anspruch auf Herausgabe des Vorteils des Geschädigten haben[728]. Aus diesem Grund kann sich prozessual das Problem der Vorteilsausgleichung stets nur im Rahmen einer Schadensersatzklage des Geschädigten gegen den Schädiger stellen. Durch die Vorteilsausgleichung kann sich auch immer nur ein Abzug vom Schadensersatzanspruch des Geschädigten ergeben. Auch hier ist das Maximum die Reduktion auf Null. Ist der Vorteil also im Einzelfall wertmäßig größer als der erlittene Schaden, so muss die Schadensersatzklage ganz abgewiesen werden.

Hat der Geschädigte durch das schädigende Ereignis auch einen Vorteil erlangt, so müsste er grundsätzlich diesen Vorteil, bzw. dessen Wert von sich aus bei seiner Schadensersatzforderung berücksichtigen und nur die Differenz einklagen[729]. Tut er dies nicht, so obliegt es dem Schädiger, den Vorteil des Geschädigten geltend zu machen. Allerdings wird die Vorteilsausgleichung im Wege der Anrechnung berücksichtigt, welche das Gericht von Amts wegen durchfüh-

---

725 Zur Problematik der zeitversetzten Sachverhalte siehe oben C, III, 2, b), iii.

726 Im Gegensatz zur rechtsvernichtenden Einwendung aus § 818 Abs. 3 BGB hat die Saldotheorie nicht lediglich Rückwirkung, sondern entfaltet gerade erst im Entstehungsstadium eine Wirkung, so dass der Kondiktionsanspruch schon im Entstehen gekürzt wird.

727 Ist die Entreicherung wertmäßig höher als der Kondiktionsanspruch, so bleibt es bei einer Reduzierung auf Null, vgl. Medicus 2007 – Schuldrecht II, Rn. 693.

728 Der Schädiger kann auch kein Interesse an einem solchen Anspruch haben. Für diesen kann es nur darauf ankommen, sich gegen die Schadensersatzforderung des Geschädigten zu verteidigen, nicht aber darauf, selbst einen Anspruch durchzusetzen.

729 Zwingend ist dies jedenfalls, wenn der Geschädigte das Risiko einer teilweisen Klageabweisung vermeiden will.

ren muss[730]. Es bedarf somit keiner rechtlichen Gestaltungserklärung des Schädigers. Vielmehr ist es ausreichend, wenn das Gericht auf das Vorliegen eines Vorteils hingewiesen wird. Auch wäre es schon ausreichend, wenn das Gericht von sich aus im Rahmen des Sachvortrages darauf stoßen würde, dass dem Geschädigten gleichzeitig ein Schaden zu Gute gekommen sein könnte.

Wendet der Schädiger die Vorteilsausgleichung ein, so handelt es sich um eine rechtshindernde Einwendung. Die Anrechnung setzt direkt beim Entstehen des Schadensersatzanspruches an und bestimmt dessen Inhalt und Umfang[731]. Eine solche Einwendung kommt aber nur in Betracht, wenn eine Verrechnung des Vorteils mit dem Schaden möglich ist[732]. Ist dies nicht der Fall, etwa weil der Vorteil keinen Geldwert hat, so muss der Geschädigte auf die Einwendung des Schädigers hin den Vorteil Zug um Zug gegen Leistung des vollen Schadensersatzes an den Schädiger herausgeben[733]. Allerdings hat es dabei der Geschädigte in der Hand, den Vorteil wertmäßig zu bestimmen und vom Schadensersatzanspruch abzuziehen.

vi. Zwischenergebnis

Im Prozess ist somit hauptsächlich von Bedeutung, dass der Beklagte die Tatsachen darlegen kann, die entweder ein Mitverschulden des Klägers, dessen eigene Entreicherung, bzw. dessen gleichzeitigen Vorteil aufzeigen, oder einen Gegenanspruch des Beklagten begründen. Bei keinem der untersuchten Rechtsinstitute muss sich der Beklagte im Prozess ausdrücklich auf seine Einwendungen berufen. Das Gericht hat die entsprechenden Umstände vielmehr in allen Fällen von Amts wegen zu berücksichtigen und die jeweiligen Rechtsfolgen zu beachten.

Die Aufrechnung stellt im Rahmen dieser Untersuchung eine Ausnahme dar. Sie ist ein Gestaltungsrecht und bedarf deshalb einer Ausübung. Es reicht somit nicht, wenn der Beklagte nur seinen Gegenanspruch aufzeigt. Darüber hinaus ist erforderlich, dass er entweder die außergerichtliche Aufrechnungserklärung dar-

---

730 Palandt 2009 – Kommentar BGB, Vorb. v. § 249, Rn. 123

731 Um eine rechtsvernichtende Einwendung handelte es sich, wenn ein Vorteil erst einige Zeit nach dem bereits entstandenen Schadensersatzanspruch eintreten würde. Dann würde dieser Vorteil nachträglich den Anspruch in entsprechender Höhe beseitigen. In temporärer Hinsicht ist jedoch der zeitliche Zusammenhang zwischen schädigender Handlung und anrechnungsfähigem Vorteil zu berücksichtigten, siehe auch Rosenberg 1965 – Beweislast, S. 144. Insgesamt zur Problematik des zeitlichen Zusammenhanges siehe oben C, III, 2, b), iii.

732 Vgl. hierzu schon Enneccerus/Lehmann 1958 – Schuldverhältnisse, S. 87, § 17 II 1 b.

733 Siehe hierzu BGH NJW 1958, 1232 [1234].

legt, oder aber direkt im Prozess die Aufrechnung erklärt. Erst mit dieser Erklärung tritt die Rechtsfolge ein, so dass die rechtsvernichtende Einwendung erst in diesem Moment Gestalt annimmt[734]. Sobald aber die Gestaltungserklärung vorliegt, muss sich das Gericht im weiteren Prozessverlauf mit der Aufrechnungseinwendung auseinandersetzen.

Ein weiterer Unterschied besteht darin, dass die Aufrechnung eine rechtsvernichtende Einwendung darstellt, weil sie entstandene Ansprüche nachträglich beseitigt[735]. Mitverschulden, Saldotheorie und Vorteilsausgleichung dagegen sind rechtshindernde Einwendungen, da sie die betroffenen Ansprüche bereits in deren Entstehungsstadium von Anfang an verkürzen. An den Anforderungen an die prozessuale Geltendmachung ändert diese Unterscheidung jedoch nichts.

b) Beweislast

Die Grundregel des § 286 Abs. 1 S. 1 ZPO bestimmt, dass das Gericht

> *„unter Berücksichtigung des gesamten Inhalts der Verhandlungen und des Ergebnisses einer etwaigen Beweisaufnahme nach freier Überzeugung zu entscheiden“*

hat. Es ist für den Prozessverlauf von maßgeblicher Bedeutung, dass die Parteien ihr Vorbringen jeweils beweisen, also zur Überzeugung des Gerichts darlegen können.

---

734 In diesem Punkt unterscheidet sich auch das ansonsten sehr ähnliche Zurückbehaltungsrecht des § 273 BGB deutlich von der Aufrechnung. Das Zurückbehaltungsrecht ist zwar ebenfalls ein Gestaltungsrecht, das durch eine Gestaltungserklärung ausgeübt wird. Allerdings handelt es sich bei § 273 BGB um eine echte dilatorische Einrede, die auch im Prozess nur berücksichtigt werden kann, wenn der Beklagte sich darauf beruft, vgl. MünchKomm BGB 2007 – §§ 241-432, § 273, Rn. 88; vgl. auch BGH NJW 1983, 565. Die Wirkung liegt dabei auch nur in einer vorübergehenden Hemmung der Durchsetzbarkeit der Klageforderung.

735 Die Rückwirkung spielt bei dieser Betrachtung keine Rolle. Auch die Rückwirkung kann nur auf den Zeitpunkt abstellen, in dem erstmals eine Aufrechnungslage entstand, sich also die Forderungen aufrechenbar gegenüberstanden, vgl. nur BGH NJW 1981, 1729 [1731].

i. Aufrechnung

Hinsichtlich der Beweislastverteilung bestehen zwischen der Primäraufrechnung und der Eventualaufrechnung[736] keine Unterschiede. In beiden Fällen richtet sich die Beweislast nach dem Regelfall, wonach stets derjenige die entsprechenden Tatsachen zu beweisen hat, der sich auf ein Angriffs- und Verteidigungsmittel, bzw. allgemein auf eine für ihn günstige Rechtsfolge, beruft[737]. Dies bedeutet im Fall der Aufrechnung, dass die aufrechnende Partei[738] die Tatsachen vortragen und beweisen muss, auf die sie ihre Gegenforderung stützt. Die andere Partei hat dabei lediglich zwei Möglichkeiten. Entweder sie anerkennt den Gegenanspruch, oder sie bestreitet ihn substantiiert. Letzteres kann erfolgen, indem sie ihrerseits anspruchshindernde, -vernichtende oder –hemmende Tatsachen gegen den Gegenanspruch einwendet[739].

Die erforderliche Aufrechnungserklärung nach § 388 BGB muss die aufrechnende Partei ebenfalls unter Beweis stellen. Dies gilt jedenfalls, soweit sie sich auf die Wirkungen einer außergerichtlich erklärten Aufrechnung beruft. Allerdings kommt es bei der Aufrechnungserklärung wegen der Rückwirkung weder auf den Zeitpunkt der Erklärung an, noch darauf, ob die Aufrechnung außergerichtlich, oder im Rahmen des Prozesses erklärt wird. Die Erklärung muss auch nicht explizit erfolgt sein. Eine konkludente Erklärung ist ausreichend[740]. Das alleinige Berufen auf eine Aufrechnung wird dabei regelmäßig konkludent eine Aufrechnungserklärung beinhalten. Im Zweifel ist somit der Beweis der Aufrechnungserklärung im Prozess leicht zu führen, zumal auch die Möglichkeit einer ausdrücklichen Nachholung besteht[741].

---

736 Sofern es diesbezüglich zu einer Beweisaufnahme kommt, also die innerprozessuale Bedingung eintritt.

737 So die ganz herrschende Meinung, vgl. Musielak 2007 – Grundkurs ZPO, S. 283, Rn. 476; Schellhammer 2007 – Zivilprozess, Rn. 381; vgl. auch BGHZ 101, 172 [179]; BGHZ 113, 222 [224/225].

738 In der Regel also der Beklagte, der sich gegen die Klageforderung des Klägers zur Wehr setzen will.

739 Diese Tatsachen müssen dann ebenfalls von der Partei bewiesen werden, die sich auf sie beruft, Schellhammer 2007 – Zivilprozess, Rn. 387.

740 In diese Richtung auch BGH NJW 1958, 666.

741 Zwar kann die Aufrechnung nicht zweimal erklärt werden. Bereits mit der ersten Erklärung tritt die Folge ein, so dass eine weitere Erklärung ohne Rechtsfolgen bleiben muss. Kann der Aufrechnende diese Erklärung jedoch nicht beweisen, wird jedenfalls die Nachholung hierüber hinweg helfen.

ii. Mitverschulden

Auch beim Mitverschulden richtet sich die Beweislastverteilung zunächst nach der Grundregel. Danach hat jeder die ihm günstigen Tatsachen zu beweisen[742]. Der Geschädigte wird demnach in seiner Schadensersatzklage regelmäßig den Beweis zu führen haben, dass der Schädiger ihm rechtswidrig und schuldhaft einen Schaden zugefügt hat. Will der Schädiger hiergegen einwenden, dass ein Mitverschulden des Geschädigten nach § 254 BGB an der Schadensverursachung, bzw. an der Schadensentwicklung mitgewirkt habe, so hat er den entsprechenden Sachverhalt zu beweisen.

Zwar hat das Gericht die Umstände eines Mitverschuldens von Amts wegen zu berücksichtigen, sobald ein entsprechender Sachverhalt vorgetragen wird. Dennoch trägt die Beweislast für diesen Sachverhalt, d.h. also für das Verschulden des Geschädigten und für die Ursächlichkeit dieses Verschuldens für den Schaden, der Schädiger[743]. Kann der Schädiger diesen Beweis nicht führen, findet das Mitverschulden keine Berücksichtigung. Beim Verschulden handelt es sich jedoch regelmäßig um Umstände, die in der Sphäre des Geschädigten stattfanden. Diese ist dem Schädiger nicht ohne weiteres zugänglich. Aus diesem Grund gibt es insofern eine Beweiserleichterung, als der Geschädigte bei substantiiertem Vortrag des Schädigers seinerseits an der Sachaufklärung mitwirken muss[744]. Eine weitere Beweiserleichterung besteht für den Schädiger in der Anwendung eines „Prima-facie"-Beweises für den Ursachenzusammenhang. Diese Beweiserleichterung wird in Fällen angewandt, in denen es typischerweise zu einer Mitwirkung des Verschuldens des Geschädigten bei der Verursachung eines entsprechenden Schadens kommt[745].

Für den Beweis des Sachverhaltes eines Mitverschuldens gilt § 286 ZPO. Die Tatsachen müssen also zur Überzeugung des Gerichts gelangen. Dies gilt jedoch nur für die eigentlichen Umstände des Mitverschuldens. Für die sich daran anschließenden Frage, wie sich das Mitverschulden kausal ausgewirkt hat, gilt

742 Siehe hierzu die Nachweise in Fn. 737; speziell zum Mitverschulden Lange/Schiemann 2003 – Schadensersatz, S. 663, § 10 XIX.

743 MünchKomm BGB 2007 – §§ 241-432, § 254, Rn. 145. Dies ist auch ständige Rechtsprechung, vgl. schon RGZ 159, 254 [261]; BGHZ 91, 243 [260].

744 Palandt 2009 – Kommentar BGB, S. § 254, Rn. 74. Insbesondere muss der Geschädigte mitteilen, was er zur Schadensminderung unternommen hat, vgl. BGH NJW 1998, 3706 [3707]. Verweigert der Geschädigte diese Mitarbeit, so geht dies zu seinen Lasten.

745 So beispielsweise bei Kopfverletzungen und Missachtung der Helmpflicht bei einem Motorradunfall; vgl. hierzu Lange/Schiemann 2003 – Schadensersatz, S. 664, § 10 XIX.

hingegen die Beweisregel des § 287 ZPO, wonach eine Schätzung des Gerichts möglich ist[746].

iii. Saldotheorie

Auch bei der prozessualen Anwendung der Saldotheorie ist die Beweislast nach der Grundregel verteilt. Es hat mithin stets derjenige den Beweis für die Tatsachen zu erbringen, aus denen er für sich positive Folgen ableitet[747]. Dies bedeutet, dass zunächst der Kondiktionsgläubiger (also regelmäßig der Kläger) die Umstände der ungerechtfertigten Bereicherung zu beweisen hat[748]. Der Kondiktionsschuldner hingegen muss die Umstände beweisen, aus welchen er seine Einwendung herleitet. Hierzu gehört insbesondere seine Entreicherung nach § 818 Abs. 3 BGB[749].

Am Beispiel der bereicherungsrechtlichen Rückabwicklung eines nichtigen Kaufvertrages hat dies folgende Auswirkungen: klagt ausschließlich der hinsichtlich der Kaufsache entreicherte Käufer auf Herausgabe des Kaufpreises, obliegt es dem Verkäufer, die Entreicherung des Käufers einzuwenden. Vom Käufer kann nicht verlangt werden, seine eigene Entreicherung einzuwenden, bzw. zu beweisen und damit seinen Kondiktionsanspruch zu verkürzen[750]. Aus diesem Grund kommt es dann insofern zu einer „Verschiebung" der Beweislast[751], als entsprechend der Erhebung der Einwendung der verklagte Verkäufer

---

746 Zöller 2009 – Kommentar ZPO, § 287, Rn. 2; MünchKomm BGB 2007 – §§ 241-432, § 254, Rn. 117; Lange/Schiemann 2003 – Schadensersatz, S. 665, § 10 XIX.

747 Siehe hierzu bereits Fn. 737.

748 Also die Tatsache, dass der Schuldner durch Leistung des Gläubigers etwas ohne Rechtsgrund erlangt hat, vgl. Palandt 2009 – Kommentar BGB, § 812, Rn. 76.

749 Zwar ist es an sich ein Widerspruch, wenn das Bereicherungsrecht auf der einen Seite nur eine vorhandene Bereicherung kondizieren will, aber auf der anderen Seite dem Schuldner die Beweislast für die Entreicherung auferlegt (bleibt der Schuldner beweisfällig, muss er trotz Entreicherung zahlen). Diese Folge wird aber hingenommen, da der Schuldner hier einen besseren Einblick hat, vgl. Larenz/Canaris 1994 – Schuldrecht II/2 BT, S. 297, § 73 I 1 c.

750 Ob dies vom entreicherten Käufer verlangt werden kann, ist eine Frage der prozessualen Wahrheitspflicht nach § 138 Abs. 1 ZPO. Solange der Kläger die Einwendung nicht anerkennt, muss er hierzu nichts vortragen, vgl. Musielak 2008 – Kommentar ZPO, § 138, Rn. 5.

751 Streng genommen handelt es sich dabei aber gar nicht um eine Verschiebung, da gemäß der Grundregel derjenige die Tatsachen zu beweisen hat, auf die er sich beruft.

auch die Umstände dieser Einwendung zu beweisen hat[752]. An sich müsste zwar der Käufer bei seinem Klageantrag von sich aus seine Entreicherung in Abzug bringen, da ein Kondiktionsanspruch nur in Höhe eines positiven Saldos bestehen kann[753]. Bei einem gegenseitigen Vertrag wäre er deshalb gehalten, die Rückgabe seiner Leistung Zug um Zug anzubieten[754]. Man kann den Kläger aber nicht zwingen, seine eigene Entreicherung bezüglich der Gegenleistung zu berücksichtigen. Da es sich bei der Saldotheorie um eine vom Gericht von Amts wegen zu berücksichtigende Einwendung handelt, ist es auch angemessen, dem beklagten Verkäufer die Beweislast aufzuerlegen. Hinzu kommt, dass es in den Fällen, in denen der beklagte Verkäufer dieser Beweispflicht *„mangels eigener Wahrnehmungsmöglichkeit nicht entsprechen“* kann, als ausreichend erachtet wird, wenn die Entreicherung nur pauschal behauptet wird; der klagende Käufer muss anschließend diese Behauptung *„substantiiert bestreiten“*[755]. Auf diese Weise wird ein gerechter Ausgleich hergestellt.

iv. Vorteilsausgleichung

Auch bei der Vorteilsausgleichung gilt der beweisrechtliche Grundsatz, wonach jeder die Tatsachen zu beweisen hat, aus denen er für sich positive Rechtsfolgen herleitet[756]. Der Geschädigte als Kläger muss somit regelmäßig das schädigende Ereignis als solches, die Beteiligung des Beklagten, dessen Verschulden, die Kausalität, sowie seinen erlittenen Schaden beweisen[757].

Vor diesem Hintergrund könnte man deshalb auf die Idee kommen, dass der Kläger auch den Beweis dafür zu tragen hätte, dass er durch das schädigende Ereignis nicht bereichert wurde[758]. Streng prozessual gesehen gehört der Vorteil und die damit verbundene Anrechnung auf den Schadensersatzanspruch zu den

---

752 Vgl. BGH NJW 1995, 2627 [2628]; ähnlich BGH NJW 1999, 1181 [1181/1182]. Nach der Grundregel müsste an sich der Entreicherte die Umstände der Entreicherung beweisen, da sie ihm zu Gute kommen.

753 Dies ist ein Bestandteil der prozessualen Pflicht zum vollständigen Sachvortrag, vgl. Musielak 2008 – Kommentar ZPO, § 138, Rn. 5.

754 So BGH NJW 1995, 454 [455].

755 So der BGH bei einem nach Bereicherungsrecht rückabzuwickelnden Leasingvertrag, BGH NJW 1990, 314.

756 Siehe hierzu schon Fn. 737. Vgl. auch Lange/Schiemann 2003 – Schadensersatz, S. 533, § 9 XIII.

757 Rosenberg 1965 – Beweislast, S. 155

758 So beispielsweise Leonhard 1926 – Beweislast, S. 319/320 für den Fall, dass der Vorteil zeitgleich mit dem Schaden eintrat, da dann von Anfang ein Schadensersatzanspruch in der verminderten Höhe entstanden ist.

Anspruchsvoraussetzungen[759]. Allerdings dürfte dem Geschädigten der Beweis, dass er einen Vorteil nicht erlangt habe, nahezu unmöglich sein[760]. Auch erscheint es unbillig, wenn der Kläger selbst etwas beweisen müsste, das seinen geltend gemachten Anspruch originär verkürzt, denn die Vorteilsausgleichung wirkt sich zu Gunsten des beklagten Schädigers aus. Nach der Grundregel hat somit dieser den Beweis hierfür zu erbringen[761].

Bei dieser Beweisführung durch den Beklagten ist allerdings problematisch, dass die Frage des Vorhandenseins eines Vorteils alleine in der Sphäre des Klägers liegt. Ein Dritter hat in diese Sphäre möglicherweise keinen Einblick. Um dem Beklagten dennoch eine Beweisführung zu ermöglichen, sind zwei Erleichterungen anerkannt[762]. Zum einen gibt es die Möglichkeit eines sog. „prima-facie"-Beweises bei Fällen, in denen typischerweise neben einem Schaden auch bestimmte Vorteile eintreten. Hier reicht es aus, wenn der Beklagte dies vorträgt. Daraufhin muss der Kläger substantiiert darlegen, dass in dem speziellen Fall gerade kein Vorteil eingetreten sei[763]. Einen echten Gegenbeweis muss der Kläger hier nicht führen, da der „erste Anschein" lediglich erschüttert zu werden braucht. Zum anderen besteht die Möglichkeit, dass der Geschädigte auf den behauptenden Vortrag des Schädigers hin vom Gericht aufgefordert wird, nähere Auskünfte über das Vorhandensein eines Vorteils zu geben. Durch diese Auskünfte wird dann der Schädiger in die Lage versetzt, selbst substantiiert über einen möglichen Vorteil des Geschädigten vorzutragen.

---

759 Dieses Problem stellt sich nicht nur bei der Vorteilsausgleichung, sondern immer dann, wenn sich Umstände direkt auf die Höhe des Anspruches auswirken, wie z.B. beim Mitverschulden, oder auch der Saldotheorie. Zu dieser prozessualen Pflicht eines wahrheitsgemäßen und vollständigen Vortrages siehe schon Musielak 2008 – Kommentar ZPO, § 138, Rn. 5.

760 Zum Beweis von Negativen sehr instruktiv: Rosenberg 1965 – Beweislast, S. 330 ff.

761 Hierbei handelt es sich um die herrschende Meinung in Literatur, Lange/Schiemann 2003 – Schadensersatz, S. 533, § 9 XIII; Palandt 2009 – Kommentar BGB, Vorb. v. § 249, Rn. 123 b; siehe bereits Enneccerus/Lehmann 1958 – Schuldverhältnisse, S. 87, § 17 II 1 b und die Rechtsprechung, RG JW 1909, 455, BGHZ 94, 195 [217].

762 Siehe hierzu Lange/Schiemann 2003 – Schadensersatz, S. 533, § 9 XIII.

763 Allerdings handelt es sich beim „prima-facie"-Beweis nicht um eine echte Beweislastumkehr, da der Kläger seinerseits durch substantiierten Vortrag erreichen kann, dass der Beklagte mit der Behauptung beweisfällig bleibt, siehe hierzu Rosenberg 1965 – Beweislast, S. 183/184.

Über die dargebotenen Beweise hat das Gericht nach der freien Beweisregel des § 287 Abs. 1 S. 1 ZPO zu entscheiden. Hiernach kann das Gericht über die Frage,

> *„ob ein Schaden entstanden sei und wie hoch sich der Schaden oder ein zu ersetzendes Interesse belaufe, /.../ unter Würdigung aller Umstände nach freier Überzeugung"*

urteilen. Zu dieser Frage gehört auch alles, was die Berechnung des zu ersetzenden Schadens betrifft[764]. Bei der Vorteilsausgleichung geht es genau um diese Berechnung[765]. Wenn bei einem Schadensersatzanspruch ein gleichzeitig entstandener Vorteil des Geschädigten in Betracht kommt, so obliegt die Entscheidung über die Durchführung einer Vorteilsausgleichung der tatrichterlichen Beurteilung[766]. Im Ergebnis gilt für diese Beurteilung somit die erleichterte Beweiswürdigung nach § 287 Abs. 1 ZPO. Diese bringt gegenüber der Beweiswürdigung nach § 286 ZPO für die Parteien den Vorteil, dass auch an die Darlegungs- und Beweislast weniger strenge Anforderungen gestellt sind[767].

v. Zwischenergebnis

Im Ergebnis hat bei der Aufrechnung der Beklagte zweierlei zu beweisen: einerseits das Vorhandensein eines Gegenanspruchs gegen den Kläger und andererseits den Umstand, dass er von dem Gestaltungsrecht der Aufrechnung Gebrauch gemacht hat[768]. Im Falle eines Mitverschuldens hat der beklagte Schädiger die Umstände eines mitwirkenden Verschuldens des Geschädigten zu beweisen. Im Falle der Nichtbeweisbarkeit hat somit eine volle Verurteilung zu Lasten

---

764 Baumbach/Lauterbach 2009 – Kommentar ZPO, § 287, Rn. 15

765 Lange formuliert es freilich etwas ungenau, wenn er sagt, es handle sich um die Frage der Schadenshöhe, Lange/Schiemann 2003 – Schadensersatz, S. 533, § 9 XIII. Die Höhe des Schadens als solches steht mit dessen Realisierung unveränderbar fest und dürfte bei entsprechendem Nachweis regelmäßig unstreitig sein. Problematisch ist vielmehr die Frage, inwiefern es zu einer Anrechnung eines Vorteils kommt, so dass Streit über das vom Schädiger letztlich zu ersetzende Interesse besteht. An der Anwendung des § 287 ZPO ändert dies jedoch nichts.

766 So auch BGH NJW 2005, 1041 [1043].

767 Baumbach/Lauterbach 2009 – Kommentar ZPO, § 287, Rn. 2. Bei § 286 ZPO müssen die Beweise der Parteien zur vollen Überzeugung des Richters führen, Baumbach/Lauterbach 2009 – Kommentar ZPO, § 286, Rn. 16. Bei § 287 ZPO reicht es dagegen aus, wenn aufgrund der dargelegten Umstände eine Schadensschätzung durch das Gericht möglich ist.

768 Hierbei besteht jedoch bei Beweisschwierigkeiten die Möglichkeit der Nachholung im Prozess.

des Schädigers zu erfolgen. Da es sich jedoch zumeist um Umstände aus der Sphäre des Geschädigten handelt, kommt die Anwendung von Beweiserleichterungen in Betracht[769]. Auch bei der Saldotheorie und der Vorteilsausgleichung hat der Beklagte jeweils die für ihn günstigen Umstände zu beweisen, also die Entreicherung des Klägers beim nichtigen gegenseitigen Vertrag, bzw. den entstandenen Vorteil des Klägers. Wie beim Mitverschulden kommen auch hier Beweiserleichterungen in Betracht. Die Voraussetzungen für die Beweislast bei den Verknüpfungsphänomenen sind somit grundsätzlich dieselben.

Ein Unterschied besteht jedoch dahingehend, dass beim Mitverschulden und bei der Vorteilsausgleichung die erleichterte Beweisregel des § 287 Abs. 1 ZPO zur Anwendung kommt. Hiernach ist das Gericht in der Lage, über die Fragen der Schadensentstehung und der Schadenshöhe im Wege einer Schätzung zu urteilen. Bei der Aufrechnung geht es dagegen um bereits entstandene Ansprüche, deren Höhe schon feststeht. Bei der Saldotheorie geht es nicht um Schadensersatzansprüche, sondern um die Frage der Berücksichtigung einer eigenen Entreicherung des Klägers. Eine Schätzung nach § 287 ZPO ist bei Aufrechnung und Saldotheorie somit nicht möglich, aber auch regelmäßig nicht erforderlich. Es handelt sich hier nicht um die beweisrechtlich oft sehr schwierige Frage, wie ein Verhalten zu einem Schaden geführt hat[770]. Vielmehr behandeln Aufrechnung und Saldotheorie fix bestehende Ansprüche. Beim Mitverschulden hingegen kann oftmals die Kausalität zwischen Mitverschulden und Schaden, bzw. das Verhältnis der beiderseitigen Verursachung nicht exakt bestimmt werden. Auch bei der Vorteilsausgleichung existieren große Schwierigkeiten bei den Fragen inwiefern ein schädigendes Ereignis auch einen Vorteil ausgelöst haben kann, sowie ob dieser Vorteil zu Lasten des Geschädigten gehen darf[771].

c) Kostenfolge

Mit dem gerichtlichen Urteil wird nicht nur die Frage beantwortet, ob der geltend gemachte Anspruch des Klägers begründet ist. Stets wird auch entschieden, wer die Kosten für das Verfahren zu tragen hat. Die Grundsätze der Kostenent-

---

769 Diskutiert werden eine Mitwirkungspflicht des Geschädigten, bzw. die Anwendungen der Grundsätze eines Prima-Facie-Beweises, siehe hierzu MünchKomm BGB 2007 – §§ 241-432, § 254, Rn. 145; Jauernig 2007 – Kommentar BGB, § 254, Rn. 19.

770 § 287 ZPO hat genau die Funktion, diese Beweisschwierigkeiten zu beseitigen und somit Klagen nicht an der Unmöglichkeit einer Beweisführung scheitern zu lassen, vgl. Musielak 2008 – Kommentar ZPO, § 287, Rn. 1.

771 Auch die Rechtsprechung hält § 287 ZPO bei der Vorteilsausgleichung für anwendbar, vgl. BGH NJW 2005, 1041 [1043].

scheidung richten sich dabei nach den §§ 91, 92 ZPO, mithin nach dem Maß des Obsiegens, bzw. Unterliegens der Parteien. Die Kostenentscheidung hängt also von der Entscheidung in der Hauptsache ab.

Grundsätzlich kommt es auf die Frage an, ob ein Verknüpfungsphänomen existiert. Erfolgt eine Anspruchsverkürzung durch die Geltendmachung eines gegensätzlichen Handlungsstranges, so unterliegt die klägerische Partei in entsprechender Höhe. In Abhängigkeit von der Höhe dieses Unterliegens muss der Kläger zusammen mit dem Beklagten anteilig die Prozesskosten bezahlen, § 92 Abs. 1 S.1 ZPO[772].

i. Aufrechnung

Zwar sind die Anforderungen an die Beweisführung für die Primär- und die Eventualaufrechnung gleich[773]. Auch ist der Tenor in der Hauptsache jeweils der gleiche: „Die Klage wird abgewiesen“[774]. Die Folgen für die Kostenentscheidung sind jedoch unterschiedlich. Die Kostenentscheidung bemisst sich zunächst nach dem Maß des Obsiegens, bzw. Unterliegens der Parteien, §§ 91 Abs. 1, 92 Abs. 1 ZPO[775]. Grundsätzlich hätte dies bei der (vollständigen) Prozessaufrechnung zur Folge, dass der Kläger mit seiner Forderung voll unterliegt, da seine Klage infolge der Aufrechnung unbegründet ist. Demnach müssten die Kosten an sich voll dem Kläger auferlegt werden.

Bei der Primäraufrechnung ist diese Kostenfolge dabei auch anerkannt. Hier obsiegt der Beklagte mit seinem (einzigen) Angriffs- und Verteidigungsmittel der Aufrechnung voll[776]. Zwar verliert der Beklagte bei dieser Primäraufrechnung auch seine Gegenforderung. Dies hat jedoch auf die Kostenfolge keinen Einfluss, da jedenfalls durch die Primäraufrechnung auch der Streitwert nicht erhöht

772 Dies gilt freilich nicht, wenn das Verknüpfungsphänomen zu einem vollständigen Erlöschen der Klageforderung führte; dann gilt § 91 Abs. 1 S. 1 ZPO.

773 Siehe hierzu oben C, III, 3, b), i.

774 Jedenfalls, wenn man vom theoretisch einfachsten Fall ausgeht, dass sich Aktiv- und Passivforderung decken. Die folgenden Erörterungen haben diesen Fall zum Gegenstand.

775 Zwar gibt es von dieser klaren Grundregel Ausnahmen, vgl. Schellhammer 2007 – Zivilprozess, Rn. 780 ff. Diese Ausnahmen sind hier aber nicht relevant.

776 Vgl. Thomas/Putzo 2008 – Kommentar ZPO, § 91 Rn. 2, § 92 Rn. 4a; Baumbach/Lauterbach 2009 – Kommentar ZPO, § 91 Rn. 17.

wird[777]. Es bleibt bei dem Wert der Klageforderung. Bezüglich dieser unterliegt der Kläger voll, so dass er auch die Kosten voll zu tragen hat[778].

Die Kostenfolge der Eventualaufrechnung ist hingegen umstritten[779]. Auf der einen Seite wird vertreten, dass die Hilfsaufrechnung dieselbe Kostenfolge haben müsse, wie die Primäraufrechnung. Demnach müsse der Kläger voll unterliegen[780]. Es komme dabei nur darauf an, dass infolge der erklärten Aufrechnung die Klage von Anfang an unbegründet werde. Dies gelte wegen der Rückwirkung nach § 389 BGB unabhängig davon, ob die Aufrechnung als Primär- oder als Eventualaufrechnung erfolge. Auf der anderen Seite besteht die Ansicht, dass bei der Eventualaufrechnung eine andere Kostenfolge eintreten müsse. Wie bei der Primäraufrechnung spiele es zwar keine Rolle, dass der Beklagte auch seine Gegenforderung verliere. Allerdings sei eine Eventualaufrechnung ein Hilfsantrag, welcher neben einem Hauptantrag stehe[781]. Mit diesem Hauptantrag muss der Beklagte scheitern, damit es überhaupt erst zu einer Entscheidung über den Hilfsantrag komme. Wegen dieses Scheiterns, liege insgesamt ein teilweises Unterliegen vor, welches nach § 92 Abs. 1 ZPO zu einer Kostenquotelung führen müsse[782].

Die erste Ansicht hat den Nachteil, dass sie die Kostenregelung des § 45 Abs. 3 GKG nicht hinreichend berücksichtigt. Während sich durch die Geltendmachung der Primäraufrechnung der Streitwert der Angelegenheit nicht

777 Thomas/Putzo 2008 – Kommentar ZPO, § 92, Rn. 4a und § 3, Rn. 19; Baumbach/Lauterbach 2009 – Kommentar ZPO, Anh. § 3 Rn. 15. § 45 GKG behandelt ausdrücklich nur die Eventualaufrechnung. Anderer Ansicht ist Schulte, der vertritt, dass die Gebührenstreitwertregelung von der Kostengrundentscheidung streng zu trennen sei, Schulte 1990 – Kostenentscheidung Aufrechnung, S. 89 und S. 22/23.

778 Dass der Beklagte seine Gegenforderung verliert, wird dabei nicht als „Unterliegen" gewertet.

779 Insgesamt zum Streitstand: Schulte 1990 – Kostenentscheidung Aufrechnung, S. 3–10, der jedoch den Streit dahingehend ausweitet, dass auch bei der Primäraufrechnung den aufrechnenden Beklagten eine Kostenlast treffen müsse.

780 So beispielsweise Schellhammer 2007 – Zivilprozess, Rn. 781, der sich dabei unter anderem auf eine Entscheidung des Reichsgerichts aus dem Jahre 1903 beruft, RGZ 50, 389 [391].

781 Baumbach/Lauterbach 2009 – Kommentar ZPO, § 92, Rn. 12/13; Thomas/Putzo 2008 – Kommentar ZPO, § 92, Rn. 4; Zöller 2009 – Kommentar ZPO, § 92, Rn. 3.

782 Zöller 2009 – Kommentar ZPO, § 92, Rn. 3

verändert[783], führt die Hilfsaufrechnung nach § 45 Abs. 3 GKG zu einer Erhöhung des Streitwertes

> *„um den Wert der Gegenforderung, soweit eine der Rechtskraft fähige Entscheidung über sie ergeht“*[784].

Bei einer Klageforderung von 5.000 € und einer Gegenforderung von 5.000 € verbleibt es demnach bei der Primäraufrechnung bei einem Streitwert von 5.000 €[785]. Handelt es sich jedoch um eine Eventualaufrechnung, steigt der Streitwert nach § 45 Abs. 3 GKG auf 10.000 € an. Das Maß von Obsiegen und Unterliegen ist mithin an diesem erhöhten Streitwert zu bemessen. Angesichts des höheren Streitwertes unterliegt somit auch der aufrechnende Beklagte teilweise[786]. Zudem handelt es sich bei der Eventualaufrechnung um einen Hilfsantrag. Dabei ist anerkannt, dass stets ein teilweises Unterliegen gegeben ist, wenn der Beklagte nur mit seinem Hilfsantrag durchdringt, nicht aber mit seinem Hauptantrag[787]. Aus diesen Gründen überzeugt die Ansicht, wonach bei der Eventualaufrechnung die Kosten zwischen den Parteien entsprechend zu quoteln sind.

ii. Mitverschulden

Die Kostenfolge in einem Urteil, bei dem ein Mitverschulden des Klägers berücksichtigt wurde, richtet sich nach den Grundsätzen der §§ 91 ff. ZPO. Wird ein Mitverschulden des Klägers verneint, so wird er, wenn die sonstigen Voraussetzungen und insbesondere die haftungsbegründende und haftungsausfüllende Kausalität gegeben sind, mit seinem Klageantrag voll obsiegen. Die Kosten werden dann dem voll unterliegenden Beklagten auferlegt, § 91 Abs. 1 ZPO. Kommt hingegen ein Mitverschulden des Klägers zum Tragen, so wird er in Höhe seiner Haftungsquote unterliegen. Dieses Unterliegen gilt dann auch für die Kostenentscheidung, so dass die Kosten entsprechend dem anteiligen Unterliegen zwischen Kläger und Beklagtem aufzuteilen sind, § 92 Abs. 1 ZPO[788].

---

783 Zu § 45 Abs. 3 GKG siehe Fn. 695. Der Streitwert besteht trotz Geltendmachung der Gegenforderung weiterhin nur in Höhe der Klageforderung.

784 Zu den genauen Voraussetzungen des § 45 Abs. 3 GVG siehe Hartmann 2008 – Kommentar Kostengesetze, GKG § 45, Rn. 40 ff.

785 Der Streitwert wird nach § 3 ZPO vom Gericht *„nach freiem Ermessen festgesetzt“*, hat sich aber bei Forderungen an deren Wert zu orientieren, § 6 S. 1 ZPO.

786 Das Maß des Unterliegens bestimmt sich dabei immer anhand des Streitwertes, Thomas/Putzo 2008 – Kommentar ZPO, § 92, Rn. 2 und Rn. 4.

787 Vgl. nur Baumbach/Lauterbach 2009 – Kommentar ZPO, § 92, Rn. 12.

788 In diese Richtung Zöller 2009 – Kommentar ZPO, § 92, Rn. 12.

Die Haftungsquote im Rahmen des Mitverschuldens überträgt sich also auf die Haftung im Rahmen der Kostenentscheidung.

Zwar sieht § 92 Abs. 2 Nr. 2 ZPO vor, dass

> *„das Gericht /.../ der einen Partei die gesamten Prozesskosten auferlegen* (kann), *wenn der Betrag der Forderung der anderen Partei von der Festsetzung durch richterliches Ermessen /.../ abhängig war."*

Vor diesem Hintergrund könnte man auf die Idee kommen, auch die Ermittlung der Mitverschuldensquote unter § 92 Abs. 2 Nr. 2 ZPO zu subsumieren. Dann müsste der Beklage trotz teilweisem Obsiegen die vollen Kosten tragen, wenn das Mitverschulden nur zu einer geringen Quote führt. Schließlich ist § 287 ZPO auch beim Mitverschulden anwendbar[789] und die Beweisregel des § 287 ZPO wird als Ermessen im Sinne des § 92 Abs. 2 Nr. 2 ZPO gesehen[790]. Allerdings ist beim Mitverschulden ein unbezifferter Klageantrag gerade nicht zulässig. Vielmehr bedarf es einer genau bestimmten Klageforderung, während das Gericht unter Umständen diese nur anteilig zuspricht. Es wäre also unbillig, dem Beklagten dennoch die vollen Kosten aufzuerlegen, nur mit der Begründung, dass dieses Ergebnis im Wege des richterlichen Ermessens gefunden wurde. Es muss demnach bei der Kostenquotelung des § 92 Abs. 1 S. 1 ZPO bleiben[791].

iii. Saldotheorie

Die Anwendung der Saldotheorie birgt hinsichtlich der Kostenfolge für die Parteien keine Besonderheiten. Vielmehr richten sich die Kosten nach der Grundregel der §§ 91, 92 ZPO. Diejenige Partei, die unterliegt, hat auch die Kosten des Rechtstreits zu tragen, § 91 Abs. 1 S. 1 ZPO. Unterliegen beide Parteien anteilig, so haben sie in einem entsprechenden Verhältnis auch die Kosten anteilig zu tragen, § 92 Abs. 1 S. 1 ZPO.

Klagt bei einer bereicherungsrechtlichen Rückabwicklung eines nichtigen synallagmatischen Vertrages der Käufer den Kaufpreis in Höhe von 1.000 € ein und wendet der Verkäufer die Entreicherung des Käufers in Höhe des Wertes der untergegangenen Kaufsache von 800 € ein, so unterliegt der Käufer mit 800 €

789 Siehe hierzu oben C, III, 3, a), iii, (2) und C, III, 3, b), ii.

790 Vgl. Baumbach/Lauterbach 2009 – Kommentar ZPO, § 92, Rn. 52/53; Zöller 2009 – Kommentar ZPO, S. § 92, Rn. 12.

791 So auch Zöller 2009 – Kommentar ZPO, § 92, Rn. 12 und Baumbach/Lauterbach 2009 – Kommentar ZPO, § 92, Rn. 53.

und hat 4/5 der Kosten zu tragen. Der Verkäufer muss hingegen nur 1/5 tragen. Ist die Kaufsache irreparabel beschädigt (Restwert 500 €), obsiegt der Käufer mit 700 € (Kaufpreis 1.000 € abzüglich Beschädigung 300 €). Die Kostenfolge fällt dann 7/10 vs. 3/10 zu Lasten des Verkäufers aus.

iv. Vorteilsausgleichung

Bei der Kostenfolge bereitet auch die Vorteilsausgleichung keine besonderen Schwierigkeiten. Es gelten wie gerade bei der Saldotheorie die normalen Kostenregeln der §§ 91, 92 ZPO. Die Kostenentscheidung richtet sich nach dem Obsiegen, bzw. Unterliegen der Parteien. Für die Vorteilsausgleichung bedeutet dies, dass der Kläger in der Höhe unterliegt, in welcher der Beklagte einen anrechenbaren Vorteil des Klägers darlegen kann. In dem entsprechenden Verhältnis werden die Kosten dann zwischen den Parteien aufgeteilt.

v. Zwischenergebnis

Die Verknüpfungsphänomene haben im Ergebnis auf die Kostenfolge keine besondere Auswirkung. Diese richtet sich vielmehr nach den Grundregeln der §§ 91, 92 ZPO. Es kommt letztlich darauf an, in welchem Maße die Parteien obsiegen, bzw. unterliegen. Zwar besteht bei der Aufrechnung ein Unterschied bei der Kostenfolge, je nachdem, ob das Verknüpfungsphänomen als Primär- oder Eventualverteidigungsmittel angewendet wird. Dieser Unterschied basiert jedoch auf dem Umstand, dass die Eventualaufrechnung ein Hilfsantrag ist, sowie auf der gesetzlichen Wertung des § 45 Abs. 3 GKG. Ein prinzipieller Unterschied zwischen Primär- und Eventualaufrechnung besteht jedoch nicht[792]. Beim Mitverschulden könnte man zwar grundsätzlich an die Kostenregelung des § 92 Abs. 2 Nr. 2 ZPO denken. Allerdings handelt es sich bei § 254 BGB gerade nicht um den Fall eines solchen richterlichen Ermessens[793]. Wie gezeigt gilt also auch beim Mitverschulden, bei der Saldotheorie und der Lehre von der Vorteilsausgleichung die regelmäßige Kostenfolge, welche sich nach dem Maß des Obsiegens, bzw. Unterliegens richtet.

---

792 Hinter dieser Wertung steht der Gedanke, dass der Beklagte „zusätzlich" auch mit seiner ursprünglichen Argumentation gegen die Klageforderung unterliegt. Das Verknüpfungsphänomen der Aufrechnung an sich ist durch diese Unterscheidung jedoch nicht berührt.

793 § 92 Abs. 2 Nr. 2 ZPO ist auf das Ermessen im Rahmen der Verhängung eines Schmerzensgeldes nach § 253 Abs. 2 BGB gemünzt. Dort ist der Kläger nicht in der Lage, einen bezifferten Klageantrag zu stellen, weil die Höhe des Schmerzensgeldes alleine im Ermessen des Gerichts steht. Aufgrund dieses Ermessens erscheint es unbillig, dem Kläger das volle Kostenrisiko aufzubürden.

4. Fazit

Zusammenfassend ist festzustellen, dass die Verknüpfungsphänomene Aufrechnung, Mitverschulden, Saldotheorie und Vorteilsausgleichung dergestalt wirken, dass es zu einer Verkürzung der jeweiligen Ansprüche kommt. Der Forderungsinhaber erhält somit faktisch weniger, als ohne den gegenläufigen Sachverhalt. Zwischen der Aufrechnung auf der einen Seite und Mitverschulden, Saldotheorie und Vorteilsausgleichung auf der anderen Seite bestehen dabei sowohl auf der Ergebnis-, als auch auf der Anspruchs-Ebene gewisse Unterschiede. Während das Mitverschulden[794] im Rahmen eines Schadensersatzanspruches abgehandelt wird, stehen sich bei der Aufrechnung zwei Forderungen gegenüber. Bei der Aufrechnung wird somit zwar der Anspruch gekürzt. Der Aufrechnungsgegner erhält jedoch auch einen (gewissen) Gegenwert, da er von der gegen ihn gerichteten Forderung befreit wird.

Größere Unterschiede bestehen auf der Anspruchs-Ebene. Bei der Aufrechnung wird ein bereits vollständig entstandener Anspruch nachträglich wieder gekürzt. Die Schadensersatzansprüche beim Mitverschulden und der Vorteilsausgleichung hingegen entstehen durch das Verknüpfungsphänomen von Anfang an nur in reduzierter Höhe. Gleiches gilt auch für den Kondiktionsanspruch bei der Saldotheorie.

Durch diese rechtliche Konstruktion kann es bei der Saldotheorie und der Vorteilsausgleichung zu schwierigen Folgeproblemen kommen. Die Verknüpfungsphänomene können hier auch erst nachträglich einsetzen. Deshalb kann es dazu kommen, dass nachträglich ein an sich schon entstandener Anspruch von Anfang an als nur gekürzt entstanden zu betrachten ist[795].

Auch bei der prozessualen Geltendmachung bestehen Unterschiede zwischen den Verknüpfungsphänomen. Zwar handelt es sich bei allen vier Instituten um

794 Und mit diesem auch die Vorteilsausgleichung. Die Saldotheorie funktioniert ähnlich, wenn auch nicht ein Schadensersatzanspruch Grundlage ist.

795 Beim Mitverschulden kann es diese Problematik nicht geben, weil § 254 BGB ausdrücklich die Zeitgleichheit von Verschulden und Mitverschulden anordnet. Die Vorteilsausgleichung fordert zwar einen „gewissen zeitlichen Zusammenhang"; dessen Konturen sind aber sehr unscharf. Bei der Saldotheorie hat die Wissenschaft auf diese Voraussetzung ganz verzichtet, was zu dogmatisch unsauberen Ergebnissen führt, siehe C, III, 2, b), iii.

prozessrechtliche Einwendungen[796]. Diese sind vom Gericht an sich von Amts wegen zu berücksichtigen. Bei Mitverschulden, Saldotheorie und Vorteilsausgleichung ist es jedoch ausreichend, das Gericht auf die jeweiligen Umstände aufmerksam zu machen und diese Tatsachen zu beweisen. Bei der Aufrechnung muss hingegen noch etwas hinzutreten. Da es sich bei der Aufrechnung um ein Gestaltungsrecht handelt, reicht es nicht aus, eine Gegenforderung darzulegen. Vielmehr kommt es gerade darauf an, dass die Aufrechnung nach § 388 BGB erklärt wurde. Auch ist festzustellen, dass die Aufrechnung prozessual als Hilfsantrag geltend gemacht werden kann. Mitverschulden, Vorteilsausgleichung und Saldotheorie hingegen betreffen schon den Anspruch als solches. Die entsprechende Einwendung kann nur dazu führen, dass der Anspruch von Anfang an gemindert entsteht. Eine hilfsweise Geltendmachung scheidet insofern aus.

Hinzu kommt der Unterschied, dass von den vier untersuchten Instituten lediglich die Aufrechnung zwei jeweils einklagbare Sachverhalte enthält. Sowohl beim Mitverschulden, als auch bei der Saldotheorie und der Vorteilsausgleichung besteht nur ein einklagbarer Sachverhalt, während der gegenläufige Sachverhalt nur im Rahmen des anderen abgehandelt werden kann. Das Mitverschulden, die Saldotheorie oder die Vorteilsausgleichung können also nur von der verklagten Seite eingewendet werden.

796 Es hat sich dabei gezeigt, dass die Aufrechnung eine rechtsvernichtende Einwendung ist, während Mitverschulden, Saldotheorie und Vorteilsausgleichung rechtshindernde Einwendungen darstellen. Dieser Unterschied resultiert aus dem den verschiedenen dogmatischen AnsatzAnsätzen, also der Frage, ob der Anspruch erst später reduziert wird (dann rechtsvernichtend), oder von Anfang an gekürzt entsteht (dann rechtshindernd).

IV. Verhältnis von Anforderungen und Intensität der Auswirkung

Bislang wurde ausführlich das Gegenüberstehen zweier Sachverhalte bei Mitverschulden, Aufrechnung, Saldotheorie und Vorteilsausgleichung dargestellt. Besonders kam es dabei auf die Wirkungsmechanismen und auf die Auswirkungen der Verknüpfungsphänomene an. Auf Grundlage der gefundenen Ergebnisse sollen im folgenden Teil die Rechtsinstitute Mitverschulden, Saldotheorie, Vorteilsausgleichung und Aufrechnung dahingehend untersucht werden, in welchem Verhältnis die Anforderungen der Wirkungsmechanismen zu der Intensität deren Auswirkungen stehen.

1. Anforderungen der Wirkungsmechanismen

Unter den Anforderungen der Wirkungsmechanismen sind im Folgenden die Voraussetzungen[797] zu verstehen, die bei der Aufrechnung und dem Mitverschulden vom Gesetzgeber, bzw. bei der Saldotheorie und der Vorteilsausgleichung von der Rechtswissenschaft entwickelt wurden. Diese Voraussetzungen müssen von den beteiligten Parteien erfüllt werden, damit es zu einer Wirkung des Verknüpfungsphänomens kommen kann.

a) Erfordernis einer Gestaltungserklärung

Nach § 388 S. 1 BGB erfordert die Aufrechnung als Gestaltungsrecht eine Aufrechnungserklärung. Bei einer Aufrechnungserklärung handelt es sich um eine einseitige empfangsbedürftige Willenserklärung[798]. Der Aufrechnende muss somit erkennbar seinen Willen dahingehend äußern, dass er seine Gegenforderung mit der Hauptforderung der anderen Seite verrechnen will[799]. Bei Gestaltungsrechten wird auf den Rechtskreis Dritter eingewirkt, die selbst diese Einwirkung nicht verhindern können. Um diese Folge für die Gegenpartei zu entschärfen, werden an Gestaltungserklärungen besondere Anforderungen gestellt. Die Äuße-

---

797 Gemeint sind hier nicht die tatsächlichen oder rechtlichen Voraussetzungen, wie beispielsweise eine Aufrechnungslage, oder das Vorliegen eines Nach- und eines Vorteils beim selben schädigenden Ereignis. Diese stellen schon die rechtliche Grundlage des Verknüpfungsphänomens dar. Gemeint sind in diesem Abschnitt vielmehr die Voraussetzungen, die zusätzlich an die beteiligten Parteien gestellt werden, damit das Verknüpfungsphänomen wirkt.

798 Palandt 2009 – Kommentar BGB, § 388, Rn. 1

799 Zur Aufrechnungserklärung als rechtsgeschäftlicher Handlung siehe schon oben C, II, 2, b), i.

rung einer Gestaltungserklärung hat aus Gründen der Rechtssicherheit unzweideutig und klar zu erfolgen[800]. Eine konkludente Äußerung ist damit zwar nicht ausgeschlossen, aber jedenfalls nicht ohne weiteres möglich[801]. Derjenige, der die Rechtswirkungen des § 389 BGB herbeiführen will, muss also regelmäßig aktiv etwas hierfür tun[802]. Diese Anforderungen müssen erfüllt werden, unabhängig davon, ob die Aufrechnung prozessual oder rein materiell geltend gemacht wird.

b) Automatismus

Das Mitverschulden des § 254 BGB ist hingegen als Automatismus ausgestaltet worden. Die materiellrechtlichen Wirkungen treten automatisch ein. Eine aktive Handlung desjenigen, zu dessen Gunsten das Mitverschulden wirkt, ist nicht erforderlich, insbesondere keine rechtsgeschäftliche Erklärung[803]. Auch die Vorteilsausgleichung und die Saldotheorie wurden von der Rechtswissenschaft hinsichtlich ihrer Wirkungen als Automatismen entwickelt[804]. Auch bei diesen Rechtsinstituten tritt somit die materiellrechtliche Wirkung automatisch ein, ohne dass es einer irgendwie gearteten Ausübungserklärung des Schuldners bedarf[805].

Trotzdem die Wirkung von Mitverschulden, Vorteilsausgleichung und Saldotheorie eine materiellrechtliche, von einer prozessualen Entscheidung unabhängige ist, kommt es realiter häufig auf die Berücksichtigung im Prozess an. Das Gericht muss diese Verknüpfungsphänomene zwar von Amts wegen berücksichtigen. Allerdings muss es zunächst irgendwie von den entsprechenden Umständen erfahren. Wenn sich diese Umstände nicht schon aus dem allgemei-

800 Auch die Bedingungsfeindlichkeit von Gestaltungsrechten ergibt sich hieraus, vgl. § 388 S. 2 BGB. Hierzu Palandt 2009 – Kommentar BGB, Überbl. v. § 104, Rn. 17.

801 Derjenige, gegen dessen Willen eine Wirkung eintritt, muss sich wenigstens über diese Wirkung im Klaren sein.

802 Mit den §§ 387 ff. BGB hat sich der historische Gesetzgeber bewusst gegen die Diskussion rund um dem Satz „ipso iure compensatur“ gestellt, so dass der Aufrechnungslage als solches keine, oder allenfalls geringe Wirkungen zuteil wurden, siehe hierzu schon Fn. 136 und 137.

803 Siehe hierzu schon C, II, 2, a), i, (1).

804 Unklar ist, ob hierbei bewusst der Automatismus des § 254 BGB als Vorbild diente. Die Parallelen in der Wirkungsweise sind jedoch nicht zu übersehen.

805 Siehe hierzu schon C, II, 2, a), i, (2).

nen Sachvortrag der Parteien ergeben, bedarf es eines Hinweises des Beklagten, mithin einer faktischen Handlung[806].

Es wird somit deutlich, dass die Ausübung der Aufrechnung höhere Anforderungen stellt, indem sie eine aktive Handlung in Form einer Gestaltungserklärung erfordert. Bei Mitverschulden, Saldotheorie und Vorteilsausgleichung hingegen gibt es an sich gar keine materiellrechtliche „Ausübung" im eigentlichen Sinne. Diese Rechtsinstitute wirken vielmehr durch einen Automatismus. Einzig in der Prozesssituation ist eine faktische Handlung regelmäßig vonnöten.

2. Intensität der Auswirkungen

Vorab ist kurz zu erläutern, was unter der „Intensität der Auswirkungen" zu verstehen ist. Auszugehen ist dabei von einem Verknüpfungsphänomen. Dieses wurde bereits definiert als Kreuzung zweier Handlungsstränge an einer Stelle ihres Schicksals, mit der Folge, dass aufgrund dieser Verknüpfung diese beiden Handlungsstränge untrennbar miteinander verbunden werden, so dass letztlich nur noch ein Handlungsstrang überbleibt[807]. Offen blieb bei dieser Definition bislang, wie es dazu kommt, dass nur noch ein Handlungsstrang übrig bleibt. Hierunter ist die Auswirkung eines Verknüpfungsphänomens zu fassen. Die Intensität dieser Auswirkung bestimmt sich somit danach, wie die Verknüpfung auf die beiden Handlungsstränge einwirken muss, damit es zu dem Verknüpfungsphänomen kommen kann.

a) Erlöschen einer bestehenden Forderung

Bei der Aufrechnung führt die Verknüpfung der beiden Handlungsstränge, also von Haupt- und Gegenforderung, zu einem Erlöschen in Höhe der Deckung. Dies hat zur Folge, dass nach der Aufrechnung nur noch eine Forderung in Höhe eines etwaig überschießenden Betrages bestehen bleibt. Mit der Aufrechnung kann der Aufrechnende die Forderung seines Gläubigers zum Erlöschen bringen[808]. Zu berücksichtigen ist in dieser Konstellation jedoch der Umstand, dass sich für die Aufrechnungslage des § 387 BGB zunächst zwei vollständig ent-

---

806 Siehe hierzu schon C, II, 2, b), ii. Auch ist nicht zu übersehen, dass der Beklagte die Beweislast für das von ihm behauptete Verknüpfungsphänomen trägt und schon aus diesem Grund eine gewisse faktische (Beweis-)Handlung vornehmen muss. Eine Prozesshandlung liegt hierin nicht.

807 Siehe zu dieser Definition schon oben C, I.

808 Er erfüllt diese Hauptforderung quasi durch Hingabe seiner Gegenforderung. Für den Aufrechnungsgegner ist diese Hingabe ein Erfüllungssurrogat.

standende Forderungen gegenüber stehen müssen[809]. Richtet man den Blick auf den Aufrechnungsgegner, so muss dieser also Inhaber einer bestehenden (Haupt-) Forderung gegen den Aufrechnenden sein. Durch die Aufrechnung verliert der Aufrechnungsgegner seine Forderung in Höhe der Deckung. Bedingt durch die Wechselwirkung der Aufrechnung erhält der Aufrechnungsgegner aber für diesen Verlust gleichzeitig einen Gegenwert. Er wird schließlich von seiner Schuld gegen den Aufrechnenden frei. Im Ergebnis verliert der Aufrechnungsgegner somit zwar seine Forderung[810]. Dieser Verlust würde aber gleichermaßen eintreten, wenn der Schuldner die Forderung nach § 362 BGB erfüllen würde. Die Aufrechnung wirkt demnach als Erfüllungssurrogat auf die bestehende Forderung ein[811].

b) Forderungsentstehung in geringerer Höhe

Bei Mitverschulden, Saldotheorie und Vorteilsausgleichung hat die Verknüpfung der Handlungsstränge zur Folge, dass die Forderung, an der das Verknüpfungsphänomen ansetzt, nur in geringerer Höhe entsteht.

Beim Mitverschulden geht der Schadensersatzanspruch dabei wertmäßig zunächst von dem realiter entstandenen Schaden aus. Anschließend wird durch Berücksichtigung des mitwirkenden Verschuldens des Geschädigten die Höhe verringert[812], so dass der Schadensersatzanspruch insgesamt nur in geringerer Höhe entsteht. Auch die Vorteilsausgleichung betrifft einen Schadensersatzanspruch. Hier wird der Wert des anrechenbaren Vorteils direkt beim entstandenen Schaden in Abzug gebracht. Folglich entsteht der Schadensersatzanspruch wiederum nur in verringerter Höhe[813]. Die Saldotheorie hingegen setzt bei einem Kondiktionsanspruch an. Sie hat zur Folge, dass anstatt zweier gegenseitiger

---

809 Siehe hierzu bereits C, II, 1, a) mit weiteren Nachweisen.

810 Trotz der Kompensation durch die Schuldbefreiung kann sich für den Aufrechnungsgegner ein Nachteil jedoch schon daraus ergeben, dass er die Hauptforderung anderweitig verwenden oder aus anderen Gründen sein „Druckmittel" gegen den Aufrechnenden nicht verlieren wollte.

811 Zur Aufrechnung als Erfüllungssurrogat siehe Gernhuber 1994 – Erfüllung und Surrogate, S. 225 ff.

812 Die Verringerung erfolgt durch Bildung einer Quote aus dem beiderseitigen Verschulden, vgl. B, II, 2, b), ii. Siehe auch MünchKomm BGB 2007 – §§ 241-432, § 254, Rn. 7: *„stets kann ein mitwirkendes Verschulden des Geschädigten dazu führen, dass der ihm zustehende Schadensersatzanspruch zu kürzen ist"*.

813 Siehe hierzu schon B, III, 2, c), ii; vgl. nochmals MünchKomm BGB 2007 – §§ 241-432, § 249, Rn. 267, der allerdings davon spricht, dass der Vorteil von dem Ersatzanspruch abgezogen werde.

Kondiktionsansprüche von Anfang an nur ein Kondiktionsanspruch in Höhe der Bereicherung abzüglich des Wertes der Entreicherung zur Entstehung gelangt[814]. Mitverschulden, Saldotheorie und Vorteilsausgleichung stimmen, trotz der Unterschiede im Detail, konzeptionell darin überein, dass durch das Zusammenwirken der gegenläufigen Sachverhalte jeweils der Inhalt eines Anspruches bestimmt wird[815].

3. Höhere Anforderungen bei geringerer Intensität?

Stellt man die Anforderungen und die Intensität der Auswirkungen bei Aufrechnung, Mitverschulden, Saldotheorie und Vorteilsausgleichung gegenüber, so ist festzustellen, dass ein Ungleichgewicht besteht. Dies zeigt sich darin, dass mit dem Maß der Intensität nicht zugleich das Maß der Anforderungen steigt. Bei der Aufrechnung erfordert § 388 BGB eine Aufrechnungserklärung. Derjenige, der eine Aufrechnung herbeiführen will, muss somit aktiv tätig werden und eine rechtsgeschäftliche Erklärung abgeben[816]. Durch dieses Erfordernis wird sichergestellt, dass die Wirkung der Aufrechnung nur eintreten kann, wenn dies wenigstens von einer Partei tatsächlich gewollt wird[817]. Andererseits ist somit die Ausübung der Aufrechnung von einer Willensbetätigung abhängig. Aus juristischer Sicht stellt dies die größte denkbare Voraussetzung dar[818]. Diese Voraussetzung bedeutet gleichzeitig, dass es bei der Aufrechnung zu einem Verknüpfungsphänomen im Grunde nur kommen kann, wenn eine Aufrechnungserklä-

---

814 Siehe hierzu schon B, III, 1, c), ii.

815 Diese Inhaltsbestimmung stellt dabei stets eine Verringerung der Anspruchshöhe gegenüber der ursprünglichen Ausgangslage dar.

816 Die Aufrechnungserklärung stellt als Gestaltungserklärung ohne weiteres eine Willenserklärung dar, vgl. nur Medicus/Lorenz 2008 – Schuldrecht I, Rn. 316.

817 Der Fall einer „versehentlichen" Aufrechnung ist durch dieses Erfordernis nahezu ausgeschlossen. Für den Fall von Irrtum oder Täuschung besteht die Möglichkeit einer Anfechtung nach den §§ 119 ff. BGB, weil es sich bei der Aufrechnungserklärung um eine anfechtbare Willenserklärung handelt. Die Anfechtbarkeit wird dabei vorausgesetzt, siehe hierzu beispielsweise BGH NJW 1983, 1120 [1121].

818 Diese heute geltende Rechtslage steht somit im völligen Widerspruch zu der Meinung im 19. Jahrhundert, wonach auch die Aufrechnung im Wege eines Automatismus erfolgen sollte, siehe oben C, II, 2, a), ii. Die damaligen Anforderungen an die Wirkung der Aufrechnung waren somit ungleich geringer, insbesondere bedurfte es keiner Aufrechnungserklärung, siehe zu dieser Meinung statt vieler Glück 1813 – Pandecten 15,1, S. 102/103.

rung erfolgt. Erst durch diese Erklärung kommt es im Rahmen der Aufrechnungslage zu einer Verknüpfung und gleichzeitig zu der Rechtsfolge[819].

Die Folge dieser Willensbetätigung hingegen beschränkt sich darauf, einen bestehenden Anspruch zum Erlöschen zu bringen[820] und gleichzeitig den Gläubiger von einem gegen ihn bestehenden Anspruch zu befreien. Mit dieser Wirkung greift die Aufrechnung somit lediglich in den Prozess der Erfüllung ein, ohne vertieft auf der Anspruchs-Ebene Veränderungen herbeizuführen. Die Intensität dieser Wirkung ist somit weniger stark.

Andererseits wird weder beim Mitverschulden, noch bei der Saldotheorie oder der Vorteilsausgleichung von demjenigen, zu dessen Gunsten diese Rechtsinstitute eingreifen sollen, ein aktives Handeln verlangt. Die Rechtsfolgen treten automatisch ein, ohne dass der Wille der Beteiligten in irgendeiner Weise eine Rolle spielt[821]. In diesen Fällen ist aber zu berücksichtigen, dass auch das Verknüpfungsphänomen ohne ein weiteres Zutun besteht. Bei der Aufrechnung ist die Gestaltungserklärung bereits für den Eintritt der Verknüpfung erforderlich. Bei Mitverschulden, Saldotheorie und Vorteilsausgleichung die existiert die Verknüpfung schon alleine dadurch, dass die gegenläufigen Sachverhalte zwingend im selben Kontext stehen. Der Wirkungs-Automatismus spiegelt sich grundsätzlich auch in der prozessualen Situation wider. Das Gericht hat die Verknüpfungsphänomene und deren Rechtsfolgen von Amts wegen zu berücksichtigen. Zwar setzt diese Berücksichtigung voraus, dass das Gericht überhaupt Kenntnis von den Umständen hat. Dies erfordert regelmäßig eine faktische Handlung in Form eines Hinweises. Die Anforderungen, die an ein solches Tun

819 Der Aufrechnungserklärung kommt somit bei der Aufrechnung als Verknüpfungsphänomen eine zweifache Bedeutung zu.

820 Die Wirkung der Aufrechnung wurde indes auch im 19. Jahrhundert im Erlöschen der entstandenen Forderungen gesehen. Man hätte zwar denken können, ein Automatismus könnte auch bei der Aufrechnung dazu führen, dass die Verrechnung der beiden Forderungen bereits im Entstehungsstadium der zweiten Forderung erfolgen könnte. Eine solche Ansicht hätte aber übersehen, dass die Forderungen erst erlöschen sollten, in dem Augenblick, in dem sie sich aufrechenbar gegenüberstanden. Dies erfordert jedenfalls für eine juristische Sekunde zwei selbständige entstandene Forderungen.

821 Die Wirkung tritt hier jeweils materiell-rechtlich ein, also auf der Anspruchs-Ebene. Auf die Berücksichtigung dieser Rechtsfolgen in einem Prozess kommt es hier noch nicht an.

gestellt werden, sind jedoch ungleich geringer, da es sich gerade nicht um eine Willenserklärung handelt[822].

Trotz dieser geringeren Voraussetzungen haben diese Verknüpfungsphänomene gegenüber der Aufrechnung jeweils eine wesentlich intensivere Wirkung. Mitverschulden, Saldotheorie und Vorteilsausgleichung bestimmen den Inhalt eines Anspruches und setzen somit bereits im Entstehungsstadium des Anspruches an. Im Gegensatz zur Aufrechnung wird hier also nicht ein bereits entstandener Anspruch nachträglich verringert. Vielmehr gelangt ein Anspruch anfänglich nur verringert zur Entstehung. Dabei ist keine intensivere Einwirkung auf einen Anspruch denkbar, als die Bestimmung des Anspruchsinhalts im Rahmen der Anspruchsentstehung[823]. Die eingangs aufgestellte Behauptung, ein hohes Maß an Intensität gehe nicht einher mit ebenso hohen Anforderungen, ist demnach bestätigt. Vielmehr ist an Aufrechnung, Mitverschulden, Saldotheorie und Vorteilsausgleichung deutlich zu erkennen, dass dort hohe Anforderungen bestehen, wo die Wirkung eine geringere Intensität hat. Im Gegenzug sind die Anforderungen in den Fällen gering[824], wo eine intensive Einwirkung auf den Anspruch erfolgt.

822 Im Gegensatz zur Aufrechnungserklärung stellt ein solcher Hinweis ein juristisches „Nullum" dar. Durch ihn wird weder eine Rechtsfolge ausgelöst, noch sonst die Rechtslage verändert. Auch sämtliche Anforderungen einer Willenserklärung (§§ 104 ff. BGB) gelten für diesen Hinweis nicht.

823 Der Anspruch „lebt" quasi von seinem Inhalt. Durch diesen wird bestimmt, was genau zu Tun der Anspruchsinhaber vom Schuldner verlangen darf, siehe hierzu ausführlich Larenz/Wolf 2004 – BGB AT, S. 264, § 15, Rn. 56 und S. 280, § 16, Rn. 2 ff.

824 Die Anforderungen sind gering, wenn man an die prozessuale Geltendmachung denkt (faktische Handlung), bzw. gar nicht vorhanden, wenn es um die reine materielle Rechtslage geht.

V. Ergebnis: Gemeinsamkeiten und Unterschiede der „Verknüpfungsphänomene“

Anhand der Untersuchung der Verknüpfungsphänomene Aufrechnung, Mitverschulden, Saldotheorie und Vorteilsausgleichung in den vorangehenden Abschnitten wurde gezeigt, dass die Rechtsinstitute trotz ihrer unterschiedlichen Ansatzpunkte einen gemeinsamen Hintergrund haben. Aufgabe des folgenden Abschnittes ist es nach alledem, die Gemeinsamkeiten, aber auch die Unterschiede der untersuchten Rechtsinstitute zusammenfassend darzustellen. Um die bisherige Systematik wieder aufzugreifen, erfolgt diese Darstellung wiederum in Abgrenzung der Ergebnis- von der Anspruchs-Ebene.

1. Gemeinsamkeiten

a) Ergebnis-Ebene

Der Begriff des Verknüpfungsphänomens wurde definiert als die Kreuzung zweier Handlungsstränge an einer Stelle ihres Schicksals, mit der Folge, dass aufgrund dieser Verknüpfung diese beiden Handlungsstränge untrennbar miteinander verbunden werden, so dass letztlich nur noch ein Handlungsstrang überbleibt[825]. Es wurde dabei zunächst aufgezeigt, dass bei allen vier untersuchten Rechtsinstituten sich jeweils zwei gegenläufige Handlungsstränge gegenüberstehen. Bei der Aufrechnung sind dies die Haupt- und die Gegenforderung[826], beim Mitverschulden das schädigende Ereignis und das mitwirkende Verschulden des Geschädigten, bei der Saldotheorie die Bereicherung des Kondiktionsschuldners, sowie die Entreicherung des Kondiktionsgläubigers und zuletzt bei der Vorteilsausgleichung der Schaden und der Vorteil, der durch dasselbe schädigende Ereignis ausgelöst wurde.

Neben dieser gemeinsamen Voraussetzung sind jedoch auch die konkreten Folgen des Gegenüberstehens zweier Handlungsstränge identisch. Im Ergebnis kommt es bei allen vier Rechtsinstituten durch die Verknüpfung zu einer Anspruchsverkürzung. Der Handlungsstrang, der nach der Verknüpfung übrig bleibt, besteht in einem Anspruch geringerer Höhe. Es kann dabei jedoch stets auch die Konstellation eintreten, dass der Anspruch vollständig beseitigt wird,

825 Zu dieser Definition siehe ausführlich oben C, I.

826 Wenngleich bei der Aufrechnung die Handlungsstränge zwar grundsätzlich gegenläufig sind, aber zu einer Kreuzung noch einer Aufrechnungserklärung bedürfen.

bzw. dieser gar nicht erst entsteht. Bei der Aufrechnung ist dies dann der Fall, wenn die Gegenforderung, mit der der Schuldner der Hauptforderung aufrechnet, wertmäßig gleich oder höher ist als die Hauptforderung. Beim Mitverschulden ist eine absolut überwiegende Verursachung durch den Geschädigten erforderlich[827]. Bei der Saldotheorie muss der Wert der Entreicherung höher sein, als die Bereicherung des Schuldners. Zuletzt bei der Vorteilsausgleichung muss der Vorteil wertmäßig höher sein, als der Schaden.

Der Aufrechnungsgegner kann mithin seine Forderung nicht in ursprünglicher Höhe realisieren. Das Mitverschulden hat, genau wie die Vorteilsausgleichung, zur Folge, dass der Schädiger dem Geschädigten einen geringeren Schaden zu ersetzen hat, als dem Geschädigten an sich entstanden ist. Auch bei der Saldotheorie führt die Verknüpfung dazu, dass der Kondiktionsschuldner die Kondiktionsforderung nicht in der Höhe erfüllen muss, in der er realiter eine Leistung erhalten hat.

Im Ergebnis ist festzustellen, dass für den Schuldner eines Anspruches durch das Vorhandensein eines Verknüpfungsphänomens stets eine Verbesserung eintritt. Gegenüber der faktischen Ausgangslage hat er nur eine geringere Summe zu zahlen. Mit dieser Verbesserung einher geht in dieser Konstellation andererseits jeweils eine Schlechterstellung des Gläubigers, da dieser nicht die Summe liquidieren kann, die ihm ohne Eintreten des Verknüpfungsphänomens zustünde.

b) Anspruchs-Ebene

Auch auf der Anspruchs-Ebene bestehen zwischen den Rechtsinstitute auffällige Gemeinsamkeiten. In der historischen Betrachtung treten die Gemeinsamkeiten schon dadurch zu Tage, dass sowohl das Mitverschulden, als auch die Vorteilsausgleichung als Unterfälle der Aufrechnung diskutiert wurden[828]. Gemein war diesen Instituten[829] jeweils der Gedanke, dass sich zwei gegenläufige Sachverhalte gegenseitig negieren. Nicht klar wurde allerdings, ob damit nur die Rechtsfolge der Aufrechnung gemeint war, oder auch deren Funktionsweise.

827 Die Verursachungsquote des Geschädigten muss nach der Rechtsprechung unter 20 % liegen, siehe oben B, II, 2, b), ii und Fn. 339.

828 Zur Culpa-Compensation siehe B, II, 1, b), i und zur „Compensatio lucri cum damno“ siehe B, III, 2, b), i.

829 Aber auch der Saldotheorie

Zwar funktionieren die Verknüpfungsphänomene auf unterschiedliche Weise und auch die Anforderungen an die Auswirkungen sind jeweils andere[830]. Jedoch wirken sowohl Aufrechnung, als auch Mitverschulden, bzw. Saldotheorie und Vorteilsausgleichung auf rein materiellrechtlicher Ebene. Es handelt sich um Rechtsinstitute des materiellen Rechts, die zur Herbeiführung ihrer Wirkungen keine prozessuale Grundlage benötigen.

Dies ist insofern bemerkenswert, als die Aufrechnung über lange Zeit hinweg als prozessrechtliches Instrument angesehen wurde. Zur Entfaltung von Wirkungen wurde die Entscheidung eines Gerichts benötigt; die Wirkungsentfaltung beschränkte sich aber auch nur auf diesen Prozess[831]. Heute ist klar, dass es sich auch bei der Aufrechnung um ein rein materiellrechtliches Institut handelt. Die aufgerechneten Forderungen erlöschen mithin materiellrechtlich und unabhängig von einer gerichtlichen Entscheidung.

Das Mitverschulden stellt ebenfalls ein materiellrechtliches Institut dar. Allerdings ist hier die Rolle des Gerichts gerade für eine rechtskräftige Quotenentscheidung regelmäßig groß. Dennoch wirkt das Mitverschulden an sich ohne eine solche Entscheidung. Grundsätzlich steht die Quotenverteilung bereits in dem Moment der Schadensentstehung fest[832]. Der Schadensersatzanspruch entsteht somit auch ohne gerichtliche Abwägung nur in geringerer Höhe.

Auf die gleiche Ausgestaltung trifft man auch bei Saldotheorie und Vorteilsausgleichung. Zwar handelt es sich hierbei nicht um kodifizierte Rechtsinstitute[833]. Die Theorien haben aber dennoch zur Folge, dass bereits materiellrechtlich die

---

830 Zu den Unterschieden ausführlich im nächsten Abschnitt.

831 Im römischen Recht wurde eine Aufrechnung nur als prozessrechtliche Möglichkeit gesehen. Eine Aufrechnung außerhalb eines Prozesses nur auf Grundlage einer Parteientscheidung war ausgeschlossen, siehe oben B, I, 1, a). Auch hatte die Aufrechnung kein materiellrechtliches Erlöschen der Forderungen zur Folge. Die nochmalige gerichtliche Geltendmachung der prozessual bereits aufgerechneten Forderungen wurde lediglich durch Prozesseinreden verhindert.

832 Im Grunde kann das Gericht nur die Aufgabe haben, diese realiter feststehende Quotenverteilung nachzuvollziehen. Da diese empirische Feststellung jedoch regelmäßig nicht möglich sein wird, kommt es doch auf die Abwägungsentscheidung des Gerichts an.

833 Eine gesetzliche Regelung der Vorteilsausgleichung wurde sogar ausdrücklich abgelehnt, vgl. die Motive zum ersten Entwurf Mugdan 1899 – Materialien II, S. 10. Für die Problemlage, die Ausgangsbasis der Saldotheorie ist, besteht mit §§ 812, 818 Abs. 3 BGB und der Zweikondiktionentheorie an sich eine gesetzliche Regelung. Weil diese Rechtsfolge aber gerade als unbillig empfunden wurde, kam es zur Entwicklung der Saldotheorie. Siehe hierzu bereits oben B, III, 1, b) und B, III, 2, b), ii.

gegenläufigen Handlungsstränge Berücksichtigung finden. Es bedarf an sich keiner gerichtlichen Entscheidung für die Anrechnung des Vorteils bei der Vorteilsausgleichung, genauso wenig wie für die Anrechnung des Werts der eigenen Entreicherung bei der Saldotheorie[834].

Wenn es zu einer prozessualen Geltendmachung der jeweils zugrunde liegenden Forderungen kommt, besteht eine große Ähnlichkeit in der Art und Weise, wie der Beklagte ein Verknüpfungsphänomen vorbringen kann. Alle vier Rechtsinstitute stellen Einwendungen dar, die vom Gericht von Amts wegen zu berücksichtigen sind[835]. Der Beklagte muss also im Prozess zunächst nichts weiter tun, als das Gericht darauf hinzuweisen, dass er aufgerechnet habe, dass den Kläger ein Mitverschulden treffe, dass der Kläger selbst entreichert sei, oder dass der Kläger auch einen Vorteil erhalten habe. Allen Rechtsinstituten ist auch gemein, dass der Beklagte jeweils die Beweislast für die Umstände trägt, aus denen sich die Einwendung begründet. Beim Mitverschulden, bei der Saldotheorie und der Vorteilsausgleichung liegen diese Umstände jedoch regelmäßig in der Sphäre des Klägers. In diese Sphäre hat der Beklagte keinen direkten Einblick. Deshalb bestehen in diesen Fällen gewisse Beweiserleichterungen[836]. Bei der Aufrechnung sind solche Beweiserleichterungen hingegen nicht erforderlich. Da Mitverschulden und Vorteilsausgleichung bei einem Schadensersatzanspruch ansetzen, ist bei diesen Verknüpfungsphänomenen die erleichterte Beweisregel des § 287 ZPO anwendbar. In den anderen Fällen verbleibt es bei § 286 ZPO.

Zuletzt ist im Rahmen der prozessualen Geltendmachung festzustellen, dass die untersuchten Rechtsinstitute insofern einen Einfluss auf die Kostenfolge haben, als sie zu einem Unterliegen des Klägers führen können[837]. Wendet der Beklagte

834 Da aber regelmäßig zwischen den Parteien gerade in diesen Punkten keine Einigung gefunden werden kann, kommt es im Ergebnis doch in den meisten Fällen auf eine gerichtliche Entscheidung an. Materiellrechtlich erforderlich wäre diese jedoch an sich nicht.

835 Bei der Aufrechnung handelt es sich um eine rechtsvernichtende Einwendung, weil ein bestehender Anspruch nachträglich beseitigt wird. Die anderen Rechtsinstitute stellen rechtshindernde Einwendungen dar, die einen Anspruch schon im Entstehen hindern, bzw. beschränken. Für die prozessuale Geltendmachung spielt diese Abgrenzung jedoch keine Rolle.

836 Siehe hierzu C, III, 3, b) ii, iii und iv.

837 Zwar unterscheidet sich bei der Aufrechnung die Kostenfolge danach, ob der Beklagte eine Primäraufrechnung einwendet (dann kein Unterliegen), oder eine Eventualaufrechnung (dann teilweises Unterliegen). Dies ist jedoch nicht durch das Verknüpfungsphänomen als solches bedingt, sondern vielmehr durch den Gedanken, dass der Beklagte

ein Verknüpfungsphänomen ein und kann er dieses auch beweisen, so kommt es zu einem Unterliegen des Klägers in entsprechender Höhe. Die Kostenfolge bestimmt sich somit nach der Höhe des Obsiegens, bzw. des Unterliegens und damit nach den Grundregeln der §§ 91, 92 ZPO.

2. Unterschiede

a) Ergebnis-Ebene

Trotz der an sich identischen Ausgangsposition bei den Verknüpfungsphänomenen ist dennoch auf der Ergebnis-Ebene bei der Aufrechnung eine Besonderheit festzustellen. Bei Mitverschulden, Saldotheorie und Vorteilsausgleichung haben die gegenläufigen Handlungsstränge ihren Schnittpunkt schon in dem Umstand, dass sie insgesamt auf demselben schädigenden Ereignis, bzw. derselben bereicherungsrechtlichen Rückabwicklung basieren. Die Aufrechnungslage hingegen erfordert lediglich zwei gegenüberstehende Forderungen, ohne dass diese eine irgendwie geartete Konnexität aufweisen müssen. Die einzige Verbindung dieser beiden Forderungen ist die geforderte Personenidentität zwischen Gläubiger und Schuldner. Eine Verknüpfung tritt hierdurch jedoch noch nicht ein. Diese wird erst durch das Hinzutreten einer Aufrechnungserklärung herbeigeführt.

Ein weiterer Unterschied ist auf der Ergebnis-Ebene darin auszumachen, dass durch das Erfordernis der Aufrechnungserklärung für das Eintreten der Verknüpfung bei der Aufrechnung die Parteien dieses Verknüpfungsphänomen steuern können[838]. In den anderen Fällen liegt die Verknüpfung schon in der Natur der Sache, ohne dass eine Einflussmöglichkeit der Beteiligten bestünde.

Ein dritter Unterschied besteht letztlich darin, dass bei Mitverschulden, Saldotheorie und Vorteilsausgleichung die Berücksichtigung des gegenläufigen Handlungsstranges zu Gunsten des Anspruchsschuldners ausfällt. Dieser muss hierfür keinerlei Gegenleistung erbringen. Bei der Aufrechnung hingegen

---

bei der Eventualaufrechnung nicht nur seine Gegenforderung verliert, sondern auch mit seiner hauptsächlichen Argumentation gegen die Hauptforderung scheitert. Diese Kostenfolge ist dabei auch umstritten, siehe oben C, III, 3, c), i.

838 Eine endgültige Steuerung ist allerdings nicht möglich, da beide Parteien unabhängig voneinander aufrechnen können und daher keine Partei zuverlässig die Aufrechnung verhindern kann. Etwas anderes gilt nur, wenn eine Partei ihrerseits mangels fälliger Forderung noch nicht aufrechnen kann, vgl. Palandt 2009 – Kommentar BGB, § 387, Rn. 11 und Rn. 12. In diesem Fall kann die andere Partei die Aufrechnung ganz alleine steuern.

kommt zwar die Aufrechnung durch den Schuldner auch zunächst diesem zu Gute. Schließlich wird er von der gegen ihn gerichteten Forderung ganz oder teilweise befreit. Allerdings bekommt der Schuldner diese Befreiung nicht ohne Gegenleistung. Im Gegenzug verliert er nämlich seine Forderung gegen den Gläubiger. Wertmäßig kann man somit bei der Aufrechnung grundsätzlich nicht von einer Besser- oder Schlechterstellung sprechen[839]. Eine jedenfalls ideelle Schlechterstellung kann jedoch dann eintreten, wenn eine Partei die Aufrechnung ganz bewusst nicht wollte. Ein Grund hierfür könnte darin liegen, dass sie die entsprechende Forderung an einen Dritten abtreten wollte, um in diesem Verhältnis von einer Schuld frei zu werden. In Betracht kommt aber auch, dass die Partei die Forderung behalten wollte, um mit dieser ein anderweitiges „Druckmittel“ gegen den Schuldner zu haben. In Folge der Aufrechnung hat der Aufrechnungsgegner keine Möglichkeit mehr über seine Forderung zu disponieren.

b) Anspruchs-Ebene

Die größten Unterschiede zwischen Aufrechnung, Mitverschulden, Saldotheorie und Vorteilsausgleichung sind indes auf der Anspruchs-Ebene auszumachen. Sowohl die Funktionsweisen der Verknüpfungsphänomene sind unterschiedlich ausgestaltet, als auch die rechtlichen Folgen für die zugrundeliegenden Ansprüche. Dabei besteht zunächst ein großer Unterschied zwischen der Aufrechnung und den drei anderen Rechtsinstituten. Im Weiteren bestehen dann aber auch Unterschiede innerhalb dieser Gruppe.

Der methodisch auffälligste Unterschied liegt in der Aufrechnungserklärung. Anhand dieser wird bei der Aufrechnung auf der Ergebnis-Ebene erst eine Verknüpfung zwischen den beiden gegenüberstehenden Forderungen hergestellt. Sie ist gleichzeitig auf der Anspruchs-Ebene erforderlich, um die Wirkung der Aufrechnung herbeizuführen. Die Aufrechnung nach den §§ 387 ff. BGB ist ein Gestaltungsrecht, so dass es zwingend dieser Gestaltungserklärung bedarf[840]. Im Gegensatz dazu tritt bei Mitverschulden, Saldotheorie und Vorteilsausgleichung die Wirkung automatisch ein. Ein zusätzliches menschliches Handeln ist nicht erforderlich. Sobald die beiden gegenläufigen Sachverhalte aufeinandertreffen,

---

839 Der Aufrechnende kann aber ohne ein Prozessrisiko die Erfüllung seiner Forderung erreichen, vgl. hierzu MünchKomm BGB 2007 – §§ 241-432, § 387, Rn. 1. Hierin ist durchaus eine Besserstellung zu erkennen.

840 Siehe hierzu oben C, II, 2, b).

kommt es zu den beschriebenen Wirkungen auf der materiellrechtlichen Anspruchs-Ebene[841].

Zwar wurde auch die Aufrechnung im 19. Jahrhundert als Automatismus ausgelegt. Hiernach sollte die Wirkung in dem Moment, in dem sich die aufrechenbaren Forderungen erstmals gegenüberstanden „ipso iure sine facto hominis“ eintreten. Diese Auslegung war indes schon damals umstritten und ist heute wegen der gesetzgeberischen Entscheidung in § 388 BGB überholt[842]. Nach geltendem Recht besteht in der Aufrechnung als Gestaltungsrecht gegenüber den Automatismen der anderen Verknüpfungsphänomene ein deutlicher konstruktiver Unterschied.

Ein weiterer Unterschied ist bei der Wirkungsweise zu erkennen. Bei der Aufrechnung kommen bestehende Forderungen in Höhe ihrer Deckung zum Erlöschen. Mitverschulden, Saldotheorie und Vorteilsausgleichung führen hingegen dazu, dass die zugrunde liegenden Ansprüche bereits nur in geringerer Höhe entstehen. Die Verknüpfungsphänomene setzen somit chronologisch bei unterschiedlichen Stadien einer Forderung an. Mitverschulden, Saldotheorie und Vorteilsausgleichung beschreiben schon im Rahmen der Anspruchsentstehung den Inhalt dieses Anspruches. Die Aufrechnung aber nimmt Einfluss auf einen bereits entstandenen Anspruch, indem sie diesen nachträglich zum Erlöschen bringt. Dieser Unterschied spiegelt sich auch darin wieder, dass es sich prozessual bei der Aufrechnung um eine rechtsvernichtende Einwendung handelt. Mitverschulden, Saldotheorie und Vorteilsausgleichung dagegen stellen rechtshindernde Einwendungen dar[843].

Mitverschulden, Saldotheorie und Vorteilsausgleichung sind zwar jeweils als Automatismus ausgestaltet, durch den die Ansprüche schon bei der Entstehung beeinflusst werden. Ganz gleich sind diese Rechtsinstitute dennoch nicht. Beim Mitverschulden steht der entstandene Schaden fest. Erst nachdem ein Mitverschulden bejaht wurde, ist ausgehend von diesem Schaden der Ersatzanspruch

841 Siehe hierzu schon C, II, 2, a), i.

842 Zur Kompensation als Automatismus siehe C, II, 2, a), ii. Insbesondere an diesem historischen Streitpunkt zur Aufrechnung ist aber gerade die dogmatische Ähnlichkeit zwischen der Aufrechnung und den anderen untersuchten Rechtsinstituten festzumachen.

843 Für die prozessuale Geltendmachung spielt diese Unterscheidung jedoch keine Rolle, so dass diese Abgrenzung auch regelmäßig nicht vorgenommen und einfach von Einwendungen gesprochen wird.

durch Abzug einer Mitverschuldensquote zu bestimmen[844]. Die Höhe des Schadensersatzanspruches hängt somit davon ab, zu welcher Quote dieser Schaden entweder vom Schädiger oder vom Geschädigten herbeigeführt wurde. Klar ist dabei lediglich, dass nur beide Verschuldenslinien zusammen zu dem Schaden führen konnten. Die Bestimmung der genauen Quote erfolgt jedenfalls im Prozess durch eine gerichtliche Abwägung.

Bei der Vorteilsausgleichung hingegen steht zwar auch der entstandene Schaden fest. Der Schädiger müsste grundsätzlich auch diesen Schaden ersetzen. Die Anspruchsverkürzung erfolgt nur, weil der Geschädigte durch das schädigende Ereignis auch einen Vorteil erlangt hat. Obschon dieser Vorteil von dem Schaden als solches, bzw. von der Schadensentstehung unabhängig ist, erfolgt eine Kürzung des Schadensersatzanspruches in Höhe des Wertes des Vorteils. Auch bei der Saldotheorie ist die Bereicherung des Kondiktionsschuldners, an dem die Anrechnung ansetzt, als solches fix. Die Entreicherung, um deren Wert der Kondiktionsanspruch gekürzt wird, ist von der Bereicherung ebenfalls völlig unabhängig. Trotzdem erfolgt eine Kürzung des Kondiktionsanspruches in entsprechender Höhe. Bei Saldotheorie und Vorteilsausgleichung führen somit im Gegensatz zum Mitverschulden zwei voneinander unabhängige Sachverhalte zu einer Kürzung des Anspruches[845]. Auch wird der Inhalt des Anspruches beim Mitverschulden im Wege einer Quotelung bestimmt, während Saldotheorie und Vorteilsausgleichung Fälle der Anrechnung darstellen. Bei dieser Anrechnung besteht kein Spielraum. Es sind immer die jeweiligen Werte zu verrechnen. Eine gerichtliche Abwägung wie beim Mitverschulden gibt es nicht[846].

Zuletzt besteht ein Unterschied darin, dass das Mitverschulden gleichzeitig zur Schadensentstehung vorhanden sein muss. Bei Vorteilsausgleichung und Sal-

---

844 Hierbei handelt es sich jedoch materiellrechtlich nicht um eine echte chronologische Reihenfolge, vielmehr erfolgen diese Schritte insgesamt bei der Bestimmung des Anspruchsinhalts. Im Prüfungsschema wird diese Reihenfolge jedoch eingehalten.

845 Unter diesem Aspekt besteht somit wiederum eine Ähnlichkeit zwischen Saldotheorie, Vorteilsausgleichung und der Aufrechnung. Auch bei letzterer sind die gegenläufigen Sachverhalte, also die Forderungen, voneinander unabhängig und führen trotzdem zu einer Verkürzung.

846 Eine solche Abwägung kann es auch nicht geben. Die Werte stehen fest. Wenn aus Billigkeitserwägungen eine Anrechnung erfolgen soll, muss dies in voller Höhe dieser Werte geschehen.

dotheorie wird ein solcher zeitlicher Zusammenhang nicht vorausgesetzt[847]. Auch dieser Unterschied ist eine Ausprägung des Erfordernisses, dass die gegenläufigen Handlungsstränge beim Mitverschulden zusammenhängen müssen. Bei Vorteilsausgleichung und Saldotheorie hingegen muss ein solcher Zusammenhang nicht bestehen.

3. Fazit

Im Ergebnis zeigt sich also beim Vergleich der Verknüpfungsphänomene eine gewisse Zweiteilung in mehrfacher Hinsicht. Auf der Ergebnis-Ebene sind die Auswirkungen von Aufrechnung, Mitverschulden, Saldotheorie und Vorteilsausgleichung ähnlich. Auf der Anspruchs-Ebene hingegen sieht man unterschiedliche Funktions- und Wirkungsweisen. Die Verknüpfungsphänomene führen zu Anspruchsverkürzungen, die sich zu Lasten des Gläubigers auswirken. Dieser wird gegenüber dem Schuldner schlechter gestellt, da er nur noch einen geringeren Anspruch gegen den Schuldner hat. Dies gilt uneingeschränkt bei Mitverschulden, Saldotheorie und Vorteilsausgleichung. Bei der Aufrechnung trifft dies nur bedingt zu, da der Gläubiger gleichzeitig von seiner Schuld gegenüber dem Schuldner frei wird[848]. Die Aufrechnung spielt dabei auf der Anspruchs-Ebene eine Sonderrolle insofern, als bei dieser eine Gestaltungserklärung erforderlich ist. Mitverschulden, Saldotheorie und Vorteilsausgleichung stehen hingegen als Automatismen der Aufrechnung gegenüber[849]. Bei der prozessualen Geltendmachung wirken sich diese Unterschiede allerdings nicht aus. Im Prozess sind die Anforderungen an den beklagten Schuldner somit jeweils die gleichen. Auch die Kostenfolge richtet sich nach den üblichen Grundsätzen der §§ 91 ff. ZPO.

---

847 Bei der Vorteilsausgleichung wird zwar jedenfalls von der Rechtsprechung ein *„gewisser zeitlicher Zusammenhang"* verlangt, vgl. BGH VersR 1967, 187, die Konturen sind aber insgesamt weich. Zu den Folgeproblemen siehe C, III, 2, b), iii.

848 Allerdings verliert der Anspruchsgegner seine Forderung, bzw. die Disposition über diese Forderung, ohne auf den Zeitpunkt dieses Verlusts einwirken zu können

849 Wie gezeigt, gibt es zwar auch Unterschiede zwischen Mitverschulden und Saldotheorie, bzw. Vorteilsausgleichung. In der grundlegenden Ausgestaltung sind sie jedoch gleich.

D) Gründe für die unterschiedliche Ausprägung

Wie in dem Vergleich zu sehen war, bestehen neben den Ähnlichkeiten der Verknüpfungsphänomene auf der Ergebnis-, wie auf der Anspruchs-Ebene auch deutliche Unterschiede. Diese betreffen insbesondere die Funktions- und Wirkungsweise. Zuletzt gilt es deshalb, die möglichen Gründe für diese unterschiedliche Behandlung von einerseits Aufrechnung und andererseits Mitverschulden, Saldotheorie und Vorteilsausgleichung zu untersuchen. Hierzu wird insbesondere auf den Grundsatz von Treu und Glauben, bzw. auf die Gedanken der Billigkeit einzugehen sein. Auch ist unter dem Aspekt der Privatautonomie ein genauerer Blick auf die Aufrechnung zu werfen. Hier wird auch die Rolle der Aufrechnung im Handelsverkehr von Bedeutung sein.

I. Verknüpfungsphänomene und § 242 BGB

§ 242 BGB stellt eine der wichtigsten Regelungen des geltenden Zivilrechts dar:

> *„Der Schuldner ist verpflichtet, die Leistung so zu bewirken, wie Treu und Glauben mit Rücksicht auf die Verkehrssitte es erfordern“.*

Mit dieser Norm und ihrem bewusst offen formulierten Wortlaut[850] wurde eine zivilrechtliche Generalklausel geschaffen[851], anhand derer sichergestellt werden konnte und kann, dass

> *„jedermann in Ausübung seiner Rechte und Pflichten nach Treu und Glauben zu handeln hat“*[852].

Diese Regelung gilt deshalb nicht nur für Schuldverhältnisse, obschon sie systematisch am Beginn des Schuldrechts steht. Vielmehr wird durch § 242 BGB ein allgemeines Prinzip im Gesetz verankert. Danach sind insgesamt Rechtsverhältnisse über ihren konkreten normativen Gehalt hinaus zu überprüfen. Notfalls müssen sie Korrekturen zugänglich sein, sofern die Grundsätze von Treu und Glauben nicht hinreichend berücksichtigt wurden[853]. Eine besondere Ausprä-

850 Speziell zur Gesetzgebungsgeschichte und zum Ringen um den genauen Wortlaut HKK 2007 – §§ 241-304, § 242, Rn. 45 ff.

851 Zur Geschichte und zum Hintergrund des § 242 BGB siehe HKK 2007 – §§ 241-304, § 242, Rn. 1 ff. Dort finden sich auch weitere Nachweise.

852 So BAG NJW 2005, 775 [778]; dies stellt nur ein Beispiel einer mannigfaltigen und im Ergebnis übereinstimmenden Rechtsprechung dar.

853 Vgl. statt vieler nur Palandt 2009 – Kommentar BGB, § 242, Rn. 1/2.

gung des Grundsatzes von Treu und Glauben ist die Billigkeit: wo eine gesetzliche Regelung zu unbilligen Ergebnissen führt, kann eine Korrektur über § 242 BGB erfolgen[854]. Zunächst gilt es deshalb, kurz die Grundlagen einer normativen Korrektur über § 242 BGB zu skizzieren[855]. Vor diesem Hintergrund sind die Verknüpfungsphänomene daraufhin zu untersuchen, inwiefern sie eine Ausprägung des § 242 BGB darstellen. Insbesondere soll es dabei darauf ankommen, welche Rolle diese Ausprägung für ihre Funktions- und Wirkungsweise spielt.

1. Normative Korrekturen über § 242 BGB

Unter Treu und Glauben im Sinne des § 242 BGB versteht man auf der einen Seite die Zuverlässigkeit, Aufrichtigkeit und Rücksichtnahme einer Partei gegenüber der anderen; auf der anderen Seite wird das Vertrauen des Rechtsverkehrs hierauf umfasst[856]. Der Begriff Treu und Glauben beinhaltet somit alle sozialethischen Wertvorstellungen, anhand derer die Bevorteilung einer Partei vermieden werden soll. Es kommt insgesamt darauf an, einen angemessenen Ausgleich der Beteiligten am Rechtsverkehr zu finden. Gerade aufgrund seiner offenen Formulierung bietet § 242 BGB die Möglichkeit, dass solche Erwägungen Eingang in die Rechtslage finden können[857]. § 242 BGB stellt dabei nicht eine Anspruchsgrundlage in dem Sinne dar, dass man einen Sachverhalt unter die Tatbestandsmerkmale subsumieren könnte und am Ende eine Rechtsfolge herauskommt[858]. Vielmehr handelt es sich um ein allgemeines Prinzip, um einen

„obersten Grundsatz des Rechts der Schuldverhältnisse“[859].

854 Zu beachten ist dabei allerdings, dass § 242 BGB keinesfalls dem Gericht die Möglichkeit gibt, sich ohne weiteres über „Recht und Gesetz“ hinwegzusetzen, vgl. hierzu nur BGH NJW 1985, 2579 [2580]: *„Gründe der Rechtssicherheit und die Gefahr einer sonst drohenden „Rechtserweichung und -verwässerung“* (so ausdrücklich Boehmer 1952 – Bürgerlichen Rechtsordnung II 2, S. 99) *verbieten es grundsätzlich, Vorschriften des zwingenden Rechts unter Berufung auf den allgemeinen Billigkeitsgrundsatz auch dort anzutasten, wo besondere gesetzliche Regelungen den Interessenkonflikten bereits Rechnung tragen“*. Vgl. hierzu auch BayObLG 1971, 273 [283].

855 Eine vertiefte Abhandlung dieser Thematik kann und soll nicht Aufgabe dieser Arbeit sein. Vielmehr kommt es nur darauf an, die hier wichtigen Grundlagen darzustellen.

856 Palandt 2009 – Kommentar BGB, § 242, Rn. 4; siehe auch Larenz 1987 – Schuldrecht I AT, S. 125, § 10 I.

857 MünchKomm BGB 2007 – §§ 241-432, § 242, Rn. 3

858 So auch Medicus/Lorenz 2008 – Schuldrecht I, Rn. 145.

859 Larenz 1987 – Schuldrecht I AT, S. 129, § 10 I

Dem Rechtsanwender[860] wird über § 242 BGB ein Programm zur Hand gegeben, mit dessen Hilfe er dreierlei[861] erreichen kann. Erstens soll sichergestellt werden, dass der Sinn und Zweck eines Vertrages, aber auch eines Gesetzes, entsprechend verwirklicht werden kann. Dieses Ziel ist hauptsächlich im Wege der Auslegung mit Hilfe der §§ 133, 157 BGB zu verfolgen[862]. Zweitens soll im Falle einer lückenhaften Regelung eine Ergänzung erfolgen. Hiervon sind nicht nur inhaltliche Lücken umfasst, sondern vor allem auch die Fälle, in denen eine Partei gegenüber der anderen unangemessen benachteilig wird[863]. Drittens kann über § 242 BGB eine normative Korrektur erfolgen. Gesetze und Verträge, die den Grundsätzen von Treu und Glauben insgesamt oder aktuell widersprechen, können demnach eine entsprechende Anpassung erfahren[864]. Gerade diese normative Korrektur hat sich in der Geschichte des BGB in Krisensituationen als überaus hilfreiches Mittel zur Erlangung angemessener Ergebnisse etabliert[865]. § 242 BGB ermöglicht somit anhand dieses umfassenden Programmes insgesamt eine ausgeglichene und billige Handhabung von Gesetzen und Verträgen im Wege der richterlichen Rechtsfortbildung[866]. Der Gedanke hinter § 242 BGB ist dabei nicht in dieser Norm isoliert. Vielmehr lässt er sich in verschiedenen

---

860 Regelmäßig wird es jedoch auf die Beurteilung durch einen Richter ankommen, vgl. Larenz 1987 – Schuldrecht I AT, S. 126, § 10 I. Dies gilt jedenfalls, wenn eine rechtskräftige und damit endgültige Entscheidung gefunden werden soll.

861 Zu dieser Dreiteilung des Funktionsgehalts des § 242 BGB sehr instruktiv Wieacker 1956 – Präzisierung des § 242 BGB, S. 20 ff. Dass diese Ansicht auch heute noch aktuell ist, zeigt sich bei Medicus/Lorenz 2008 – Schuldrecht I, Rn. 146 ff. und insbesondere in der Vorauflage (17. Auflage) Medicus 2006 – Schuldrecht I, Rn. 132-134.

862 Wieacker 1956 – Präzisierung des § 242 BGB, S. 22 ff. Wieacker nennt die Anwendung des § 242 BGB hier die Verwirklichung des gesetzgeberischen Wertungsplans.

863 Unter diesen Punkt sind die Fälle von „venire contra factum proprium“, „dolo agit, qui petit quod statim redditurus est“, „tu quoque“, aber auch alle anderen Fälle zu fassen, die eine grob unbillige, rücksichtslose Rechtsverfolgung betreffen, vgl. Wieacker 1956 – Präzisierung des § 242 BGB, S. 26 ff.

864 Vgl. Wieacker 1956 – Präzisierung des § 242 BGB, S. 36 ff. Da anhand einer solchen normativen Korrektur geltendes Recht, oder an sich wirksame Verträge geändert werden, weil bestehende sozialethische Wertvorstellungen dies erfordern, nennt Wieacker diese Korrekturen eindrucksvoll: *„rechtsethische Durchbrüche durch das Gesetzesrecht“*, Wieacker 1956 – Präzisierung des § 242 BGB, S. 36.

865 Zur Zeit der großen Inflation nach dem ersten Weltkrieg etwa nutzte das Reichsgericht § 242 BGB, um entgegen der gesetzlichen Wertung „Mark gleich Mark“ eine Aufwertung von Geldschulden zu erreichen, da andernfalls die Gläubiger in den Ruin getrieben worden wären, vgl. hierzu RGZ 107, 78.

866 MünchKomm BGB 2007 – §§ 241-432, § 242, Rn. 21

Einzelbestimmungen des heutigen bürgerlichen Rechts finden[867]. Auch existieren Normen, die den Gedanken von Treu und Glauben konkretisieren und somit als weitere gesetzgeberische Ausgestaltung des § 242 BGB gelten. Das Prinzip von Treu und Glauben ist auch nicht disponibel und somit unabdingbar. Schließlich bestimmt er das Mindestmaß an Redlichkeit im Rechtsverkehr[868].

Insgesamt darf die Anwendung von § 242 BGB jedoch nicht dazu führen, dass der Sinngehalt eines Gesetzes und vor allem eines Rechtsgeschäfts konterkariert wird. Das ursprünglich Gewollte muss stets in erster Linie berücksichtigt werden[869]. § 242 BGB darf keinesfalls als Rechtfertigung für eine Billigkeitsjustiz missbraucht werden. Diese Ausnahmeregelung darf vielmehr nur dann zur Anwendung gelangen, wenn die Rechtsausübung zu untragbaren, mit Recht und Gerechtigkeit offensichtlich unvereinbaren Ergebnissen führen würde[870]. Dies gilt insbesondere für die dritte Funktionsweise in Form der normativen Korrektur[871]. Diese ist mit größter Vorsicht anzuwenden, wobei der Richter nie seine eigenen subjektiven Wertungen über die der Parteien oder des Gesetzes stellen darf[872]. Vielmehr ist Voraussetzung einer solchen normativen Korrektur stets ein „Rechtsnotstand" in dem Sinne, dass nicht lediglich das beurteilende Gericht zu dem Ergebnis kommen muss, es handle sich um untragbare Zustände, sondern

---

867 Besonders deutlich ist diese Wertung bei den Auslegungsnormen der §§ 133, 157 BGB zu finden, aber auch im Schadensersatzrecht mit § 826 BGB, vgl. dazu Brox/Walker 2007 – Schuldrecht AT, S. 74, § 7, Rn. 1.

868 Larenz 1987 – Schuldrecht I AT, S. 128, § 10 I

869 In den letzten Jahren und Jahrzehnten wurde § 242 BGB mehr und mehr zu einem Einfalltor für Wertungen, die dem Gesetz und auch manchen Verträgen fremd waren. Es entwickelte sich vielfach eine richterliche Rechtsfortbildung aus Billigkeit, die sich mit der unreflektierten Nennung von entsprechenden Generalklauseln begnügte; vgl. hierzu schon RGZ 58, 425 [428/429]; RGZ 85, 108 [117]. Siehe hierzu auch MünchKomm BGB 2007 – §§ 241-432, § 242, Rn. 26.

870 Siehe hierzu BGH NJW 1987, 1069 [1070]: *„Nach gefestigter Rechtsprechung des BGH ist ein an sich formnichtiger Grundstückskaufvertrag im Interesse der Rechtssicherheit nur in besonderen Ausnahmefällen dann als wirksam zu behandeln, wenn die Nichtigkeitsfolge mit Treu und Glauben unvereinbar wäre (vgl. etwa BGHZ 16, 334 [336]; 29, 6 [10] = NJW 1959, 626; BGHZ 48, 396 [397] = NJW 1968, 39; BGHZ 85, 315 [318] = NJW 1983, 563). An einen solchen Ausnahmefall werden strenge Anforderungen gestellt; daß die Nichtigkeit den einen Vertragsteil hart trifft, reicht nicht aus, das Ergebnis muß vielmehr schlechthin untragbar sein (vgl. Senat, NJW 1977, 2072 = WM 1977, 1144 [1145]; NJW 1975, 43 = WM 1974, 1223)".*

871 Zur Problematik der Bindung des Richters an das Gesetz und der Gefahr einer „Contra-Legem"-Justiz siehe insgesamt Neuner 2005 – Rechtsfindung contra legem, S. 85 ff.

872 So deutlich auch Medicus/Lorenz 2008 – Schuldrecht I, Rn. 153.

dass sich das Gericht darüber hinaus bei dieser Beurteilung auf einer Linie mit der Rechtswissenschaft befinden muss[873]. Gerade durch den Zusatz „mit Rücksicht auf die Verkehrssitte“ stellt § 242 BGB sicher, dass der Richter nicht im „luftleeren“ Raum alleine nach seinen eigenen subjektiven Vorstellungen urteilen darf. Stets sind eben auch die Anschauungen des Rechtsverkehrs zu berücksichtigen[874].

2. Anspruchsverkürzung vor dem Hintergrund von Treu und Glauben

Gerade wurde dargestellt, welche Rolle § 242 BGB und allgemein der Grundsatz von Treu und Glauben im Zivilrecht spielt. Der Schwerpunkt dieser kurzen Übersicht lag dabei auf der Möglichkeit, über § 242 BGB korrigierend auf Gesetze, bzw. Verträge einzuwirken. Eine solche Einwirkung ist erforderlich, wenn die strengrechtliche Durchführung zu anerkanntermaßen untragbaren Ergebnissen führen würde.

Im Folgenden sollen die Verknüpfungsphänomene darauf hin untersucht werden, ob sie als Ausprägungen des Grundsatzes von Treu und Glauben existieren und welche Folgen dies hat. Insbesondere wird hierbei die Frage zu behandeln sein, ob ein Zusammenhang zwischen den Billigkeitserwägungen und der Funktionsweise der Verknüpfungsphänomene feststellbar ist.

a) Mitverschulden

Das Mitverschulden nach § 254 BGB verhindert, dass der Schädiger einen Schaden alleine zu tragen hat, wenn dieser Schaden auch auf ein Mitwirken des Geschädigten zurückzuführen ist.

873 Den Begriff des *„Rechtsnotstandes“* prägte dabei Larenz, vgl. Larenz 1987 – Schuldrecht I AT, S. 130, § 10 II.

874 In diese Richtung auch Wieacker 1956 – Präzisierung des § 242 BGB, S. 39. Vgl. auch Medicus/Lorenz 2008 – Schuldrecht I, Rn. 153. Nicht übersehen werden darf dabei aber auch, dass gerade Begriffe wie „Verkehrssitte“ offene Rechtsbegriffe sind, die ihrerseits einer Konkretisierung bedürfen.

i. Mitverschulden als Ausprägung von Treu und Glauben

§ 242 BGB stellt die zivilrechtliche Generalklausel zum Grundsatz von Treu und Glauben dar, nicht aber dessen einzige Ausprägung. Auch andere Normen nehmen diesen Grundgedanken auf, bzw. basieren auf diesem Prinzip[875].

In der historischen Betrachtung der Lehre vom Mitverschulden konnte man sehen, dass teilweise bis ins 20. Jahrhundert eine „Alles-oder-nichts"-Lösung vertreten wurde. Indem man anhand der „Culpa-compensation" die gegenläufigen Verschuldenslinien vollständig miteinander verrechnete, konnte im Ergebnis der Geschädigte keinen Schadensersatz mehr verlangen[876]. Diese Lösung war anerkannt, vermochte jedoch allmählich nicht mehr zu überzeugen. Das Ergebnis, dass der Geschädigte allein wegen eines Mitverschuldens vollständig seinen Schadensersatzanspruch verlieren sollte, wurde zunehmend kritisch aufgefasst. Insbesondere in der Rechtsprechung war die Culpa-Compensation noch lange vorherrschend, wenn auch vereinzelt der Gedanke ersichtlich wurde, dass es sich hierbei um eine unbillige Rechtsfolge handeln könnte[877]. Mit der Einführung des § 254 BGB und der Installation einer Quotenregelung wurde die Lehre von der Culpa-Compensation endgültig zu Gunsten einer Regelung abgelöst[878], anhand derer ein angemessener Ausgleich herbeigeführt werden konnte.

(1) Ältere Theorien

Die genaue dogmatische Einordnung des § 254 BGB ist jedoch umstritten. Im 19. Jahrhundert wurde im Rahmen der Kodifikation des BGB teilweise noch die Ansicht vertreten, die Ratio des § 254 BGB basiere auf dem Grundsatz „volenti non fit iniuria". Hiernach willige der Geschädigte, den ein Mitverschulden trifft, gewissermaßen in die Schädigung ein. Deshalb könne er jedenfalls keinen vollen Schadensersatz erhalten[879]. Dieser Ansatz übersah dabei jedoch die Grenzen

875 Als Beispiele wurden schon §§ 133, 157, 826 BGB genannt. In Betracht kommen aber auch Normen, die nicht explizit auf die guten Sitten, oder den Rechtverkehr abstellen.

876 Zu dieser strengen Culpa-Compensation siehe oben B, II, 1, b), i.

877 Zur deutschen Rechtsprechung zum Mitverschulden siehe oben B, II, 1, b), iii, (2).

878 Zwar wurde vereinzelt § 254 BGB als Culpa-Compensation angesehen, vgl. nur Leyden 1902 – Culpa-Compensation, S. 4. Unbestritten war jedoch auch bei dieser Ansicht, dass jedenfalls das „Alles-oder-nichts"-Prinzip aufgegeben wurde, Leyden 1902 – Culpa-Compensation, S. 42.

879 Dieser, ursprünglich von Demelius in Demelius 1861 – Kulpa-Kompensation, S. 67/68 vertretene Ansatz („*Der Satz: volenti non fit iniuria gilt eben nicht nur dann, wo es sich um eigentliche iniuria handelt und nicht nur da, wo der Wille des Geschädigten geradezu auf den nachtheiligen Erfolg gerichtet war, sondern überall, wo mit dem „weil der Beschädiger wollte" konkurrirt ein „weil der Beschädigte wollte", mag dieses letztere*

des Willens des Geschädigten. Zwar ist grundsätzlich ein Verzicht auf einen an sich zustehenden Schadensersatz möglich. Allerdings überdehnt man einen diese Möglichkeit, wenn man dem Geschädigten unterstellt, er verzichte wegen seines mitwirkenden Verschuldens auf den Schadensersatz. Dieser Ansatz würde schlechterdings bedeuten, dass der Geschädigte willentlich seinen Schaden mit verschuldet habe. Dies kann nicht überzeugen[880].

Einen weiteren Ansatz für die dogmatische Begründung des § 254 BGB stellt die Einordnung als Ergebnis der Kausalitätslehre dar. Schäden, bzw. Schadensteile, die nicht dem Schädiger, sondern vielmehr dem Geschädigten selbst zurechenbar sind, können nicht als Schadensersatz geltend gemacht werden[881]. Diesem im Ansatz logischen und konsequenten Erklärungsversuch steht aber die große Problematik entgegen, dass es bei einem Fall des Mitverschuldens regelmäßig nur einen Gesamtschaden gibt. Eine Aufteilung einzelner Schadensposten nach Kausalitätsgesichtspunkten ist dabei meist nicht möglich. Zudem hätte man mit diesem Ansatz zwar eine Schadensteilung als solches erklären können, nicht aber eine Quotenteilung. Diese Quotenteilung sollte gerade nicht von einzelnen Schadensposten abhängig sein[882]. Zuweilen wurde neben der Kausalität verstärkt

---

Wollen auch nur ein den Nachtheil nicht vermeiden Wollen sein.") hatte sogar Eingang in den Dresdener Entwurf gefunden, Art. 221 S. 1 DresdE: *„Jeder muß den Schaden selbst tragen, welchen er sich selbst zugezogen oder welchen ihm mit seiner Einwilligung ein Anderer zugefügt hat"*, vgl. Francke 1973 (ursprgl. 1866) – Dresdener Entwurf, S. 44. Freilich wurde dieser Ansatz jedoch im Hinblick auf die Culpa-Compensation entwickelt, die einer Quotenlösung gerade noch nicht zugänglich war.

880 Aufgrund dieser Erwägungen konnte sich dieser Ansatz auch nicht durchsetzen. Vgl. nur die Stellungnahme von Wendt in Wendt 1892 – Eigenes Verschulden, S. 153/154 ff.: *„Ebenso kann die Erklärung, welche Demelius /.../ versucht hat, als abgelehnt gelten. Den eingetretenen Schaden deshalb als vom Beschädigten selbst gewollt zu betrachten, weil er in Ansehung desselben sich in culpa befindet, und so den Satz volenti non fit iniuria zur Anwendung zu bringen, würde doch ein Verhältnis von Wille und Schuld voraussetzen, wie es in Wahrheit keineswegs besteht, und würde den Satz nöthig machen, daß es überhaupt keine ungewollten Folgen von Wille und Handlung gebe"*.

881 So vertreten von Endemann, der zwar grundsätzlich auf Treu und Glauben abstellt, aber die gerechte Aufteilung als einen Unterfall hiervon sieht: *„Insofern greift eine Beurtheilung nach Treu und Glauben ein: es handelt sich nicht um eine mechanische Verursachungskompensation, sondern um eine gerechte Auftheilung nach dem Maße der persönlichen Betheiligung bei der Schadenssetzung"*, Endemann 1899 – Bürgerliches Recht I, S. 595, § 132 I.

882 Trotz dieser Kritik wird aber teilweise noch immer der Gesichtspunkt der Kausalität hervorgehoben, vgl. nur Honsell 1977 – Quotenteilung, S. 126 ff.

auf die Verursachungsbeiträge abgestellt[883]. Letztlich konnte aber auch dieser Ansatz nicht überzeugen, da die Ursächlichkeit eines Verhaltens als solches nicht gestuft feststellbar ist[884]. Demzufolge kann dies nicht zu einer graduellen Schadensteilung führen.

Auch ein dritter Versuch, das Mitverschulden auf ein „Verschulden gegen sich selbst" zu stützen, wobei der Geschädigte eine moralische Pflicht habe, in eigenen Angelegenheiten sorgfältig zu sein[885], konnte sich letztlich nicht durchsetzen. Zwar ist diesem Ansatz insofern zuzugeben, dass jedenfalls im Rahmen des Verschuldensbegriffes des § 254 BGB der Gedanke eines Verschuldens gegen sich selbst eine gewisse Lebensnähe hat[886]. Zum einen erscheint aber der Rückgriff auf moralische Aspekte weder geboten, noch dogmatisch irgendwie begründbar. Zum anderen wird man auch bei einem solchen Erklärungsversuch mit der Frage nach der Möglichkeit einer interessengerechten Quotenteilung konfrontiert. Diese Frage kann mangels einer klaren Griffigkeit moralischer Aspekte nicht zufriedenstellend beantwortet werden[887].

(2) Dogmatische Begründung über § 242 BGB

Letztlich konnte kein Versuch, das Mitverschulden nach § 254 BGB dogmatisch unter bekannte zivilrechtliche Gedanken und Institute einzuordnen, eine breite Zustimmung hervorrufen. Es blieb stets bei den verschiedenen Erklärungsmodellen. Allerdings hoben die einzelnen Modelle jeweils durchaus zutreffende Aspekte hervor. Es handelte sich jedoch immer nur um einzelne Aspekte. Das

---

883 Vgl. etwa in der 3./4. Auflage Oertmann 1910 – Kommentar BGB II, S. 52/53, § 254, Anm. 1, a, β), ββ).

884 Hierzu die Zusammenstellung bei Leyden 1902 – Culpa-Compensation, S. 6 ff und insbesondere S. 51: *„Der Erfolg ist ein und derselbe. Der Erfolg ist verursacht und verschuldet. Grade des Verursachens giebt es nicht"*.

885 Diese Ansicht wurde vor allem vertreten von Zitelmann: *„Der Handelnde hat hiermit freilich keine Rechtspflichten verletzt, aber man betrachtet es als eine (ethische) Pflicht des Menschen gegen sich selbst, daß er sich nicht selbst Nachteile zufügt, und mißbilligt das Verhalten dieses Menschen daher von dessen eignem Interessenstandpunkt aus"*, vgl. Zitelmann 1900 – BGB I, S. 167. Anklang findet dieser Ansatz in der 12. Auflage bei Enneccerus/Lehmann 1932 – Schuldverhältnisse, S. 75/76, § 16 I 3 und noch heute bei Lange/Schiemann 2003 – Schadensersatz, S. 553, § 10 VI 1 e).

886 Vgl. hierzu Lange/Schiemann 2003 – Schadensersatz, S. 553, § 10 VI 1 e).

887 Zu dieser Kritik siehe sehr ausführlich Looschelders 1999 – Mitverantwortlichkeit, S. 189 ff.

Phänomen als Ganzes ließ sich hingegen nicht sicher einem bekannten Modell zuordnen[888].

Angesichts dieser dogmatischen Schwierigkeiten bietet es sich somit an, § 254 BGB und insbesondere seine Rechtsfolge in Form der Quotenteilung als besondere Ausprägung des Billigkeitsgrundsatzes von Treu und Glauben nach § 242 BGB anzusehen[889]. Auffällig ist dabei, dass Autoren sich oftmals gleichzeitig auf Treu und Glauben berufen und zusätzlich ein anderes Erklärungsmodell nennen[890]. Hieraus wird wiederum ersichtlich, dass der Billigkeitsgrundsatz des § 242 BGB nicht isoliert gesehen werden kann, sondern nur in Verbindung mit der gesamten Rechtsordnung. Die Prinzipien des § 242 BGB spielen in alle Rechtsinstitute mit hinein, mithin auch in das Mitverschulden. Auch die Rechtsprechung erkennt diese „Mischung“ bei § 254 BGB an:

> *„§ 254 BGB ist eine Ausprägung des in § 242 BGB festgelegten Grundsatzes von Treu und Glauben (/.../). Da die Rechtsordnung eine Selbstgefährdung und Selbstbeschädigung nicht verbietet, geht es im Rahmen von § 254 BGB nicht um eine rechtswidrige Verletzung einer gegenüber einem anderen oder gegenüber der Allgemeinheit bestehenden Rechtspflicht, sondern nur um einen Verstoß gegen Gebote der eigenen Interessenwahrnehmung, der Verletzung einer sich selbst gegenüber bestehenden „Obliegenheit“ (/.../). Sie beruht auf der Überlegung, daß jemand, der diejenige Sorgfalt außer acht läßt, die nach Lage der Sache erforderlich erscheint, um sich selbst vor Schaden zu bewahren, auch den Verlust oder die Kürzung seiner Ansprüche hinnehmen muß (/.../), weil es im Verhältnis zwischen Schädiger und Geschädigtem unbillig erscheint, daß jemand für den von ihm erlittenen*

888 So bringt beispielsweise das Erklärungsmodell über das Verschulden gegen sich selbst durchaus einen brauchbaren und tauglichen Ansatz, vgl. nur Palandt 2009 – Kommentar BGB, § 254, Rn. 1. Nur reicht letztlich dieser Ansatz alleine eben nicht aus, um hierüber das Mitverschulden dogmatisch einzuordnen.

889 Diese Ansicht geht schon zurück auf Wendt, vgl. Wendt 1892 – Eigenes Verschulden, S. 152, S. 156/157, S. 169/170. Wendt hat sie jedoch nicht in Bezug auf das Mitverschulden nach § 254 BGB entwickelt, sondern bereits zur Lehre von der Culpa-Compensation des gemeinen Rechts. Nach Aumann sind Billigkeitserwägungen sogar schon in einzelnen römischen Ausnahmeentscheidungen zu finden, Aumann 1964 – Mitwirkendes Verschulden, S. 197, Fn. 2.

890 So etwa Endemann, der sowohl auf den Aspekt der Kausalität abstellt, dies aber gleichzeitig als Fall von Treu und Glauben darstellt, vgl. Endemann 1899 – Bürgerliches Recht I, S. 595, § 132 I, vgl. auch Fn. 889.

Schaden trotz eigener Mitverantwortung vollen Ersatz fordert (/.../)[891]*.“*

Aus dem Katalog von Treu und Glauben ist für das Mitverschulden insbesondere der Gedanke des „venire contra factum proprium“ hervorzuheben[892]. Im Falle eines Mitverschuldens tritt der Schaden letztlich erst durch ein Zusammenspiel von Schädiger und Geschädigtem ein. Es wäre deshalb unbillig, wenn der Geschädigte trotz seiner schuldhaften Beteiligung den vollen Schaden ersetzt verlangen könnte. Ein entsprechendes Gesuch gegenüber dem Schädiger widerspräche somit dem früheren Verhalten des Geschädigten, welches überhaupt erst zu dem Schaden führte[893]. Ohne das mitwirkende Verschulden des Geschädigten müsste der Schädiger keinen Schadensersatz leisten. Ein Schaden wäre dann nicht, jedenfalls nicht wie tatsächliche geschehen, eingetreten. Der Schädiger würde somit unbillig benachteiligt, wenn das mitwirkende Verschulden beim Schadensersatz keine Berücksichtigung finden würde. Gleichermaßen würde jedoch der Geschädigte unbillig benachteiligt, wenn es insgesamt zu einer Negation des Schadensersatzanspruches käme. Um diesen treuwidrigen Zustand zu umgehen, bzw. um eine Benachteiligung zu vermeiden, setzt § 254 BGB eine Quotenteilung fest[894].

---

891 So die Rechtsprechung in BGH NJW 1997, 2234 [2235]; vgl. hierzu auch BGH NJW 1953, 977; BGH NJW 1961, 655 [657]; BGH NJW 1971, 1883 [1885]; BGH NJW 1972, 36 [38]; BGH NJW 1982, 168.

892 Das deutsche Privatrecht verbietet ein widersprüchliches Verhalten nicht grundsätzlich. Eine Partei kann sich also beispielsweise ohne weiteres auf die Nichtigkeit einer von ihr abgegebenen Erklärung berufen, vgl. BGH NJW 1997, 3377 [3379], siehe auch Palandt 2009 – Kommentar BGB, § 242, Rn. 55. Ein missbräuchliches Verhalten ist aber dann anzuerkennen, wenn ein Verhalten gegenüber einer anderen Partei aufgrund der Umstände treuwidrig erscheint, vgl. BGH NJW 1992, 834.

893 Eine direkte Anwendung des „venire contra factum proprium“ Satzes ist dabei freilich nicht möglich. Das Mitverschulden stellt regelmäßig kein willentliches Verursachen dar. Vielmehr ist der dahinter stehende Grundsatz beachtlich. Wenn jemand an der Verursachung seines eigenen Schadens beteiligt war, kann er insofern keinen Ersatz verlangen.

894 So auch die ganz herrschende Meinung im Schrifttum, vgl. nur Palandt 2009 – Kommentar BGB, § 254, Rn. 1; Jauernig 2007 – Kommentar BGB, § 254, Rn. 3; Fikentscher/Heinemann 2006 – Schuldrecht, Rn. 711; Aumann 1964 – Mitwirkendes Verschulden, S. 197/198. Siehe auch Honsell 1977 – Quotenteilung, S. 126/127, der allerdings die Meinung vertritt, der Billigkeitsgrundsatz könne nur zur Haftungsbeschränkung dem Grunde nach herangezogen werden. Die Quotenteilung als solche müsse jedoch von dieser Billigkeit differenziert werden. Andernfalls bestünde die Gefahr, dass *„richterliches Ermessen /.../ in Willkür“* umschlage.

Allerdings wird auch die Ansicht vertreten, der Rückgriff auf § 242 BGB, bzw. auf den Billigkeitsgrundsatz des „venire contra factum proprium“ sei für die dogmatische Einordnung des § 254 BGB nicht erforderlich[895]. Larenz lehnt einen solchen Rückgriff schon deshalb ab, weil Treu und Glauben eine Ausprägung der Redlichkeitserwartung gerade im geschäftlichen Verkehr darstelle. Deshalb sei ein rechtsgeschäftlicher Kontakt zwischen den Parteien vorausgesetzt[896]. Nur in einem solchen Verhältnis gelte es, das Vertrauen der Parteien auf das jeweils vertraglich Zugesicherte zu schützen. Da es sich beim Mitverschulden allerdings nicht um ein entsprechendes rechtsgeschäftliches Verhältnis handle, sei der Gedanke von Treu und Glauben nicht anwendbar. Hinzu kommt, dass nach dieser Ansicht das Mitverschulden auch keinen Fall des „venire contra factum proprium“ darstelle. Es könne sich nicht um ein widersprüchliches Verhalten handeln, wenn der Schadensersatzanspruch von vornherein nur gemindert entsteht[897]. Insgesamt handle es sich bei § 254 BGB um ein anderes, eigenes Prinzip der Rechtsordnung. Dieses liege in der „Verantwortung für das eigene Tun“[898]. Ein Rückgriff auf § 242 BGB sei hingegen ohne jeden eigenen Erkenntnisgewinn und deshalb überflüssig[899].

Wie jedoch eingangs festgestellt, handelt es sich bei § 242 BGB um ein allgemeines Prinzip. Dieses ist zwar systematisch dem Schuldrecht zugeordnet. Letztlich steht es aber für die gesamte Rechtsordnung[900]. Zwar ist der Ansicht zuzugeben, dass Treu und Glauben insbesondere im Hinblick auf den Rückgriff auf die Verkehrssitte zunächst auf einen rechtsgeschäftlichen Verkehr abzielt. Allerdings darf gerade bei einer bewusst so offen formulierten Norm wie

---

895 Vgl. etwa Larenz 1987 – Schuldrecht I AT, S. 540/541, § 31 I; MünchKomm BGB 2007 – §§ 241-432,§ 254, Rn. 4.

896 So Larenz 1987 – Schuldrecht I AT, S. 541, § 31 I.

897 Oetker meint, durch diesen Rückgriff entstünde die falsche Vorstellung, der Schädiger hafte zunächst auf den vollen Schaden und nur wegen § 242 BGB werde der Anspruch gekürzt, vgl. MünchKomm BGB 2007 – §§ 241-432, § 254, Rn. 4. So auch Schiemann in Staudinger 2005 – Kommentar BGB §§ 249-254, § 254, Rn. 4.

898 So nennt es Larenz, in spezieller Ausgestaltung als *„Mitverantwortung für den von einem anderen angerichteten und (mit) zu verantwortenden Schaden“*, vgl. Larenz 1987 – Schuldrecht I AT, S. 541, § 31 I.

899 MünchKomm BGB 2007 – §§ 241-432, § 254, Rn. 4

900 Wie dargestellt, erkennt Larenz selbst § 242 BGB als einen *„obersten Grundsatz des Rechts der Schuldverhältnisse“* an, vgl. Larenz 1987 – Schuldrecht I AT, S. 129, § 10 I. Auch schreibt er, dass dieser *„Grundsatz nicht auf Rechtsverhältnisse zu beschränken“* sei, sondern *„nach heute unbestrittener Auffassung als ein allgemeines Rechtsprinzip überall dort“* gelte, *„wo eine rechtliche Sonderverbindung“* vorliege, vgl. Larenz 1987 – Schuldrecht I AT, S. 127, § 10 I.

§ 242 BGB nicht streng am Wortlaut festgehalten werden. Vielmehr bedarf es einer Berücksichtigung der Ratio, die hinter der Norm steht. Treu und Glauben im Sinne des § 242 BGB hat dabei vor allem die Intention, unbillige Ergebnisse für die Rechtsanwender zu Gunsten eines insgesamt angemessenen Ausgleichs zu finden[901]. Diese Intention muss insgesamt im Rahmen des Zusammentreffens zweier Parteien im Rechtsverkehr gesehen werden. Eine lediglich begrenzte Anwendung auf den rechtsgeschäftlichen Verkehr geht zu kurz.

Darüber hinaus greift – ungeachtet der Frage, ob § 242 BGB auch jenseits des Schuldrechts eingreift[902]– das Prinzip von Treu und Glauben schon alleine wegen seiner systematischen Stellung bei allen Schuldverhältnissen ein[903]. Schuldverhältnisse beschränken sich dabei nicht auf einen rechtsgeschäftlichen Verkehr. Sie bestehen vielmehr immer schon dann, wenn zwischen verschiedenen Personen eine Rechtsbeziehung in Form von Ansprüchen besteht[904]. Auch ein Schadensersatzanspruch begründet somit ein Schuldverhältnis. Schon aus diesen systematischen Erwägungen muss § 242 BGB somit auf § 254 BGB Anwendung finden.

Auch der Rückgriff auf den Satz „venire contra factum proprium“, der unter den Grundsatz von Treu und Glauben gefasst wird[905], verdeutlicht die enge Verbindung zwischen § 242 BGB und § 254 BGB. Dabei ist die Umsetzung dieses Grundsatzes bei § 254 BGB nicht so zu verstehen, dass zunächst ein voller Schadensersatzanspruch entsteht, der dann anschließend zu kürzen ist[906]. Vielmehr soll dieser Gedanke aufzeigen, dass unbillig wäre und damit gegen Treu und Glauben verstoßen würde, wenn der Geschädigte trotz seines Mitverschuldens einen vollen Schadensersatzanspruch erhalten würde. Die Regelung des § 254 BGB beugt somit von vornherein einem solchen widersprüchlichen Verhalten vor, indem sie den Schadensersatzanspruch schon in geringerer Höhe entstehen lässt.

---

901 BGH NJW 1997, 2234 [2235]

902 Diese Frage ist aber an sich überwiegend bejaht worden, siehe nur Larenz 1987 – Schuldrecht I AT, S. 127, § 10 I; Palandt 2009 – Kommentar BGB, § 242, Rn. 16/17.

903 § 242 BGB steht schließlich am Anfang des zweiten Buches *„Recht der Schuldverhältnisse“*.

904 Siehe hierzu statt vieler Brox/Walker 2007 – Schuldrecht AT, S. 7/8, § 2, Rn. 1-3.

905 Vgl. hierzu nur Wieacker 1956 – Präzisierung des § 242 BGB, S. 26 ff.

906 Auf die Gefahr einer solchen Sichtweise weist Oetker hin, vgl. MünchKomm BGB 2007 – §§ 241-432, § 254, Rn. 4.

Zuletzt ist auch der Vorwurf zurückzuweisen, die dogmatische Rückführung von § 254 BGB auf den Gedanken von Treu und Glauben bringe keinen Erkenntnisgewinn[907]. Gerade für die wichtige Frage der Auslegung des § 254 BGB und für die dahinter stehende Quotenfindung zur Bestimmung des Anspruchsinhalts ist es von maßgeblicher Bedeutung, dass man sich vor Augen hält, auf welcher Basis die Norm des § 254 BGB gegründet ist und welches Prinzip hinter der Rechtsfolge steht. Die Schwierigkeit einer exakten Quotenbestimmung nach der empirischen Verteilung der Verursachungsbeiträge führt dann auch in vielen Fällen zu einer Quotenteilung nach den Grundsätzen der Billigkeit[908].

ii. Zwischenergebnis

Im Ergebnis zeigt sich also, dass auch über 100 Jahre nach der Einführung des § 254 BGB zur Regelung des Mitverschuldens die dogmatischen Grundlagen dieser Norm nicht hinreichend klar sind. Auffällig ist aber, dass gerade den älteren Lehren jeweils in den hervorgehobenen Aspekten an sich zugestimmt werden kann. Gleichwohl behandeln diese Lehren jedoch nur Einzelaspekte, ohne insgesamt das Phänomen des Mitverschuldens abschließend dogmatisch begründen zu können. Einen umfassenden und überzeugenden Ansatz bietet demgegenüber die zu Recht heute wohl herrschende Lehre und Rechtsprechung, nach der die Regelung des Mitverschuldens in § 254 BGB als besondere Ausprägung des Billigkeitsgrundsatzes von Treu und Glauben im Sinne von § 242 BGB anzusehen ist. Zwar ist der Gegenansicht zuzugeben, dass ein Rückgriff auf § 242 BGB nicht nötig wäre, wenn sich hieraus kein Erkenntnisgewinn ergäbe. Ein solcher Erkenntnisgewinn ist jedoch durchaus zu erkennen. Vielmehr erscheint es nicht nötig, in § 254 BGB ein eigenes Grundprinzip der „Verantwortung für das eigene Tun" zu sehen. Eine solche Verantwortung ist durchaus bereits in dem allgemeinen Billigkeitsgrundsatz von Treu und Glauben angelegt[909].

907 So MünchKomm BGB 2007 – §§ 241-432, § 254, Rn. 4.

908 Nicht zuletzt zeigt sich ein Erkenntnisgewinn dieses Rückgriffs schon in der in dieser Arbeit behandelten Frage, inwiefern der Gedanke von Treu und Glauben bei Verknüpfungsphänomenen relevant ist.

909 Die Verantwortung für das eigene Tun stellt ein Grundpfeiler der Zivilrechtsordnung dar. Allerdings wird dies in § 242 BGB gerade dadurch ausgedrückt, dass die Parteien gegenseitig darauf vertrauen dürfen, dass der jeweils andere sich so verhält, *„wie es von einem redlich Denkenden erwartet werden kann"*, vgl. Larenz 1987 – Schuldrecht I AT, S. 125, § 10 I.

b) Saldotheorie und Vorteilsausgleichung

Ähnlich wie das Mitverschulden verhindern auch die Saldotheorie und die Vorteilsausgleichung die vollständige Inanspruchnahme des Schuldners.

i. Ausprägungen von Treu und Glauben

Sowohl bei der Saldotheorie, als auch bei der Vorteilsausgleichung handelt es sich um von der Rechtsprechung entwickelte Lösungen. Mit diesen Theorien sollten angemessene Ergebnisse in den Fällen gefunden werden, in denen man sich mit einer rein auf das Gesetz gestützten Lösung größeren Schwierigkeiten ausgesetzt sah. Schon aufgrund dieser Intention ist der Schluss naheliegend, dass es sich bei diesen Rechtsinstituten um Ausprägungen des Billigkeitsgrundsatzes des § 242 BGB in Form der normativen Korrektur handeln könnte.

(1) Vorteilsausgleichung

Die Vorteilsausgleichung gereicht dem Schädiger insofern zum Vorteil, als er nicht den vollen Schaden ersetzen muss, der an sich durch das schädigende Ereignis entstanden ist. Vielmehr kommt es durch die Anrechnung eines gleichzeitig eingetretenen Vorteils zu einem geringeren Schadensersatzanspruch. Zu beachten ist dabei, dass unter einer echten Vorteilsausgleichung nur der Fall zu verstehen ist, in dem der Vorteil zwar mit dem schädigenden Ereignis zusammenhängt, aber von dem eingetretenen Schaden an sich unabhängig ist[910]. Es stellt sich hier die Frage, ob der Geschädigte trotz dieses Vorteils den vollen Schaden verlangen kann, der schließlich unabhängig von dem Vorteil zunächst einmal entstanden ist.

Die wissenschaftliche Diskussion um die Vorteilsausgleichung wurde schon im 19. Jahrhundert geführt[911]. Zwar bestand von Anfang an die Einigkeit, dass am schadensrechtlichen Bereicherungsverbot grundsätzlich festgehalten werden sollte[912]. Die Frage, welche Vorteile letztlich anzurechnen seien, konnte aber bis

910 Hängt ein Vorteil schon unmittelbar mit dem Schaden zusammen, so stellt dies schon eine Frage des entstandenen Schadens dar. Ein Schaden kann dabei nur entstehen, wenn die Nachteile die Vorteile überwiegen. Wenn etwa bei einer Sachbeschädigung die beschädigte Sache noch einen Restwert hat, dann entsteht von vornherein ein Schaden nur in Höhe der Differenz zwischen ursprünglichem Wert und Restwert. Um einen Fall der Vorteilsausgleichung handelt es sich dabei nicht, vgl. Lange 1978 – Vorteilsausgleichung, S. 649/650. Siehe hierzu auch schon oben B, III, 2, a).

911 Siehe hierzu bereits B, III, 2, b).

912 Dieses Bereicherungsverbot basiert auf dem römischen rechtlichen Grundsatz, dass sich niemand an seinem Schaden auf Kosten des Schädigers bereichern darf, vgl.

zuletzt nicht abschließend geklärt werden. Es existieren hierzu viele Ansichten, die jedoch alle insgesamt sehr kasuistisch auf Einzelfälle bezogen sind[913]. Insgesamt erscheint eine saubere und dogmatisch korrekte Lösung sehr schwierig. Zudem besteht die Gefahr, sich in einer vielschichtigen Kasuistik zu verlieren. Die Redaktoren des BGB haben angesichts dieser Erkenntnis ganz bewusst auf eine gesetzliche Regelung der Vorteilsausgleichung verzichtet. Die Lösung dieser Frage stellten sie vielmehr der Rechtsprechung und Wissenschaft anheim[914].

Die Rechtsprechung hat deshalb eine Lösung entwickelt, die im Grunde bis heute Bestand hat[915]. Wichtigste Voraussetzung dieser Lösung ist dabei, dass der Vorteil adäquat kausal zu dem schädigenden Ereignis eingetreten ist[916]. In einem nächsten Schritt ist zu fragen, ob eine Anrechnung normativ angemessen erscheint. Es erfolgt somit eine Eingrenzung der anrechenbaren Vorteile im Wege einer Wertung anhand des konkreten Zwecks des Schadensersatzes[917]. Bei dieser Wertung geht es um die Frage, ob im konkreten Fall die Anrechnung eines Vorteils den Geschädigten unangemessen belastet, bzw. den Schädiger entlastet. Die Rechtsprechung verweist bei dieser Wertung offen auf Treu und Glauben:

> *„Der /.../ Gesichtspunkt, das die Ersatzpflicht begründende Ereignis müsse den Eintritt des Vorteils* adäquat *zur Folge gehabt haben, reicht in der Regel nicht aus, die Frage zu beantworten, ob eine Anrechnung angemessen ist. Dieser „Filter der Adäquanz“ /.../ eignet sich nur dazu, völlig ungewöhnlich erlangte Vorteile von vornherein von der Anrechnung auszuschließen. Die Rechtsprechung hat daher nach weiteren Abgrenzungskriterien gesucht und die Anrechnung eines Vorteils davon abhängig gemacht, ob sie im Einzelfall nach Sinn und Zweck des Schadensersatzrechts unter Berücksichtigung der gesamten Interessenlage der Beteiligten nach Treu und Glauben dem Geschädigten zugemutet werden kann /.../. Dieses wertende Merkmal ist für die*

Dig. 50, 17, 206.: *„Iure naturae aequum est neminem cum alterius detrimento et iniuria fieri locupletiorem“*, Krüger/Mommsen/Kunkel 2000 (ursprgl. 1963) – CIC I Inst. Dig., S. 926, also *„Es ist nach dem Naturrecht billig, dass Niemand mit des Andern Schaden und durch Unrecht reicher werde“*, vgl. Otto/Schilling 1984 (ursprgl. 1832) – CIC IV, S. 1286. Siehe hierzu auch Fn. 433.

913 Einen guten Überblick über diese Kasuistik bietet Lange 1978 – Vorteilsausgleichung; vgl. auch Larenz 1987 – Schuldrecht I AT, S. 530 ff.

914 Dieser bewusste Verzicht ergibt sich aus Mugdan 1899 – Materialien II, S. 10.

915 Vgl. nur etwa BGH NJW 1979, 760.

916 Der Vorteil darf somit nicht von vornherein fern jeglicher Lebenserwartung gewesen sein.

917 Siehe nur Palandt 2009 – Kommentar BGB, Vorb. v. § 249, Rn. 120.

Frage, ob ein Vorteil anzurechnen ist oder dem Schädiger zugute kommen soll, das entscheidende Kriterium"[918].

Die Rechtsfolge der Vorteilsausgleichung stellt somit insgesamt eine Ausprägung des Grundsatzes von Treu und Glauben dar. Konkret geschieht dies in Form des allgemeinen Gerechtigkeitsgebotes[919]. Den Bezug zur Generalklausel des § 242 BGB stellte die Rechtsprechung dabei mehrfach direkt her:

> *„Der Rechtsgedanke der Vorteilsausgleichung zielt darauf ab, einen* gerechten *Ausgleich zwischen den bei einem Schadensfall widerstreitenden Interessen herbeizuführen. Der Geschädigte soll nicht in unangemessener Weise zu Lasten des Schädigers besser gestellt werden, als er ohne das Schadensereignis stehen würde. Das wäre ein unbilliges Ergebnis, das dem Zweck des Schadensersatzes zuwiderlaufen würde. /.../ Letztlich beruhen all diese Regelungen auf dem Grundsatz von Treu und Glauben (§ 242 BGB)"*[920].

In der Wissenschaft wird dieser Ansatz der Rechtsprechung teilweise sehr kritisch aufgenommen. Insbesondere wird vorgebracht, dass die Begründung auf Grundlage von Treu und Glauben, Zumutbarkeit und Billigkeit insgesamt wenig aussagekräftig seien. Es bedürfe weiterhin einer jeweils einzelfallbezogenen Konkretisierung[921]. Dieser Kritik ist zuzugeben, dass in der Tat die Abgrenzungskriterien nach Treu und Glauben konkretisierungsbedürftig sind. Dieses Problem ist aber schon dem sehr offenen Tatbestand des § 242 BGB als solches immanent. Es kann deshalb im Ergebnis nicht dafür herangezogen werden, diese Abgrenzungskriterien insgesamt abzulehnen. Jedenfalls hat es die Wissenschaft

---

918 Vgl. BGH NJW 1979, 760; hierbei handelt es sich um die herrschende Rechtsprechung, vgl. nur BGH NJW 1973, 1190 [1191]; BGH NJW 1984, 2457 [2458]; BGH NJW 1997, 2378; BGH NJW 2006, 499.

919 So ausdrücklich BGH NJW 1984, 2457 [2458]: *„Letztlich folgt der Rechtsgedanke der Vorteilsausgleichung aus dem in § 242 BGB festgelegten Grundsatz von Treu und Glauben (/.../). Das in ihm verkörperte Gerechtigkeitsgebot kommt auch außerhalb des Schadensersatzrechts in zahlreichen anderen Vorschriften zum Ausdruck /.../"*.

920 BGH NJW 1973, 1190 [1191]

921 Diese Kritik kommt beispielsweise von Schiemann in Staudinger 2005 – Kommentar BGB §§ 249-254, § 249, Rn. 139/140. Schiemann vertritt die Ansicht, bei der Vorteilsausgleichung handle es sich um nicht mehr als ein Problemstichwort, bei dem eine allgemeine Lösung nicht möglich sei, so dass es nur eine Kategorisierung in einzelne Fallgruppen geben könne.

bislang auch nicht geschafft, ein Konzept für die Vorteilsausgleichung auszuarbeiten, welches mit griffigeren Kriterien auskommt[922].

(2) Saldotheorie

Auch die Saldotheorie bringt dem Schuldner eines Kondiktionsanspruches einen Vorteil. Bei der bereicherungsrechtlichen Rückabwicklung eines synallagmatischen Vertrages wird durch die Saldotheorie der Kondiktionsanspruch entsprechend gekürzt, wenn der Gläubiger hinsichtlich der Gegenleistung entreichert ist. Mit dieser Rechtsfolge widerspricht die Saldotheorie an sich der gesetzlichen Wertung der §§ 812 ff. BGB[923]. Diese Wertung entspricht der Zweikondiktionentheorie. Hiernach sind die Kondiktionsschuldverhältnisse unabhängig voneinander zu betrachten, so dass eine Entreicherung in dem einen Verhältnis auf das andere keine Auswirkungen hat[924]. Ein Fortwirken des Synallagmas trotz der Nichtigkeit des gegenseitigen Vertrages kennen die §§ 812 ff. BGB genauso wenig, wie die Konstruktion eines „faktischen Synallagmas".

Die strenge Rückabwicklung nach der Zweikondiktionentheorie[925] und deren Folgen wurden von der Rechtswissenschaft und insbesondere von der Rechtsprechung als unangemessen kritisiert. Gerade wenn der Kondiktionsgläubiger seine eigene Entreicherung hinsichtlich der Gegenleistung vorwerfbar herbeigeführt hat, widerspräche es jeglichem Rechtsempfinden, den Kondiktionsanspruch des Schuldners wegen § 818 Abs. 3 BGB untergehen zu lassen, während der Gläubiger davon unberührt seine Leistung kondizieren könnte[926]. Vor diesem Hintergrund wurde zur Herbeiführung eines angemessenen Ausgleichs die Saldotheorie entwickelt[927].

Zunächst betrachtete die Rechtsprechung bei der Durchführung der Saldotheorie die Vermögenslagen der Parteien. Hier wurde nicht nur streng das jeweils Er-

---

922 Zu dieser Einschätzung kommt auch Palandt 2009 – Kommentar BGB, Vorb. v. § 249, Rn. 120. Schiemann führt diese „Unfähigkeit" darauf zurück, dass es schlichtweg keine allgemeine Lösung gebe, vgl. Staudinger 2005 – Kommentar BGB §§ 249-254, § 249, Rn. 140.

923 Vgl. Reuter/Martinek 1983 – Ungerechtfertigte Bereicherung, S. 595, § 17 III 3 a). Aus der historischen Literatur siehe Oertmann 1915 – Bereicherungsansprüche, S. 1063 ff. und Tuhr 1916 – Der 86. Band der Entscheidungen des RG, S. 584/585.

924 Zu den Defiziten der Zweikondiktionentheorie Looschelders 2008 – Schuldrecht BT, Rn. 1128/1129.

925 Und damit an sich die strenge Anwendung der §§ 812 ff. BGB.

926 So auch Larenz/Canaris 1994 – Schuldrecht II/2 BT, S. 321, § 73 III 1 a).

927 Zur Entwicklung der Saldotheorie siehe schon oben B, III, 1, b).

langte als Bereicherung gewertet. Vielmehr wurde auch das bereicherungsrechtliche Pendant in Form des Kondiktionsanspruches auf die Gegenleistung hierunter gefasst. Fiel dieser Kondiktionsanspruch wegen Entreicherung der Gegenseite nach § 818 Abs. 3 BGB weg, so war die andere Seite nur noch in Höhe des Erlangten abzüglich des Werts der Entreicherung bereichert[928]. In der neueren Rechtsprechung wird dieser streng vermögensorientierte Ansatz nicht mehr verfolgt. Das Augenmerk liegt eher auf den „Nachwirkungen" des ursprünglichen Synallagmas auf die bereicherungsrechtliche Rückabwicklung[929]. Die Rechtsprechung kommt somit zu einem angemessenen Ausgleich zwischen den Kondiktionsparteien, indem sie die strenge Rechtsfolge der §§ 812 ff. BGB nicht konsequent anwendet, sondern auf das hinter den Austauschleistungen ursprünglich liegende Synallagma blickt[930]. Die normative Korrektur, die im Ergebnis mit der Saldotheorie bei den §§ 812 ff. BGB vorgenommen wird, rechtfertigte die Rechtsprechung dabei dogmatisch mit einem Rückgriff auf Billigkeitserwägungen:

> *„„/…/ stellt die Saldotheorie letztlich eine von der Rechtsprechung aus Billigkeitsgründen vorgenommene Gesetzeskorrektur dar, die dem Umstand Rechnung trägt, daß die eine Leistung um der anderen willen gemacht wurde, und es daher für berechtigt hält, auch die bei nichtigem Vertrag entstehenden Rückgewährpflichten als von einander abhängig anzusehen. /…/. Dieses Ergebnis erscheint jedenfalls als recht und billig /…/"*[931].

---

928 So sah es bereits die Leitentscheidung RGZ 54, 137 [141]. Zur weiteren Rechtsprechung des Reichsgerichts siehe oben B, III, 1, b).

929 Die vermögensorientierte Saldotheorie wird auch als „alte" Saldotheorie bezeichnet, vgl. Reuter/Martinek 1983 – Ungerechtfertigte Bereicherung, S. 596, § 17 III 3 a). Siehe auch Mossler 2006 – Bereicherung, S. 29 ff., S. 38 ff.

930 Bei dieser Rechtsfolge ist es an sich unerheblich, ob die Saldotheorie vermögensorientiert oder synallagmaorientiert begründet wird. Maßgeblich ist vielmehr, dass ein angemessener Ausgleich gefunden wird.

931 So ausdrücklich BGHZ 53, 144 [147]. Diese Entscheidung bringt aber zugleich zum Ausdruck, dass es sich bei der Saldotheorie gerade nicht um ein starres Modell handelt, sondern dass die Entscheidung stets auf Grundlage der Billigkeit zu treffen ist. Obschon die Saldotheorie grundsätzlich bejaht wird, sagt der Bundesgerichtshof wenig später: *„Es läßt sich deshalb rechtfertigen und ist in der Rechtsprechung auch so gehandhabt worden, daß bei besonderer Fallgestaltung, abweichend von der Saldotheorie, als billig ein Ausgleich angesehen wird, bei dem der Untergang des Gegenstands, den der Bereicherungsgläubiger empfangen hat, auf Gefahr des Bereicherungsschuldners geht"*. Vgl. später BGHZ 146, 298 [308]: *„Da die Saldotheorie letztlich eine von der Rechtsprechung aus Billigkeitsgründen vorgenommene Gesetzeskorrektur darstellt, kann sie keine*

Zwar wurde vom Bundesgerichtshof die Begründung über Billigkeitsgrundsätze in Fällen verwendet, in denen er die Saldotheorie gerade nicht anwenden wollte[932]. Hieraus ist aber nicht zu schließen, dass es sich nur um eine Begründung für negative Fälle handelt. Vielmehr ist es einer Entscheidung auf Grundlage der Billigkeit immanent, dass keine starren Ergebnisse zu finden sind. Ausgehend von einer Grundstruktur muss im Einzelfall überprüft werden, ob diese Grundstruktur zu einem angemessenen Ergebnis kommt[933]. An der dogmatischen Herleitung der Saldotheorie als Produkt einer Billigkeitserwägung ändert dies jedenfalls nichts.

Dies ergibt sich auch schon aus einem Blick in die Tradition der Rechtsprechung: das Reichsgericht hat bereits dargelegt, dass es

> *„den vom natürlichen Rechtsgefühl und von der Billigkeit beherrschten, hier maßgebenden Grundsätzen* (entspreche), *daß die durch Leistung und Gegenleistung erwachsenen Vorteile und Nachteile gegeneinander abgewogen werden; nur der sich so ergebende Ueberschuß stellt sich darnach als ungerechtfertigte Bereicherung dar"*[934].

Vereinzelt wurde die Saldotheorie in der Rechtswissenschaft auch als Ausprägung des „venire contra factum proprium"-Grundsatzes angesehen. Dies galt insbesondere in den Fällen, in denen die empfangene Leistung vom Kondiktionsgläubiger verwertet wurde. Ist der Gläubiger deshalb entreichert, soll er sich später nicht auf die Nichtigkeit des Vertrages berufen können, aufgrund dessen er ursprünglich die Leistung erhielt. Ein solches Berufen wäre ein unzulässiges, weil widersprüchliches Verhalten[935].

Geltung beanspruchen, wenn die mit ihr verbundene Bevorzugung des Bereicherungsschuldners im Einzelfall der Billigkeit widerspricht". Die Saldotheorie insgesamt und als Ausprägung von Billigkeitserwägungen im Besonderen anerkannte früher auch Larenz, siehe in der 7. Auflage Larenz 1964 – Schuldrecht I AT, S. 312, § 25 II b).

932 Vgl. hierzu Mossler 2006 – Bereicherung, S. 42.

933 Dies ist schon deshalb erforderlich, weil Fälle denkbar und bekannt sind, in denen die Saldotheorie nicht zu angemessenen Ergebnissen führt. Dies gilt beispielsweise bei der Beteiligung Minderjähriger an dem nichtigen Vertrag: der Minderjährige darf nicht über die Saldierung im Rahmen der bereicherungsrechtlichen Rückabwicklung schlechter gestellt werden, als er nach den §§ 104 ff. BGB steht.

934 So das Reichsgericht in einer Entscheidung vom 05. Mai 1911, vgl. Gruchot Bd. 55 (1911), 963 [966].

935 Diesen Ansatz verfolgt Diesselhorst unter Berücksichtigung der Rechtsprechung des Reichsgerichts, vgl. Diesselhorst 1968 – Saldotheorie, S. 89 ff. Freilich anerkennt Dies-

Eine direkte Bezugnahme auf den Grundsatz von Treu und Glauben nach § 242 BGB erfolgte durch die Rechtsprechung nicht. Gleichwohl stellt die Saldotheorie ihrem Grundgedanken nach eine Ausprägung des allgemeinen Billigkeitsgrundsatzes dar. Hiernach sind grundsätzlich die gesetzlichen Lösungen darauf gerichtet, zwischen den Parteien einen gerechten Ausgleich herbeizuführen. Sollte aufgrund einer gesetzlichen Norm ein solcher gerechter Ausgleich nicht möglich sein, so besteht über § 242 BGB die Möglichkeit einer normativen Korrektur[936]. Über diesen Weg können unzumutbare Lösungen vermieden werden. Die Rechtsprechung beruft sich explizit darauf, § 818 Abs. 3 BGB einer normativen Korrektur zu unterziehen. Diesen Schritt begründet sie mit Billigkeitserwägungen. Es handelt sich also auch ohne Bezugnahme auf § 242 BGB klar um eine Ausprägung des Grundsatzes von Treu und Glauben. Im bürgerlichen Recht kann es nur „einen" Grundsatz der Billigkeit geben. Dieser Grundsatz gilt hiervon ausgehend als allgemeines Prinzip[937], so dass ein ausdrücklicher Rückgriff auf § 242 BGB zur dogmatischen Begründung der Saldotheorie nicht erforderlich ist. Die strikte Anwendung des § 818 Abs. 3 BGB bei der bereicherungsrechtlichen Rückabwicklung synallagmatischer Verträge widerspricht regelmäßig der Billigkeit. Eine normative Korrektur ist nach dem Grundsatz von Treu und Glauben somit geboten[938].

ii. Zwischenergebnis

Es bleibt somit festzuhalten, dass es sich auch bei der Vorteilsausgleichung und der Saldotheorie um besondere Ausprägungen des Grundsatzes von Treu und Glauben im Sinne des § 242 BGB handelt. Bei der Vorteilsausgleichung ergibt sich dies bereits aus der Begründung. Die Rechtsprechung nimmt hierbei ausdrücklich Bezug auf Treu und Glauben, bzw. auf § 242 BGB. Auch wird dargelegt, dass eine Vorteilsausgleichung immer dann zur Anwendung kommen muss, wenn die Nichtberücksichtigung eines Vorteils den Schädiger insgesamt unangemessen benachteiligen würde. Zwar wird diese Rechtsprechung kritisiert und eine einzelfallbezogene Konkretisierung gefordert. Die Argumentation über § 242 BGB wäre jedoch auch bei einer solchen Konkretisierung erforderlich.

---

selhorst, dass es sich hierbei nicht um eine verallgemeinerbare Begründung handeln kann, Diesselhorst 1968 – Saldotheorie, S. 99/100.

936 Siehe hierzu D, I, 1.

937 Vgl. nur Larenz 1987 – Schuldrecht I AT, S. 129, § 10 I.

938 Vgl. zu dieser Argumentation schon Enneccerus/Lehmann 1958 – Schuldverhältnisse, S. 912, § 227 III 3. Das Grundanliegen der Saldotheorie, nämlich die Einschränkung des § 818 Abs. 3 BGB, wird sogar von den Kritikern anerkannt, vgl. nur Staudinger 2007 – Kommentar BGB §§ 812-822, § 818, Rn. 41.

Schließlich muss es immer darauf ankommen, ob im konkreten Fall tatsächlich eine unzumutbare Belastung für eine der Parteien besteht.

Bei der Begründung der Saldotheorie werden demgegenüber nur allgemein Billigkeitserwägungen herangezogen. In Fällen der bereicherungsrechtlichen Rückabwicklung gegenseitiger Verträge geht regelmäßig die Entreicherung des Konditionsgläubigers zu Lasten des Schuldners. Dies wird als unzumutbare Benachteiligung empfunden, weshalb eine Korrektur der §§ 812 ff. BGB erfolgt[939]. Eine direkte Bezugnahme auf den Grundsatz von Treu und Glauben, bzw. auf § 242 BGB gibt es bei der Saldotheorie nicht. Jedoch ist eine solche auch nicht wirklich notwendig. Schon allein der Hinweis auf die Billigkeit reicht aus, um zu verdeutlichen, um welchen dogmatischen Hintergrund es sich handelt.

c) Folgen dieser Ausprägungen für die Funktionsweise

Im Ergebnis ist somit festzustellen, dass es sich bei den Verknüpfungsphänomenen des Mitverschuldens, der Vorteilsausgleichung und der Saldotheorie um Ausprägungen des Billigkeitsgrundsatzes handelt. In allen drei Fällen sollen maßgeschneiderte Lösungen verhindern, dass die Folgen eines schädigenden Ereignisses oder einer bereicherungsrechtlichen Rückabwicklung unzumutbar zu Lasten einer Seite gehen[940].

Interessant sind die Folgen dieser Ausprägung für die Funktionsweise der Verknüpfungsphänomene. Mit § 254 BGB wurde für die Fälle eines Mitverschuldens eine Quotenlösung installiert. Hiernach bestimmt sich der zu ersetzende Schaden danach, in welchem Verhältnis die Verursachungsbeiträge von Schädiger und Geschädigtem stehen[941]. Ohne im Folgenden auf die genaue Funktionsweise der Quotenlösung einzugehen[942], bleibt jedenfalls festzuhalten, dass am Ende dieser Abwägung ein quotaler Schadensersatzanspruch entsteht. Der Abwägungsvorgang erfolgt dabei durch einen Automatismus in dem Moment, in dem der Schaden eingetreten ist, die Beiträge von Schädiger und Geschädigtem sich also realisiert haben. Auch bei der Vorteilsausgleichung erfolgt im Stadium

939 Es stellt aber gerade auch eine Ausprägung von Billigkeitserwägungen dar, dass es durchaus Fälle gibt, in denen die Saldotheorie nicht zur Anwendung kommt, obschon an sich die theoretischen Voraussetzungen vorliegen.

940 Dies ist zwar die grundsätzliche Tendenz dieser Verknüpfungsphänomene. Es besteht jedoch jeweils die Möglichkeit, die Folgen bewusst zu Lasten einer Seite gehen zu lassen, sofern diese Lösung im Einzelfall billig und gerecht erscheint.

941 Zu dieser Quotenteilung siehe schon B, II, 2, b), ii.

942 Ausführlich hierzu Honsell 1977 – Quotenteilung mit weiteren Nachweisen.

der Entstehung des Schadensersatzanspruches automatisch eine Anrechnung des Werts des Vorteils[943] auf den Schaden. Hieraus resultiert nur ein geringerer Schadensersatzanspruch. Zuletzt wird auch bei der Saldotheorie automatisch der Wert der Entreicherung bei dem Kondiktionsanspruch angerechnet. Es entsteht somit auch dieser nur in geringerer Höhe.

Es zeigt sich mithin, dass diese drei untersuchten Verknüpfungsphänomene insofern eine Übereinstimmung aufweisen, als sie auf Billigkeitserwägungen basieren und im Wege eines Automatismus im Stadium der Anspruchsentstehung wirken.

Der Grundsatz von Treu und Glauben prägt das gesamte Zivilrecht. Über § 242 BGB kann in die bestehende Rechtslage und auf Rechtsverhältnisse eingegriffen werden, wenn ein angemessener Ausgleich anders nicht zu gewährleisten ist[944]. Die Generalklausel des § 242 BGB bildet die Einflussstelle, anhand derer Billigkeitsgrundsätze Berücksichtigung finden können. Sollen Billigkeitserwägungen einen Anspruch von Anfang an beeinflussen, so ist methodisch nur ein Weg denkbar. Diese Billigkeitserwägungen müssen bereits im Stadium des Entstehens eines Anspruches ansetzen, also bei der Bestimmung seines Inhaltes. Treu und Glauben sind unbestimmte Begriffe, die der Konkretisierung im Einzelfall bedürfen. Geht es um einen Anspruchsinhalt, so kann diese Konkretisierung dogmatisch sauber nicht bei einem bereits entstandenen Anspruch durchgeführt werden[945]. Nur wenn der Inhalt eines Anspruches noch nicht feststeht, existiert ein Gestaltungsspielraum, um über Billigkeitserwägungen ein grundsätzlich angelegtes Ergebnis noch abzuändern.

Dies bedeutet konkret: das Mitverschulden, der Vorteil des Geschädigten, bzw. die Entreicherung des Kondiktionsgläubigers können als Ausprägung des Grundsatzes von Treu und Glauben nur im Zusammenhang mit der Bestimmung des Anspruchsinhaltes eine Rolle spielen. Ist der Schadensersatz-, bzw. der Kondiktionsanspruch erst einmal entstanden, besteht in dieser Hinsicht kein Spielraum mehr. Die Höhe des Anspruches ist ab diesem Zeitpunkt fix. Eine nachträgliche Begrenzung eines einmal in einer bestimmten Höhe entstandenen

---

943 Dahinstehen soll an dieser Stelle die genaue Festlegung, welche Vorteile anrechenbar sind und welche nicht. Maßgeblich soll sein, wie diese Anrechnung methodisch erfolgt.

944 Siehe hierzu D, I, 1.

945 Ein bereits entstandener Anspruch kann nur noch ganz oder teilweise zum Erlöschen gebracht werden, nicht aber nachträglich einen neuen Inhalt bekommen. Maßgeblich hierfür sind die §§ 362 ff. BGB.

Anspruches über § 242 BGB ist zwar nicht grundsätzlich ausgeschlossen. Es besteht auch dann immer noch die Möglichkeit der Einwendung einer unzulässigen Rechtsausübung[946]. Der Grundsatz von Treu und Glauben nach § 242 BGB bildet schließlich eine allen Rechten und Rechtsverhältnissen immanente Inhaltsbegrenzung[947]. Zu berücksichtigen ist dabei allerdings, dass zwischen den untersuchten Verknüpfungsphänomenen und § 242 BGB ein Unterschied besteht. § 242 BGB gilt als letzte Schranke für alle Ansprüche und Rechtsverhältnisse. Mitverschulden, Vorteilsausgleichung und Saldotheorie hingegen sind als spezielle Ausprägungen dieses Billigkeitsgrundsatzes nur auf bestimmte Fälle anwendbar. Eines echten Rückgriffes auf § 242 BGB bedarf es hier schon deshalb nicht, weil diese Rechtsinstitute die Billigkeitserwägungen gerade in sich tragen[948]. Es handelt sich bei den Konstellationen hinter den Verknüpfungsphänomenen um speziell geregelte Fälle einer unzulässigen Rechtsausübung. Diese soll durch die Verknüpfungsphänomene gerade verhindert werden. Um dies zu gewährleisten, ist es unerlässlich, dass die Wirkung dieser Verknüpfungsphänomene bereits im Rahmen der Inhaltsbestimmung eingreift.

Auch die Ausgestaltung von Mitverschulden, Vorteilsausgleichung und Saldotheorie als Automatismen erklärt sich vor dem Hintergrund, dass es sich um Rechtsinstitute aus Billigkeitserwägungen handelt. Es entstünde ein merkwürdiger Wertungswiderspruch, wenn einerseits der Gesetzgeber[949], bzw. die Rechtsprechung[950] einen Anspruch aus Billigkeitserwägungen inhaltlich beschränken will, während andererseits diese Beschränkung nicht selbständig erfolgen würde, sondern zusätzlich eine rechtsgeschäftliche Erklärung einer Partei erforderlich wäre[951]. Eine solche Konstruktion hätte zur Folge, dass zwar an sich die Unzumutbarkeit eines Ergebnisses anerkannt würde. Es könnte aber dennoch zu die-

946 Siehe hierzu statt vieler Palandt 2009 – Kommentar BGB, § 242, Rn. 38 ff. Dort werden auch ausführlich die einzelnen Fallgruppen dargestellt, in denen eine Korrektur über § 242 BGB möglich ist.

947 Vgl. BGH NJW-RR 2005, 619 [620].

948 Die Verknüpfungsphänomene basieren dogmatisch auf § 242 BGB und dessen Billigkeitserwägungen. Eine explizite Anwendung des § 242 BGB bedarf es deshalb nicht.

949 Beim Mitverschulden

950 Bei Saldotheorie und Vorteilsausgleichung

951 Zwar besteht auch bei dem Automatismus die Problematik, dass das Gericht die Einwendung nur berücksichtigt, wenn es darauf aufmerksam gemacht wird, so dass jedenfalls ein Hinweis erforderlich ist, vgl. C, II, 2, b), ii. Dies ist jedoch aus prozessrechtlichen Gründen durch die Dispositionsmaxime bedingt und muss deshalb hingenommen werden. Auf die materiellrechtliche Funktionsweise hat dieses Erfordernis keine Auswirkung.

sem unzumutbaren Ergebnis kommen, wenn eine entsprechende Partei-Erklärung nicht vorliegt.

Soweit ein Ergebnis als unzumutbar eingeordnet wird, müssen deshalb dieselben Billigkeitserwägungen, die zu dieser Bewertung führten, in der Konsequenz auch eine automatische Wirkung zur Folge haben. Gerade der so sensible Bereich von Treu und Glauben muss der Disposition der Parteien enthoben sein[952]. Die Frage, ob ein Ergebnis gegen den Billigkeitsgrundsatz verstößt, kann nur durch die Rechtsprechung einheitlich beantwortet werden, nicht aber im Einzelfall durch die Parteien.

3. Aufrechnung und Billigkeit

a) Ausgangslage

Die Ausgangslage einer Aufrechnung nach den §§ 387 ff. BGB ist die Aufrechnungslage, also das Gegenüberstehen zweier aufrechenbarer Forderungen. Die Haupt-, sowie die Gegenforderung müssen dabei hinsichtlich ihres Inhalts gleichartig sein[953]. Eine irgendwie geartete Konnexität im Sinne eines rechtlichen oder wirtschaftlichen Zusammenhanges wird dabei zwischen den Forderungen nicht verlangt[954]. Es kommt nur darauf an, dass zwischen Gläubiger und Schuldner der Forderungen jeweils Personenidentität besteht. Auch ist entscheidend, dass die zur Aufrechnung gestellten Forderungen jeweils vollständig entstanden und in ihrem Inhalt bestimmt sind[955].

Die Aufrechnung setzt dann an diesen beiden Forderungen an. Durch die Aufrechnungserklärung erlischt die Hauptforderung in Höhe der Deckung mit der Gegenforderung, §§ 388, 389 BGB. Welchen rechtlichen und tatsächlichen Hintergrund die zur Aufrechnung gestellten Forderungen haben, ist irrelevant. Es spielt also keine Rolle, ob im Einzelnen eine dieser Forderungen auf Billigkeitserwägungen basiert. Es kommt jedenfalls nur darauf an, dass sie in einer be-

952 Entweder der Gesetzgeber/die Rechtsprechung hält eine normative Korrektur für erforderlich, oder nicht. Dieses Ergebnis muss jedoch unabhängig vom Parteiwillen eintreten.

953 Zu diesen Voraussetzungen siehe oben B, I, 2, a).

954 In diesem Punkt unterscheidet sich – trotz der ansonsten ähnlichen Methodik – die Konstruktion des Zurückbehaltungsrechts nach § 273 BGB von der Aufrechnung, vgl. nur MünchKomm BGB 2007 – §§ 241-432, § 387, Rn. 29. Vgl. auch BGH NJW 1955, 497; BGH NJW 1993, 2753 [2754].

955 Siehe hierzu schon oben C, III, 2, c).

stimmten Höhe besteht[956]. Auch die Aufrechnungslage und die Aufrechnungserklärung kommen ohne einen Rückgriff auf § 242 BGB aus. Das rein tatsächliche Vorliegen dieser Voraussetzungen ist ausreichend.

b) Spielraum für Billigkeit?

Bei der Aufrechnung handelt es sich um ein Erfüllungssurrogat mit Doppelwirkung. Der Schuldner kann mit einer Erklärung sowohl sich von der Schuld gegenüber seinem Gläubiger befreien, als auch gleichzeitig seine eigene Forderung liquidieren[957]. Diese Rechtsfolge tritt, anders als bei Mitverschulden, Saldotheorie und Vorteilsausgleichung nicht automatisch ein. Fraglich ist, ob deshalb bei der Aufrechnung Billigkeitserwägungen, bzw. der Grundsatz von Treu und Glauben nach § 242 BGB eine Rolle spielen können.

Bei der historischen Betrachtung fällt auf, dass die Rechtswissenschaft in dem für die Entwicklung der heutigen Aufrechnung so wichtigen 19. Jahrhundert die Kompensation des klassischen römischen Rechts als Ausprägung der „natürlichen Billigkeit" ansah[958]. Diese Ansicht wurde dabei mit Stellen des Corpus Iuris Civilis belegt. In diesen Stellen wurde die Kompensation als Rechtsinstitut aus Erwägungen der „Gerechtigkeit"[959] und der „Billigkeit"[960] dargestellt.

Besonders deutlich kam dieser Gedanke in C.5, 21, 1 zum Ausdruck:

> *„Die [auf die] Billigkeit [sich gründende Einrede] der Aufrechnung forderst du mit Recht; denn es ist billig, dass Das, was du erweislich*

956 Es kann freilich mit einer Kondiktionsforderung aufgerechnet werden, die über Anwendung der Saldotheorie nur in verringerter Höhe entstanden ist.

957 Vgl. nur MünchKomm BGB 2007 – §§ 241-432, § 387, Rn. 1.

958 Siehe nur Weiske 1984 (ursprgl. 1840) – Rechtslexikon II, S. 724: *„Die Compensation gründet sich auf die natürliche Billigkeit".*

959 So etwa Dig. 26, 7, 36: *„/.../. Die Gerechtigkeit, auf die das uneingeschränkte Recht der Aufrechnung sich gründet /.../".* Im Original: *„/.../: Aequitas, quae merum ius compensationis inducit, /.../"*, vgl. Behrends/Knütel 2005 – CIC IV Dig. 21-27, S. 403.

960 So etwa Cod. 4, 31, 6: *„/.../; auch machst du mit Recht Anspruch auf Compensation nach der Billigkeit. Denn es ist unbillig, dass du Das, was als deine Schuld sich ergeben wird, früher zahlest, als auf deinen Gegenanspruch geantwortet worden /.../"*, vgl. Otto/Schilling 1984 (ursprgl. 1832) – CIC V, S. 610/611. Im Original: *„/.../ et compensationis aequitatem iure postulas. Non enim prius exsolvi, quod debere te constiterit, aequum est, quam petitioni mutuare responsum fuerit /.../"*, vgl. Krüger/Kunkel 1997 (ursprgl. 1954) – CIC II Codex, S. 171.

schuldig bist, nicht eher bezahlt werde, als bis der Gegenforderung entsprochen sein wird /.../"[961].

Auch wurde in der Literatur die Aufrechnung auf den Grundsatz des „dolo facit, qui petit, quod statim redditurus est" zurückgeführt. Hintergrund dieser Ansicht war die Überlegung, dass es bloße Schikane sei, mit seinem Anspruch etwas einzufordern, was man der Gegenseite aufgrund deren Gegenanspruches gleich wieder zurückgeben müsste[962].

Allerdings wurde diese Begründung nicht für die Wirkung der Aufrechnung als solches herangezogen. Vielmehr diente sie zur Erklärung der Wirkungen der Aufrechnungslage. Aus dieser Aufrechnungslage sollte sich eine Einrede zu Gunsten des jeweiligen Gläubigers ergeben, die dem Zahlungsverlangen der anderen Seite entgegengehalten werden konnte[963].

Diese Begründung der Aufrechnung über Billigkeitsgrundsätze kann heute nicht mehr überzeugen.

Zum einen wurde in den genannten römischen Quellen der Begriff der „Billigkeit" nicht unter dem Aspekt von Treu und Glauben verwendet. Eher wurde er zur Erklärung für eine Art Zurückbehaltungsrecht herangezogen[964]. Der Gläubiger brauchte seine eigene Schuld dem Schuldner solange nicht zu begleichen, bis der Schuldner seinerseits den Gläubiger befriedigt hat.

Zum anderen geht es bei einer Aufrechnungslage gerade nicht darum, dass der Gläubiger mit seiner Hauptforderung von seinem Schuldner etwas verlangt, was

---

961 Otto/Schilling 1984 (ursprgl. 1832) – CIC V, S. 789/790. Im Original: *„Compensationis aequitatem iure postulas, non enim prius exsolvi quod debere te constiterit aequum est, quam petitioni mutuae responsum fuerit, eo magis, quod ea te persequi dicis, quae divortii causa amota quereris. /.../"*, vgl. Krüger/Kunkel 1997 (ursprgl. 1954) – CIC II Codex, S. 215.

962 Vgl. hierzu Dernburg 1868 – Kompensation, S. 372: *„Es soll ja durch die Compensation der Unbilligkeit gesteuert werden, daß der eine Theil eintreibe, was er dem wechselsweise Verpflichteten nicht gleichzeitig leistet"*; siehe auch Windscheid/Kipp 1963 (ursprgl. 1906) – Pandektenrecht II, S. 463, § 349 und insbesondere Fn. 3.

963 Windscheid begründete damit jedenfalls die Einrede der Aufrechenbarkeit, die den Aufrechnungsforderungen ab Beginn der Aufrechnungslage wechselseitig entgegenstanden, vgl. Windscheid/Kipp 1963 (ursprgl. 1906) – Pandektenrecht II, S. 463, § 349 und insbesondere Fn. 3.

964 Gerade die angeführte Stelle Cod. 5, 21, 1 deutet eher auf ein solches Zurückbehaltungsrecht, bzw. auf eine Zug-um-Zug-Erfüllung hin.

er in Form der Gegenforderung diesem selbst schuldet. Zwar kommt es bei einer rein wirtschaftlichen Betrachtung dazu, dass gegenseitig derselbe Betrag geschuldet wird. Bei einer rechtlichen Betrachtung spielt aber nur eine Rolle, dass diese Beträge aufgrund unterschiedlicher Forderungen verlangt werden können[965]. Solange keine Aufrechnungserklärung vorliegt, sind die Forderungen unabhängig voneinander zu betrachten. Heute gibt es auch keine Aufrechnungseinrede mehr[966]. Die Aufrechnungslage entwickelt keine unmittelbaren Rechtsfolgen, so dass ohne Aufrechnungserklärung jede Partei frei über ihre Forderung verfügen darf und sich hieran auch nicht durch eine Einrede gehindert fühlen muss[967]. Die Argumentation über Billigkeitsgrundsätze ist deshalb heute hinfällig.

Insgesamt bedarf die Wirkung der modernen Aufrechnung nach den §§ 387 ff. BGB keines Rückgriffs auf die Grundsätze von Treu und Glauben, bzw. § 242 BGB mehr[968]. Es handelt sich nicht um eine Anspruchsverkürzung, die erfolgt, weil die Inanspruchnahme des Schuldners in voller Höhe eine unzumutbare Belastung darstellen, bzw. gegen Treu und Glauben verstoßen würde. Vielmehr erfolgt die Anspruchsverkürzung aufgrund der Tatsache, dass der Gläubiger seinerseits seinem Schuldner etwas Gleichartiges schuldet. Im Ergebnis werden durch die Aufrechnung auch weder der Gläubiger, noch der Schuldner wirtschaftlich benachteiligt. Zwar verlieren beide Parteien etwas[969]. Gleichzeitig erhalten sie aber auch einen Gegenwert für diesen Verlust[970]. Es werden bei der Aufrechnung nur „harte" Fakten verwertet. Bestehende, gegenseitige und gleichartige Ansprüche werden auf Wunsch einer Partei[971] gegeneinander ver-

965 Es ist der Aufrechnung ja gerade immanent, dass die Parteien gegenseitig etwas voneinander verlangen können. Mit der gesetzgeberischen Entscheidung für das Erfordernis einer Aufrechnungserklärung wurde klar, dass die Aufrechnungslage alleine noch keine Rechtswirkungen entfalten kann.

966 An deren Stelle kommt aber jedenfalls ein Zurückbehaltungsrecht nach § 273 BGB in Betracht.

967 Zu den mittelbaren Wirkungen der Aufrechnungslage siehe schon oben B, I, 2, b), sowie insbesondere Fn. 136 und 137.

968 Weder in der Rechtsprechung, noch in der Literatur wird (soweit ersichtlich) heute im Zusammenhang mit der Aufrechnung Bezug auf § 242 BGB genommen, bzw. werden die §§ 387 ff. BGB als Ausprägung dieser Grundsätze angesehen.

969 Der Verlust besteht darin, dass die Parteien jeweils ihre Forderungen gegen die andere Seite verlieren.

970 Der Gegenwert besteht darin, dass die Parteien jeweils von ihrer Schuld gegenüber der anderen Seite frei werden.

971 Der Wunsch kann freilich auch von beiden Parteien ausgehen. Im Falle einer gemeinsamen Entscheidung zur Aufrechnung kommt ein Aufrechnungsvertrag in Betracht.

rechnet. Das Ergebnis besteht dann entweder darin, dass beide Forderungen vollständig erloschen sind, oder eine wertmäßig höhere Forderung hinsichtlich des überschießenden Teils bestehen bleibt. Ein Spielraum für eine Bewertung nach Billigkeitserwägungen ist hierbei nicht zu erkennen.

4. Zwischenergebnis

Nach diesen Überlegungen bleibt festzuhalten, dass es sich bei den Rechtsinstituten Mitverschulden, Saldotheorie und Vorteilsausgleichung um Ausprägungen des Grundsatzes von Treu und Glauben nach § 242 BGB handelt[972]. Die Aufrechnung hingegen stellt ein bloßes Instrument zur Forderungsverrechnung dar. Ein Rückgriff auf § 242 BGB kommt für dieses Rechtsinstitut nicht in Betracht.

In diesem dogmatischen Unterschied liegt auch eine Erklärung für die unterschiedliche methodische Ausgestaltung dieser Rechtsinstitute, trotz vergleichbarer Ausgangslage und ähnlichem Ergebnis[973]. Mitverschulden, Saldotheorie und Vorteilsausgleichung haben die Intention, einen angemessenen Ausgleich zwischen den Parteien zu finden. Die Abwicklung dieser Konstellationen allein zu Lasten einer Seite wird regelmäßig als unzumutbar empfunden. Aus diesen Billigkeitserwägungen erfolgt eine Quotelung, bzw. eine Anrechnung. Da diese Billigkeitserwägungen direkt auf den Anspruchsinhalt wirken, ist es erforderlich, dass die Quotelung, bzw. die Anrechnung bereits im Rahmen der Anspruchsentstehung durchgeführt werden. Gleichermaßen macht es das Ziel, einen billigen Ausgleich zu finden, erforderlich, die Anspruchskürzung automatisch erfolgen zu lassen. Andernfalls könnte nicht gewährleistet werden, dass unter allen Umständen das Ergebnis eintritt, das als dem Grundsatz von Treu und Glauben entsprechend angezielt wurde.

Die Aufrechnung hingegen gründet dogmatisch nicht auf Billigkeitserwägungen. Vielmehr zielt sie auf die Vereinfachung der Zahlungsvorgänge bei gegenseitigen Forderungen ab. Treu und Glauben spielen bei der Durchführung der Aufrechnung keine Rolle. Es handelt sich um ein von den Parteien steuerbares Er-

---

972 Aus Gründen der Billigkeit hält es der Gesetzgeber, bzw. die Rechtsprechung für erforderlich, einen Sachverhalt zu Gunsten des Schuldners zu berücksichtigen. Dies hat zur Folge, dass ein Anspruch nur gekürzt entsteht und so den Parteien die Disposition hierüber entzogen ist. Gewisse paternalistische Züge sind in einer solchen Regelung durchaus zu erkennen. Inwiefern Mitverschulden, Saldotheorie und Vorteilsausgleichung tatsächlich Ausprägungen eines Paternalismus sind, muss hier im Rahmen dieser Untersuchung jedoch dahinstehen.

973 Zur Ausgangslage siehe oben C, II, 1 und zum Ergebnis siehe oben C, III, 1.

füllungssurrogat. Zur Steuerung wurde mit § 388 BGB das Erfordernis einer Gestaltungserklärung installiert. Aus heutiger Sicht erschiene es eher unbillig, wenn die Aufrechnung über einen Automatismus wirken würde[974]. Denn dann hätten es die Parteien gerade nicht mehr in der Hand, im Einzelfall auf die Aufrechnung zu verzichten. Eine Erklärung für die unterschiedliche methodische Ausgestaltung liegt somit darin, dass die untersuchten Rechtsinstitute auf verschiedenen dogmatischen Grundlagen basieren.

---

974 So wie es insbesondere im 19. Jahrhundert überwiegend vertreten wurde. Zum Satz „ipso iure compensatur“ siehe oben C, II, 2, a), ii.

II. Aufrechnung und Dispositionsfreiheit

Ein weiterer Grund für die Ausprägung der Aufrechnung als Gestaltungsrecht, könnte darin liegen, dass durch die Aufrechnung die beteiligten Parteien die Dispositionsfreiheit über ihre Forderungen nicht automatisch verlieren. Bei den anderen Rechtsinstituten erfolgt die Berücksichtigung des gegenläufigen Sachverhaltes automatisch[975]. Die Parteien haben somit keine Möglichkeit, darüber zu entscheiden, ob sie die Berücksichtigung wollen. Schon vor diesem Hintergrund ist hier der Bereich der Privatautonomie nicht eröffnet.

Die Aufrechnung spielte und spielt gerade im Handelsverkehr eine große Rolle[976]. In den geschäftlichen Beziehungen der Kaufleute untereinander kommt es in besonderem Maße auf einen unkomplizierten Zahlungsverkehr an. Dabei ist eine weitgehende Dispositionsfreiheit der Forderungsinhaber erstrebenswert. Zu untersuchen ist somit die Rolle der Dispositionsfreiheit für die Entwicklung der Aufrechnung als Gestaltungsrecht.

1. Disponibilität im Lichte der Privatautonomie

Das Rechtsinstitut der Aufrechnung in seiner gesetzlichen Ausprägung der §§ 387 ff. BGB ist von dem Gedanken geprägt, dass eine Verrechnung der sich gegenüberstehenden Forderungen nur möglich ist, wenn eine der Parteien die Aufrechnung erklärt. Maßgeblich ist also zum einen das tatsächliche Wollen wenigstens einer Partei. Zum anderen kommt es auf das rechtliche Können an[977], eine solche Erklärung abzugeben. Dies ist die Dispositionsfreiheit. Interessant ist dabei der Zusammenhang zwischen diesem Wollen und dem Können. Mithin gilt es zu untersuchen, ob dieses Wollen letztlich dazu geführt hat, dass sich die Aufrechnung als Gestaltungsrecht durchsetzen konnte.

---

975 Auch das Gericht hat diese Umstände von Amts wegen zu berücksichtigen, siehe oben C, III, 3, a), iii, iv und v.

976 Im Rechtsverkehr zwischen Händlern, die sich gegenseitig mit Waren versorgen, entwickelt sich oftmals die Situation, dass zwei Händler jeweils gleichzeitig Gläubiger und Schuldner voneinander sind. Schon hieraus ergibt sich die besondere Rolle der Aufrechnung im Handelsverkehr.

977 Mit dem „rechtlichen Können" ist vor allem die Möglichkeit zur willensgesteuerten Aufrechnung per Gestaltungserklärung gemeint.

a) Dispositionsfreiheit in der Geschichte der Aufrechnung

Wie die Entwicklungslinie zeigte, war die Aufrechnung nicht von Anfang an als ein Gestaltungsrecht konzipiert. Zwar sah bereits die römisch-rechtliche Kompensation ursprünglich – jedenfalls teilweise – vor, dass eine Gegenforderung nur im Wege einer „exceptio doli", also einer Arglisteinrede, geltend gemacht werden konnte[978]. Gleichwohl bedurfte es jedoch nach klassisch römischem Recht zur Durchführung der Kompensation eines Richterspruches. Voraussetzung eines solchen war dabei zunächst die Einleitung eines Formularprozesses durch die Gegenseite. Eine außergerichtliche Kompensation war ausgeschlossen. Auch hatte die römisch-rechtliche Kompensation nur formelle Wirkung. Materiellrechtlich kamen die Forderungen nicht zum Erlöschen. Es wurde lediglich die prozessuale Geltendmachung ausgeschlossen.

Spätestens seit dem Mittelalter war die Ansicht vorherrschend, dass sich zwei gegenüberstehende Forderungen automatisch, also „ipso iure sine facto hominis", zum Erlöschen bringen[979]. Bei dieser Interpretationsart gab es für die Parteien keine Möglichkeit mehr, eine Aufrechnung gezielt herbeizuführen, bzw. zu unterlassen. Die Wirkung der Aufrechnung war somit jeglicher Disposition der Beteiligten entzogen. Vielmehr stand die Herbeiführung eines „billigen"[980] Ausgleichs im Vordergrund. Man wollte hiermit das „Hin- und Hertragen" von Leistungen bei gegenseitigen Forderungen vermeiden. Zwar gab es mit Bartolus de Saxoferrato bereits im 14. Jahrhundert einen Glossator, der die Entscheidung über die Durchführung einer Aufrechnung in die Hände der Beteiligten legte. Diese Ansicht konnte sich jedoch erst im 19. Jahrhundert endgültig durchsetzen.

Charakteristisch ist für dieses 19. Jahrhundert auch der aufkeimende Liberalismus. Dieser betonte die Freiheit des einzelnen und wollte staatliche Zwänge reduzieren. Dieser Liberalismus beeinflusste auch das BGB maßgeblich[981]. Vor

978 Allerdings bedeutete diese „exceptio doli" nicht eine Aufrechnung im modernen Sinne. Vielmehr hatte sie nur zur Folge, dass der Kläger die Gegenforderung berücksichtigen konnte, wenn er nicht ein vollständiges Unterliegen riskieren wollte. Von einem Gestaltungsrecht kann hierbei keinesfalls die Rede sein. Vielmehr ist die Konstruktion einer solchen „exceptio doli" auf die strengen Regeln des römischen Formularprozesses zurückzuführen.

979 Obgleich es sich hierbei, wie dargestellt, um ein Missverständnis der klassischen Quellen handelte, die an sich keinen Automatismus enthielten, vgl. nur HKK 2007 – §§ 305-432, §§ 387-396, Rn. 8 und Rn. 9.

980 Zum Begriff der Billigkeit in diesem Zusammenhang siehe oben D, I, 3.

981 Larenz/Wolf 2004 – BGB AT, S. 30, § 2, Rn. 37

diesem Hintergrund verwundert es nicht, dass sich wenigstens in der Rechtsprechungspraxis die Ansicht durchsetzen konnte, die Aufrechnung sei durch eine einseitige außergerichtliche Erklärung zu vollziehen und das Gericht könne lediglich die bereits vollzogene Aufrechnung feststellen[982]. Die herrschende Meinung in der Wissenschaft tendierte zwar auch schon in diese Richtung. Jedenfalls sprach sie der Aufrechnung eine „ipso-iure"-Wirkung ab. Eine einseitige Aufrechnung außerhalb eines Prozesses wurde indessen noch nicht anerkannt. Vielmehr sollte es wenigstens auf einen „Kompensationsvertrag" ankommen[983]. Die Kompensation sollte also außergerichtlich nur auf Grundlage eines Konsenses zwischen den Parteien möglich sein.

Gleichwohl vermochte diese wissenschaftliche Lösung in der Praxis nicht zu überzeugen. Gerade der Handelsverkehr, in dem die Aufrechnung eine große Rolle spielte[984], war auf einfache, schnelle und vor allem außergerichtliche Lösungen angewiesen. Die Ansicht der Rechtsprechung erkannte diese Notwendigkeit und entsprach diesem Bedürfnis, indem sie eine einseitige, außergerichtliche Aufrechnung für möglich hielt[985]. Die Rechtsprechung anerkannte somit bereits in der zweiten Hälfte des 19. Jahrhunderts die volle Dispositionsbefugnis der Parteien über ihre Forderungen. Der ursprünglich vertretene Automatismus einer „ipso-iure"-Wirkung hingegen entzog den Beteiligten die gegensätzlichen Forderungen ohne Rücksicht auf deren Willen. In der Folge konnte sich die Ansicht des Gestaltungsrechts mehr und mehr durchsetzen. Dies führte letztlich soweit, dass es im Rahmen der Kodifikationsdiskussion eigentlich zu keinem Zeitpunkt ernsthaft zur Disposition stand, einen Aufrechnungsautomatismus zu installieren[986]. Vielmehr einigte man sich bereits in der ersten Kommission auf das Modell einer rechtsgeschäftlichen/rechtsgestaltenden Aufrechnung kraft einseitiger außergerichtlicher Erklärung. Von der ersten Kommission bis zum endgültigen Gesetz gab es zwar noch Detailänderungen. Die Grundkonzeption wur-

982 Gegen einen Zusammenhang Flume 1960 – Rechtsgeschäft und Privatautonomie, S. 145.

983 Dernburg 1868 – Kompensation, S. 529/530. Siehe auch Windscheid/Kipp 1963 (ursprgl. 1906) – Pandektenrecht II, S. 470/471, § 349, Fn. 15. Insgesamt HKK 2007 – §§ 305-432, §§ 387-396, Rn. 12, Fn. 46/47.

984 Zur Rolle der Aufrechnung im Handelsverkehr sogleich D, III, 2.

985 Siehe zu dieser Rechtsprechung nur RGZ 7, 243 [245]; RGZ 11, 114 [119]. Siehe auch die Nachweise in Fn. 98.

986 Im deutschen und europäischen Umfeld hätte es zwar entsprechende gesetzliche Vorbilder gegeben, siehe oben B, I, 1, c), ii. Allerdings wurde auch in diesen Gebieten keine „ipso-iure"-Aufrechnung mehr praktiziert, sondern andere Auslegungen verfolgt.

de jedoch beibehalten, so dass es zur heute geltenden Aufrechnung nach den §§ 387 ff. BGB kam[987].

b) Privatautonomie der modernen Aufrechnung

Die moderne Aufrechnung baut alleine auf dem Willen einer der Parteien auf und setzt zwingend eine rechtsgestaltende Aufrechnungserklärung voraus[988]. Es handelt sich somit um ein Modell der privatautonomen Aufrechnung. Privatautonomie ist dabei

> *„das Prinzip der Selbstgestaltung der Rechtsverhältnisse durch den einzelnen nach eigenem Willen“*[989].

Diese Privatautonomie kann allerdings nur im Rahmen des geltenden Rechts ausgeübt werden[990]. Das bedeutet, dass die Privatautonomie immer dort endet, wo indisponibles geltendes Recht entgegensteht. Von der Privatautonomie sind dabei nicht nur rechtsgeschäftliche Verträge umfasst. Auch einseitige Rechtsgeschäfte werden hierunter gefasst, sofern diese nur den eigenen Bereich des Gestaltenden betreffen[991]. Mit der zunehmend liberalen Haltung der Gesellschaft, mit diesem politischen, aber auch wirtschaftlichen Liberalismus hat der Gedanke der Privatautonomie in der Rechtswissenschaft immer mehr an Bedeutung gewonnen[992]. Diese Entwicklung wäre nicht möglich gewesen, hätten sich nicht die Gedanken eines säkularisierten, rationalen Naturrechts durchgesetzt. Nach diesem ist die Vernunft der Menschen die Basis ihres Handelns[993].

---

987 Siehe hierzu die Bilanz in HKK 2007 – §§ 305-432, §§ 387-396, Rn. 71.

988 Daneben ist freilich stets auch ein Aufrechnungsvertrag möglich, der auf einem Willensentschluss beider Parteien beruht. Der gesetzlichen Konstellation entspricht dies aber nicht.

989 So griffig hat es jedenfalls Flume in Flume 1960 – Rechtsgeschäft und Privatautonomie, S. 136 beschrieben. Auf Flume geht auch der Satz *„stat pro ratione voluntas“* zurück, also *„Es gilt der freie Wille ungeachtet seiner Vernünftigkeit“*. Hiermit beschreibt Flume insofern das Wesen der Privatautonomie, als er dem freien Willen oberste Priorität einräumt, Flume 1960 – Rechtsgeschäft und Privatautonomie, S. 141.

990 Flume 1960 – Rechtsgeschäft und Privatautonomie, S. 137

991 Flume 1960 – Rechtsgeschäft und Privatautonomie, S. 142, der als Paradigma für eine privatautonome einseitige Gestaltung das Testament nennt.

992 Raiser 1958 – Vertragsfreiheit, S. 2. Eine andere Ansicht vertritt Flume. Er will keinen Zusammenhang zwischen dem Prinzip der Privatautonomie und dem Liberalismus des 19. Jahrhunderts erkennen, vgl., Flume 1960 – Rechtsgeschäft und Privatautonomie, S. 145.

993 Raiser 1958 – Vertragsfreiheit, S. 2

Zwar hat die einseitige Aufrechnung nach §§ 387 ff. BGB zwingend die Konsequenz, dass aufgrund der privatautonomen Willensentscheidung der einen Seite der anderen Seite etwas aufgedrängt wird, was diese unter Umständen nicht will[994]. Allerdings handelt es sich bei der Aufrechnung und der Wirkung der §§ 388, 389 BGB nicht um eine wirkliche Zwangssituation. Die Aufrechnungslage setzt gerade voraus, dass die Parteien immer gleichzeitig Gläubiger und Schuldner der anderen sind. Der Aufrechnende macht mit der Aufrechnungserklärung also lediglich die Forderung geltend, die ihm sein Schuldner ohnehin hätte bezahlen müssen. Dies gilt zunächst unabhängig davon, dass auch dem Schuldner eine Forderung zusteht. Hinzu kommt, dass der Schuldner seinerseits seine Forderung gegen die des Aufrechnenden aufrechnen und damit seine Dispositionsbefugnis ausüben hätte können[995]. Rechtlich stellt die Aufrechnung somit lediglich einen Ausgleich zweier offener Forderungen dar. Die Parteien der Aufrechnung verlieren also nicht wirklich etwas[996]. Eine echte Zwangslage ist somit für den Aufrechnungsgegner nicht zu erkennen. Im Ergebnis handelt es sich bei der Aufrechnung mithin um ein willensgesteuertes Gestaltungsrecht. Als solches kann es von den Parteien ausgeübt werden, muss es aber nicht.

Vor der Aufrechnungserklärung stehen sich die Forderungen zwar nicht völlig isoliert gegenüber[997]. Mangels einer Willenserklärung kommt es aber noch zu keiner Bestandsänderung. Die Parteien können also noch anderweitig privatautonom über ihre Forderungen verfügen. An sich könnten beide Parteien unabhängig voneinander die Aufrechnung erklären. Allerdings ist dabei zu berücksichtigen, dass dann nur die erste Aufrechnungserklärung die Wirkung des § 389 BGB hervorrufen kann. Mit dieser Erklärung sind die gegenseitigen Forderungen erloschen. Eine zweite Aufrechnungserklärung muss somit ins Leere gehen. Dies ändert dabei jedoch nichts an dem privatautonomen Charakter der Aufrechnung.

---

994 Bei der Privatautonomie im Vertragsrecht schließen sich Privatautonomie und Zwang gegenseitig aus, vgl. Flume 1960 – Rechtsgeschäft und Privatautonomie, S. 143.

995 Dies gilt uneingeschränkt, wenn beide Forderungen fällig und durchsetzbar sind. Ist allerdings erst eine Forderung fällig, kann nur deren Inhaber die Aufrechnung erklären, vgl. nur MünchKomm BGB 2007 – §§ 241-432, § 387, Rn. 36 und Rn. 38.

996 Jedenfalls tritt kein wertmäßiger Verlust ein. Allerdings kann insofern ein Nachteil entstehen, als der Aufrechnungsgegner über seine Hauptforderung nicht mehr anderweitig disponieren kann.

997 Es handelt sich um ein *„Vertrauensverhältnis auf Erledigung durch Aufrechnung“*, vgl. Fn. 136/137.

c) Gestaltungsrecht und Dispositionsfreiheit

Eine Voraussetzung dieses privatautonomen Charakters der Aufrechnung liegt dabei schon in deren methodischer Ausgestaltung. Hiernach entstehen die gegenseitigen Forderungen zunächst voll und erlöschen dann durch die Ausübung eines Gestaltungsrechts[998]. Der Aufrechnende hat es also in der Hand, nach seinem Willen die Rechtslage, bzw. das Erlöschen der Forderungen zu gestalten.

Bei den anderen untersuchten Verknüpfungsphänomenen wird der gegenläufige Sachverhalt stets im Rahmen des Entstehens einer Forderung abgehandelt. Es gelangt mithin nur ein Anspruch zur Entstehung. Dispositionsbefugnis kann in diesen Fällen also nur der Inhaber dieser Forderung haben, nicht aber ein Dritter[999]. Allerdings kann sich diese Dispositionsbefugnis nur auf den entstandenen Anspruch als solches beziehen. Über die Berücksichtigung des gegenläufigen Sachverhalts kann selbst der Forderungsinhaber nicht disponieren. Bei der Aufrechnung hingegen können beide Parteien vor dem Eintritt der Wirkung frei über ihre Forderungen verfügen. Auch die Auslösung, bzw. der Verzicht auf die Auslösung unterliegt der privatautonomen Entscheidung der Parteien. Durch diese methodische Ausgestaltung wird gewährleistet, dass einmal entstandene Forderungen inhaltlich nicht mehr verändert, bzw. den Inhabern aberkannt werden können. Durch die Aufrechnung kommt es zwar zu einem materiellrechtlichen Erlöschen. Dieses Erlöschen ist jedoch nicht anders zu beurteilen, wie das Erlöschen kraft Erfüllung nach § 362 Abs. 1 BGB. Methodisch und dogmatisch ist es jedoch völlig unterschiedlich zu der Konstruktion der anderen Verknüpfungsphänomene[1000].

Im Ergebnis zeigt sich somit, dass eine privatautonome Aufrechnung nur möglich ist, wenn die Aufrechnung in Form eines Gestaltungsrechts existiert. Bei einem Automatismus bestünde diese Möglichkeit nicht. In dem Wunsch, frei über bestehende Forderungen disponieren zu können, ist also ein Grund für die Durchsetzung der Aufrechnung als Gestaltungsrecht zu sehen.

998 Zu dieser Wirkungsweise siehe bereits oben C, III, 2, c).

999 Dies ist also bei Mitverschulden und Vorteilsausgleichung der schadensersatzberechtigte Geschädigte und bei der Saldotheorie der seinerseits entreicherte Kondiktionsgläubiger.

1000 Hier geht es um ein Erlöschen, dort um die Inhaltsbestimmung eines Anspruchs im Rahmen dessen Entstehens.

2. Aufrechnung als Instrument des Handelsverkehrs

Die Aufrechnung unterscheidet sich also von den anderen Verknüpfungsphänomenen dadurch, dass sie als Gestaltungsrecht eine Ausprägung der Privatautonomie darstellt. Die Dispositionsfreiheit der beiden Forderungsinhaber resultiert dabei aus dem Umstand, dass die Aufrechnung ein Erfüllungssurrogat bildet und zu einem willentlich ausgelösten Erlöschen der Forderungen führt. Das Streben nach einer solchen, im Einklang mit der Privatautonomie stehenden Lösung, führte im Ergebnis zu einer Aufgabe der Automatismus-Lösung. Vielmehr verstand man die Aufrechnung nunmehr als willensgesteuertes Gestaltungsrecht.

Insbesondere im Handelsverkehr war und ist es für die Kaufleute[1001] von großer Bedeutung, über die bestehenden Forderungen frei disponieren zu können. Vor diesem Hintergrund gilt es im Folgenden, anhand der handelsrechtlichen Aufrechnung die aufgestellte These[1002] zu bekräftigen. Dabei ist auch darzustellen, inwiefern eine Verbindung zwischen dem Wunsch der Kaufleute nach Dispositionsfreiheit und der Entwicklung der Aufrechnung als Gestaltungsrecht nachzuweisen ist.

a) Rolle der Aufrechnung im Handelsverkehr

Das Handelsrecht ist zwar ein eigenständiges Rechtsgebiet. Dennoch stellt es ein Teilgebiet des Bürgerlichen Rechts dar. Das Handelsrecht baut somit auf den sonstigen Regeln des Bürgerlichen Rechts auf, insbesondere betreffend die Regeln des Vertrags- und insgesamt des Schuldrechts. Zusätzlich beinhaltet es Spezialregelungen, die nur die Belange des Handelsverkehrs betreffen[1003]. Bereits im 19. Jahrhundert stellte das Handelsrecht ein wichtiges Sonderprivatrecht

---

1001 Der Kaufmanns-Begriff ist hier aber nicht streng im Sinne der §§ 1 ff. HGB zu verstehen. Vielmehr gelten diese Ausführungen auch für alle, die sich wie Kaufleute am Rechtsverkehr beteiligen, ohne nach handelsrechtlichen Vorschriften Kaufleute zu sein.

1002 Die These also, dass der Wunsch nach einer in der freien Disposition der Parteien stehenden Aufrechnung zur deren Ausprägung als Gestaltungsrecht führte.

1003 Zu dieser Abgrenzung des Handelsrechts vom sonstigen Privatrecht siehe Baumbach/Hopt 2008 – Kommentar HGB, Einl. v. § 1, Rn. 1-3. Siehe hierzu auch schon Cosack 1900 – Handelsrecht, S. 3. Insgesamt ist das Handelsrecht darauf abgestimmt, dass der Kaufmann als solches mehr Erfahrung aufweist und deshalb weniger schutzwürdig ist, als der Verbraucher. Im Gegenzug erhält der Kaufmann schnelle und pragmatische Lösungen, vgl. hierzu Koller/Roth 2007 – Kommentar HGB, Einleitung vor § 1, Rn. 5/6.

für Kaufleute dar[1004]. Zu dieser Zeit gab es ein einheitliches Zivilrecht in den deutschen Ländern noch nicht. Deshalb musste auch bei oftmals länderübergreifenden Handelsgeschäften auf die vorhandenen einzelstaatlichen Kodifikationen, bzw. auf die Regeln des gemeinen Rechts zurückgegriffen werden[1005]. Mit der Entwicklung des modernen Handels konnten diese Regularien jedoch nicht standhalten. Aufgrund dessen wurde zur Wahrung der handelsrechtlichen Rechtseinheit bereits 1861, also noch vor der Reichsgründung, ein Allgemeines Deutsches Handelsgesetzbuch (ADHGB) geschaffen[1006]. Dieses ADHGB wurde 1897 durch das Handelsgesetzbuch (HGB) abgelöst, welches nach mehrfacher Überarbeitung noch heute in Kraft ist[1007].

Da das ADHGB die erste deutsche zivilrechtliche Kodifikation war und beinahe vierzig Jahre vor dem BGB in Kraft trat, konnte hinsichtlich der rechtlichen Grundlagen noch nicht auf ein anderes Gesetz zurückgegriffen werden. Diese Grundlagen wurden somit dem Kanon der existierenden einzelstaatlichen Kodifikationen und sonstigen überlieferten Rechtssätzen entnommen, der zu dieser Zeit in Deutschland vorhanden war.

Speziell im Hinblick auf die Aufrechnung ist dabei auffällig, dass das ADHGB sowohl den Begriff der Kompensation[1008], als auch den der Aufrechnung[1009] an verschiedenen Stellen wie selbstverständlich verwendet, obschon es um 1860

1004 Freilich begann diese Entwicklung nicht erst im 19. Jahrhundert. Das Recht des Handelsverkehrs spielt eine Rolle, seitdem es einen ausgeprägten Handelsverkehr gibt. Neu im 19. Jahrhundert war die Idee der Kodifikation eines einheitlichen deutschen Handelsrechts.

1005 Einen frühen, aber guten Überblick über die Entwicklung, sowie die historischen Quellen des Handelsrechts bietet Cosack 1900 – Handelsrecht, S. 4 ff.

1006 Dieses ADHGB wurde in der Folgezeit von nahezu allen deutschen Ländern in Kraft gesetzt. Ab der Reichsgründung 1871 wurde es zum Reichsgesetz erhoben. Einen ausführlichen Blick auf die Kodifikation des ADHGB bietet Müller 2005 – Deutscher Bund und deutsche Nation, S. 412–418.

1007 Jedoch ist auch zwischen dem ADHGB und dem HGB 1897 eine deutliche Kontinuität zu erkennen, vgl. nur Baumbach/Hopt 2008 – Kommentar HGB, Einleitung vor § 1, Rn. 9.

1008 Siehe nur Art. 121 Halbsatz 1 ADHGB. Vgl. unten Fn. 1012.

1009 Siehe nur Art. 94 Abs. 2 S. 2 ADHGB: *„Er (der Gesellschafter) kann gegen diesen Schaden nicht die Vortheile aufrechnen, welche er der Gesellschaft in anderen Fällen durch seinen Fleiß verschafft hat"*.

ein einheitlich verstandenes Institut der Aufrechnung noch nicht gab[1010]. Zwar enthält das ADHGB keine direkte Regelung dieses Rechtsinstitutes in der Weise, dass ähnlich den heutigen §§ 387 ff. BGB die Voraussetzungen und die Funktionsweise der Aufrechnung festgelegt worden wären[1011]. Jedoch wird in verschiedenen Normen des ADHGB auf die Kompensation Bezug genommen, bzw. werden handelsrechtliche Sonderregelungen betreffend die Aufrechnung aufgestellt[1012]. An dieser Verwendung der Aufrechnung im ADHGB ist zu erkennen, dass die Aufrechnung im Handelsverkehr offensichtlich praktiziert wurde. Andernfalls wäre die selbstverständliche Verwendung dieses Rechtsinstituts kaum zu rechtfertigen. Dies erklärt sich daraus, dass gerade in den Rechtsbeziehungen zwischen Kaufleuten, die untereinander Waren kaufen und weiterverkaufen, die Konstellation einer Aufrechnungslage überaus häufig vorkommen kann[1013]. In dieser Situation war und ist es für die Kaufleute nicht entscheidend, wie die Aufrechnung methodisch korrekt zu verstehen ist. Vielmehr waren diese Kaufleute darauf bedacht, schnelle und praktikable Lösungen zu finden, die gleichzeitig buchhalterisch[1014] gut zu erfassen waren. Die primäre Aufgabe des Handelsrechts ist es demnach auch, solche schnellen und greifbaren Lösungen für typische Fallkonstellationen des Handelsverkehrs zu bieten[1015]. Vor die-

---

1010 Freilich war anerkannt, dass bei zwei gegenüberstehenden Forderungen die geschuldeten Leistungen nicht jeweils gegeneinander ausgetauscht werden müssen. Uneinig war sich die Wissenschaft jedoch, wie genau dieses Ziel erreicht werden sollte.

1011 Eine solche Festlegung konnte dabei auch nicht Aufgabe des Handelsrechts sein, vielmehr war auch hier auf die theoretischen Ausarbeitungen der Rechtspraxis abzustellen.

1012 So etwa in Art. 94 ADHGB, Art. 121 ADHGB und Art. 169 ADHGB. Besonders hervorzuheben ist dabei Art. 121 Halbsatz 1 ADHGB: *„Eine Kompensation zwischen Forderungen der Gesellschaft und Privatforderungen des Gesellschaftsschuldners gegen einen einzelnen Gesellschafter findet während der Dauer der Gesellschaft weder ganz noch theilweise statt"*. Bemerkenswert ist diese Norm insofern, als es zur Zeit der Kodifikation des ADHGB eben gerade das BGB noch nicht gab. Damit existierten auch noch keine Regelungen über die Gesamthandsgemeinschaft. Somit bedurfte es eines expliziten Hinweises, dass das Gesellschaftsvermögen nicht identisch war mit dem Privatvermögen des Gesellschafters. Mit der Einführung des BGB konnte diese Norm entfallen, da nun anhand der §§ 705 ff. BGB und insbesondere § 719 Abs. 2 BGB dieser Fall geregelt wurde; vgl. hierzu Schubert/Schmiedel 1988 – HGB 1897 Quellen II 2, S. 1024.

1013 So sah das bereits Endemann, der darauf abstellte, dass es im Handelsverkehr stets um Geld und damit um gleichartige Gegenstände gehe, vgl. Endemann 1868 – Handelsrecht, S. 630.

1014 Eine der wichtigsten Errungenschaften des Handelsrechts war die Pflicht für Kaufleute zu einer kaufmännischen Buchführung nach eigens hierfür aufgestellten Regeln, vgl. hierzu Goldschmidt 1892 – Handelsrecht, S. 107 ff.

1015 Zu diesem Grundgedanken des HGB siehe MünchKomm HGB 2005 – §§ 1-104, Vorb. z. § 1, Rn. 38.

sem Hintergrund entwickelte sich die Aufrechnung zu einem wichtigen Instrument zur Vereinfachung des Zahlungsverkehrs.

b) Handelsrechtliche Praxis

Auch die Rechtsprechung des 19. Jahrhunderts und insbesondere das Reichsoberhandelsgericht[1016] wendete das Institut der Aufrechnung wie selbstverständlich an[1017]. Dabei suchte die Rechtsprechung abseits der theoretischen Diskussion praktikable Lösungen und behandelte die Aufrechnung als Gestaltungsrecht, das der Ausübung durch eine Partei bedurfte[1018]. Diese Lösung erfand die Rechtsprechung dabei nicht selbst. Vielmehr bildete sie die Praxis im Handelsverkehr nach, nach der die Aufrechnung als Gestaltungsrecht angesehen wurde[1019].

In der wissenschaftlichen Bearbeitung des Handelsrechts wurde diese Methodik noch nicht so deutlich herausgestellt, wie es angesichts der Rechtspraxis zu vermuten gewesen wäre. Die Formulierungen zur Wirkung der Aufrechnung sind meist vage gehalten, so dass sie sowohl in die eine, als auch in die andere Richtung gelesen werden können. Trotzdem ist relativ klar eine Tendenz dahingehend zu erkennen, für die Aufrechnung eine Gestaltungserklärung zu verlangen.

Gad schreibt beispielsweise 1863 in seinem Handbuch zum Handelsrecht:

> *„So lange bis die Abrechnung stattfindet, steht in dem Buche eines Jeden auf dem Konto des Anderen Forderung und Schuld unausgeglichen gegenüber. Die Abrechnung ist erst vollendet, wenn in beiden Büchern der Strich gezogen ist /.../. Hiermit ist nicht gesagt, daß*

1016 Das Reichsoberhandelsgericht wurde 1869 als oberste Instanz für Handelssachen geschaffen und bestand bis zu seiner Ablösung 1877 durch das Reichsgericht. Somit brachte es in den Jahren vor und nach der Reichsgründung die erste reichseinheitliche Rechtsprechung.

1017 Vgl. nur ROHGE (1873) 10, 165 [167/168], wo klargestellt wird, dass „ipso iure" nur die Rückwirkung der Aufrechnung betreffe, ansonsten aber eine Erklärung erforderlich sei; ROHGE (1875) 16, 353 [355], wo darauf hingewiesen wird, dass durch das Berufen auf die Aufrechnung deren Wirkung ausgelöst wird; ROHGE (1875) 19, 76 [77], wo ausdrücklich eine einseitige Aufrechnungserklärung gebilligt wird. Siehe auch Fn. 98.

1018 HKK 2007 – §§ 305-432, §§ 387-396, Rn. 13

1019 Hier zeigt sich für die Aufrechnung bestätigt, was Cosack insgesamt mutmaßte: *„Das Handelsrecht hatte als „Pionier" die Bahn für moderne Rechtsgedanken gebrochen, und in die so freigelegte Bahn trat nun auch das bürgerliche Recht ein"*, siehe Cosack 1900 – Handelsrecht, S. 8.

Kompensation nicht auch bei ungebuchten Forderungen stattfinde /.../. Die Abrechnung darf nach allen Gesetzen erzwungen werden. Ist sie geschehen, so ist damit ein bereits bestehendes thatsächliches Verhältniß anerkannt, wonach die beiderseitigen Forderungen, soweit sie einander decken, sich in dem Zeitpunkte aufwogen, an welchem ihre Fälligkeit zusammentraf“[1020].

Hier sprechen auf der einen Seite die Formulierungen „Stattfinden“ und „Erzwingen“ der Abrechnung“ für das Erfordernis einer Parteierklärung. Insbesondere der Hinweis darauf, dass sich die Forderungen bis zum Stattfinden der Abrechnung unausgeglichen gegenüberstehen, lässt darauf schließen, dass die Aufrechnung nicht als Automatismus verstanden wird. Andernfalls würde das Erlöschen unmittelbar mit dem Gegenüberstehen eintreten.

Auf der anderen Seite könnte der Hinweis auf die Kompensation bei ungebuchten Forderungen eher auf eine „ipso-iure“-Wirkung hinweisen. Hier sollen die Besonderheiten der kaufmännischen Buchhaltung gerade nicht gelten. Insgesamt liegt der stärkere Fokus jedoch auf der Aufrechnung als willensgesteuertes Rechtsgeschäft[1021].

In der Zeit nach der Einführung des ADHGB ist insofern eine Entwicklung zu vermerken, als nun auch in der Literatur die Hinweise deutlicher auf die Aufrechnung als Gestaltungsrecht zeigen. So forderte etwa Hahn in seinem Lehrbuch über das Handelsrecht explizit das „Aussprechen“ der Aufrechnung:

„Es kann also der Gläubiger zur Hinnahme an Zahlungsstatt unter dieser Voraussetzung gezwungen werden. Allein vorausgesetzt wird:

1020 Gad 1863 – Handelsrecht, S. 110/111

1021 Hierfür spricht auch die Stelle: *„Eine Verbindlichkeit kann nur einmal aufgehoben werden. Ob dies durch ausdrückliche Verabredung, oder durch eine nicht minder in dem Willen der Betheiligten liegende Zahlung, Annahme an Zahlungsstatt, Kompensation geschieht, macht keinen Unterschied /.../“*; Gad 1863 – Handelsrecht, S. 139. Auch beim Zurückbehaltungsrecht macht Gad die Verwandtschaft zur Kompensation deutlich, verweist aber darauf, dass dieses Zurückbehaltungsrecht ausgeübt werden müsse, Gad 1863 – Handelsrecht, S. 193/194. Allerdings wird stellenweise die Aufrechnung auch mit „ipso-iure“-Wirkung dargestellt, beispielsweise in dem Fall dass der Verkäufer einer Ware gleichzeitig der Käufer ist: *„In diesem Fall haben sich die Kontrahenten gegenseitig dieselbe Waare zu liefern (Riscontro). Die Ausführung ist unmöglich, weil Jeder die Waare erst vom Anderen erwartet. Die beiderseitige Lieferungspflicht wird kompensiert; auch Kaufpreis gegen Kaufpreis bis auf den Unterschied“*, Gad 1863 – Handelsrecht, S. 258.

1) daß nicht auf Kompensation verzichtet ist; 2) daß, wenn sie geltend gemacht werden will, diese Absicht auch ausgesprochen wird, wenn auch erst später"[1022].

Hahn setzt dabei zunächst die Möglichkeit voraus, dass die Forderungsinhaber auf die Kompensation verzichten konnten. Hierfür ist aber Voraussetzung, dass die Forderungen auch nach ihrem Gegenüberstehen, also nach Eintritt der Aufrechnungslage, noch in der Disposition der Parteien stehen. Dies spricht deutlich gegen eine automatische Aufrechnung. Ferner hält Hahn es für erforderlich, dass der Aufrechnungswille erklärt wird. Eine solche Erklärung macht dabei nur dann Sinn, wenn erst durch sie rechtlich die Wirkungen der Aufrechnung herbeigeführt werden[1023]. Würden die Forderungen schon durch einen Automatismus zur Erlöschung gelangen, so wäre dies von einer Absichtserklärung der Parteien unabhängig. Hieraus wird deutlich, dass sich die Praxis des Handelsverkehrs von einer „ipso-iure"-Wirkung der Aufrechnung bereits abgewandt hatte. Diese Entwicklung wurde durch die Rechtsprechung ausdrücklich gebilligt. Durch das Erfordernis einer einseitigen Erklärung, um die Wirkungen der Aufrechnung herbeizuführen, bleiben die Forderungen der Disposition der Handelsparteien erhalten[1024]. Dadurch wird dem Bedürfnis des Handelsverkehrs nach Dispositionsfreiheit Rechnung getragen.

c) Aufrechnungserklärung und handelsrechtliche Dispositionsfreiheit

Abschließend ist noch der Zusammenhang zwischen der Wahrung der Dispositionsfreiheit und der Aufrechnung als Gestaltungsrecht zu klären[1025]. Für den Handelsverkehr ist es wichtig, einfache Lösungen für die Rechtsfragen zu fin-

---

1022 Hahn 1869-1875 – Handelsrecht, S. 321. Zwar schreibt Hahn im vorhergehenden Satz: *„Die Kompensation tritt ein von Rechtswegen mit dem Zeitpunkt, in welchem beide Forderungen als zur Kompensation geeignet sich gegenüber stehen"*. Dies ist jedoch nicht als Hinweis auf eine „ipso-iure"-Wirkung zu verstehen, sondern im Zusammenhang mit dem Erfordernis einer Mitteilung der Aufrechnung eher als Darstellung der Rückwirkung.

1023 In diese Richtung auch Endemann: *„Eben weil der freie Wille die Ursache der Ausgleichung, /.../, bildet, muß derselbe geäußert sein"*, vgl. Endemann 1868 – Handelsrecht, S. 631.

1024 Zur Disponibilität bei der Aufrechnung siehe bereits oben B, I, 3.

1025 Wie bereits gezeigt, besteht ein Grund für diese Ausgestaltung schon in dem Umstand, dass es sich bei der Aufrechnung im Gegensatz zu den anderen Verknüpfungsphänomenen nicht um ein Billigkeitsinstrument handelt, siehe D, I, 3. Hier soll es auf die Argumentation im Hinblick auf die Dispositionsfreiheit ankommen.

den, die im Zusammenhang mit Handelsgeschäften auftauchen können[1026]. Relevant ist dabei aber auch, dass die Kaufleute Einfluss auf das Schicksal ihrer Forderungen nehmen können.

Prima Facie scheint dabei ein „ipso-iure"-Automatismus bei der Aufrechnung eher geeignet zu sein, eine schnelle Lösung herbeizuführen. Sobald sich zwei Forderungen gegenüberstehen, kommt es zum Erlöschen, ohne dass es eines Zutuns der Kaufleute bedürfte. Es existiert bei dieser Konstruktion somit keine Schwebezeit in Form einer Aufrechnungslage, in welcher noch nicht hinreichend klar ist, ob eine Aufrechnung stattfindet, oder nicht. Die Gewissheit besteht vielmehr in dem Moment, in dem die Forderungen erstmals aufrechenbar gegenüberstehen. Eine schnellere Lösung ist demnach kaum denkbar. Allerdings bringt ein solcher Automatismus neben der schnellen Klärung der Rechtslage den Nachteil mit sich, dass die Kaufleute die Auslösung der Aufrechnung nicht selbst in der Hand haben. Eine „ipso-iure"-Lösung ist mithin konstruktionsbedingt der Dispositionsfreiheit der Kaufleute entzogen.

Seit jeher ist unter Kaufleuten die Möglichkeit eines Aufrechnungsvertrages anerkannt[1027]. Ein solcher ist im Handelsverkehr zwischen Kaufleuten[1028] sogar regelmäßig in Form eines Kontokorrentvertrages zu finden[1029]. Bei einem Kontokorrentvertrag[1030] vereinbaren die Parteien im Wege einer antizipierten Verrechnungserklärung, dass die gegenseitigen Forderungen aus einer längerfristi-

---

1026 Im Handelsverkehr zählt noch mehr der Grundsatz, dass es auf das Ergebnis ankommt und nicht auf den Weg, vgl. hierzu schon oben C, III, 1. Vgl. auch schon Fn. 1003.

1027 Solche Kontokorrentverträge waren bereits im 15. Jahrhundert bekannt, also lange vor der Diskussion des 19. Jahrhunderts um die Methodik der Aufrechnung. Zur historischen Entwicklung des Kontokorrents siehe ausführlich Prausnitz 1928 – Forderungsverrechnung, S. 81 ff. Einher mit der Entwicklung des Kontokorrents ging auch die Entwicklung der kaufmännischen Buchführung. Nur so konnte die ordnungsgemäße Abwicklung der beiderseitigen Zahlungspflichten gewährleistet werden, vgl. Prausnitz 1928 – Forderungsverrechnung, S. 106.

1028 Nach dem heute geltenden § 355 Abs. 1 HGB, bzw. dessen Vorgänger § 355 Abs. 1 HGB 1897 muss nur noch eine Partei Kaufmann sein. Art. 291 Abs. 1 ADHGB hingegen verlangte noch das Gegenüberstehen zweier Kaufleute. Zu dieser Änderung siehe Schubert/Schmiedel 1987 – HGB 1897 Quellen II 1, S. 184.

1029 Zu unterscheiden sind dabei das „normale" Kontokorrent vom sog. Staffelkontokorrent, bei dem die Verrechnung der Forderungen bereits im Zeitpunkt der Einstellung erfolgt, vgl. Baumbach/Hopt 2008 – Kommentar HGB, § 355, Rn. 8. Siehe zum Staffelkontokorrent auch schon Mohr 1902 – Kontokorrentverkehr, S. 11 ff.

1030 Vgl. hierzu schon Art. 291 Abs. 1 ADHGB, bzw. § 355 Abs. 1 HGB.

gen Geschäftsbeziehung nicht jeweils für sich verrechnet werden sollen. Vielmehr sollen diese Forderungen in eine Gesamtabrechnung eingestellt werden. Nach Ablauf einer vorher ebenfalls durch die Parteien festgelegten Periode führt dieses Kontokorrent automatisch zu einer Verrechnung der eingestellten Forderungen[1031]. Am Ende dieser Periode bleibt demnach nur noch eine Saldoforderung übrig[1032]. Mit einer derartigen Parteivereinbarung konnten und können die Kaufleute eine Lösung zur Aufrechnung jenseits der gesetzlichen oder wissenschaftlichen Methodik begründen.

Im Ergebnis handelt es sich auch beim Kontokorrent um ein Verknüpfungsphänomen. Schließlich wirken auch hier zwei gegenläufige Sachverhalte auf einen Anspruch ein. Allerdings passt das Kontokorrent nicht in den hier angelegten Vergleich. Im Gegensatz zu den untersuchten Rechtsinstituten stellt der Kontokorrentvertrag eine von den Parteien bewusst getroffene vertragliche Regelung abseits der bestehenden Regelungen dar. Ein solcher Vertrag ist Ausübung der Privatautonomie. Die Möglichkeit eines solchen Aufrechnungsvertrages kann dabei nur gegeben sein, wenn den Parteien die anderweitige Disposition über ihre Forderungen zugestanden wird. Voraussetzung eines Kontokorrents ist mithin die Zugehörigkeit der entstandenen Forderungen zum disponiblen Vermögen der Kaufleute. Diese muss auch noch zu einem Zeitpunkt gelten, zu dem an sich schon eine Aufrechnungslage gegeben ist[1033]. Bei einem Automatismus erlöschen die Forderungen alsbald, so dass sie dann nicht mehr zum Vermögen der Kaufleute gezählt werden können. Ein Automatismus würde somit im Ergebnis einen Kontokorrentvertrag verhindern. Vor diesem Hintergrund wird deutlich, dass der Kontokorrentvertrag nur denkbar ist, wenn die Forderungen nicht au-

---

1031 Wird eine Abrechnungsperiode nicht festgelegt, beträgt diese nach § 355 Abs. 2 HGB (siehe auch Art. 291 Abs. 2 ADHGB) ein Jahr.

1032 Zu dieser Definition heute Baumbach/Hopt 2008 – Kommentar HGB, § 355, Rn. 1 ff. Zur historischen Behandlung siehe Goldschmidt 1892 – Handelsrecht, S. 205 ff. Die Begründung zum ersten Entwurf für das neue HGB 1897 definierte das Kontokorrent wie folgt: *„Die Kontokurrentverbindung besteht in einem vertragsmäßigen Abrechnungsverhältnisse, vermöge dessen die Gesammtsummen der beiderseitigen Leistungen aus der Geschäftsverbindung in bestimmten Zeitabschnitten unter rechtsverbindlicher Anerkennung des Saldos ausgeglichen werden; sein Zweck ist, die aus einem dauernden Geschäftsverkehre sich ergebenden Beziehungen zu vereinfachen und die Vielheit der gegenseitigen Ansprüche und Leistungen durch periodische Feststellung eines einzigen Forderungspostens zu ersetzen"*, vgl. Schubert/Schmiedel 1987 – HGB 1897 Quellen II 1, S. 181/182. Vgl. zu den Unterschieden des Kontokorrentvertrages im ADHGB und im HGB 1897 Mohr 1902 – Kontokorrentverkehr.

1033 Denkbar ist die Vereinbarung, dass auch bereits entstandene Forderungen in ein Kontokorrent eingestellt werden sollen.

tomatisch erlöschen. Vielmehr bedarf es der Dispositionsfreiheit der Kaufleute über ihre Forderungen, auch nach Eintreten einer Aufrechnungslage. Gerade hieran erkennt man die Bedeutung der Dispositionsfreiheit im Handelsverkehr.

Eine automatische Wirkungsweise der Aufrechnung kann sich für die Kaufleute sogar negativ auswirken. Zwar erfolgt durch den Automatismus keine wirtschaftliche Schlechterstellung. Der Aufrechnungsgegner wird ja gleichzeitig mit dem Verlust seiner Forderung in entsprechender Höhe von seiner Schuld befreit. Gerade wenn aber Kaufleute bewusst keine Kontokorrentabrede getroffen haben, würde ein Automatismus diesen Wunsch konterkarieren[1034]. Die Parteien wollten in einem solchen Fall gerade keine gesammelte automatische Abrechnung aller gegenseitigen Forderungen. Diese bewusst getroffene Entscheidung würde dann dazu führen, dass es im Folgenden zu einer Aufrechnung ohne Rücksicht auf den Willen der Parteien käme.

Ein Forderungsinhaber kann aus vielfachen Gründen[1035] ein Interesse daran haben, keine Aufrechnung durchzuführen, sondern seine Forderung gegen seinen Gläubiger zu behalten[1036]. Im Falle eines Automatismus könnte dieses Interesse nicht berücksichtigt werden. Bei einem Gestaltungsrecht hingegen besteht die Möglichkeit, trotz an sich bestehender Aufrechnungslage nicht aufzurechnen. Vielmehr kann der Schuldner hier seine Schuld bei der Gegenseite anderweitig erfüllen[1037]. Diese Möglichkeit resultiert aus der Methodik des Gestaltungsrechts. Dieses entfaltet erst dann materiellrechtliche Wirkung, wenn es tatsächlich ausgeübt wird. Bis zu diesem Zeitpunkt behalten die Parteien jedoch die volle Dispositionsfreiheit über ihre Forderungen. Ausdruck der Privatautonomie ist dabei nicht lediglich die Vorgabe, dass Verträge grundsätzlich beliebig geschlossen werden können[1038]. Auch fällt hierunter, dass ein Forderungsinhaber mit den ihm zustehenden Forderungen nach Belieben verfahren kann. Sind also

---

1034 Es käme dann zwar nicht zu einer periodischen Verrechnung im Wege des Kontokorrents. Die Forderungen würden aber trotzdem ohne Einwirkungsmöglichkeit der Inhaber automatisch erlöschen.

1035 Ein solcher Grund kann etwa darin bestehen, dass der Kaufmann seine Forderung bewusst als Druckmittel gegen die andere Partei behalten möchte, oder aber bereits an einen Dritten abgetreten hat (etwa im Wege einer Globalzession).

1036 Zum Willenselement der Aufrechnung vgl. schon Endemann: *„Sonst hängt es von dem Willen des Schuldners ab, ob er die Forderung, die er hat, anstatt auf deren Zahlung zu bestehen, mit seiner Schuld, anstatt diese zu bezahlen, aufrechnen will"*, vgl. Endemann 1868 – Handelsrecht, S. 631.

1037 Etwa im Wege der Leistung, § 362 Abs. 1 BGB.

1038 Zu beachten sind dabei natürlich stets die Grenzen der §§ 134, 135, 138 BGB.

Forderungen bereits entstanden und inhaltlich bestimmt, muss eine Aufrechnungsmethode, die auf der Privatautonomie beruht und den Parteien die Dispositionsfreiheit über ihre Forderungen belässt, den Willen der Forderungsinhaber berücksichtigen. Ein Automatismus ist damit ausgeschlossen[1039].

3. Zwischenergebnis

Der vorstehende Teil hat gezeigt, dass die Kaufleute den Wunsch hatten, über ihre Forderungen auch nach Eintreten einer Aufrechnungslage disponieren zu können. Dies führte methodisch zu einem Ausschluss eines Aufrechnungs-Automatismus. Bei einem Automatismus kann der Wille der Parteien keinen Einfluss auf den Eintritt der Rechtsfolge haben. Vielmehr kommt es zu einer Verrechnung der gegensätzlichen Forderungen, ohne Rücksicht darauf, ob die Parteien dies wünschen. Dies hat zur Folge, dass mit dem Entstehen der zweiten Forderung beide Parteien ihre Dispositionsfreiheit über ihre Forderungen verlieren. Dieses Ergebnis ist im Hinblick darauf, dass es sich bei den Forderungen einer Person um deren Vermögen handelt, über das sie frei disponieren will, bedenklich und nicht wünschenswert. Dabei spielt keine Rolle, dass die Person nicht nur Gläubiger, sondern gleichzeitig auch Schuldner ist. Die Forderung ist jedenfalls ungeachtet der Gegenforderung Vermögensbestandteil.

Bei einem Gestaltungsrecht stellt sich diese Problematik nicht. Eine Wirkung entfaltet sich erst, wenn eine Partei von dem Gestaltungsrecht Gebrauch macht und die Aufrechnung erklärt. Bis zu diesem Zeitpunkt stehen die Forderungen unabhängig gegenüber. Durch die Aufrechnungslage verlieren die Parteien die Disposition über ihre Forderungen noch nicht. Diese Konstruktion hat gerade im Bereich des Handelsverkehrs eine große Bedeutung. Dort kommt es oftmals zu Aufrechnungslagen. Die Verrechnung der Forderungen ist dabei nicht immer das gewünschte Ziel der Parteien. Diesem Wunsch kann nur durch ein Gestaltungsrecht Rechnung getragen werden.

Auch konnte am Recht des Handelsverkehrs aufgezeigt werden, dass insgesamt der Dispositionsfreiheit über die Forderungen eine wichtige Rolle zukam. Selbst die vertragliche Ausgestaltung eines im Handelsverkehr üblichen Kontokorrents setzt voraus, dass die Parteien über ihre Forderungen disponieren können. Das Kontokorrent stellt im Prinzip nichts anderes dar, als eine antizipierte Verfügung

---

1039 Hierin liegt ein zentraler Unterschied zwischen einerseits der Aufrechnung und andererseits Mitverschulden, Saldotheorie und Vorteilsausgleichung; vgl. ausführlich oben C, III, 2, b) und c).

der Parteien über ihre im Rahmen der geschäftlichen Beziehung zukünftig entstehenden Forderungen. Die handelsrechtliche Rechtsprechung hat auch von Anfang an die Aufrechnung als Gestaltungsrecht behandelt[1040]. Insgesamt war im 19. Jahrhundert der Gedanke der Privatautonomie auf dem Vormarsch. Sein übriges zu dieser Entwicklung tat das Vordringen einer aufgeklärten und liberalen Haltung in der Gesellschaft dieser Zeit. Der menschliche Wille und sein rechtliches Pendant, die Privatautonomie, wurden immer mehr als Maximen auch der Rechtswissenschaft anerkannt. Dies hat auch die Kodifikation des BGB maßgeblich beeinflusst. Aus heutiger Sicht ist es deshalb nur konsequent, dass sich auch im Bereich der Aufrechnung eine Lösung durchsetzen konnte, welche die Dispositionsfreiheit der Parteien weitgehend berücksichtigen konnte

Bei den anderen untersuchten Verknüpfungsphänomenen Mitverschulden, Saldotheorie und Vorteilsausgleichung hingegen konnte die Dispositionsfreiheit der Parteien keine Rolle spielen. Hier geht es gerade nicht um das Schicksal zweier entstandener Forderungen, sondern um die Inhaltsbestimmung eines Anspruches. Somit war der Anwendungsbereich der Privatautonomie nicht eröffnet. Die beteiligten Parteien hatten jedenfalls hinsichtlich der anspruchsbegründenden Umstände keine Eingriffsmöglichkeit. Im Ergebnis ist also darin, dass die Aufrechnung den Parteien die Dispositionsfreiheit belässt, ein weiterer Grund für die unterschiedliche methodische Ausgestaltung zu sehen.

1040 Bei dieser Feststellung ist allerdings zu berücksichtigen, dass die früheste reichseinheitliche Rechtsprechung die des Reichsoberhandelsgerichts darstellt. Schon deshalb wurde die Aufrechnung zunächst nur in ihrem handelsrechtlichen Kontext behandelt.

III. Ergebnis

Im Ergebnis bleibt festzustellen, dass zwei Gründe für die unterschiedliche Ausgestaltung der Verknüpfungsphänomene existieren.

Ein Grund ist darin zu finden, dass die Verknüpfungsphänomene Mitverschulden, Saldotheorie und Vorteilsausgleichung jeweils Ausprägungen des Grundsatzes von Treu und Glauben nach § 242 BGB darstellen. Bei der Aufrechnung hingegen besteht für solche Billigkeitserwägungen kein Spielraum. Über § 242 BGB, bzw. über den dahinterstehenden Rechtsgedanken von Treu und Glauben ist es möglich, normativ korrigierend einzuwirken, wenn durch eine gesetzliche Konstellation für eine Partei eine unzumutbare Härte entstünde[1041]. Dies ist insbesondere bei den theoretischen Modellen der Saldotheorie und der Vorteilsausgleichung der Fall. Bei diesen werden nach der Rechtslage die eigene Entreicherung, bzw. der entstandene Vorteil nicht berücksichtigt. Beim Mitverschulden handelt es sich zwar um eine gesetzliche Regelung. Gleichwohl basiert diese auf dem Grundgedanken, dass es unbillig wäre, einen vollen Schadensersatzanspruch zu geben, obschon ein Mitverschulden vorliegt[1042]. Diese Billigkeitserwägungen müssen dabei dogmatisch bereits im Rahmen der Anspruchsentstehung Eingang finden. Ist ein Anspruch erst in einer bestimmten Höhe entstanden, kann dieser nachträglich nicht mehr inhaltlich abgeändert werden. Auch stellen diese Billigkeitserwägungen letztlich Fälle eines Ermessens dar. Diese Abwägungen müssen erfolgen, bevor ein Anspruch endgültig entsteht. Zuletzt müssen diese Billigkeitserwägungen auch automatisch bei der Anspruchsentstehung mitwirken. Es wäre nicht zu rechtfertigen, einerseits ein Ergebnis aus Gründen der Billigkeit abzuändern und es andererseits ins Ermessen der Parteien zu stellen, ob diese Abänderung tatsächlich stattfindet.

Bei der Aufrechnung hingegen kommen keine Billigkeitserwägungen zur Anwendung[1043]. Vielmehr stellt die Aufrechnung die nachträgliche Verrechnung zweier vollständig entstandener Ansprüche dar. Durch dieses Erfüllungssurrogat kommen die beiden Forderungen zum Erlöschen. Dieses Ergebnis ist nicht unbillig, da keine Partei bevorzugt wird. Es besteht deshalb kein Bedarf, die Aufrechnung methodisch im Entstehungsstadium einer Forderung automatisch erfolgen zu lassen.

1041 Siehe hierzu oben D, I, 1.
1042 Siehe hierzu oben D, I, 2, a).
1043 Siehe hierzu oben D, I, 3.

Der zweite Grund für die unterschiedliche Ausgestaltung liegt darin, dass es sich bei der Aufrechnung um ein Rechtsinstitut der Privatautonomie handelt[1044]. Im Gegenzug stehen bei Mitverschulden, Saldotheorie und Vorteilsausgleichung die gegenläufigen Sachverhalte nicht zur Disposition der Parteien. Basis der Aufrechnung ist die Aufrechnungslage, also zwei gegenläufige voll entstandene Forderungen. Diese Forderungen gehören zum Vermögen der Parteien, so dass diese grundsätzlich frei über sie disponieren dürfen. Eine Art der Disposition ist dabei die Aufrechnung gegen eine andere Forderung. Es handelt sich jedoch nicht um die einzig denkbare Art. Wäre die Aufrechnung als „ipso-iure"-Automatismus ausgeprägt, so würden die Forderungen mit dem Eintreten der Aufrechnungslage der Disposition der Parteien entzogen. Es käme zu einer automatischen Verrechnung, ohne Rücksicht auf den Willen der Forderungsinhaber. Für diese ist es aber von großer Bedeutung, nicht eine Rechtsfolge aufgezwängt zu bekommen. Vielmehr sollen sie selbst im Einzelfall entscheiden können, ob eine Aufrechnung gewollt wird, oder nicht. Es kann für einen Forderungsinhaber von Bedeutung sein, eine gegen ihn gerichtete Forderung anderweitig zu erfüllen und gleichzeitig seine Forderung gegen seinen Gläubiger zu behalten. Gerade im Bereich des Handelsverkehrs waren und sind solche Motivationen vorhanden. Auch der Sonderfall des Kontokorrentvertrages, welcher schon seit mehreren Jahrhunderten im Handelsverkehr existiert, zeigt, dass die Dispositionsfreiheit über Forderungen ein maßgebliches Prinzip darstellte[1045]. Vor diesem Hintergrund kam somit nur eine Ausprägung der Aufrechnung als Gestaltungsrecht in Betracht. Bei Mitverschulden, Saldotheorie und Vorteilsausgleichung hingegen können diese Aspekte keine Rolle spielen. Diese Verknüpfungsphänomene setzen bei der Inhaltsbestimmung eines Anspruches an. In diesem Stadium eines Anspruches kann der Anwendungsbereich der Privatautonomie noch nicht eröffnet sein.

1044 Siehe hierzu D, II, 1.

1045 Siehe hierzu oben D, II, 2.

E) Fazit

In den vorhergehenden Teilen dieser Arbeit wurden die Verknüpfungsphänomene Aufrechnung, Mitverschulden, Saldotheorie und Vorteilsausgleichung zunächst einzeln dargestellt und dann miteinander im Hinblick auf die Voraussetzungen und die Wirkungsweisen verglichen. Dabei wurden die Gemeinsamkeiten, sowie die Unterschiede festgestellt. Der letzte Teil behandelte schließlich die möglichen Gründe für die Unterschiede. Den Abschluss der Untersuchung soll folgendes Fazit bilden.

Aufrechnung und Mitverschulden als gesetzliche Rechtsinstitute, sowie Vorteilausgleichung und Saldotheorie als von der Rechtsprechung entwickelte theoretische Rechtsinstitute weisen sowohl in ihrer historischen Entwicklung, als auch in ihrer heutigen Ausprägung deutliche Parallelen auf.

I. Ein Verknüpfungsphänomen ist die Kreuzung zweier Handlungsstränge an einer Stelle ihres Schicksals, mit der Folge, dass diese beiden Handlungsstränge untrennbar miteinander verbunden werden, so dass letztlich nur noch ein Handlungsstrang übrig bleibt. Bei Aufrechnung, Mitverschulden, Saldotheorie und Vorteilsausgleichung handelt es sich um solche Verknüpfungsphänomene. Es wirken hier jeweils zwei entgegengesetzte Handlungsstränge im Moment ihrer Verknüpfung direkt auf einen Anspruch ein, indem sie diesen verkürzen. Die gegensätzlichen Handlungsstränge sind bei der Aufrechnung in der Haupt- und der Gegenforderung gegeben, beim Mitverschulden in der schädigenden Handlung und dem mitwirkenden Verschulden des Geschädigten, bei der Saldotheorie im Bereicherungsanspruch und der eigenen Entreicherung des Kondiktionsgläubigers hinsichtlich der Gegenleistung und zuletzt bei der Vorteilsausgleichung in dem schädigenden Ereignis und dem hierdurch hervorgerufenen Vorteil des Geschädigten. Die Auswirkungen dieser Verknüpfungen zeigen sich bei der Aufrechnung darin, dass die beiden bestehenden Forderungen sich in Höhe der Deckung zum Erlöschen bringen. Bei Mitverschulden, Saldotheorie und Vorteilsausgleichung tangieren die gegenläufigen Handlungsstränge bereits den Inhalt eines Anspruches und es entsteht somit nur ein Anspruch in verminderter Höhe.

II. Auf der Ergebnis-Ebene führen diese verschiedenen methodischen Ansätze zu gleichen Ergebnissen. Für die Parteien wird regelmäßig von Bedeutung sein, dass sie nicht den vollen Schaden, bzw. die volle Bereicherung ersetzt verlangen, oder ihre Forderung ganz liquidieren können. Auf der Anspruchs-Ebene hingegen macht es einen erheblichen Unterschied, ob ein Anspruch schon im Entstehungsstadium beeinflusst wird, oder erst nach dem Entstehen erlischt. Denn nur eine bereits entstandene Forderung kann zur freien Disposition der Parteien stehen. Ein Unterschied besteht auch darin, dass die Aufrechnung als Gestaltungsrecht einer Aufrechnungserklärung bedarf. Durch diese werden erst die Verknüpfung und damit die Wirkungen der Aufrechnung hervorgerufen. Im Gegensatz dazu funktionieren Mitverschulden, Saldotheorie und Vorteilsausgleichung als Automatismus, der bei gegensätzlichen Handlungssträngen von Alleine den entstehenden Anspruch beschränkt. Einer zusätzlichen rechtsgeschäftlichen Handlung bedarf es nicht mehr.

III. Alleine aufgrund dieser Unterschiede darf jedoch eine Verwandtschaft der untersuchten Rechtsinstitute nicht geleugnet werden. Dies ergibt sich schon daraus, dass die Ausprägung der Aufrechnung als Gestaltungsrecht erst zum Ende des 19. Jahrhunderts hin herrschend wurde. Zuvor ließ man eine Aufrechnung „ipso iure sine facto hominis" geschehen. Diese historische Form der automatischen Aufrechnung war dem heutigen Automatismus bei Mitverschulden etc. überaus ähnlich.

IV. Alle untersuchten Verknüpfungsphänomene basieren ursprünglich auf dem Gedanken einer Verrechnung entgegenstehender Posten, wenngleich auch die Voraussetzungen und die Ausgestaltung im Einzelfall unterschiedlich waren.

Dieser Kompensationsgedanke stammt ursprünglich aus der Konstellation zweier sich gegenüberstehender Forderungen. Er konnte sich ausgehend vom römischen Recht bis ins heutige BGB in Form der Aufrechnung nach den §§ 387 ff. BGB erhalten. Demnach soll die Möglichkeit bestehen, diese Forderungen miteinander zu verrechnen, um so insgesamt die Erfüllung zu erleichtern. Dieser Kompensationsgedanke wurde jedoch nicht alleine am Beispiel der Aufrechnung verfolgt. Vielmehr bildete er auch die Grundlage für das heutige Mitverschulden in Form des § 254 BGB, sowie für die Vorteilsausgleichung. Das ist nicht zuletzt daran sichtbar, dass noch im 19. Jahrhundert das Mitverschulden unter dem Begriff der „Culpa-Compensation" und die Vorteilsausgleichung unter dem Begriff der „compensatio lucri cum damno" abgehandelt wurden. Der Bezug auf die Kompensationslehre wurde also bis zur Einführung einer allgemeingültigen deutschen Terminologie durch das BGB bewusst deutlich hergestellt. In beiden Fällen kam es darauf an, etwas miteinander zu verrechnen: beim Mitverschulden das Verschulden des Schädigers mit dem des Geschädigten und bei der Vorteilsausgleichung den Vorteil eines Geschädigten mit dessen Nachteil eines schädigenden Ereignisses. Bei dem ebenfalls untersuchten Verknüpfungsphänomen der Saldotheorie existiert zwar kein direkter Rückgriff auf die Kompensation durch eine lateinische Bezeichnung, die auf den Begriff der Kompensation Bezug nehmen würde; auch hat sie keinen Schadensersatzanspruch zum Gegenstand. Allerdings ist auch bei der Saldotheorie ein Kompensationsgedanke greifbar. Schließlich geht es darum, die Summe der Bereicherung des Kondiktionsschuldners mit der Entreicherung des Gläubigers zu verrechnen.

V. In der Prozesssituation besteht auch heute noch eine Übereinstimmung insofern, als es sich bei allen Verknüpfungsphänomenen um Einwendungen handelt, die von Amts wegen zu berücksichtigen sind. Die Aufrechnung ist dabei eine rechtsvernichtende Einwendung sobald die Aufrechnungserklärung abgegeben wurde, die Wirkung mithin eingetreten ist, §§ 388, 389 BGB. Mitverschulden, Saldotheorie und Vorteilsausgleichung stellen rechtshindernde Einwendungen dar, weil sie den Anspruch schon in dessen Entstehungsstadium beeinflussen. Auch hinsichtlich der Beweislast und der Kostenfolge laufen die Verknüpfungsphänomene parallel. Die Umstände, aus denen sich die Anspruchsverkürzungen ergeben, hat jeweils die Partei zu beweisen, zu deren Gunsten sie wirken. Die Kostenverteilung bestimmt sich nach den Grundregeln der §§ 91, 92 ZPO, mithin nach dem Maße des Obsiegens, bzw. Unterliegens.

VI. Es hat sich im Vergleich der Verknüpfungsphänomene gezeigt, dass die Höhe der Anforderungen an die Auslösung der Wirkung nicht einher geht, mit der Intensität dieser Wirkung. Die Aufrechnung erfordert für die Herbeiführung der Verknüpfung und die Verrechnungswirkung eine rechtsgeschäftliche Gestaltungserklärung. Hierdurch werden aber lediglich Forderungen zum Erlöschen gebracht. Mitverschulden, Saldotheorie und Vorteilsausgleichung hingegen führen zu einer automatischen Berücksichtigung der gegenläufigen Sachverhalte, ohne dass es einer rechtsgeschäftlichen Erklärung bedürfte. Dennoch haben sie aber zur Folge, dass der betroffene Anspruch schon im Entstehungsstadium inhaltlich beeinflusst wird. Dies stellt einen ungleich höheren Eingriff dar, als ein nachträgliches Erlöschen. Die Intensität der Wirkung von Mitverschulden, Saldotheorie und Vorteilsausgleichung muss aber schon deshalb drastischer ausfallen, weil der Anspruch des Gläubigers in seiner Entstehung betroffen ist, ohne dass hierfür ein anderweitiger Ausgleich geleistet wird. Bei der Aufrechnung hingegen erleidet der Gläubiger jedenfalls keine wirtschaftliche Schlechterstellung, da er durch das Freiwerden von der Gegenforderung einen Ausgleich erhält. Vor diesem Hintergrund erklärt sich die unterschiedliche Intensität.

VII. Ferner wurde festgestellt, dass nicht nur zwischen Aufrechnung und den übrigen Verknüpfungsphänomenen ein Unterschied besteht, sondern auch zwischen Mitverschulden und der Saldotheorie, bzw. der Vorteilsausgleichung. Beim Mitverschulden erfolgt die Inhaltsbestimmung des Schadensersatzanspruches anhand einer Quotenteilung, die insgesamt einer Abwägung durch die Parteien, respektive durch das Gericht unterliegt. Bei Saldotheorie und Vorteilsausgleichung hingegen besteht ein solcher Abwägungsspielraum nicht. Kommt das Gericht darin überein, eine Anrechnung durchzuführen, so muss der gesamte Betrag des Vorteils, bzw. der Entreicherung in Ansatz gebracht werden. Übereinstimmung besteht jedoch wiederum darin, dass die gegenläufigen Sachverhalte ihren Ausgangspunkt in jeweils demselben Basissachverhalt haben. Bei der Aufrechnung hingegen wird kein Zusammenhang zwischen den Forderungen verlangt, insbesondere keine Konnexität.

VIII. Zuletzt wurde herausgearbeitet, dass die unterschiedliche methodische Ausgestaltung der Verknüpfungsphänomene trotz der ähnlichen theoretischen Ausgangslage und der Übereinstimmungen auf der Ergebnis-Ebene darauf zurückzuführen ist, dass diese Rechtsinstitute einen unterschiedlichen dogmatischen Hintergrund haben. Mitverschulden, Saldotheorie und Vorteilsausgleichung stellen jeweils besondere Ausprägungen des Grundsatzes von Treu und Glauben nach § 242 BGB dar. Das Mitverschulden nach § 254 BGB ist ein eigenes gesetzliches Rechtsinstitut ist, dessen Wurzeln nach richtiger Auffassung bei § 242 BGB zu finden sind. Die Saldotheorie und die Vorteilsausgleichung wurden von der Rechtsprechung gerade entwickelt, um die als unangemessen empfundene Rechtslage anhand von Billigkeitserwägungen zu korrigieren. Bei der Aufrechnung hingegen besteht kein Spielraum für die Anwendung solcher Billigkeitserwägungen. Hier werden bereits vollständig entstandene Ansprüche gegeneinander verrechnet. Da es sich bei der Aufrechnung um ein Erfüllungssurrogat handelt, sind unbillige und korrekturbedürftige Ergebnisse nicht zu befürchten. Vielmehr kommt es hier entscheidend darauf an, dass die Parteien ihre Forderungen nicht durch einen Automatismus verlieren. Es muss in der Dispositionsfreiheit der Forderungsinhaber stehen, ob von diesen eine Aufrechnung erwünscht wird. Diese Möglichkeit der Parteien, über die ihnen zustehenden Forderungen frei zu disponieren, stellt eine Ausprägung der Privatautonomie dar. Vor diesem dogmatischen Hintergrund erklärt sich die unterschiedliche Ausgestaltung. Billigkeitserwägungen müssen einen Anspruch schon in dessen Entstehungsstadium beeinflussen. Wenn aus Gründen der Billigkeit gewisse Umstände einen Anspruch beeinflussen sollen, so wäre ein zunächst vollständiges Entstehen mit einer nachträglichen Kürzung unzumutbar. Vielmehr kann ein billiges Ergebnis nur herbeigeführt werden, wenn der Anspruch schon anfänglich verringert entsteht. Dagegen erfordert eine Lösung, die die Dispositionsfreiheit des Forderungsinhabers berücksichtigen soll, ein Einwirken auf eine bereits entstandene Forderung. Da zum einen die Aufrechnung nicht auf Billigkeitserwägungen basiert und zum anderen die Rechtspraxis danach strebte, die freie Disposition über Forderungen zu gewährleisten, war es nur konsequent, dass sich die Aufrechnung im 19. Jahrhundert von einem Automatismus hin zu einem Gestaltungsrecht entwickelte.

IX. Im Ergebnis können die untersuchten Verknüpfungsphänomene somit in zwei Gruppen aufgeteilt werden:

Auf der einen Seite stehen mit dem Mitverschulden, der Saldotheorie und der Vorteilsausgleichung drei Rechtsinstitute, die auf Billigkeitserwägungen basieren, bzw. Ausprägungen des § 242 BGB darstellen. Diese Verknüpfungsphänomene müssen als von Amts wegen zu berücksichtigende Automatismen ausgestaltet sein, da der Anspruch schon anfänglich höhenmäßig begrenzt werden muss und es die Billigkeitserwägungen konterkarieren würde, wenn sich der Begünstigte auf diese Erwägungen berufen müsste.

Auf der anderen Seite steht die Aufrechnung als Gestaltungsrecht, das zur Entfaltung der Wirkung einer Willenserklärung bedarf und nicht auf Billigkeitserwägungen zurückzuführen ist. Die Aufrechnung als Gestaltungsrecht ist vielmehr ein Ergebnis des Strebens nach Privatautonomie und Dispositionsfreiheit. Als Erfüllungssurrogat wirkt die Aufrechnung auf bereits entstandene Ansprüche ein. Ist diese Wirkung aber einmal eingetreten, so ist sie ebenfalls von Amts wegen zu beachten.

Es zeigt sich also, dass die untersuchten Verknüpfungsphänomene im Schuldrecht eine ganz besondere Rolle spielen, indem sie bei gegenläufigen Sachverhalten einheitliche Ergebnisse produzieren. Trotz ihrer heute unterschiedlichen methodischen Ausgestaltung haben sie nicht zu übersehende Gemeinsamkeiten bei den historische Wurzeln und den Ergebnissen. Die heutigen methodischen Unterschiede sind dabei auf die unterschiedlichen dogmatischen Begründungen zurückzuführen.

Literaturverzeichnis

Alff, Richard/Ballhaus, Werner/Weber, Reinhold (Hrsg.), Das Bürgerliche Gesetzbuch mit besonderer Berücksichtigung der Rechtsprechung des Reichsgerichts und des Bundesgerichtshofes, §§ 241 - 413, Kommentar herausgegeben von Mitgliedern des Bundesgerichtshofes, Bd. 2, Teil 1, 12. Aufl., Berlin, New York 1976

Allgemeines österreichisches bürgerliches Gesetzbuch kundgemacht mit dem Patente vom 29. November 1852 in den Königreichen Ungarn, Croatien und Slavonien, der serbischen Woiwodschaft und dem Temeler Banate, sammt den auf dieses Gesetzbuch sich beziehenden in dem Anhange enthaltenen nachträglichen Verordnungen, Fassung vom 29.11.1852, 1852

Aumann, Peter, Das mitwirkende Verschulden in der neueren juristischen Dogmengeschichte, Hamburg 1964

Bar, Ludwig von, Die Lehre vom Causalzusammenhange im Rechte, besonders im Strafrechte, Leipzig 1871

Baumbach, Adolf/Hopt, Klaus/Merkt, Hanno (Hrsg.), Handelsgesetzbuch, Mit GmbH & Co., Handelsklauseln, Bank- und Börsenrecht, Transportrecht (ohne Seerecht), 33. Aufl., München 2008

Baumbach, Adolf/Lauterbach, Wolfgang/Hartmann, Peter/Albers, Jan (Hrsg.), Zivilprozessordnung, Mit FamFG, GVG und anderen Nebengesetzen, 67. Aufl., München 2009

Behaghel, Wilhelm, Das badische bürgerliche Recht und der Code Napoléon, dargestellt mit besonderer Rücksicht auf die Bedürfnisse der Praxis, Freiburg i. Br. 1869

Behrends, Okko/Knütel, Rolf/Kupisch, Berthold/Seiler, Hans Hermann, Corpus Iuris Civilis, I, Institutionen, Text und Übersetzung, Bd. 1, 2. Aufl., Heidelberg 1997

Behrends, Okko/Knütel, Rolf/Kupisch, Berthold/Seiler, Hans Hermann, Corpus Iuris Civilis, II, Digesten 1 - 10, Text und Übersetzung, Bd. 2, Heidelberg 1995

Behrends, Okko/Knütel, Rolf/Kupisch, Berthold/Seiler, Hans Hermann, Corpus Iuris Civilis, III, Digesten 11 - 20, Text und Übersetzung, Bd. 3, Heidelberg 1999

Behrends, Okko/Knütel, Rolf/Kupisch, Berthold/Seiler, Hans Hermann, Corpus Iuris Civilis, IV, Digesten 21 - 27, Text und Übersetzung, Bd. 4, Heidelberg 2005

Boehmer, Gustav, Grundlagen der Bürgerlichen Rechtsordnung, Zweites Buch, Zweite Abteilung, Praxis der richterlichen Rechtsschöpfung, Tübingen 1952

Bornemann, Friedrich Wilhelm Ludwig, Systematische Darstellung des Preußischen Civilrechts mit Benutzung der Materialien des Allgemeinen Landrechts, Band 2, Enthaltend die Lehre vom Eigenthum, und den allgemeinen Theil des Obligationenrechts, 2. Aufl., Berlin 1842

Brinz, Alois von, Die Lehre von der Compensation, Eine civilistische Abhandlung, Leipzig 1849

Brockhaus Enzyklopädie in vierundzwanzig Bänden, Siebzehnter Band, Pes - Rac, 19. Aufl., Mannheim 1992

Brox, Hans/Walker, Wolf-Dietrich, Allgemeines Schuldrecht, 32. Aufl., München 2007

Brox, Hans/Walker, Wolf-Dietrich, Besonderes Schuldrecht, 33. Aufl., München 2008

Cantzler, Klaus, Die Vorteilsausgleichung beim Schadensersatzanspruch, Archiv für die Civilistische Praxis, Heft 156, 1957, S. 29–59

Code Napoléon mit Zusätzen und Handelsgesetzen als Land-Recht für das Großherzogthum Baden. Mit Großherzoglich Badischem gnädigstem Privilegio, 1809

Codex Maximilianeus Bavaricus Civilis oder: Baierisches Landrecht, 1821

Cohnfeldt, Richard, Die Lehre vom Interesse nach römischen Recht, Mit Rücksicht auf neuere Gesetzgebung, Leipzig 1865

Coing, Helmut, Handbuch der Quellen und Literatur der neueren Europäischen Privatrechtsgeschichte, Erster Band, Mittelalter (1100 - 1500), Die gelehrten Rechte und die Gesetzgebung, München 1973

Coing, Helmut, Europäisches Privatrecht, Band II, 19. Jahrhundert, Überblick über die Entwicklung des Privatrechts in den ehemals gemeinrechtlichen Ländern, München 1989

Cordes, Albrecht/Lück, Heiner/Werkmüller, Dieter, Handwörterbuch zur deutschen Rechtsgeschichte, 1. Lieferung, Aachen - Anarchismus, 2. Aufl., Berlin 2004

Cosack, Konrad, Lehrbuch des Handelsrechts, 5. Aufl., Stuttgart 1900

Cremer, Peter Franz, Gesetzbuch Napoleons, oder das in den Königl. Preußischen Rhein-Provinzen geltende bürgerliche Recht, 2. Aufl., Crefeld 1834

Danzer, Max (Hrsg.), Das Bayerische Landrecht (Codex Maximilianeus Bavaricus civilis) vom Jahre 1756 in seiner heutigen Geltung, Text mit Anmerkungen und Sachregister, München 1894

Demelius, Gustav, Ueber Kompensation der Kulpa, Jherings Jahrbücher für die Dogmatik des bürgerlichen Rechts, Heft 5, 1861, S. 52–87

Dernburg, Heinrich, Geschichte und Theorie der Kompensation, 2. Aufl., Heidelberg 1868.

Dernburg, Heinrich, Pandekten, Band 2, Obligationenrecht, 5. Aufl., Berlin 1897

Dernburg, Heinrich, Die Schuldverhältnisse nach dem Rechte des Deutschen Reichs und Preußens, Zweiter Band, Erste Abteilung: Allgemeine Lehren, 1. und 2. Aufl., Halle 1899

Dernburg, Heinrich, Die Schuldverhältnisse nach dem Rechte des Deutschen Reichs und Preußens, Zweiter Band, Zweite Abteilung: Einzelne Obligationen, 4. Aufl., Halle 1915

Diesselhorst, Malte, Die Natur der Sache als außergesetzliche Rechtsquelle verfolgt an der Rechtsprechung zur Saldotheorie, Tübingen 1968

Dorn, Franz/Zimmermann, Reinhard/Schmoeckel, Mathias/Rückert, Joachim (Hrsg.), Historisch-kritischer Kommentar zum BGB, §§ 241 - 304, Bd. 2, Teilbd. 1, Tübingen 2007

Dorn, Franz/Zimmermann, Reinhard/Schmoeckel, Mathias/Rückert, Joachim (Hrsg.), Historisch-kritischer Kommentar zum BGB, §§ 305 - 432, Bd. 2, Teilbd. 2, Tübingen 2007

Ebert, Eugen/Schneider, Heinrich von/Fischer, Otto/Henle, Wilhelm von (Hrsg.), Bürgerliches Gesetzbuch vom 18. August 1896 nebst dem Einführungsgesetze vom 18. August 1896, Handausgabe mit Einleitung, erläuternden Anmerkungen und Sachregister, 9. Aufl., München 1912

Eisele, Fridolin, Zur Lehre von der Compensation, Archiv für die Civilistische Praxis, Heft 55, 1872, S. 167–222

Endemann, Friedrich, Lehrbuch des Bürgerlichen Rechts, Erster Band, Einleitung; Allgemeiner Theil, Recht der Schuldverhältnisse, Einführung in das Studium des Bürgerlichen Gesetzbuchs, 6. Aufl., Berlin 1899

Endemann, Wilhelm, Das Deutsche Handelsrecht, 2. Aufl., Heidelberg 1868

Enneccerus, Ludwig/Lehmann, Heinrich, Recht der Schuldverhältnisse, 12. Aufl., Marburg 1932

Enneccerus, Ludwig/Lehmann, Heinrich, Recht der Schuldverhältnisse, Ein Lehrbuch, 15. Aufl., Tübingen 1958

Entwurf eines Bürgerlichen Gesetzbuches für das Königreich Bayern, 1861-1864 mit Motiven, Aalen 1973

Erler, Adalbert/Kaufmann, Ekkehard, Handwörterbuch zur Deutschen Rechtsgeschichte, I. Band, Aachen - Haussuchung, Berlin 1971

Erler, Adalbert/Kaufmann, Ekkehard, Handwörterbuch zur Deutschen Rechtsgeschichte, III. Band, List - Protonotar, Berlin 1984

Esser, Josef/Schmidt, Eike, Schuldrecht, Band 1, Allgemeiner Teil, Teilband 2, Durchführungshindernisse und Vertragshaftung, Schadensausgleich und Mehrseitigkeit beim Schuldverhältnis, 8. Aufl., Heidelberg 2000

Feder, Ernst, Die rechtliche Natur der Aufrechnung außerhalb des Rechtsstreits, Zeitschrift für das Gesamte Handelsrecht, Heft 54, 1904, S. 434–499

Fikentscher, Wolfgang/Heinemann, Andreas, Schuldrecht, 10. Aufl., Berlin 2006

Fischer, Otto, Recht und Rechtschutz, Eine Erörterung der Grenzgebiete zwischen Privatrecht und Civilprozeß in Beziehung auf den Entwurf eines Bürgerlichen Gesetzbuches für das Deutsche Reich, in: Bekker, Ernst Immanuel/Fischer, Otto (Hrsg.), Beiträge zur Erläuterung und Beurtheilung des Entwurfes eines Bürgerlichen Gesetzbuches für das Deutsche Reich, Nachdruck der Ausgabe Berlin und Leipzig 1888-90, Glashütten im Taunus 1974, S. 1–143

Fischer, Robert/Haager, Karl/Kreft, Friedrich/Kuhn, Georg/Scheffler, Georg (Hrsg.), Das Bürgerliche Gesetzbuch mit besonderer Berücksichtigung der Rechtsprechung des Reichsgerichts und des Bundesgerichtshofes, Einzelne Schuldverhältnisse, §§ 705 - 853, Kommentar herausgegeben von Reichsgerichtsräten und Bundesrichtern, Bd. 2, 2. Teil, 11. Aufl., Berlin 1960

Fischer, Robert/Löscher, Otto/Nastelski, Karl/Wilde, Günther (Hrsg.), Das Bürgerliche Gesetzbuch mit besonderer Berücksichtigung der Rechtsprechung des Reichsgerichts und des Bundesgerichtshofes, Recht der Schuldverhältnisse, §§ 241 - 432, Kommentar herausgegeben von Reichsgerichtsräten und Bundesrichtern, Bd. 1, 2. Teil, 11. Aufl., Berlin 1960

Floßmann, Ursula, Österreichische Privatrechtsgeschichte, 4. Aufl., Wien und New York 2001

Flume, Werner, Rechtsgeschäft und Privatautonomie, in: Caemmerer, Ernst von/Friesenhahn, Ernst/Lange, Richard (Hrsg.), Hundert Jahre Deutsches Rechtsleben, Festschrift zum hundertjährigen Bestehen des Deutschen Juristentages 1860-1960, Karlsruhe 1960, S. 135–238

Francke, Bernhard, Dresdener Entwurf eines allgemeinen Gesetzes über Schuldverhältnisse, Von 1866, Nachdruck der Ausgabe Dresden 1866, Aalen 1973

Gad, Christoph Moritz Adolph, Handbuch des Allgemeinen Deutschen Handelsrechts, Erster Theil: Engeres Handelsrecht, Berlin 1863

Gernhuber, Joachim, Die Erfüllung und ihre Surrogate sowie das Erlöschen der Schuldverhältnisse aus anderen Gründen, 2. Aufl., Tübingen 1994

Glück, Christian Friedrich, Ausführliche Erläuterung der Pandecten nach Hellfeld, Ein Commentar, Funfzehnten Theils, erste Abtheilung, Erlangen 1813

Goldschmidt, Levin, System des Handelsrechts, mit Einschluss des Wechsel-, See- und Versicherungsrechts im Grundriss, 4. Aufl., Stuttgart 1892

Hahn, Otto, Das Handelsrecht nach dem allgemeinen deutschen Handelsgesetzbuch, nebst Anhang über das französische Recht und das Seerecht, Stuttgart 1869-1875

Hartmann, Peter (Hrsg.), Kostengesetze, Gerichtskostengesetz, Kostenordnung und Kostenvorschriften des Arbeitsgerichts-, Sozialgerichts- und Landwirtschaftsverfahrensgesetzes, Rechtsanwaltsvergütungsgesetz, Entschädigung der Handelsrichter, Gerichtsvollzieherkostengesetz, Justizvergütungs- und -entschädigungsgesetz, Insolvenzrechtliche Vergütungsverordnung, Patentkostengesetz, Justizverwaltungskostenordnung, Durchführungs- und Beitreibungsvorschriften sowie Gebührentabellen, 38. Aufl., München 2008

Hartter, Ferdinand, Das römisch-deutsche Recht der Kompensation, mit Hinblick auf einige besondere, in Deutschland geltende Gesetze und Statuten, München 1837

Hasenöhrl, Victor, Das oesterreichische Obligationenrecht, Band 2, In systematischer Darstellung mit Einschluss der Handels- und Wechselrechtlichen Lehren, 2. Aufl., Wien 1899

Hasse, Johann Christian, Ueber die Compensation und ihre Liquidität, Archiv für die Civilistische Praxis, Heft 7, 1824, S. 145–207

Hattenhauer, Hans/Bernert, Günther, Allgemeines Landrecht für die Preußischen Staaten von 1794, Textausgabe, Frankfurt am Main 1970

Heilfron, Eduard, Römisches Recht, (Rechtsgeschichte und System des Privatrechts) als Grundlage des heutigen Rechts, 7. Aufl., Mannheim, Berlin, Leipzig 1920

Honsell, Heinrich/Mayer-Maly, Theo/Selb, Walter, Römisches Recht, 4. Aufl., Berlin 1987

Honsell, Thomas, Die Quotenteilung im Schadensersatzrecht, Historische und dogmatische Grundlagen der Lehre vom Mitverschulden, Ebelsbach 1977

J. von Staudingers Kommentar zum Bürgerlichen Gesetzbuch mit Einführungsgesetz und Nebengesetzen, Buch 2, Recht der Schuldverhältnisse, §§ 249 - 254 (Schadensersatzrecht), Berlin 2005

J. von Staudingers Kommentar zum Bürgerlichen Gesetzbuch mit Einführungsgesetz und Nebengesetzen, Buch 2, Recht der Schuldverhältnisse, §§ 362 - 396 (Erfüllung, Hinterlegung, Aufrechnung), Berlin 2006

J. von Staudingers Kommentar zum Bürgerlichen Gesetzbuch mit Einführungsgesetz und Nebengesetzen, Buch 2, Recht der Schuldverhältnisse, §§ 812 - 822 (Ungerechtfertigte Bereicherung), Berlin 2007

Jakobs, Horst Heinrich/Schubert, Werner, Die Beratung des Bürgerlichen Gesetzbuchs in systematischer Zusammestellung der unveröffentlichten Quellen, Recht der Schuldverhältnisse I, §§ 241 bis 432, Berlin, New York 1978

Jansen, Nils, Die Struktur des Haftungsrechts, Geschichte, Theorie und Dogmatik außervertraglicher Ansprüche auf Schadensersatz, Tübingen 2003

Jauernig, Othmar (Hrsg.), Bürgerliches Gesetzbuch, Mit Allgemeinem Gleichbehandlungsgesetz (Auszug), 12. Aufl., München 2007

Kaser, Max, Römisches Privatrecht, Ein Studienbuch, 4. Aufl., München und Berlin 1965

Kaser, Max, Das Römische Privatrecht, Erster Abschnitt, Das altrömische, das vorklassische und klassische Recht, 2. Aufl., München 1971

Kaser, Max, Das Römische Privatrecht, Zweiter Abschnitt, Die nachklassischen Entwicklungen, 2. Aufl., München 1975

Köbler, Gerhard, Lexikon der europäischen Rechtsgeschichte, 5. Aufl., München 1997

Koch, Christian Friedrich, Lehrbuch des preußischen gemeinen Privatrechts, Bd. 2, 3. Aufl., Berlin 1858

Koch, Christian Friedrich (Hrsg.), Allgemeines Landrecht für die Preußischen Staaten, Unter Andeutung der obsoleten oder aufgehobenen Vorschriften und Einschaltung der jüngeren noch geltenden Bestimmungen, Kommentar in Anmerkungen, Bd. 2, 5. Aufl., Berlin 1875

Köhler, Helmut/Lange, Heinrich, BGB, Allgemeiner Teil, Ein Studienbuch, 32. Aufl., München 2008

Koller, Ingo/Roth, Wulf-Henning/Morck, Winfried (Hrsg.), Handelsgesetzbuch, Kommentar, 6. Aufl., München 2007

Kori, August Sigismund, Wie hat eine streitende Partei, welche wegen einer von ihrem Anwalt vernachläßigten Proceßhandlung sachfällig geworden ist, die Regreßklage gegen ihren Anwalt auf Schadensersatz zu begründen?, Archiv für die Civilistische Praxis, Heft 5, 1822, S. 399–415

Kreittmayr, Wiguläus Xaver Alois von (Hrsg.), Anmerkungen über den Codicem Maximilianeum Bavaricum Civilem, IV. Theil, worin derselbe sowohl mit dem gemeinen, als ehemaligem bayerischen Landrechte genau collationirt, sohin der Unterschied zwischen dem alten und neueren Rechte sammt den Urquellen, woraus letzteres geschöpft worden, überall angezeigt ist, München 1844

Kreittmayr, Wiguläus Xaver Alois von/Bauer, Richard/Schlosser, Hans, Compendium codicis Bavarici Civilis, Judiciarii, Criminalis et Annotationum oder Grundriß der gemein- und bayrischen Privat-Rechtsgelehrsamkeit, den Anfängern zur Einleitung, den übrigen zur Recollection, Reprint der Ausgabe von 1768, Herausgegeben und mit einer Kommentierung versehen von Richard Bauer und Hans Schlosser, München 1990

Krug, August Otto, Die Lehre von der Compensation, Leipzig 1833

Krug, August Otto, Ueber die römisch-rechtliche Auffassung der Compensatio, Archiv für die Civilistische Praxis, Heft 25, 1842, S. 211–226

Krüger, Paul/Kunkel, Wolfgang, Corpus Iuris Civilis, Volumen Secundum, Codex Justinianus, Recognavit et retractavit, Nachdruck der 11. Auflage Berlin 1954, Bd. 2, 11. Aufl., Hildesheim 1997

Krüger, Paul/Mommsen, Theodor/Kunkel, Wolfgang, Corpus Iuris Civilis, Volumen Primum, Institutiones, Digesta, Recognovit et Retractavit, Nachdruck der 8. Auflage Berlin 1963, Bd. 1, 13. Aufl., Hildesheim 2000

Kübel, Franz Philipp von/Schubert, Werner, Die Vorlagen der Redaktoren für die erste Kommission zur Ausarbeitung des Entwurfs eines Bürgerlichen Gesetzbuches, Entwurf eines bürgerlichen Gesetzbuches für das Deutsche Reich, Recht der Schuldverhältnisse, Teil 1, Allgemeiner Theil mit Begründung, Unveränderter photomechanischer Nachdruck der Auflage 1882, Berlin 1980

Lange, Hermann, Die Vorteilsausgleichung, Juristische Schulung, 1978, S. 649–657

Lange, Hermann, Die Glossatoren, München 1997

Lange, Hermann/Schiemann, Gottfried/Gernhuber, Joachim, Schadensersatz, 3. Aufl., Tübingen 2003

Larenz, Karl, Lehrbuch des Schuldrechts, Erster Band, Allgemeiner Teil, 7. Aufl., München und Berlin 1964

Larenz, Karl, Lehrbuch des Schuldrechts, Band I, Allgemeiner Teil, 14. Aufl., München 1987

Larenz, Karl/Canaris, Claus-Wilhelm, Lehrbuch des Schuldrechts, Band II/2, Besonderer Teil, 13. Aufl., München 1994

Larenz, Karl/Wolf, Manfred, Allgemeiner Teil des Bürgerlichen Rechts, 9. Aufl., München 2004

Lassaulx, Franz von, Kodex Napoleon, Erster Theil, welcher den Text des Kodex enthält, Koblenz 1807

Leonhard, Franz, Die Aufrechnung, Göttingen 1896

Leonhard, Franz, Die Beweislast, 2. Aufl., Berlin 1926

Leyden, Victor von, Die sogenannte Culpa-Compensation im Bürgerlichen Gesetzbuch, Berlin 1902

Liebknecht, Karl, Compensationsvollzug und Compensationsvorbringen nach gemeinem Rechte, Paderborn 1897

Liszt, Franz von, Die Deliktsobligationen im System des Bürgerlichen Gesetzbuchs, Berlin 1898

Looschelders, Dirk, Die Mitverantwortlichkeit des Geschädigten im Privatrecht, Tübingen 1999

Looschelders, Dirk, Schuldrecht, Allgemeiner Teil, 5. Aufl., Köln 2007

Looschelders, Dirk, Schuldrecht, Besonderer Teil, 2. Aufl., Köln 2008

Lorenz, Egon, Der Tu-quoque-Einwand beim Rücktritt der selbst vertragsuntreuen Partei wegen Vertragsverletzung des Gegners - BGH, WPM 1970, 1246, Juristische Schulung, 1972, S. 311–315

Ludwig, Georg, Der fehlende Mitverschuldenseinwand, Neue Juristische Wochenschrift, 2006, S. 3757–3761

Luig, Klaus, Überwiegendes Mitverschulden, Ius Commune, 1969, 187–238

Manthe, Ulrich, Gaius institutiones, Die Institutionen des Gaius, Darmstadt 2004

Matthiae, Carl, Controversen-Lexikon des römischen Civilrechts, Ein Hülfsbuch für praktische Juristen derjenigen Länder, in welchen römisches Recht gilt, Leipzig 1856

Medicus, Dieter, Schuldrecht I, Allgemeiner Teil, 17. Aufl., München 2006

Medicus, Dieter, Schuldrecht II, Besonderer Teil, 14. Aufl., München 2007

Medicus, Dieter/Lorenz, Stephan, Schuldrecht I, Allgemeiner Teil, 18. Aufl., München 2008

Mohr, Josef, Der Kontokorrentverkehr, Berlin 1902

Mommsen, Friedrich, Zur Lehre von dem Interesse, Zweite Abtheilung, Braunschweig 1855

Mossler, Patrick, Bereicherung aus Leistung und Gegenleistung, Der nichtige gegenseitige Vertrag und die Insolvenz, Tübingen 2006

Mugdan, Benno, Die gesammten Materialien zum Bürgerlichen Gesetzbuch für das Deutsche Reich, II. Band, Recht der Schuldverhältnisse, Berlin 1899

Müller, Jürgen, Deutscher Bund und deutsche Nation, 1848 - 1866, Göttingen 2005

Musielak, Hans-Joachim, Grundkurs ZPO, Eine Darstellung zur Vermittlung von Grundlagenwissen im Zivilprozessrecht (Erkenntnisverfahren und Zwangsvollstreckung) mit Fällen und Fragen zur Lern- und Verständniskontrolle sowie mit Übungsklausuren, 9. Aufl., München 2007

Musielak, Hans-Joachim (Hrsg.), Kommentar zur Zivilprozessordnung mit Gerichtsverfassungsgesetz, 6. Aufl., München 2008

Napoleon's Gesetzbuch / Code Napoléon, Einzig officielle Ausgabe für das Großherzogthum Würzburg, 1813

Neuner, Jörg, Die Rechtsfindung contra legem, 2. Aufl., München 2005

Oertmann, Paul Ernst Wilhelm, Bereicherungsansprüche bei nichtigen Geschäften, Deutsche Juristen-Zeitung, 1915, S. 1063–1067

Oertmann, Paul Ernst Wilhelm (Hrsg.), Bürgerliches Gesetzbuch, Zweites Buch, Recht der Schuldverhältnisse, 3. Aufl., Berlin 1910

Oertmann, Paul Ernst Wilhelm (Hrsg.), Bürgerlichen Gesetzbuch, Zweites Buch, Recht der Schuldverhältnisse, Zweite Abteilung, §§ 433 bis 853, 5. Aufl., Berlin 1929

Otto, Carl Eduard/Schilling, Bruno/Sintenis, Carl Friedrich Ferdinand, Das Corpus Iuris Civilis (Romani), in's Deutsche übersetzt von einem Vereine Rechtsgelehrter, Neudruck der Ausgabe Leipzig 1832, Bd. 4, Aalen 1984

Otto, Carl Eduard/Schilling, Bruno/Sintenis, Carl Friedrich Ferdinand, Das Corpus Iuris Civilis (Romani), in's Deutsche übersetzt von einem Vereine Rechtsgelehrter, Neudruck der Ausgabe Leipzig 1832, Bd. 5, Aalen 1984

Palandt - Bürgerliches Gesetzbuch, Mit Einführungsgesetz (Auszug), Allgemeines Gleichbehandlungsgesetz (Auszug), BGB-Informationspflichten-Verordnung, Unterlassungsklagengesetz, Produkthaftungsgesetz, Erbbaurechtsverordnung, Wohnungseigentumsgesetz, Hausratsverordnung, Vormünder- und Betreuervergütungsgesetz, Lebenspartnerschaftsgesetz, Gewaltschutzgesetz (Artikel 1), 68. Aufl., München 2009

Pernice, Alfred, Labeo, Römisches Privatrecht im ersten Jahrhundert der Kaiserzeit, Zweiter Band, Erste Abteilung, 2. Aufl., Halle 1895

Pichonnaz, Pascal, La Compensation, Analyse historique et comparative des modes de compenser non conventionnels, Fribourg 2001

Polara, Giovanni/Saxoferrato, Bartolus de, Commentaria, Neuausgabe der Auflage Venedig 1526, Bd. 2, Rom 1996

Prausnitz, Otto, Die Geschichte der Forderungsverrechnung (Aufrechnung, Kontokorrent, Skontraktion) vorwiegend nach Niederländischen Rechtsquellen, mit Beiträgen zur Geschichte des Handels-, Straf- u. Zivilprozeßrechts, Marburg 1928

Puchta, Georg Friedrich, Pandekten, Zwölfte auf Grund der früheren A. F. Rudorff'schen Bearbeitung sorgfältig revidierte und vermehrte Auflage, 12. Aufl., Leipzig 1877

Raiser, Ludwig, Vertragsfreiheit heute, Juristenzeitung, 1958, S. 1–8

Rauscher, Thomas/Wax, Peter/Wenzel, Joachim (Hrsg.), Münchener Kommentar zur Zivilprozessordnung mit Gerichtsverfassungsgesetz und Nebengesetzen, §§ 511 - 945, Bd. 2, 3. Aufl., München 2007

Rebmann, Kurt/Säcker, Franz Jürgen/Rixecker, Roland (Hrsg.), Münchener Kommentar zum Bürgerlichen Gesetzbuch, Schuldrecht, Allgemeiner Teil, §§ 241 - 432, Bd. 2, 5. Aufl., München 2007

Rebmann, Kurt/Säcker, Franz Jürgen/Rixecker, Roland (Hrsg.), Münchener Kommentar zum Bürgerlichen Gesetzbuch, Schuldrecht, Besonderer Teil, §§ 705 - 853, Partnerschaftsgesellschaftsgesetz, Produkthaftungsgesetz, Bd. 5, 4. Aufl., München 2004

Reuter, Dieter/Martinek, Michael, Ungerechtfertigte Bereicherung, Tübingen 1983

Rosenberg, Leo, Die Beweislast, Auf der Grundlage des Bürgerlichen Gesetzbuchs und der Zivilprozessordnung, 5. Aufl., München und Berlin 1965

Rother, Werner, Haftungsbeschränkung im Schadensrecht, München und Berlin 1965

Rümelin, Max, Die Verwendung der Causalbegriffe in Straf- und Civilrecht, Archiv für die Civilistische Praxis, Heft 90, 1900, S. 171–344

Schellhammer, Kurt, Zivilprozess, Gesetz - Praxis - Fälle, 12. Aufl., Heidelberg 2007

Schlosser, Hans, Grundzüge der neueren Privatrechtsgeschichte, Rechtsentwicklungen im europäischen Kontext, 10. Aufl., Heidelberg 2005

Schmidt, Karsten (Hrsg.), Münchener Kommentar zum Handelsgesetzbuch, Erstes Buch, Handelsstand, §§ 1 - 104, Bd. 1, 2. Aufl., München 2005

Schneider, Konrad, Zur Bestimmung des Umfanges der Bereicherung nach Erfüllung eines nichtigen Vertrages, Jherings Jahrbücher für die Dogmatik des bürgerlichen Rechts, Heft 61, 1912, S. 179–196

Schubert, Werner/Schmiedel, Burkhard/Krampe, Christoph, Quellen zum Handelsgesetzbuch von 1897, Band II, Denkschriften, Beratungen, Berichte, Erster Halbband, Frankfurt am Main 1987

Schubert, Werner/Schmiedel, Burkhard/Krampe, Christoph, Quellen zum Handelsgesetzbuch von 1897, Band II, Denkschriften, Beratungen, Berichte, Zweiter Halbband, Frankfurt am Main 1988

Schulte, Axel, Die Kostenentscheidung bei der Aufrechnung durch den Beklagten im Zivilprozeß, Frankfurt am Main 1990

Schwarz, Fritz, Die Konträrklagen, Zeitschrift der Savigny-Stiftung für Rechtsgeschichte, Romanistische Abteilung, Heft 71, 1954, S. 111–220

Siber, Heinrich, Compensation und Aufrechnung, Ein Beitrag zur Lehre des Deutschen Bürgerlichen Rechts, Leipzig 1899

Sintenis, Carl Friedrich Ferdinand, Das practische gemeine Civilrecht, Zweiter Band: Das Obligationenrecht, Leipzig 1847

Stubenrauch, Moriz von (Hrsg.), Das allgemeine bürgerliche Gesetzbuch vom 1. Juni 1811, sammt den dazu erflossenen Nachtrags-Verordnungen und den über die Einführung dieses Gesetzbuches in Ungarn, Croatien, Slavonien, Serbien, dem Temeser Banate und Siebenbürgen getroffenen Bestimmungen, mit Rücksicht auf das praktische Bedürfniß erläutert, Bd. 3, Wien 1858

Stubenrauch, Moriz von (Hrsg.), Commentar zum österreichischen allgemeinen bürgerlichen Gesetzbuche, Bd. 2, 8. Aufl., Wien 1903

Thomas, Heinz/Putzo, Hanz/Reichold, Klaus/Hüßtege, Rainer (Hrsg.), Zivilprozessordnung, Mit Gerichtsverfassungsgesetz, den Einführungsgesetzen und europarechtlichen Vorschriften, 29. Aufl., München 2008

Tuhr, Andreas von, Der 86. Band der Entscheidungen des Reichsgerichts in Zivilsachen, Deutsche Juristen-Zeitung, 1916, S. 582–587

Ubbelohde, August, Ueber den Satz: Ipso Jure Compensatur, Eine Untersuchung aus dem römischen Rechte, Göttingen 1858

Unterholzner, Karl August Dominik, K. A. D. Unterholzner's quellenmäßige Zusammenstellung der Lehre des römischen Rechts von den Schuldverhältnissen mit Berücksichtigung der heutigen Anwendung., Bd. 1, Leipzig 1840

Vangerow, Karl Adolph von, Lehrbuch der Pandekten, Band 3, 7. Aufl., Marburg und Leipzig 1869

Weiske, Julius, Rechtslexikon für Juristen aller teutschen Staaten enthaltend die gesammte Rechtswissenschaft, Zweiter Band, Bericht-Confiscation, Nachdruck der Ausgabe Leipzig 1840, Frankfurt am Main 1984

Wendt, Otto, Eigenes Verschulden, Jherings Jahrbücher für die Dogmatik des bürgerlichen Rechts, Heft 31, 1892, S. 137–189

Wening-Ingenheim, Johann Nepomuk von, Lehrbuch des gemeinen Civilrechts, nach Heise's Grundriß eines Systems des gemeinen Civil-Rechtes zum Behuf von Pandecten-Vorlesungen, Bd. 2, 4. Aufl., München 1831

Wieacker, Franz, Zur rechtstheoretischen Präzisierung des § 242 BGB, Tübingen 1956

Windscheid, Bernhard, Lehrbuch des Pandektenrechts, Zweiter Band, Erste Abtheilung, 1. Aufl., Düsseldorf 1865

Windscheid, Bernhard/Kipp, Theodor, Lehrbuch des Pandektenrechts, Band 2, unter vergleichender Darstellung des deutschen bürgerlichen Rechts, Neudruck der Ausgabe Frankfurt am Main 1906, 9. Aufl., Aalen 1963

Witte, Hermann, Die Bereicherungsklagen des gemeinen Rechts, Halle 1859

Wolf, Benno (Hrsg.), Das Bürgerliche Gesetzbuch unter Berücksichtigung der gesamten Rechtsprechung der oberen Gerichte des Deutschen Reichs, Hand-Kommentar, 1. Aufl., Halle a. S. 1908

Wolff, Christian/Thomann, Marcel/École, Jean, Grundsätze des Natur- und Völckerrechts, worinn alle Verbindlichkeiten und alle Rechte aus der Natur des Menschen in einem beständigen Zusammenhange hergeleitet werden, Neudruck der Ausgabe Halle 1754, Hildesheim 1980

Wollschläger, Christian, Das eigene Verschulden des Verletzten im römischen Recht, Zeitschrift der Savigny-Stiftung für Rechtsgeschichte, Romanistische Abteilung, Heft 93, 1976, S. 115–137

Zeiller, Franz von (Hrsg.), Commentar über das allgemeine bürgerliche Gesetzbuch für die gesammten Deutschen Erbländer der Oesterreichischen Monarchie, Bd. 4, Wien und Triest 1813

Zimmermann, Reinhard, The law of obligations, Roman Foundations of the Civilian Tradition, Cape Town 1990

Zitelmann, Ernst, Das Recht des Bürgerlichen Gesetzbuchs, System zum Selbststudium und zum Gebrauch bei Vorträgen, I. Allgemeiner Teil, Bd. 1, Leipzig 1900

Zöller, Richard (Hrsg.), Zivilprozessordnung, Mit Gerichtsverfassungsgesetz und den Einführungsgesetzen, mit Internationalem Zivilprozessrecht, EG-Verordnungen, Kostenanmerkungen, 27. Aufl., Köln 2009

Zusammenstellung der gutachtlichen Aeußerungen zu dem Entwurf eines Bürgerlichen Gesetzbuchs gefertigt im Reichs-Justizamt, Band II, Aeußerungen zum Recht der Schuldverhältnisse, Neudruck der Ausgabe 1890, Osnabrück 1967

Kolibri 360 GmbH
Ferdinand-Jühlke-Straße 7
99095 Erfurt, Deutschland
produktsicherheit@kolibri360.de